유아 교과교육론

고정곤, 류근우, 남궁선혜, 백영애, 송의열, 이길동, 이영희, 최철용 공저

양 성 원

머리말

유아교육 기관현장에서 유아교사들이 '교과'라는 용어를 구사하거나 들어본 적이 거의 없다. 다만 유아교사 양성대학에서 수학하는 기간 동안 수학해야 되는 학문의 내용을 강의하는 교수, 수학하는 학생의 편의성 때문에 교과별로 분리하여 강의를 받아 왔을 뿐이다.

흔히, 유아교육과 초등교육 간의 차별성을 논의하는 경우, 유아교육은 생활 영역이나 발달 영역을 균형적으로 통합하여 '통합교육'을 실시하고 초등교육은 교과별도 분리하여 '분리교육'을 실시한다고 말하여 왔다. 그러나 사회와 시대적 변화에 따른 유·초·중등학교 교육과정의 변천과정에서 '교과'에 대한 새로운 인식을 갖게 되었다.

첫째, 초등학교 제4차 교육과정에서부터 종전에 중·고등학교에서 교육과정으로 편성해오던 '과목'은 이제까지 초등학교에서 교육과정으로 편성해 오던 '교과'로, 초·중·고등학교가 통일하여 초등학교 6년, 중학교 3년, 고등학교 1년까지를 10년 국민공통 기본과정으로 설정하고 이제까지 해오던 학교급간의 개념이 아니고 10학년의 개념으로 인식함은 물론 똑같은 '교과'로 통일하여 초등학교에서부터 고등학교 1학년까지 학년이 올라가면서 나선형 교육과정으로 교과 내용이 심화·확대 되고 있다.

둘째, 유치원과 초등학교 간에도 초등학교 제5차 교육과정에서부터 유치원 교육의 본질인 '통합지도'의 개념을 도입하여 초등학교 1, 2학년에서도 유치원과 같이 2~3개의 교과와 생활 경험이 통합된 '슬기로운 생활', '즐거운 생활', '바른생활' 등 3개의 통합교과가 출현되었다.

이상과 같이 유·초·중등학교 교육과정의 변천과정에서 나타난 2가지 사례는 유아교육기관 누리과정의 5대 영역을 교과의 개념으로 인식되어 유·초·중·고(1학년)에 이르기까지 교육 내용을 '교과'로 통일하고 학교급 간에도 교과 내용을 연계시키고 있음을 알 수 있다.

이와 같은 교육과정의 변천과정 속에서 유아교육기관 누리과정의 5대 영역을 '교과'라는 명칭으로 인식하는 사고의 전환이 필요하다. 그리고 유아교육기관에서 누리과정의 5대 영역을 통합지도하고 있으나 유아 교사 양성대학에서 이들 5대 영역을 교과형식으로 분리하여 지도하고 있음은 해당 교과에 대한 전문화된 이론과 실천적 기술을 종합적으로 체득시키어 결과적으로는 누리과정 5대 영역 통합지도의 효율성을 높이기 위함이다. 따라서 본서에서도 이러한 변화에 따른 요구를 충족시키기 위하여 5대 영역별로 지도되어야 할 학문이나 지도 내용, 지도계획, 학습여건 조성, 지도 방법, 평가 등 교육활동 전 영역에 걸쳐 관련이론과 구체적인 방안을 제시하는데 주력하였다.

본서는 총 6부 14장으로 편성되어 있다.

제1부, 영유아 교과교육의 이해에서는 교과교육의 본질로서 교과와 교과교육, 교육과정과 교과교육, 교과교육의 변천 과정을 알아보고 교과교육 지도를 위해 교수·학습에 관련하여 교수·학습의 개념, 교수·학습의 원리, 교수·학습방법 유형, 교수·학습 방법의 특성 등에 대하여 다루었다.

제2부, 영유아 교과교육의 설계에서는 교과교육을 위한 여건조성으로 교수·학습지도계획, 교수·학습환경구성, 교수매체 및 시청각기교재의 활용 등을 다루었다.

제3부, 0~2세 교과교육지도에서는 0~2세 6대 영역별 교과교육 지도와 교수·학습 지도의 실제를 다루었다.

제4부, 3~5세 교과교육 지도에서는 3~5세 5대 영역별 교과교육 지도와 교수·학습 지도의 실제를 다루었다.

제5부, 교과교육지도방법에서는 교과교육 주요 활동별 지도방법, 교과교육 기본교수기법, 교수·학습방법 개선방안에 대하여 다루었다.

제6부, 영유아 교과교육평가 및 과제에서는 교과교육 평가 방법과 교과교육의 발전과제를 다루었다. 그러나 교과교육의 본질에 충실하면서 교수들에게는 가르치기 쉬운 반면 학생들은 배우기 쉬운 현장 실천 중심의 교재를 꾸며 보겠다고 야심차게 출발하였으나 집필을 마치고 나니 많은 아쉬움이 남는다. 부족한 부분은 앞으로 계속 수정·보완하기로 아쉬움을 달래본다.

끝으로 본서가 나오기까지 여러 가지 도움을 주신 양성원 강철원대표님과 관계 직원 여러분들게 감사드린다.

2016. 2 저자일동

차례

CONTENTS

CONTENTS

CONTENTS

PART

1 영유아 교과교육의 이해

본서에 수록된 전반적인 내용은 교과교육의 본질 또는 핵심을 어떻게 규정하는냐에 따라서 내용이 달리 기술된다. 따라서 교과교육의 개념을 비롯하여 그 성격을 다각도로 분석하여 현장 적용적 측면에서 알아보고 또한 교과교육 지도에 관련된 이론 탐색을 통하여 교과교육 지도에 따른 일반적인 방향을 안내하였다.

첫째, 교과와 교과교육, 교육과정과 교과교육, 교과교육의 변천과정을 통하여 교과교육의 본질을 알아보았고 둘째, 교과교육 운영에 따른 방안을 모색하기 위하여 이에 관련된 원리와 이론으로 교수·학습의 이해, 교수·학습의 원리, 교수·학습 방법 유형, 교수·학습 방법의 특성 등에 대하여 알아보았다.

1 교과교육의 본질

교과교육의 본질에서는 첫째, 교과와 교과교육에 대한 학문적, 이론적 이해 수준을 높이기 위하여 교과와 교과교육의 개념과 성격·특성 등을 알아보고 둘째, 교육과정과 교과교육에서는 교육과정과 교과교육의 관계, 교과교육의 내용 그리고 유·초등학교 간의 교과교육이 어떻게 연계되어 있는가를 알아보고, 셋째, 교과교육의 변천과정에서는 유치원 교육과정과 어린이집 표준보육과정의 변천과정을 통하여 교과교육의 내용이 지금까지 어떻게 변해왔는가를 알아본다.

1 교과와 교과교육

1. 교과

(1) 교과의 개념

유아교사들이 대학에서 수학하는 동안에는 언어교육, 수학교육, 과학교육, 예능교육, 사회교육 등 교과 단위로 학습이 이루어져 교과라는 용어가 낯설지 않았으나 유아교육 현장에서는 거의 들어본 적이 없다. 유·초등 교육의 차별성을 논하는 경우에는 초등학교는 교과를 분과적으로 지도하고 유치원에서는 초등학교에서 교과에 해당하는 생활영역이나 발달 영역을 분과적으로 지도하지 않고 각 영역들을 통합하여 지도하는 것을 두 교육기관의 특징으로 여겨 왔다. 다음에서 유치원과 초등학교 교육현장에서 사용하고 있는 통합지도(integrated learning)와 통합교과(learning subject)와의 상호작용적 관계를 통하여 교과의 성격을 생각해 보기로 한다.

초등학교 교육과정에는 1개의 총괄목표 아래 4개의 하위 목표를 설정하고 이들 목표를 구현하기 위해 즐거운 생활, 슬기로운 생활, 바른생활, 국어, 수학의 교과를 두어 5개의 교과지도를 통하여 교육목표를 구현하고 있다. 그러던 중 제4차 초등학교 교육과정에서부터는 초·중·고등학교간 교과의 연계, 범주 내용을 확실히 하기 위하여 10년 국민공통 기본 교육과정을 두어 초등학교, 중학교, 고등학교 1학년까지 교과명을 똑같이 통일하고 학년이 올라갈수록 교과 내용을 심화·확대시키고 있다. 유치원 또한 초등학교와 같이 누리과정에 1개의 총괄목표와 5개의 하위 목표를 설정해두고 신체운동·건강 영역 등 5개 영역을 제시하여 5개 영역 지도를 통해 교육목표 구현을 시도하고 있다. 따라서 누리과정에 제시된 5개 영역은 초등학교에서의 교과의 성격으로 볼 수 있다. 또한 통합지도는 유아교육의 본질이며 특성으로 이해하여 왔는데 초등학교 제4차 교육과정부터 유치원의 통합의 개념을 도입하여 통합교과가 출현하였다. 즉 몇 개 교과는 분과적으로 지도하지 않고 유치원과 같이 여러 개의 교과를 통합하여 유치원식으로 지도하도록 하고 있다. 즉 바른생활(도덕, 국어, 사회), 즐거운 생활(체육, 음악, 미술), 슬기로운 생활(사회, 자연, 산수)이 바로 통합교과로서 유치원에서의 5대 영역의 통합지도가 초등학교에서 2~3개 교과를 통합하여 지도하는 통합교과로 연계되고 있다. 따라서 초등학교 1학년부터 고등학교 1학년까지 10년 국민 공통 기본 교육과정(2009개정교육과정에서는 중학교까지만 포함시켜 공통교육과정으로 명명하였음)의 교과에 유치원의 5대 영역이 교과의 성격으로 연계되고 있음을 알 수 있다. 이러한 유치원과 초등학교 교육현장에서 교과의 적용적 상황을 근거로 하여 교과의 개념을 생각해 보기로 한다. 여러 학자들이 제시한 교과의 개념에 대하여 총괄하면 다음과 같다.

표 I-1 교과의 개념

학자명	개념
박찬옥외(2014)	• 추구하는 인간 형성을 위하여 학습자 발달에 적합하고, 실제 생활에 유용하며 학문적 본질에 기초한 교육 내용을 가르치고 배우도록 체계화된 학문 단위이다.
신화식(2014)	• 교육목표 달성에 필요한 지식과 기능을 학문적으로 체계화한 영역으로 교육하는 내용이다.
박찬옥외(2014)	• 새로운 경험의 효과적인 해석을 위하여 혹은 교육목표 구현을 위하여 조직되고 체계화된 지식의 한 영역이다.

이외에도 '인류 문화의 문화적 유산을 체계화하여 다양한 학문적 지식으로 구분한 것', '각급 학교에서 무엇을 어떻게 가르치고 학습자가 배우도록 하여 그 사회가 추구하는 인간으로 기를 것인가?를 구체화한 교육 내용의 단위' (박찬옥외 2014) 등으로 정의하고 있으나 필자들은 이상에서 밝힌 바와 같이 유·초등 교육기관에서 적용하는 현장 적용적 상황과 여러 학자들의 의견을 종합하여 교과란 '각 교육기관의 교육과정에 명시된 교육목표를 실현하고 새로운 경험의 효과적인 적용·해석이나 판단을 위하여 각 교육기

관의 특성, 학습자의 발달 수준, 실생활에서의 유용성 등 일정 기준으로 전문가의 논리적 체계에 의해 선정된 인류 문화의 유산(과거) 및 실생활 경험(현재)을 중심으로 쉽게 가르치고 배울 수 있도록 체계화한 학문과 경험의 한 영역'으로 정의하고 있다. 따라서 본 정의에서는 인류 문화유산, 지식, 원리, 법칙 등 학문성에서 과거·현재의 생활 경험까지도 확대하였는데 그 이유는 초등학교 1학년에서 유치원의 통합의 개념을 도입하여 교과와 실생활 경험을 융합한 통합교과가 출현하였고 또한 유치원에서의 교육 내용이 지식, 원리, 법칙 등의 학문성보다는 실생활 경험들이 교과 내용의 주류를 이루고 있기 때문이다. 또한 교과가 새로운 경험의 해석에 활용하는 한정된 기능에서 해석은 물론 실생활에의 적용, 판단 등 학문적 발달과 올바른 사회생활을 영위하기 위한 현명한 선택에 이르기까지 확대해서 정의하고 있다.

(2) 교과의 유사 개념

교과의 개념을 더욱더 명확히 하기 위하여 교과의 유사개념으로 교과목, 교과서, 교과과정, 해설서, 지침서, 지도서의 성격에 대하여 살펴보기로 한다.

① 교과목

교과목(course of study)은 가르치는 과목 즉 교과를 말한다. 이 용어는 과거에 중등학교에서 사용하였다.

② 교과안

교과안은 교과학습지도요령서를 말한다. 유·초등 교육기관에서 활용하는 해설서, 지침서, 지도서가 이에 해당된다.

③ 교과서

교과서란 교육과정에 명시된 교과를 교육기관에서 가르치는데 사용하는 책이다. 다시 말하면 교과서는 다기능 교수·학습 자료로서 해설서, 표준자료, 참고자료, 보조자료 등으로 제시할 수 있고 또한 교수·학습을 선도하는 자료로서 보다 다양한 기능을 하는 역할을 한다. 유아교육기관에서 교과서와 같은 성격을 띤 자료는 다음과 같다.

㉠ 어린이집

어린이집에는 0~2세 영아를 위한 '제3차 어린이집 표준 보육과정 해설서'와 '제3차 어린이집 표준보육과정 교사용 지침서' 등 2종이 있고 3~5세 유아를 위한 '3~5세 연령별 누리과정 교사용 해설서'와 '3~5세 연령별 누리과정 교사용 지침서'가 있다.

㉡ 유치원

유치원에는 '3-5세 연령별 누리과정해설서'와 '3-5세 연령별 누리과정 지침서' 그리고 '누리과정 교사용 지도서'가 있다. 지도서에는 5세의 경우, 유치원/어린이집과 나, 나와 가족, 우리동네, 동식물과 자연, 건강과 안전, 생활도구, 교통기관, 우리나라, 세계 여러나라, 환경과 생활, 봄, 여름, 가을, 겨울 등 11권이며 총 32권(3세 : 10권, 4세 : 11권, 5세 : 11권)이다.

④ 해설서, 지침서, 지도서

해설서, 지침서, 지도서는 모두 교과서의 일종이다. 유치원이나 초등학교 교과서에는 해설서, 지침서, 지도서가 있다.

⑤ 교과과정

교과과정이란 교과중심 교육과정을 말하며 교육과정은 시대의 변천과정에 따라, 교과의 내용이 무엇이어야 하느냐에 따라 교과중심 교육과정, 경험중심 교육과정, 학문중심 교육과정, 인간중심 교육과정으로 분류되는데 교과중심 교육과정은 교과에 대한 가장 전통적인 입장을 취한다. 이 견해에 따르면 교과과정은 졸업 및 수료에 필요한 교과내용 및 자료의 '전반적 계획 및 체계화된 조직'을 말하며 협의로 정의한다면 '특정 과정의 수료 및 면허에 필요한 특정 교과 영역의 체계화된 일군(一群)의 과정(교육학사전, 1965)'으로 정의된다. 이러한 견해는 항구적이며 본질적인 원리, 법칙 등 이론이나 학문, 인류의 전통적인 문화유산이 주된 교육 내용이 된다는 견해이다. 교과중심 교육과정에서는 지도 내용이 교과서에 담겨져 있으며 교과서를 절대시하여 교과서만 잘 가르치면 교육목표가 구현된다는 편협된 사고를 하고 있다.

(3) 교과의 성격

이상에서 밝힌 교과의 개념, 교과의 유사개념을 통하여 밝혀진 교과의 성격을 정리하면 다음과 같다.

① 교과는 각급학교 교육과정에 명시된 교육목표를 실현하기 위한 수단이다. 3~5세 누리과정의 경우, 1개의 교육목적 밑에 5개의 영역별 목표가 설정되어 있고 1개의 교육목적과 5개의 영역별 목표를 구현하기 위하여 5대 영역 즉, 신체운동·건강, 의사소통, 사회관계, 예술경험, 자연탐구 영역별 지도 내용 범주와 세부 내용이 제시되어 있고 이들 5

대 영역별 지도 내용 범주와 세부내용을 지도하여 교육과정에 제시된 교육목적과 교육목표를 구현시키고 있다. 여기에서 5대영역 그리고 내용범주 및 세부내용이 교과 및 교과 내용에 해당된다.

② 교과는 인류의 문화적유산(과거)과 생활 경험(현재)을 중심으로 조직된다. 종전의 교과개념은 교과중심 교육과정의 전통적인 개념으로 지식, 원리, 법칙 위주의 학문적인 내용이 강조되었으나 최근에는 생활 경험이 추가되었다. 이는 초등학교의 경우, 몇 개의 교과와 생활 경험이 통합된 통합교과가 출현되고 유아교육기관의 경우에도 생활 경험 자체가 주된 교과 내용이 되기 때문이다.

③ 교과는 융통적이고 가변적이다. 교육과정에 교육목적과 교육목표가 있고 이들 교육목적과 교육목표를 구현하기 위하여 교육 내용 즉 5대영역별 지도 내용범주와 세부내용이 제시되어 있는 바 교육목적과 교육목표가 무엇인가에 따라 교과의 내용이 달라지고 교육목적과 교육목표가 변하지 않더라도 교과의 내용이 교육목적과 교육목표 구현에 최적한 내용으로 변하는 등 교과는 융통적이고 가변적이다. 즉 교과의 내용은 진보하고 변화하는 교육에 따라서 일부가 추가되기도 하고 삭제되기도 한다.

④ 교과의 내용은 논리적이며 체계적이다. 교육목적이나 교육목표 구현, 실생활에서의 유용성, 새로운 경험의 해석, 적용, 판단에의 공헌성, 학습자의 발달 수준에 적합하게 전문가에 의해 조직되고 발전하는 것인 바 논리적·체계적 관계를 중시하여 가르치고 배우도록 편성된다.

⑤ 교과는 학습해야 하는 내용과 학습할 수 있는 자료가 동시에 제공되는 것이 일반적인데 교과지도를 위한 자료로는 교과서, 지도서, 지침서, 계획서 등 문서화된 자료들이 있다. 그러나 관계부처에서 작성하여 제시한 이러한 교과서, 지도서, 지침서, 계획서들은 일선 교육기관에서 참고자료로만 활용하여 당해 교육기관에서 당해 교육기관의 실정, 유아·유아모의 요구와 기대 등을 고려하여 교과 내용 선정에 융통성을 주고 있으나 초등학교에서는 이들 자료들을 금과 옥조식으로 그대로 적용하는 경향임에 비하여 유아교육기관에서는 상당 부분 무시하고, 지나치게 현장성을 강조하는 경향으로 유아교육기관이 교과를 운영하는데 있어서 독자성, 주도성, 중심성이 강하다.

⑥ 학교 급별간에 교과가 체계화되어 가고 있다. 초등학교 제4차 교육과정 시기부터 초등학교 6학년, 중학교 3학년, 고등학교 1학년 10년간이 국민공통기본 교육과정으로

편성되어 학교 급별이 아닌 10개 학년의 개념으로 국어, 수학, 과학… 등으로 교과명이 통일되고 고학년으로 올라가면서 나선형교육과정(spiral curriculum) 체제로 교과 내용이 확대되고 심화되어 가는 교과 체제를 취하고 있다. 여기에다 최근에는 초등학교와 유치원 간에도 교과의 연계체제를 구축하고 있다. 초등학교 1학년에서 유치원의 통합교육을 받아들여 2~3개 교과와 생활 경험을 통합하여 통합교과로 편성하여 지도하고 기대하는 인간상, 교육 목적, 교육 방법 등을 연계시키는 등 유·초등간에도 교과가 논리적이며 구조적으로 체계화되고 있다.

2. 교과교육

(1) 교과교육의 개념

교과교육은 교과와 교육의 합성어이다. 즉 교과교육이란 '교과를 교육하는 학문'으로 전항에서 밝혀진 '각 교육기관의 교육과정에 명시된 교육목표를 실현하고 새로운 경험의 효과적인 해석이나 판단을 위하여 각 교육기관의 특성, 학습자의 발달 수준, 실생활에의 유용성 등 일정 기준에 의거 전문가에 의해 논리적, 학문적 체계에 의해 선정된 인류문화의 유산(과거) 및 실생활 경험(현재)을 중심으로 가르치고 배울 수 있도록 체계화된 학문과 경험에 의한 영역을 효율적이고, 합리적으로 교육하는 학문'이다. 여기에서 교과교육의 개념을 더욱 확실히 밝히기 위해서는 '효율적이며 합리적으로 교육하는 방법'에 대한 개념을 정립할 필요가 있다. 고문숙은(2010) 교과교육론의 개념은 '첫째, 교과별 특성에 대한 안목을 가지고 교육 내용과 교수 방법에 대한 원리를 이해하는 것이다. 둘째, 각 교과에 대한 전문적인 지식뿐만 아니라 학습자 개개인의 인성 형성까지 지도하는 것이다. 셋째, 유아교육에 있어서 교과교육론은 전인적이고 통합적인 성장을 지향하므로 각 교과 즉, 흥미 영역을 접근하는 것이 바람직하다.' 라고 밝히고 있다.

교과교육은 교과지도와 같이 교과를 어떻게 효율적으로 지도하느냐 하는 지도 방법에 국한된 편협된 개념이 아니고, 다음과 같은 내용을 포함하는 포괄적이고 총괄적인 개념으로 이해되어야 한다. 첫째, 교과교육에 대한 원리, 법칙, 지식 등 학문적인 내용이 무엇인가? 둘째, 교과교육을 위한 합리적인 내용 선정 및 계획 수립 절차는 어떠한가? 셋째, 교과교육을 위한 환경시설, 기구, 자료 등 교육여건을 어떻게 정비할 것인가? 넷째, 교과교육을 위한 합리적인 지도 원리 및 지도 방법은 무엇인가? 다섯째, 교과교육 후 교육의 성과를 어떻게 확인, 평가할 것인가? 등 교과교육을 위한 다양한 내용이 포함되는 총괄적이며 포괄적인 의미로 개념화되어야 한다. 따라서 교과교육이란 '유아교육기관의 표준보육과정과 누리과정내 각 영역의 효율적인 통합지도를 위하여 각 영역별로 지도되어야 할 학문이나 지식 내용 및 생활 경험, 계획안 작성, 학습여건 조성, 지도 방법, 평가 등에 걸쳐 총체적으로 구체적인 방법을 이해시키는 교육'으로 개념화할 수 있다.

(2) 교과교육의 필요성

전항에서 밝힌 바와 같이 '교과교육'은 '교과를 교육하는 학문'으로 이것은 최종적으로 유아교육과정 즉 '제3차 어린이집 표준보육과정'과 '3~5세 누리과정'에 제시된 보육목표나 교육목표를 구현할 수 있도록 표준보육과정의 6대 영역과 누리과정의 5대 영역을 합리적이며 효율적인 방법으로 교육하기 위한 교육 내용의 계획, 조직, 절차, 과정, 지도 방법, 평가 등을 총체적으로 이해시키기 위한 교육으로 교과교육이 왜 필요한가 하는 절실성을 2가지 측면에서 기술해 보기로 한다.

① 국가 수준의 교육과정을 합리적으로 관리하기 위함이다.

한 국가가 기대하는 인간상이나 설정한 교육목적을 구현하기 위해서는 교육을 통해 가능하기 때문에 교육의 질 관리를 위하여 교육과정 편성·운영에 국가가 주도적으로 관여하는 바, 이것이 국가 수준의 교육과정이 출현한 배경이다. 특히, 초등학교 제4차 교육과정 시기부터는 초등학교(6년), 중학교(3년), 고등학교(1년) 10년간을 학교급별이 아닌 10학년의 개념으로 간주하고 10년 국민 공통 기본 교육과정을 편성하여 초·중·고등학교 1학년까지 교과명을 통일하고 학년이 올라갈수록 교과의 내용을 심화, 확대해 나가고 있다. 또한 종전에는 초등학교에서 '교과'가 교육과정의 한 분절을 이루고 있었고 중학교, 고등학교에서는 '과목'이 교육과정의 한 분절을 이루고 있었다. 즉 초등학교에서는 국어, 수학, 과학, 사회 등의 8교과가 교육과정의 분절을 이루고 있었음에 비하여 중학교, 고등학교에서는 국어속에 현대문, 고전, 문법, 문학사 등 그리고 사회과 속에는 일반사회, 도덕, 국사, 세계사, 지리 등 여러 개의 과목으로 나누어 과목이 교육과정의 전체 구조에 대한 분절을 이루고 있었는데 10년 국민공통기본 교육과정에서부터 과목이 아닌 '교과'로 통일되었다. 또한 10년 국민공통기본 교육과정에서 배제된 유아교육기관의 표준보육과정이나 누리과정 또한 국가 수준의 교육과정으로 유·초등간 교육 내용의 연계를 위한 국가 차원의 노력이 경주되었는데 초등학교 5차 교육과정에서부터는 유치원의 통합의 개념을 받아들여 바른생활, 즐거운 생활, 슬기로운 생활 등의 통합교과가 출현, 2~3개의 교과와 생활 경험이 대주제로 통합되어 지도되고 있다. 이것은 바로 유아교육기관의 교육(보육)과정의 5대영역별(어린이집 0~2세는 6대 영역) 지도 내용과 같은 성격을 지니고 있어 유아교육기관의 표준보육과정이나 누리과정의 영역별 지도 내용이 초등학교의 교과 내용과 같은 성격으로 받아들여지고 있다. 따라서 유치원, 초등학교, 중학교, 고등학교 1학년에 이르기까지 교육 내용을 교과 내용으로 인식해야 한다. 이와 같이 유아교육기관의 영역별 지도 내용을 교과 내용으로 인식할 때 국가적인 차원에서 유치원, 초, 중, 고등학교(1학년)의 교육과정 관리가 합리적으로 이루어질 수 있다.

② 유아교육에서 통합지도(integrated learning)의 효율성을 제고시키기 위함이다. 얼핏 보기엔 통합지도와 교과교육은 서로 상반되는 개념으로 받아 들이기 쉽다. 즉 유아교육기관에서는 초·중·고등학교와 같이 교과별로 가르치지 않고 신체운동·건강, 의사소통, 사회관계, 예술경험, 자연탐구 등 5대영역을 통합하여 지도함에 비하여 교과교육의 형태로 지도한다면 이들 5대영역 별로 또는 언어교육, 과학교육, 사회교육 등의 교과로 분리하여 교육하기 때문이다. 그러나 결론적으로 이야기하면 통합지도와 교과교육은 서로 상보적인 관계를 유지하면서 교과교육은 통합지도의 효율성을 높이는데 공헌한다. 통합은 유아의 전인적 발달과 효율적인 학습을 위하여 유아의 경험, 흥미와 요구와 교육 내용을 통합하고 유아와 유아 주변의 인적 및 물적환경을 통합하며 또한 5대 영역을 통합하고 재조직하여 지도하기 위해서는 교과별 또는 5대 영역별로 다루어진 교과교육을 통해 습득된 계획, 절차, 과정, 지도 방법, 평가기술 등이 통합지도에 활용된다. 즉 유아교육기관에서 각 5대영역의 효율적인 통합지도를 돕기 위하여 교과교육이 필요하다. 예를 들면 유아들 간에 활발한 교우관계 조성을 통하여 사회성과 언어발달을 도모하는 '사회생활영역'과 '의사소통영역'의 통합교육을 계획한다면 사회관계 영역이나 사회교과교육에서 학습한 원활한 교우관계 형성 방안 그리고 의사소통 영역이나 언어교과교육에서 학습한 유아 대화기술 등을 서로 통합하여 지도할 수 있다.

(3) 교과교육의 특성

교과교육은 다음과 같은 3가지 특성을 가지고 있다.

① 교과교육은 교과지도를 포괄하는 총체적인 개념이다.

교과지도와 유사한 개념으로 교과서계획, 교과연구, 교과과정(process), 교과준비, 교과평가, 교과융합 등이 있다. 이들 개념은 교과교육의 한 분절이나 한 영역에 불과하다.

특히 교과지도는 교과를 어떻게 지도하느냐에 촛점을 맞춘 것으로 지도 방향, 지도방안, 지도절차, 지도과정, 지도안내(길잡이) 등 지도 방법에 한정된 개념이나 교과교육은 교과지도보다 포괄적인 개념으로 계획, 준비, 절차, 과정, 지도, 평가 등 교과 운영에 따른 전반적이고 총체적인 활동을 의미한다.

② 교과교육은 교과 간의 상호관련성을 이해하는데 도움이 된다.

교과교육은 초등학교 1학년에서는 국어, 수학, 바른생활, 즐거운 생활, 슬기로운 생활의 5개 교과를, 유치원에서는 신체건강, 운동, 의사소통, 사회관계, 예술경험, 자연탐구 또는 언어교육, 사회교육, 예능교육, 과학교육 등 교과별로 학습이 이루어져 해당 교과에 대한 총체적 이해가 가능하고 또한 교과 간의 성격, 상호관련성 등을 이해시키어 유아교육기관에서 5대 영역 간의 통합지도를 원활하게 해준다.

③ 교과교육과 유아교육(통합교육)은 상호작용적인 관계를 갖는다.

유아교육기관에서 누리과정과 표준보육과정 각 영역의 효율적인 통합지도를 하기 위해서는 교과교육을 통하여 습득된 각종 교육이론과 현장의 실천적 기술을 활용하고 또한 5대 영역의 통합지도 성과를 평가, 검증하여 나타난 문제는 교과교육을 통해 습득한 교육이론과 현장의 실천적 기술 등으로 보완하는 등 유아교육(통합교육)과 교과교육은 상호작용적 관계를 유지한다.

2 교육과정과 교과교육

1. 교육과정과 교과 내용의 관계

교육과정과 교과 내용의 관계를 누리과정을 중심으로 그림으로 보면 다음과 같다.

그림에서 보는 바와 같이 누리과정에는 총괄적인 '목적'이 있고 이 목적을 구현하기 위하여 신체운동·건강 영역, 의사소통 영역, 사회관계 영역, 예술경험 영역, 자연탐구 영역별 목표가 있고 각 5대 영역별 목표를 구현하기 위하여 세부 목표가 설정되어 있고 이 세부 목표 구현을 위하여 내용범주와 세부내용이 제시되어 있다. 그림은 신체운동·건강 영역의 내용만을 그림화한 것으로 5대영역이 교과, 내용범주가 교과 내용에 해당되는 것으로 내용범주에 따른 내용을 유아교육현장에서 실천 지도함으로써 5대 영역별 세부 목표 → 목표 → 목적을 순차적으로 구현하게 되는 것이다.

목적 누리과정은 3~5세 유아의 심신의 건강과 조화로운 발달을 도와 민주시민의 기초를 형성하는 것을 목적으로 한다.

영역별 목표 신체운동 · 건강 영역(교과)

목 표 기본 운동 능력과 건강하고 안전한 생활습관을 기른다.

세부 목표
- 감각 능력을 기르고 자신의 신체를 긍정적으로 인식한다.
- 신체를 조절하고 기본 운동 능력을 기른다.
- 신체활동에 즐겁게 참여한다.
- 건강한 생활습관을 기른다.
- 안전한 생활습관을 기른다.

내용 범주

내용 범주(교과 내용)	내용(세부 교과 내용)
신체 인식하기	• 감각 능력 기르고 활용하기 • 신체를 인식하고 움직이기
신체조절과 기본 운동하기	• 신체조절하기 • 기본 운동하기
신체활동에 참여하기	• 자발적으로 신체활동에 참여하기 • 바깥에서 신체활동하기 • 기구를 이용하여 신체활동하기
건강하게 생활하기	• 몸과 주변을 깨끗이 하기 • 바른 식생활하기 • 건강한 일상생활하기 • 질병 예방하기
안전하게 생활하기	• 안전하게 놀이하기 • 교통안전 규칙지키기 • 비상시 적절히 대처하기

그림 Ⅰ-1 누리과정체계(신체운동 · 건강 영역)

2. 교과교육 내용

전항에서 누리과정내의 내용 범주 및 세부 내용이 교과교육의 내용임을 주지시켰고 다음에서 0~2세 표준보육과정과 3~5세 누리과정에 제시된 교과교육의 내용을 제시한다.

표 Ⅰ-2 0~2세 표준보육과정의 교과 내용

영역 (교과)	내용 범주 (교과 내용)	내 용(세부 교과 내용)	
		0~1세	2세
1. 기본생활	건강하게 생활하기	• 몸을 깨끗이 하기 • 즐겁게 먹기 • 건강한 일상생활하기	• 몸을 깨끗이 하기 • 바르게 먹기 • 건강한 일상생활하기 • 질병에 대해 알기
	안전하게 생활하기	• 안전하게 지내기 • 위험한 상황에 반응하기	• 안전하게 놀이하기 • 교통안전 알기 • 위험한 상황 알기
2. 신체운동	감각과 신체운동 하기	• 감각적 자극에 반응하기 • 감각기관으로 탐색하기 • 신체 탐색하기	• 감각 능력 기르기 • 감각기관 활용하기 • 신체를 인식하고 움직이기
	신체조절과 기본 운동하기	• 신체 균형 잡기 • 대근육 조절하기 • 소근육 조절하기 • 기본 운동하기	• 신체 균형 잡기 • 대근육 조절하기 • 소근육 조절하기 • 기본 운동하기
	신체활동에 참여하기	• 몸 움직임 즐기기 • 바깥에서 신체 움직이기 • 기구를 이용하여 신체활동 시도하기	• 몸 움직임 즐기기 • 바깥에서 신체 움직이기 • 기구를 이용하여 신체활동 시도하기
3. 의사소통	듣기	• 말소리 구분하여 듣고 의미 알기 • 짧은 문장 듣고 알기 • 짧은 이야기 듣기 • 말하는 사람 주의 깊게 보기	• 주변의 소리와 말소리 구분하여 듣기 • 경험과 관련된 말 듣고 알기 • 운율이 있는 말 듣기 • 말하는 사람을 알기
	말하기	• 낱말과 간단한 문장으로 말하기 • 자신이 원하는 것 말하기 • 상대방을 바라보며 말하기	• 발성과 발음으로 소리내기 • 표정, 몸짓, 말소리로 말하기 • 말할 순서 구별하기
	읽기	• 그림책과 환경 인쇄물에 흥미 가지기	• 그림책과 환경 인쇄물에 흥미, 관심 가지기
	쓰기	• 끼적이며 즐기기	• 끼적이며 즐기기
4. 사회관계	나를 알고 존중하기	• 나를 구별하기 • 나의 것 인식하기	• 나를 구별하기 • 좋아하는 것 해 보기
	나와 다른 사람의 감정 알기	• 나의 감정 나타내기 • 다른 사람에게 주의 기울이기	• 나의 감정 나타내기 • 다른 사람의 감정에 반응하기
	더불어 생활하기	• 안정적인 애착 형성하기 • 또래에 관심 갖기 • 자신이 속한 집단 알기 • 사회적 가치를 알기	• 내 가족 알기 • 또래와 관계하기 • 자신이 속한 집단 알기 • 사회적 가치를 알기

영역 (교과)	내용 범주 (교과 내용)	내 용(세부 교과 내용)	
		0~1세	2세
5. 예술경험	아름다움 찾아보기	• 예술적 요소에 호기심 가지기	• 예술적 요소 탐색하기
	예술적 표현하기	• 리듬있는 소리로 반응하기 • 움직임으로 반응하기 • 단순한 미술 경험하기 • 모방행동 즐기기	• 리듬있는 소리와 노래로 표현하기 • 움직임으로 표현하기 • 자발적으로 미술 활동하기 • 모방과 상상 놀이하기
	예술 감상하기	• 아름다움 경험하기	• 아름다움 즐기기
6. 자연탐구	탐구하는 태도 기르기	• 사물에 관심 가지기 • 탐색 시도하기	• 호기심 가지기 • 반복적 탐색 즐기기
	수학적 탐구하기	• 수량 지각하기 • 주변공간 탐색하기 • 차이를 지각하기 • 간단한 규칙성 지각하기	• 수량 인식하기 • 공간과 도형에 관심가지기 • 차이에 관심가지기 • 단순한 규칙성에 관심가지기 • 구분하기
	과학적 탐구하기	• 물체와 물질 탐색하기 • 주변 동식물에 관심가지기 • 주변 자연에 관심가지기 • 생활도구 탐색하기	• 물체와 물질 탐색하기 • 주변식물 관심가지기 • 자연을 탐색하기 • 생활도구 사용하기

표 Ⅰ-3 3~5세 누리과정의 교과 내용

영역(교과)	내용 범주(교과 내용)	내 용(세부 교과 내용)
1. 신체운동 · 건강	신체 인식하기	• 감각 기능 기르고 활용하기 • 신체를 인식하고 움직이기
	신체조절과 기본 운동하기	• 신체 조절하기 • 기본 운동하기
	신체활동에 참여하기	• 자발적으로 신체활동에 참여하기 • 바깥에서 신체 활동하기 • 기구를 이용하여 신체활동하기
	건강하게 생활하기	• 몸과 주변을 깨끗이 하기 • 바른 식생활하기 • 건강한 일상생활하기 • 질병 예방하기
2. 의사소통	듣기	• 낱말과 문장 듣고 이해하기 • 이야기 듣고 이해하기 • 동요, 동시, 동화 듣고 이해하기 • 바른 태도로 듣기
	말하기	• 낱말과 문장으로 이해하기 • 느낌, 생각, 경험 말하기 • 상황에 맞게 바른 태도로 말하기

영역(교과)	내용 범주(교과 내용)	내 용(세부 교과 내용)
2. 의사소통	읽기	• 읽기에 흥미가지기 • 책읽기에 관심가지기
	쓰기	• 쓰기에 관심가지기 • 쓰기 도구 사용하기
3. 사회관계	나를 알고 존중하기	• 나를 알고 소중히 여기기 • 나의 일 스스로 하기
	나와 다른 사람의 감정 알고 조절하기	• 나와 다른 사람의 감정을 알고 표현하기 • 나의 감정 조절하기
	가족을 소중히 여기기	• 가족과 화목하게 지내기 • 가족과 협력하기
	다른 사람과 더불어 생활하기	• 친구와 사이좋게 지내기 • 공동체에서 화목하게 지내기 • 사회적 가치를 알고 지키기
	사회에 관심 갖기	• 지역사회에 관심 갖고 이해하기 • 우리나라에 관심 갖고 이해하기 • 세계의 여러 문화에 관심가지기
4. 예술경험	아름다움 찾아보기	• 음악적 요소 탐색하기 • 움직임과 춤 요소 탐색하기 • 미술적 요소 탐색하기
	미술적 표현하기	• 음악으로 표현하기 • 움직임과 춤으로 표현하기 • 미술 활동으로 표현하기 • 글 놀이로 표현하기 • 통합적으로 표현하기
	예술 감상하기	• 다양한 예술 감상하기 • 전통예술 감상하기
5. 자연탐구	탐구하는 태도 기르기	• 호기심을 유지하고 확장하기 • 탐구과정 즐기기 • 탐구기술 활용하기
	수학적 탐구하기	• 수와 연산의 기초 개념 알아보기 • 공간과 도형의 기초 개념 알아보기 • 기초적인 측정하기 • 규칙성 이해하기 • 기초적인 자료수집과 결과 나타내기
	과학적 탐구하기	• 물체와 물질 알아보기 • 생명체와 자연환경 알아보기 • 자연현상 알아보기 • 간단한 도구와 기계 활용하기

지면관계상 내용(교과 내용)을 3, 4, 5세 연령별로 구분하여 제시하지 못하니 연령별 내

용은 제 Ⅳ부 제1장 3~5세 교과교육 지도의 장을 참고하기 바란다.

3. 교과교육의 연계

초등학교의 교육과정은 국어, 수학, 과학, 사회 등 교과가 교육과정의 한 분절을 이루고 중등학교는 국어속에 현대문, 고전, 문법 등의 여러 과목으로 나뉘어져 과목이 중등학교 교육과정의 한 분절을 이루었다. 그러나 초등학교 제4차 교육과정에서부터는 초등학교(6년), 중학교(3년), 고등학교(1년)를 한데 묶어 10년 국민공통 기본 교육과정으로 학교급별이 아닌 학년의 개념으로 이해하여 초·중·고등학교(1학년)가 똑같은 교과명으로 통일하고 교과의 내용이 고학년으로 올라가면서 나선형적 구조를 유지하도록 초·중등학교 교육과정을 국가 수준의 교육과정으로 고시하였음은 전항에서 밝힌 바 있다. 반면 초등학교에서는 유아교육의 본질로 여기는 통합지도(integrated learning)의 개념을 초등학교 1, 2학년에서 수용하여 2~3개의 교과와 유치원과 같이 발달과 생활 경험을 묶어 바른생활, 즐거운 생활, 슬기로운 생활 등 통합교과가 출현하는 등 유아교육기관과 초등학교 교육과정을 연계시키고 있다. 이렇게 연계시킴으로써 자연스럽게 유치원의 발달과 생활 경험으로 통합된 5개 생활 영역이 교과의 성격을 가지고 초등학교 1학년 교과와 자연스럽게 연계되고 있다. 또한 초등학교의 교과에서 종전에 '단원' 이라는 용어를 유치원과 같이 '주제' 로 대치하였다. 따라서 다음에서 이들 교과의 성격인 유치원의 5대 생활 영역과 초등학교의 교과로 이루어진 교육과정과의 연계 상황을 그림화하면 다음과 같다.

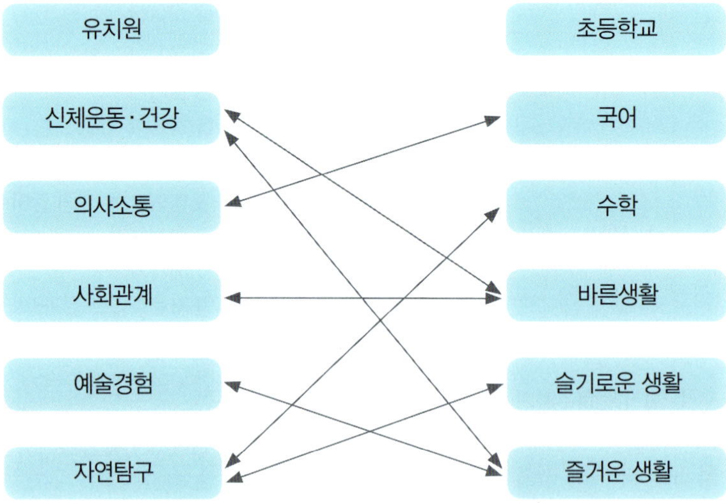

그림 Ⅰ-2 유·초등(1학년)교과의 연계

〈그림 Ⅰ-2〉에서 보는 바와 같이 유치원의 5대 영역과 초등학교 1학년 5개 교과가 밀접하게 연계되어 있다. 특히 유치원의 신체운동·건강, 자연탐구 영역은 초등학교 두 개 교과와 초등학교의 바른생활, 즐거운 생활 교과는 유치원의 2개 영역과 상호복합적으로 연계되어 있다. 또한 2012 유치원 누리과정(5세)에서는 11개의 생활 주제를 개발하였고 초등학교의 통합교과에서도 8개의 대주제를 개발하여 통합시키고 유치원과 같이 종전의 '단원'을 '주제'로 통일하는 등 교과 지도의 성격을 같이 하였다.

표 Ⅰ-4 생활 주제(유), 초등학교 1·2학년(대주제)의 연계

유치원(생활 주제)	초등학교 1·2학년(대주제)
① 유치원/어린이집과 나	① 학교와 나
② 나의 가족	② 가족
③ 우리동네	③ 이웃
④ 동식물과 자연	
⑤ 건강과 안전	
⑥ 생활도구	
⑦ 교통기관	
⑧ 우리나라	④ 우리나라
⑨ 세계 여러나라	
⑩ 환경과 생활	
⑪ 봄, 여름, 가을, 겨울	⑤ 봄 ⑥ 여름 ⑦ 가을 ⑧ 겨울

3 교과교육의 변천과정

1. 교육과정의 변천과정에서 본 교과 내용

교육과정이 사회와 시대의 변화에 따른 사회적 요구에 따라 변하여 왔는데 교육과정의 변천과정에 따라 교과 내용이 어떻게 변화되었는가를 밝혀보기로 한다.

(1) 교과중심 교육과정

교과중심 교육과정은 학교교육이 시작된 이래 1920년대 말까지의 본질주의 교육사조에 근거한 교수 요목중심 교육과정이다. 교과중심 교육과정은 학교의 지도하에 학생이

배우는 모든 교과와 교재를 중시한다. 교과중심 교육과정은 철학적 관점을 분류 기준으로 삼을 경우, 전통주의적 입장이라고 볼 수 있고 문화유산이 주된 교육 내용이 되며 일시적이고 단편적이고 실제적인 것보다는 항구적인 가치를 지닌 본질적인 내용으로 원리, 원칙, 이론 등 지식이나 학문을 교과 내용으로 삼는다.

(2) 경험중심 교육과정

경험중심 교육과정은 1930년대부터 1950년대까지 미국의 진보주의 교육사조를 배경으로 하고 있다. 경험중심 교육과정은 '학교의 지도하에 학습자가 갖게 되는 모든 경험'으로 보며 교육의 수단과 목적이 하나의 과정 즉 경험과 분리될 수 없다는 입장으로 교사와 학생간의 상호작용을 중시한다. 따라서 교과구성에서 학습자의 흥미, 필요, 요구에 기초해서 자발적으로 생기는 경험에 중점을 둔다. 따라서 경험중심 교육과정은 교과중심 교육과정과 많은 차이가 있어 지식과 학문으로 구성되는 교과 내용보다는 학습자의 생활 경험과 일상생활 속에서 해결해야 되는 생활 과제를 중시한다.

(3) 학문중심 교육과정

학문중심 교육과정은 '각 학문에 내재한 지식 탐구과정의 조직'으로 보고 1960년대 초에 출현한 교육과정으로 경험중심 교육과정이 체계적인 지식의 교수에 소홀함을 지적하고 있다. 학문중심 교육과정은 지식이나 학문의 구조를 가르쳐야 한다는 입장이다. 지식이나 학문의 구조는 학습의 전이를 높이며 기억을 오래가게 할 뿐만 아니라 고등 지식과 기초 지식간의 간격을 좁힐 수 있다고 주장한다. 학문중심 교육과정도 교과중심 교육과정과 마찬가지로 철학적 관점의 분류에서는 전통주의적 입장에 기초하고 있다. 학문중심 교육과정이 교과중심 교육과정과 같이 지식이나 학문을 교과 내용으로 여기기는 하나 전이력이 높은 '지식의 구조'를 더욱 중시한다. 또한 교수 학습의 방법으로는 교과중심 교육과정의 교과중심, 설명 위주의 교수 학습 방법에서 탈피하여 탐구적방법(inquiry method)을 중시한다.

(4) 인간중심 교육과정

1970년대에 출현한 인간중심 교육과정은 인간의 성장가능성을 최대한 신장시키고 개인적으로 만족스러운 삶을 살 수 있도록 도와줌으로써 개인의 자아실현을 지향하는데 궁극적인 목적을 둔다. 인간중심 교육과정은 철학적인 관점에서 볼 때 진보적인 입장을 취한다. 또한 인간중심 교육과정은 표면적 교육과정(manifest curriculum)과 더불어 잠재적 교육과정(latent curriculum)을 중시하여 의도적으로 조성된 학교문화나 풍토에 영향을 받아 자연적으로 학습되는 부분이 많다고 주장한다. 특히 인간에게 잠재되어 있는 잠재가능성을 최대한 계발하는데 주안점을 둔다. 인간 중심 교육과정에서 교과의 내용은 비문서화 될 수도 있고 지식, 학문보다 생활 경험, 잠재성의 개발, 인간적인 관계를 더 중시한다.

이상에서 사회와 시대 변화에 따른 사회적 요구에 따라 교과중심 교육과정, 경험중심 교육과정, 학문중심 교육과정, 인간중심 교육과정별로 교육과정의 개념과 특성 그리고 주된 교과 내용이 무엇인가를 살펴보았다. 그러면 오늘날 누리교육과정, 제3차 표준 보육과정에서의 교과 내용은 어떤 성격의 것이어야 하는가의 문제이다.

앞절에서 밝힌 바와 같이 4가지 유형의 교육과정이 모두 동일하게 본질적인 속성을 유지하면서 지식체계에 비중을 많이 두느냐, 지식의 기본 개념, 기본적인 핵심 개념인 지식의 구조에 비중을 많이 두느냐, 생활 경험에 비중을 많이 두느냐, 잠재가능성 계발에 비중을 많이 두느냐, 인간관계에 더 많은 비중을 두느냐? 하는 등 교육과정마다 강조하는 차별성과 특수성이 있다. 따라서 우리는 누리교육과정과 제3차 표준보육과정은 현실적으로 위에서 설명한 4가지 교육과정의 유형에 따른 특수성을 모두 수용하는 포괄적이고 총체적인 교육과정이라고 본다. 이 말은 전항 교과 내용의 개념에서 밝힌 바와 같이 교과 내용은 지식, 학문과 생활 경험을 모두 포함시켜 정의한 것과 같은 맥락에서이다.

2. 유아교육과정의 변천과정에서 본 교과 내용

유치원과 어린이집의 교육과정과 보육과정의 변천과정에서 교과의 성격이 어떻게 변화되었는가를 알아본다.

(1) 유치원 교육과정의 변천과정

우리나라 유치원 교육과정은 1969년에 처음으로 제정·공포된 이후, 1979년, 1981년, 1987년, 1992년, 1998년, 2007년 개정, 2012누리과정에 이르기까지 일곱 차례에 걸쳐 개정, 고시되어 왔는데 각 시기의 교육과정별로 교과 내용을 지면 관계상 간략하게 기술한다.

① **제1차 유치원 교육과정 시기**(1969.2.19. 문교부령 제 207호)

㉠ 성격

- 유치원교육의 목표, 영역, 수업일수, 운영 방법에 관한 최초의 지침
- 유치원 교육환경을 개선하는 법적 근거 마련

㉡ 내용

- 목적 : 건강한 신체와 건강한 정신으로 생활할 수 있는 유능한 한국인 육성
- 영역 : 건강생활, 사회생활, 자연생활, 언어생활, 예능생활 영역
- 교과일수 1일 교육시간 : 연간 220일 이상, 1일 3시간(180분)
- 교육 방법 : 흥미 중심 교육, 놀이 중심 교육, 개인차를 고려한 교육, 통합교육, 다양하고 균형적인 지도, 가정과의 긴밀한 협력

② **제2차 유치원 교육과정 시기**(1979.3.1. 문교부고시 제 424호)

㉠ 성격

- 국민교육헌장 이념, 유신이념을 기초로 국민적 자질의 함양, 인간교육의 강조, 지식·기술 교육 쇄신을 기본 방침으로 설정

㉡ 교과 내용

- 목적 : 남과 잘 사귀고, 더불어 생활하는 것을 즐기게 하며, 표현하는 능력, 습관 태도를 기르고, 탐구능력, 언어구사력, 기초적인 운동능력, 건강 및 안전 생활습관 배양
- 영역 : 사회·정서 발달, 인지 발달, 언어 발달, 신체 및 건강 발달 영역
- 교과일수, 주간 1일 교육시간 : 연간 200일, 주당 18~24시간, 1일 3~4시간
- 교육 방법 : 지역사회, 학교 실정에 적합한 계획과 운영, 통합적 학습, 흥미 중심 학습, 놀이
- 자료 : '유치원 교사용 지도서' 개발 ·보급

③ **제 3차 유치원 교육과정 시기**(1981.12.31. 문교부고시 제442호)

㉠ 성격

- 초·중등학교 교육과정 개정과 상호연계성 속에서 한국교육개발원이 주관하여 교육과정 개발

㉡ 교과 내용

- 목적 : 유아에게 알맞은 교육환경을 마련해 주어 전인적으로 성장 발달 도모
- 영역 : 신체 발달, 정서 발달, 언어 발달, 인지 발달, 사회성 발달 영역

- 교과일수, 1일 교육시간 : 연간 180일, 1일 3~4시간
- 교육 방법 : 융통성 있는 교육과정 운영계획 수립, 교육자료 확보·활용, 다양한 학습 활동, 발달 영역 간의 통합적 지도, 개인차와 흥미, 놀이 중심 지도, 가정과의 연계 지도, 평가지침 제시
- 자료 : '유치원 새교육과정' 개요 발간

④ 제4차 유치원 교육과정 시기(1987.6.30. 문교부고시 제87-9호)

㉠ 성격

- 교육목표의 재구성 및 조정, 교육 내용 설정 및 구성의 융통성 확대, 교육자료의 풍부화·다양화, 평가활동의 정상화 등 구체적인 방향으로 구성

㉡ 교과 내용

- 목적 : 건강한 사람, 자주적인 사람, 창조적인 사람, 도덕적인 사람 배양에 역점
- 영역 : 신체 발달, 언어 발달, 인지 발달, 정서 발달, 사회성 발달 영역
- 교과일수, 주간 1일 교육시간 : 연간 180일, 1일 3시간 기준
- 교육 내용 : 교육목표 수준 제시, 교육 내용은 자율적으로 선정
- 지도상의 유의점 : 통합적 운영, 유아 흥미 중심 교육, 유아 놀이 중심 교육 강조

⑤ 제5차 유치원 교육과정 시기(1992.9.30. 교육부고시 1992-15호)

㉠ 성격

- 한국유아교육학회에서 연구·개발

㉡ 교과 내용

- 입학연령 조정 : 만 4~5세에서 만 3~5세로 조정
- 교육 내용 수준 : 공통 수준, Ⅰ수준, Ⅱ수준으로 구분
- 수준별 교육과정 도입 : 국가 수준 교육과정, 지역 수준 교육과정, 학교 수준 교육과정
- 교육과정 운영 : 종일반 운영, 읽기·쓰기 교육지침 제시
- 목표 : 건강한 사람, 자주적인 사람, 창조적인 사람, 도덕적인 사람
- 구성 중심 : 기본 교육의 강조, 유아의 흥미·요구·개별성의 존중, 놀이 중심 교육, 유아의 전인적인 성장 발달 도모
- 영역 : 건강생활, 사회생활, 표현생활, 언어생활, 탐구생활 영역
- 교육일수, 1일 교육시간 : 연간 180일, 1일 교육시간 180분

⑥ 제6차 유치원 교육과정 시기(1998.6.30. 교육부고시 1998-10호)

㉠ 성격

- 대통령 자문기구인 교육개혁위원회가 1995년 5월 3일 정보화, 세계화 시대에 대비하여 신교육 체제 수립을 위한 교육개혁 방안의 하나로 교육과정 개편작업 착수

㉡ 교과 내용

- 목표 : 건전한 인성과 창의성을 계발하는 기초, 기본 교육의 충실
- 내용 : 세계화·정보화에 적응할 수 있는 자기주도적 학습능력 신장
- 운영 : 유아의 능력, 적성에 적합한 유아 중심 교육의 실천
- 제도 : 지역 및 유치원 교육과정 편성·운영의 자율성 확대
- 영역 : 건강생활, 사회생활, 표현생활, 언어생활, 탐구생활 영역
- 개정 중심
  - 학습 내용의 정선 및 수준별 적절성 도모
  - 교육시간 운영의 다양성 추구
  - 기본생활 습관 및 협동적인 생활태도 강조
  - 감성계발 교육의 강조
  - 창의성과 정보능력 함양교육의 강화
  - 세계화에 대비한 전통 문화교육의 충실

⑦ 2007 개정 유치원 교육과정 시기(2007.12.19. 교육부고시 제2007-153호)

㉠ 성격

- 국가 수준의 공통성과 지역, 유치원, 개인 수준의 다양성을 동시에 추구하고 전인적인 성장 발달, 자율성, 창의성, 통합교육, 유아교육에 관련된 다양한 계층의 참여, 교육의 질적 수준 유지, 관리를 위한 교육과정

㉡ 교과 내용

- 목표 : 유아에게 알맞은 교육환경을 제공하여 유아를 교육하고 심신의 조화로운 발달을 도모
- 내용 : 질서, 배려, 협력, 자율성, 창의성, 사람과 자연존중 교육강화
- 운영 : 유아의 능력, 적성에 적합한 유아중심 교육의 실천
- 영역 : 건강생활, 사회생활, 표현생활, 언어생활, 탐구생활 영역
- 교육일수 : 연간 180일, 1일 교육시간 180분, 최소 기준을 유치원에서 자율적으로 관리

⑧ **누리과정**

㉠ 성격

2012년 제3차 위기관리 대책회의(12.1.18)에 의거 현재 이원화되어 있는 유치원 교육과정과 어린이집 표준보육과정을 3~5세 누리과정으로 일원화

㉡ 교과 내용

- 목적 : 심신의 건강과 조화로운 발달을 도와 민주 시민의 기초를 형성
- 영역 : 신체운동·건강, 의사소통, 사회관계, 예술경험, 자연탐구 영역
- 교육일수 : 연간 180일, 1일 3~5시간을 기본 과정으로 하고 이후 방과후 과정으로 함
- 강조점
  - 총론의 구성체계와 내용 강화
  - 3~5세 누리과정의 구성 방향과 구성체계를 유지
  - 영역별 목표 제시 및 연령별 내용 강조
  - 기본생활 습관과 인성교육의 지속적 강조
  - 초등학교 교육과정과 0~2세 표준보육과정과의 연계성 고려
- 교수 방법
  - 놀이 중심 교수학습활동
  - 흥미 존중
  - 유아 생활속 경험을 소재로 활용
  - 능동적인 상호작용
  - 통합교육
  - 균형적인 교육
  - 개별화교육

(2) 0~2세 어린이집 표준보육과정의 변천과정

2005년 여성가족부가 '표준보육과정'을 연구, 개발하고 2006년 11월 10일 영유아보육법 시행규칙 제30조 관련 표준보육과정령을 개정하였고 2007년 1월 3일 최초의 '표준보육과정의 구체적 보육 내용'(여성가족부고시 제2007-1호)을 고시하기에 이르렀다. '표준보육과정'이 고시됨에 따라 2007년부터 2세 미만 보육과정, 2세 보육과정, 3~5세 보육과정이 보육 현장에 적용되어 왔다. 그런데 2011년 5월 2일, 국무총리 주재로 어린이집과 유

치원에서 이원화로 운영되던 '표준보육과정'과 '유치원 교육과정'을 통합한 공통과정을 제정하겠다고 발표하였다. 이로 이해 '표준보육과정' 고시는 잠시 유보되었고, 우선 최초의 어린이집·유치원 공통과정인 '5세 누리과정'을 제정하여 2011년 9월에 고시하기에 이르렀다. '5세 누리과정' 제정에 이어서 2013년부터 3~4세까지 누리과정을 확대한다는 도입계획이 발표되었다. 2012년 3월부터 '5세 누리과정'과 연계하여 '3~4세 연령별 누리과정'이 개발되어 2012년 3월부터 '5세 누리과정'과 '3~4세 연령별 누리과정'이 개발되어 2012년 7월에 고시되었고 동시에 기존의 '5세 누리과정'이 개정되었다(보건복지부 고시 제2012-82호). 어린이집 0~5세 영유아의 연속적 경험과 발달적 연계를 위하여 '제2차 표준보육과정' 중 '3~5세 연령별 누리과정'의 목표와 내용을 고려하여 '0~1세 보육과정', '2세 보육과정'을 개정하였다. 0~2세 어린이집 표준보육과정의 변천과정을 표로 나타내면 〈표 Ⅰ-5〉와 같다. 보육과정 변천에 따른 교육 내용을 다음에서 알아본다.

표 Ⅰ-5 어린이집 표준보육과정 변천과정의 개요

월일	변천과정	주요 내용
1991	영유아보육법 제정	보육의 법적 토대 구축
2004	영유아보육법 제29조 개정	표준보육과정 개발 및 보급을 위한 근거 마련
2005	여성가족부 '표준보육과정' 연구	
2006.11.10	여성가족부, 영유아보육법 시행규칙 제30조 개정	표준보육과정령 개정
2007.1.3	여성가족부 고시 제2007-1호 표준보육과정 고시	표준보육과정의 구체적 보육 내용 제시
2007.3	보육과정의 보육현장 적용	2세 미만 보육과정, 2세 보육과정, 3~5세 보육과정 적용
2010.6	표준보육과정 개정안 연구	제1차 표준보육과정 개정의 필요성 대두
2011.3	표준보육과정 공청회 예정	공청회 무산
2011.5.2	국무회의 발표	통합교육과정 제정 발표
2011.9	보건복지부고시	5세 누리과정 고시
2012.2	보건복지부 제2차 표준보육과정 고시	0~4세 영유아 대상 보육과정
2012.7	보건복지부 고시 제2012-82호	3~4세 연령별 누리과정
2013.1	보건복지부 고시 제2013-8호, 제3차 어린이집 표준보육과정	누리과정을 포함한 '제3차 어린이집 표준보육과정'

① 추구하는 인간상의 비교

우리나라 어린이집 표준보육과정은 2007년 1월 제1차 표준보육과정 공포 이래 2012년 1월 제2차 표준보육과정, 2013년 1월 제3차 표준보육과정에 이르기까지 추구하는 인간상, 구성체계, 영역, 내용 범주, 내용의 수준별 기준 등이 어떻게 변경되었는가를 알아본다. 제2차 표준보육과정은 고시되었으나 누리과정 제정으로 보육과정 해설서와 교사 지도서의 발간이 보류되어 다음 분석에서 제외하였다.

표 I-6 '추구하는 인간상'의 비교

제1차 어린이집 표준보육과정(2007)	제3차 어린이집 표준보육과정(2013)
1. 자율적인 사람 2. 창의적인 사람 3. 다양성을 인정하는 사람 4. 민주적인 사람 5. 우리문화를 사랑하는 사람	1. 심신이 건강하고 행복한 사람 2. 자율적이고 창의적인 사람 3. 자신과 타인을 존중하고 배려하는 사람 4. 자연과 우리문화를 사랑하는 사람 5. 다양성을 인정하는 민주적인 사람

㉠ 제1차 어린이집 표준보육과정 고시(2007) 이후 일관되게 '추구하는 인간상'을 제시하여 보육을 통해 형성시켜 주려는 보육의 목표가 뚜렷이 제시되어 전국의 모든 어린이집에서 표준보육과정을 편성, 운영하는 방향이 명확하게 안내되고 있다. '추구하는 인간상'은 유치원, 초등학교 교육과정에서도 일관되게 제시되어 왔다.

㉡ 제1차 표준보육과정, 제3차 표준보육과정에 제시된 '추구하는 인간상'의 내용에도 별 차이가 없이 일관되게 설정되어 있다.

② 구성방침(체계)

구성방침(체계)을 비교해 보면 다음과 같다.

표 I-7 구성방침(체계)의 비교

제1차 어린이집 표준보육과정(2007)	제3차 어린이집 표준보육과정(2013)
1. 0~1세, 2세, 3~5세 보육과정으로 구분하여 구성 2. 연령에 관계없이 6개 영역으로 구성 3. 각 영역은 연령 집단별로 구분 4. 각 연령집단별 보육 내용은 수준으로 나누어 구분	1. 0~1세, 2세, 3~5세 보육과정으로 구분하여 구성 2. 영역, 내용 범주, 내용, 세부 내용으로 구성 3. 0~1세, 2세 보육과정은 수준별, 3~5세 보육과정은 연령별로 구성 4. 0~1세, 2세 보육과정은 각각 6개 영역, 3~5세는 5개 영역으로 구성 5. 3~5세 보육과정은 초등학교 교육과정과 연계성 고려

㉠ 제1차 어린이집 표준보육과정(2007)은 연령 구분 없이 6개 영역으로 구성되었으나 제3차 어린이집 표준보육과정(2013)은 0~1세, 2세 보육과정은 6개 영역, 3~5세 보육과정은 5개 영역으로 구성되었다.

㉡ 제1차 어린이집 표준보육과정(2007)에서는 지도 내용이 6개 영역에 걸쳐 연령별로 여러 개의 수준으로 구분되었으나 제3차 어린이집 표준보육과정(2013)에서는 0~1세, 2세 보육과정만이 여러 개의 수준으로 구분되어 있다. 또한 3~5세 표준보육과정은 연령별로 구성되었으며 또한 초등학교 교육과정과 연계성이 고려되어 초등학교에의 적응교육이 고려되고 있다.

③ 영역

영역을 비교해 보면 다음과 같다.

표 Ⅰ-8 영역비교

제1차 어린이집 표준보육과정(2007)	제3차 어린이집 표준보육과정(2013)
• 기본생활 • 신체운동 • 사회관계 • 의사소통 • 자연탐구 • 예술경험	1. 0~1세, 2세 표준보육과정 : 6개 영역 • 기본생활 • 신체운동 • 사회관계 • 의사소통 • 자연탐구 • 예술경험 2. 3~5세 표준보육과정 : 5개 영역 • 신체운동·건강 • 사회관계 • 의사소통 • 자연탐구 • 예술경험

㉠ 제1차 어린이집 표준보육과정(2007)에서는 연령의 구분 없이 6개 영역으로 구성되었으나 제3차 어린이집 표준보육과정(2013)에서는 0~1세, 2세 보육과정은 6개 영역으로, 3~5세 표준보육과정은 5개 영역으로 구성되었다.

㉡ 3~5세 표준보육과정의 경우, 제1차 어린이집 표준보육과정(2007)에서는 기본생활 영역과 신체운동 영역으로 구분되었으나 제3차 어린이집 표준보육과정(2013)에서는 2개 영역이 신체운동·건강 영역으로 통합되었다. 그러나 내용 범주나 지도 내용에는 차이가 없다.

표 Ⅰ-9

<table>
<tr><th>제1차 어린이집 표준보육과정(2007)</th><th colspan="4">제3차 어린이집 표준보육과정(2013)</th></tr>
<tr><td rowspan="9">0~1세, 2세, 3~5세
영역별 내용 범주
1. 기본생활
• 건강한 생활
• 안전한 생활
• 바른 생활
2. 신체운동
• 감각과 신체 인식
• 신체조절과 기본 운동
• 신체활동 참여
3. 사회관계
• 자기존중
• 정서인식과 조절
• 사회적 관계
• 사회적 지식
4. 의사소통
• 듣기
• 말하기
• 읽기
• 쓰기
5. 자연탐구
• 탐구적 태도
• 수학적 탐구
• 과학적 탐구
6. 예술경험
• 심미적 탐색
• 예절적 표현
• 예술감상</td><td colspan="4">연령별, 영역별, 내용 범주</td></tr>
<tr><th>영역</th><th>0~1세</th><th>2세</th><th>3~5세</th></tr>
<tr><td>1. 기본생활</td><td>• 건강하게 생활하기
• 안전하게 생활하기</td><td>• 건강하게 생활하기
• 안전하게 생활하기</td><td>• 신체인식하기
• 신체조절과 기본 운동하기</td></tr>
<tr><td>2. 신체운동</td><td>• 감각과 신체 인식하기
• 신체조절과 기본 운동하기
• 신체활동에 참여하기</td><td>• 감각과 신체 인식하기
• 신체조절과 기본 운동하기
• 신체활동에 참여하기</td><td>• 신체활동에 참여하기
• 건강하게 생활하기
• 안전하게 생활하기</td></tr>
<tr><td>3. 의사소통</td><td>• 듣기
• 말하기
• 읽기
• 쓰기</td><td>• 듣기
• 말하기
• 읽기
• 쓰기</td><td>• 듣기
• 말하기
• 읽기
• 쓰기</td></tr>
<tr><td>4. 사회관계</td><td>• 나를 알고 존중하기
• 나와 다른 사람의 감정 알기
• 더불어 생활하기</td><td>• 나를 알고 존중하기
• 나와 다른 사람의 감정 알기
• 더불어 생활하기</td><td>• 나를 알고 존중하기
• 나와 다른 사람의 감정 알고 조절하기
• 가족을 소중히 여기기
• 다른 사람과 더불어 생활하기
• 사회에 관심갖기</td></tr>
<tr><td>5. 예술경험</td><td>• 아름다움 찾아보기
• 예술적 표현하기
• 예술감상하기</td><td>• 아름다움 찾아보기
• 예술적 표현하기
• 예술감상하기</td><td>• 아름다움 찾아보기
• 예술적 표현하기
• 예술감상하기</td></tr>
<tr><td>6. 자연탐구</td><td>• 탐구하는 태도 기르기
• 수학적 탐구하기
• 과학적 탐구하기</td><td>• 탐구하는 태도 기르기
• 수학적 탐구하기
• 과학적 탐구하기</td><td>• 탐구하는 태도 기르기
• 수학적 탐구하기
• 과학적 탐구하기</td></tr>
<tr><td>계</td><td>18</td><td>18</td><td>20</td></tr>
</table>

※ 3~5세는 기본생활 영역과 신체운동 영역이 신체운동·건강 영역으로 통합되어 있음

④ **내용 범주**

내용 범주를 비교해 보면 〈표 Ⅰ-9〉와 같다.

㉠ 제1차 어린이집 표준보육과정(2007)에서는 연령에 상관없이 내용 범주가 6개 영역에 걸쳐 20개의 내용 범주로 구성되었으나 제3차 어린이집 표준보육과정(2013)에서는 내용 범주가 0~1세 보육 과정과 2세 보육과정은 각각 18개로 구성되고 3~5세 보육과정은 20개로 구성되어 있어 3~5세 보육과정의 내용 범주 수가 2개 더 많다.

㉡ 제1차 어린이집 표준보육과정(2007)의 기본생활 영역과 신체운동 영역이 제3차 어린이집 표준보육과정(2013)에서는 신체운동·건강 영역으로 통합되어 5개의 내용 범주로 구성되었다.

㉢ 제1차 어린이집 표준보육과정(2007)과 제3차 어린이집 표준보육과정(2013)의 내용 범주에는 차이가 없어 연령별 지도 내용의 계열성을 유지하고 있다.

2 교과교육과 교수 · 학습 방법

전장에서 교과교육을 '교과를 교육하는 학문'으로 좀더 구체적으로 기술하면 유아교육기관의 '표준보육과정'과 '누리과정' 내 각 영역의 효율적인 통합 지도를 위하여 각 영역별로 지도되어야 할 학문과 지식 내용, 계획안 작성, 학습여건 조성, 지도 방법, 평가 등에 걸쳐 총체적으로 구체적인 방법을 이해시키는 교육'으로 정의하였는 바 이 정의를 크게 나누어 보면 첫째, 유아들에게 지도할 교과 내용은 무엇인가?, 둘째, 효율적인 유아지도를 위한 계획안 작성, 학습여건 조성, 지도 방법, 평가 등에 걸쳐 교수·학습 지도에 필요한 기능을 어떻게 터득시켜 줄 것인가?의 두 부분으로 나누어진다. 첫째, 지도할 교과 내용은 제1장에서 다루어진 바 본 장에서는 두 번째의 내용으로 교수·학습의 개념, 교수·학습의 원리, 교수·학습의 기본 유형, 교수·학습 방법의 유형에 대하여 기술한다.

1 교수 · 학습의 이해

1. 교수-학습의 개념

교육활동 가운데 교수-학습활동이 가장 핵심적이고 중요한 활동이다. 왜냐하면 당해 유아교육기관에서 설정한 기관 또는 학급 경영 목표는 교수-학습활동을 통하여 구현되기 때문이다. 또한 교수-학습활동은 교수와 학습의 합성어로서 서로 상대적인 입장을 취하면서 교육은 그 주체인 교사의 교수활동과 그 객체인 학습자의 학습활동이 상호유기적인 관련성을 유지할 때 제대로 구현된다. 먼저 교수란 영어의 'teaching'이나 'instruction'이 번역된 것이다. 또 어떤 때는 수업으로 번역되기도 하는데, 이는 학습자들이 무엇인가를 배울 수 있도록 도와주는 일련의 활동으로 정의됨으로써 교수와 수업을 같은 의미로 보는 경우가 많다.

(1) 교수의 개념

교수의 개념을 여러 학자들의 견해를 종합하여 오만록(2001)은 '학습능률(학습효과)을 극대화하기 위한 조건형성 과정'으로 보면서 교수 활동에는 첫째, 가르치기 위해서는 무엇을 가르칠 것인가에 대한 명확하고 분명한 의도가 전제되어야 하고, 둘째, 의도된 학습을 학습자가 성취할 수 있도록 그들의 학습 환경을 계획적으로 조작해야 한다고 보았다. 또한 박상호 외(1995)는 '학습자로 하여금 知, 情, 德를 포함한 특정한 학습목표를 달성시키기 위한 환경을 계획적으로 조작하는 의도적이며 유목적인 활동'으로 정의하고 있다.

(2) 학습의 개념

학습이란 새로운 지식, 기능, 행동을 습득하고 보유하여 인간다운 사회생활을 영위할 수 있도록 재체제화되어 가는 과정으로 새로운 지식·기능·행동의 반복·연습 과정, 새로운 지식·기능·행동 등의 생활에의 활용·응용 과정을 포함한다.

교수와 학습의 개념을 명확히 하기 위하여 다음에서 교수와 학습의 관계, 교수와 수업의 관계, 교수와 학습지도의 관계를 생각해 보기로 한다.

2. 교수와 학습의 관계

교수와 학습의 관계를 정리하면 다음과 같다.

첫째, 교수는 교수가 주체가 되어 특정한 학습목표를 구현시키기 위하여 교재를 학생에게 제시하거나 전달하는 등 환경을 계획적으로 조작하는 것이고, 학습은 일반적으로 학생이 주체가 되어 학생의 자발적인 행동에 의한 자신의 행동 변화라고 할 수 있다.

둘째, 교수는 교사가 주체가 된 독립 변인으로 학생에게 작용하는 기능을 가지나, 학습은 학생이 주체가 된 종속 변인으로 교사의 작용을 받아 행동의 변화를 가져오게 된다. 따라서 교육에서는 학생이 학습을 통하여 바람직한 행동의 변화를 가져올 수 있도록 교사가 최적한 설계(학습 환경의 조작)를 하는 것이 중요하다.

셋째, 교수와 학습은 상호 밀접한 관계가 있어 교수가 학습의 극대화를 기하기 위한 처방적 활동이라면, 학습은 교수의 결과 얻어진 행동의 변화이며 또한 기습득된 행동의 변화에 따라 교수 즉, 처방적 활동이 이루어지는 등 교수와 학습은 순환적 관계에 있다.

3. 교수와 수업의 관계

이병진(1999)은 교수와 수업의 개념을 다음과 같이 정의한다. 첫째, 교수는 학생에게 전달하려는 내용의 성질이나 자극하려는 학생의 지적·탐구적 특성 등의 내용을 전달하는 데 적용되는 말임에 비해 수업은 학생의 모든 능력을 자극하는 포괄적인 내용의 전달을 의미한다. 둘째, 교수는 수업보다 포괄적이다. 이는 수업이 좀 더 의도적인 것과 비의도적인 것을 모두 포함한다는 점에서 수업보다 포괄적이다. 이는 수업이 좀 더 의도적인 목표달성을 계획한다는 뜻이다. 셋째, 교수는 교사와 학생 간의 인격적 상호작용을 전제하고 있는 데 비하여 수업은 반드시 인격적 상호작용을 전제로 하지는 않는다. 이런 점에서 교수는 수업보다 포괄적이다.

4. 교수와 학습지도의 관계

교수와 학습지도의 관계를 오만록(2001)은 학습지도란 '학생이 학습목표를 효과적으로 달성할 수 있도록 자극하고 도와주는 교육활동'을 말한다. 반면 교수는 '학생의 인지적·정의적·기능적 행동 특성의 변화를 촉진하기 위하여 외적 환경을 조작하는 과정'으로서 학습을 돕고 촉진시키며 학생들로 하여금 특정 행동을 습득하도록 자극하고 도와주는 것을 말한다. 그렇기 때문에 교수는 사실상 학습지도와 같은 뜻으로 이해될 수 있다. 단지, 교수의 개념에서는 교사의 활동이 더 강조되고 학습지도의 개념에서는 학생의 활동이 더 강조될 뿐이다.

5. 교수-학습과정의 개념

학교교육과 관련하여 학습을 학생들의 성장 발달에 타당한 행동의 계속적인 변화 과정으로 보고, 교수를 이러한 학습이 효율적으로 일어날 수 있도록 조력하는 과정으로 정의한다면, 교수–학습과정은 교수와 학습의 두 활동이 동시적으로 일어나고 있는 과정으로 개념화할 수 있다. 두 개념 사이의 성격상의 차이에도 불구하고 교수와 학습은 서로 모순 없이 통합되고 있다. 이러한 통합은 교실 수업 장면에서 보다 분명히 인식될 수 있다. 학생의 성장 발달에 관련되는 바람직한 학습과제가 제시되고 이러한 과제를 중심으로 교사와 학생이 긴밀하게 상호작용하고 있다. 학생의 입장에서 보면 교수–학습과정은 교사의 조력 아래 정해진 학습과제를 학습해 나가는 과정이며 교사의 입장에서 보면 그것은 학생의 학습이 성공적으로 일어날 수 있도록 의도적으로 필요한 여러 가지 학습 조건을 조성하고 학생과 상호작용하는 과정으로 볼 수 있다. 이러한 관점에서 보면, 교수–학습과정은 '일정한 학습과제의 성공적인 학습을 위하여 의도적으로 조성된 조건 아래에서 교사와 학생이 상호작용하는 과정'으로 정의될 수 있다. 그리고 다음과 같은 몇 가지 기본적인 특성을 가지고 있다.

(1) 교수–학습과정은 의도적·계획적 과정이다. 학생의 바람직한 효율적 학습을 달성하기 위하여 교수 학습과정은 적절한 학습 과제가 제시되고 여러 가지 조건이 조성·정비되며 그러한 조건 아래에서 교사와 학생이 정해진 절차와 방법으로 의도적인 상호작용을 하는 과정이다.

(2) 교수–학습과정은 일정한 학습 과제의 성공적인 학습을 목적으로 계획되고 운영된다. 교수–학습과정은 그것을 학생의 입장에서 보든, 교사의 입장에서 보든 그 목적은 학생이 성공적인 학습을 하는 데 노력이 집중되는 것이다.

(3) 교수–학습과정은 교사와 학생이 상호작용하는 과정이다. 학생의 입장에서 보면 교수–학습과정은 정해진 학습 과제의 성공적인 학습을 위하여 교사의 조력 아래 직접 학습에 매진하는 과정이며, 교사의 입장에서 보면 학생의 학습을 조력하는 과정이다. 따라서 교수–학습과정은 일정한 학습과제를 중심으로 교사와 학생이 역동적으로 상호작용하는 장면이다.

2 교수·학습의 원리

교수·학습이 효율적으로 이루어지기 위해서는 많은 변인이 복합적으로 작용한다. 예를 들면, 교사변인으로는 교직에 대한 사명감을 근간으로 하여 인성, 소명의식, 유아에 대한 이해와 사랑, 학문적 소양 및 지도 기술 등을 들 수 있고 유아변인으로는 유아의 발달적 특성과 흥미, 요구, 학습에 대한 호기심, 탐구의욕, 학습동기, 긍정적이고 적극적인 성향, 안정된 정서와 인내심 등이 있을 수 있으며 유아교육기관의 변인으로는 심리적, 물리적 환경이 있는데 심리적 환경으로는 기관의 분위기, 풍토, 전통 등을 들 수 있고 물리적 환경으로는 유아교육에 최적하고 풍부한 시설, 교재, 교구 등을 들 수 있다. 또한, 가정의 변인으로는 부모의 유아교육에 대한 관심과 이해, 바람직한 유아교육관, 부모의 온화한 인성 및 발달 수준에 맞는 성취기대, 유아에 대한 배려와 사랑, 정서적 안정감 등이 상호 복합적으로 작용하여 교수·학습의 수준을 결정하게 한다. 따라서 교사는 교수·학습의 철학적·심리적 기초, 사회적 기초외에도 앞에서 열거한 교수·학습에 영향을 주는 교사, 유아, 유아교육기관, 가정의 변인 등을 고려하여 모든 유아들에게 공통적으로 적용해야 하는 학습의 원리를 생각할 수 있다. 따라서 본 절에서는 놀이 중심의 원리, 통합의 원리, 흥미의 원리, 생활중심의 원리, 개별화의 원리, 균형의 원리, 탐구학습의 원리, 상호작용의 원리에 국한하여 기술하기로 한다.

1. 놀이 중심의 원리

영·유아의 학습에서 놀이가 중심이 되어야 한다는 의미는 다양한 놀이를 통하여 학습이 이루어지는 즉, 놀이가 학습의 원천이 되기 때문이다. '유치원은 재미있게 노는 곳이다.'는 말은 유치원에서의 모든 학습은 놀이를 통하여 이루어지고 놀이를 통하지 않은 학습은 진정한 유아학습이 될 수 없다는 말이다. 유치원에서 돌아온 유아에게 '오늘 유치원에서 무엇을 배웠느냐?'라고 묻는 대신 '오늘 유치원에서 무슨 놀이를 하고 재미있게 놀았느냐?'라고 묻는 말이 타당할 정도로 유아학습은 놀이를 통하여 이루어진다. 땅빼앗기 놀이를 하면서 공간개념을 학습하고 소꿉놀이를 하면서 성 역할을 학습하고 수개념을 학습하며 다른 사람과의 사회적 관계를 맺는 방법을 형성시킨다. 공던지기 놀이를 즐기는 유아에게 놀지만 말고 동화책을 읽으라고 놀이를 중단시키는 부모는 유아에게 엄청난 우를 범하게 된다. 유아는 공던지기 놀이를 통하여 신체기관 간의 협응능력을 그리고 측정 하는 법을 터득하는 등 훌륭한 학습을 하고 있기 때문이다. 따라서 교사는 교육목표를 설정하고 교육목표 구현을 위한 각종 교수·학습 계획 수립 시에는 유아들이 자발적이며 적극적으로 참여할 수 있는 적절한 놀이를 고안하여 적용하는 것이 필요하다.

2. 흥미의 원리

우리는 유아교육에서 교사중심 교육을 배제하고 유아중심교육을 지향해야 한다고 한다. 모든 교수·학습계획을 교사가 주도적이며 일방적으로 수립하여 유아에게 제시하는 교사중심교육보다 유아들이 주도적으로 교수·학습계획을 수립하여 활용하는 유아중심교육이 더욱 효율적인데 이때 유아중심교육에서는 유아교육계획을 수립할 때에 유아들의 흥미, 요구, 관심, 발달 수준 등이 모두 고려되어 있기 때문이다. 유아들은 자신이 흥미있는 놀이에 몰입하고 놀이에 몰입할 때 학습이 효율적으로 이루어진다. 영유아 교육활동은 영유아가 흥미를 가지는 것에서부터 시작해야 한다. 흥미를 가진다는 것은 어떤 일에 주의를 기울이고 지속적으로 몰두하여 마음이 사로잡혀 있는 상태이다. 자신에게 흥미 있어 하는 활동이 제공되었을때 영유아는 활동에 몰두하여 관람자가 아닌 적극적인 참여자가 되고 이를 통해 훌륭한 학습이 이루어진다.

3. 생활중심의 원리

유아교육 내용이 일시적이고 단편적이며 실제적인 것보다는 원리·원칙, 이론 등 지식이나 학문을 교과 내용으로 삼던 교과중심교육에서 학습자의 생활 경험과 일상생활속에서 관심을 가지고 해결을 원하는 생활과제 중심의 경험중심 교육과정으로의 대전환은 유아교육이 생활중심교육이 되어야 한다는 절실한 필요성에 기인한 것이다. 생활중심의 원리란 교육의 주제가 유아들의 일상생활과 관련이 깊고 유아에게 친숙한 일상생활 경험을 중심으로 교수·학습활동 계획이 수립되어야 한다는 말이다. 유아들은 유아들이 일상생활속에서 늘 접하는 생활 경험에 더 많은 관심을 갖는다. 교사가 일방적으로 계획한 바람이 일어나는 이유, 지구의 공전과 자전에 관한 교사의 설명보다는 '바람이 불면 나뭇가지가 왜 움직일까?, 해는 왜 아침에 떠서 저녁때에는 질까?' 등 유아들이 호기심과 의문을 갖게 되는 생활 경험을 학습주제로 선정해야 한다. 즉 생활 경험의 원리란 교수·학습계획이 생활 경험속에서 선정되고 어떠한 교수·학습활동도 자신이 경험한 생활 경험속 이야기를 중심으로 이루어져야 함을 의미한다. 자신이 경험한 생활 경험은 바로 유아자신의 현재 '삶'이어서 흥미와 관심이 더욱 높다.

4. 통합의 원리

유·초등교육의 차별성을 논의할 때 으레히 유아교육은 통합지도(integrated learning)이고 초등학교교육은 분과적인 교과지도로 이루어진다고 인식되어 왔다. 그러나 초등학교 제5차 교육과정에서부터 초등학교 1, 2학년에서도 유아교육과 같이 2~3개의 교과와 생활 경험을 통합한 통합교과가 출현되어 유치원의 생활주제와 같이 초등학교 1, 2학년에서도 대주제로 통합교과가 편성되어 통합지도하고 있는 바 이것은 통합교육은 유아기 학습에 가장 최적한 교육 방법이기 때문이다. 이것은 우연한 일이 아니고 통합이란 '유아의 전인적 발달과 효율적인 학습을 위하여 유아의 경험, 흥미 및 요구와 교육 내용을 통합하고, 유아와 유아, 주변의 인적 및 물적 환경을 통합하며, 또한 교과목들을 통합적으로 재조직하여 가르치는 방법'으로 지식의 통합, 교과 영역의 통합, 연령의 통합, 환경의 통합, 장애유아와 비장애유아의 통합 등 다양한데 적어도 유아교육현장에서는 5대 영역 간의 통합, 교육활동 간의 통합은 필히 이루어져 하나의 주제를 중심으로 다양한 교육활동이 전개될 수 있도록 교수·학습활동을 계획해야 한다. 유아들은 다양한 활동 경험을 통하여 흥미를 가지고 학습에 몰두하며 전인적 성장을 도모할 수 있다.

5. 개별화의 원리

오늘날 유아교육기관에서는 교수학습면에서 집단 교수체제를 취하는 일이 많다. 이러한 집단교수체제의 취약점은 유아 개개인의 개인차를 고려한 개별교수를 소홀히 한다는 점이다. 따라서 교수·학습지도에서는 집단지도와 개별지도간에 역동적인 관계를 유지하여 집단지도속에서 유아의 개별성이 강조되는 개별화 학습이 존중되어야 한다. 유아들은 가족배경으로 특정 인종, 종교, 언어, 사회·경제적 요인, 사회문화적 요인, 그리고 유아의 개인적 특성으로 월령, 기질, 성격, 흥미와 요구, 발달 수준, 사전경험, 학습준비성(readiness), 상호작용 양식 등의 개인차가 있어 이러한 개인차를 고려한 개별 학습이 집단지도 체제 속에서 원활히 이루어져야 하는데 이와 같이 유아 개개인의 개인차를 고려한 학습이 개별화의 원리이다.

이러한 개별화 학습은 유아 개개인의 개인차를 고려한 학습으로 유아의 인격이 존중되어 결과적으로는 유아중심교육을 실현하게 되는 것이다. 따라서 교사는 유아 개개인의 가정배경은 물론 유아의 흥미, 요구, 기질 등 발달 특성과 학습경험, 학습 준비성 등을 고려하고 영·유아 자신의 학습 속도와 학습 방법에 의하여 유아주도적 학습이 이루어지도록 해야 한다.

6. 균형성의 원리

균형성의 원리란 유아교육현장에서 교육과정의 정상화가 이루어져야 한다는 의미이다. 교육과정의 정상화에 반한 용어가 교육과정의 편협화이다. 교육과정의 편협화는 교사가 즐겨하는 활동만을 지나치게 강조하거나 또는 유아들이 즐겨하는 활동만을 지나치게 강조하여 여타의 활동은 무시하거나 소홀히 하는 경우를 말한다. 유아교육현장에서는 유아교육과정에 제시된 각종 활동들을 균형적으로 운영하여 유아교육과정에 제시된 교육목표를 구현하고 더 나아가 유아 개개인의 전인적 성장을 도모해야 한다. 예를 들면 교사가 일과 운영에서 본인이 즐겨하고 유아들이 즐겨한다고 이야기 나누기, 동화 들려주기, 동시짓기 활동에만 치중한다면 유아 상호간의 상호작용이 제한되어 사회적 기술, 탐구력 등을 학습하기가 어려워진다. 따라서 교사는 일과 운영에서 교육과정에 제시된 5대 영역, 실내·실외활동, 동적·정적활동, 대소집단활동 및 개별 활동, 활동과 휴식, 신체활동과 안정감 등 모든 유아교육활동을 균형있게 계획하고 진행해야 한다.

7. 탐구학습의 원리

유치원 교육과정이 7차, 초등학교 교육과정이 8차, 어린이집 표준보육과정이 3차에 걸쳐 개정될 때마다 무엇을 가르칠 것인가? 즉 교육 내용은 다소 수정되어 왔으나 어떻게 가르칠 것인가? 즉, 지도 방법은 일관되게 제시되어 왔는데 그것은 바로 탐구적 방법(inquiry method)이다. 이것은 탐구학습이 유아학습에 가장 최적한 교육 방법이기 때문이다. 탐구학습은 다양한 방법으로 전개할 수 있으나 가장 전형적인 탐구학습과정은 탐구문제가 들어 있는 실생활 장면을 제시하여 유아들이 스스로 탐구문제를 선정하도록 하고 선정된 탐구문제에 따른 탐구활동계획을 수립하는데, 특히 탐구문제에 대한 가설이나 예상을 세우게 한 후 가설이나 예상에 관한 여러 가지 관련 자료를 수집하고 토론하여 유아들이 수립한 가설이나 예상에 대한 타당성을 검토하고 탐구활동 결과를 근거로 하여 이법화한 후 탐구활동 전반에 대한 평가의 과정을 밟는다. 교사 주도형 학습에서 일정한 지식이나 내용을 교사가 유아에게 일방적으로 전달하거나 주입하는 것이 아니고 유아 자신이 능동적인 탐구활동을 통하여 유아 자신의 시각으로 현상을 통찰하여 문제를 해결하고 사실을 찾아내는 학습 방법이다.

8. 상호작용의 원리

유아교육은 상호작용(interaction)으로 이루어진다. 즉 교사와 유아간의 상호작용, 유아상호간의 상호작용, 유아와 교구와의 상호작용을 통하여 학습이 이루어진다. 하루의 일과 활동 중에서 위 3가지 유형의 활동시간이 적절히 배분되어 상호작용이 이루어져야 한다. 교사와 유아간의 상호작용에 지나치게 시간을 많이 할애하면 교사주도형의 학습으로 유아가 학습에 흥미를 잃게 되고 유아상호간의 상호작용에 지나치게 시간을 많이 할애하면 지나친 유아주도형의 학습으로 학습활동이 산만해질 우려가 있고 유아와 교구간의 상호작용에 지나치게 많은 시간을 할애하면 방임형의 학습으로 진행될 우려가 있다. 따라서 위 3가지 유형의 상호작용이 적절히 이루어지도록 유념해야 한다. 예를 들면 교사와 유아간의 상호작용에서도 몇몇 유아와의 일방적인 상호작용이 아니라 유아들 모두와 쌍방향적이고 능동적인 상호작용이 이루어지도록 노력해야 한다.

3 교수·학습 방법 유형

교수·학습 방법에는 왕도가 없다. 이 말은 교수·학습 방법은 학습자인 유아의 발달상황, 학습준비도, 흥미, 요구, 기관의 특수성, 교구 및 자료 등의 성격에 따라 교수·학습 방법이 달라져야 한다는 말이다. 또한 많은 학자 그리고 현장 교사들에 의해 수많은 교수·학습 방법이 개발되어 왔으나 대부분의 교수·학습 방법이 유아교육 현장에 정착되지 못하고 사라져 갔다. 그러나 현장교사들에 의해 지속적으로 적용되고 있는 교수·학습 방법에 대한 기본적인 개념과 전개 모형에 대하여 알아보기로 한다. 이것은 현장교사들에게 학습 상황에 따라 그에 적절한 교수·학습활동 계획수립과 전개에 대한 안목을 키워주기 위함이다. 교수·학습 방법 유형에서 유아가 학습의 주도권을 가지고 직접 학습을 주도해 나가는 유아중심학습 모형에는 탐구학습, 가설실험학습, 문제해결학습, 협동학습, 발견학습, 자기주도적학습, 프로젝트 접근법이 있고 또한 교사가 학습의 주도권을 가지고 전개하는 교사중심학습 모형에는 개념학습과 발문법이 대표적이다.

1. 유아 중심 학습모형

(1) 탐구학습

유아교육과정은 어떤 내용을 어떻게 편성하고 어떤 방법으로 가르칠 것인가에 관한 내용을 담고 있는데 7차에 걸쳐 유치원의 유아교육과정이 개정될 때마다 지도 내용은 다소 바뀌어 왔으나 지도 방법은 탐구학습(inquiry method)을 일관되게 강조하여 왔다. 이것은 모든 유아교육활동에서 탐구적 방법을 통하여 지도하는 것이 효과적이기 때문이다.

① 탐구와 탐구학습

탐구란 '신념이나 지식에 근거하여 적극적이고 끈기있고 세밀하게 고찰하는 것이며 신념이나 지식이 추구하는 여러 가지 결론에 관하여 고찰하는 것(Dewey, 1933)', 또는 '현재 당면하고 있는 중요한 가치와 문제에 대한 검토(Massialas & cox, 1966)' 라고 보고 여기에는 '여러 가지 결론에 관한 고찰', '문제에 대한 검토' 등 학습자의 학습에 대한 발견적이며 가설 검증적인 활동이 강조되고 있다. 따라서 탐구학습이란 '유아 자신이 발견과 가설 검증적인 탐구과정에 따라서 아이디어를 만들어내고 그것을 실험·검증하는 유아주도적인 학습 방법'이라고 정의할 수 있다.

② 탐구학습의 필요성

탐구학습은 과거 전통적인 교육 방법의 모순을 해결하고자 하는 데서 출발한다.

㉠ 교사가 학습문제에 대하여 언어적으로 설명하면서 결론을 제시해주는 결과 중심의 교육으로 과제 해결력을 길러주지 못했다.

㉡ 교사의 주도적인 학습진행으로 유아들은 피동적으로 학습에 참여함으로써 학습의 주체성을 배양할 수 없었다.

㉢ 암기 위주의 학습으로 단편적인 지식의 전수에 국한되어 논리적이고 체계적인 창의적 사고력을 체득시킬 수 없었다.

③ 탐구학습의 특징

탐구학습은 과거 전통적인 학습 방법에 비하여 다음과 같은 특징이 있다.

㉠ 탐구학습은 유아가 학습과정에서 얻어지는 결론을 중시하는 결과중심의 학습 방법(learning centered product)이 아니고 유아들이 직접 학습활동과정에 주체적이며 능동적으로 참여하여 결론을 도출해나가는 과정중심의 학습(learning centered process)으로 학습의 결과보다 학습의 과정을 더 중시한다.

㉡ 탐구학습은 교사의 주도성을 배제하고 유아의 주도성을 최대한 존중하는 학습 방법으로 단순 암기를 통한 학습이나 교사의 일방적으로 주도하는 학습이 아니라 유아 자신의 주변을 비판적으로 바라보고 결론을 스스로 찾아내도록 하는 유아중심교육이다.

㉢ 탐구학습은 유아 자신이 능동적인 탐구활동을 통하여 문제를 해결해 나가는 학습 방법으로 교사가 언어적으로 설명하거나 결론을 가르쳐 주는 것이 아니라 유아의 유연한 사고와 다양한 활동을 통하여 결론을 이끌어낸다.

㉣ 탐구학습은 교재의 특질, 학습 주제, 유아의 발달 상황, 흥미, 요구 등에 따른 다양한 활동이 전개되므로 탐구학습은 흥미롭다.

㉤ 탐구학습은 유아들의 학습활동을 강조하는 유아주도적인 학습 방법으로 여기에는 발견학습, 가설실험학습, 문제해결학습, 귀납적 방법 등이 있다.

④ 탐구학습의 장단점

탐구학습이 과정중심학습, 유아중심적학습, 유아주도적학습, 활동중심학습, 다양성을 존중하는 학습으로 '학습하는 방법' 에 치중하는 학습유형으로 현장적용성이 높으나 다음과 같은 장단점이 있다.

- 장점

㉠ 'Learning by doing(행동함으로써 배운다)'을 강조하는 학습으로 유아들이 능동적, 주체적으로 이끌어가는 자기주도적학습으로 유아들의 주체성이 배양된다.

㉡ 다양한 탐구활동을 통하여 논리적이고 합리적인 사고를 촉진하여 의사결정력, 사회적책임감 등 사회성 배양에 도움이 된다.

㉢ 교사의 주도성이 배제된 유아중심교육으로 주체적인 탐구능력이 배양되어 학습이 흥미롭다.

- 단점

㉠ 모든 학습주제를 유아들이 주도하는 과정중심의 탐구적인 방법으로 학습을 전개하는데에는 시간이 너무 많이 소요된다.

㉡ 과정중심의 유아중심교육은 자칫 잘못하면 방임적인 학습으로 전락하여 학습이 무질서해질 우려가 있다.

⑤ 탐구학습 모형

탐구학습 모형에는 탐구학습의 기본 모형 그리고 탐구학습 기본 모형을 근간으로 구체화된 발견학습과 가설실험학습이 있는데 이에 대하여 간단히 기술하기로 한다.

㉠ 탐구학습 기본 모형

탐구학습 기본 모형은 다음과 같다.

표 Ⅰ-10 탐구학습 기본 모형

과 정	주 요 활 동
1. 탐구 문제 선정	• 탐구 문제 상황 제시 • 탐구 문제 상황 분석 • 탐구 문제 정리
2. 탐구활동계획 수립	• 탐구 주제에 따른 탐구 집단 조직 • 탐구 하위 주제 선정 • 탐구 하위 주제에 따른 자료, 정보 수집 • 탐구 하위 주제 해결을 위한 역할 분담
3. 탐구활동 전개	• 유아 각자가 맡은 하위 주제에 따른 탐구활동 전개 • 교사의 역할 수행 : 안내자, 중재자, 촉진자의 역할 • 활발한 탐구활동 격려 • 계획대로 진행하는가 확인 점검 • 유아상호간의 원활한 협조
4. 탐구활동 결과 정리	• 탐구 결과의 요약, 해석, 결론 • 탐구 결과 정리 : 만화, 글, 그림, 포스터 등의 형식으로 정리 발표
5. 탐구 결과의 평가	• 학습 결과 재확인 : 이법화 • 탐구활동 전 과정 평가

㉡ 발견학습(discovery method) 모형

발견학습은 유아 스스로 교사의 개입 없이 학습과제를 선정하고 해결 방법을 모색하여 학습활동을 주도적으로 이끌어가는 고도의 지적 기술 학습 방법이다.

발견학습 모형을 표로 정리하면 〈표 Ⅰ-11〉와 같다.

표 Ⅰ-11 발견학습 모형

과정	주요활동
1. 문제 의식 단계	• 유아들이 학습문제를 공유 • 학습문제에 대한 해결방안 모색
2. 자료 제시 단계	• 학습문제 해결에 도움을 주는 자료 제시(교사) • 학습문제와 관련하여 제시된 자료 관찰
3. 보충자료 제시 단계	• 학습문제 해결을 돕는 보충자료 제시(교사) • 학습문제와 관련하여 제시된 보충자료 관찰 • 개념을 발견하기 위해 관련 자료 분석
4. 추리단계	• 개념 발견을 위한 본격적인 추리
5. 정리단계	• 발견된 개념 정리 • 발견된 개념에 대해 발표, 토의
6. 응용단계	• 발견된 개념의 적용 방안 협의 • 활동과정 평가

ⓒ 가설실험학습(hypothesis experimental method) 모형

발견학습이 여러 가지 자료를 관찰, 분석, 종합하여 개념이나 원리를 유아 스스로 발견해 내는 학습 방법이라면 가설실험학습은 학습문제에 대하여 유아 각자가 가설(hypothesis)을 수립하고 관련 자료를 관찰, 분석, 종합하고 유아상호간의 토론을 통하여 유아 각자가 세운 가설을 검증하여 개념이나 원리를 이법화(개념화)하는 탐구학습 방법으로 교수·학습 모형은 다음과 같다.

표 Ⅰ-12 가설실험 학습 모형

과정	주요활동
1. 문제의식	• 문제 상황 제시 • 공통문제 의식 갖기
2. 학습문제 확인	• 학습문제 선정 • 학습문제 촛점화
3. 가설 설정	• 학습문제에 대한 가설 설정 • 가설 설정에 대한 근거 정리

과정	주요활동
4. 자료분석 및 토론	• 각 가설에 대한 근거 및 의견 발표 • 관련 자료 관찰, 분석, 종합 • 발표된 의견에 대한 토론 • 1차 가설 수정
5. 가설 검증	• 가설에 대한 타당성 확인 • 가설 검증
6. 이법화(개념화)	• 이법화, 개념화 • 개념의 적용 방안 협의

⑥ 탐구학습을 위한 교사의 역할

탐구학습이 유아주도적으로 이루어지는 유아중심교육으로 자칫 잘못하면 학습이 소란하고 무질서한 학습으로 전락될 우려가 있다. 따라서 탐구학습에서 교사는 교수자, 촉진자, 격려자의 역할을 효율적으로 수행해야 한다.

㉠ 유아들의 탐구활동 전 과정에서 가치를 인정해주고 허용적인 태도와 인내심을 가지고 유아를 대해야 한다.

㉡ 다양한 자료와 정보를 제공하여 유아들의 적극적이고 활발한 탐구활동을 조장해 주어야 한다.

㉢ 교사의 적절한 질문이 필요하므로 질문록을 사전에 치밀하게 작성하여 확산적 질문을 해야 하고 특히 지적 갈등이나 동기유발을 돕는 질문을 많이 한다.

㉣ 탐구활동은 시간, 장소, 방법, 형식, 계획 등이 비구조적으로 하루 일과의 모든 활동에서 이루어질 수 있게 한다.

㉤ 탐구활동은 유아상호간 또는 유아와 교구(자료)간의 상호작용이 절대적으로 필요한 주요활동으로 이러한 활동이 활발하게 이루어질 수 있는 방안을 강구 적용해야 한다.

㉥ 탐구활동과정에서 교사의 개입은 최소화하고 개입하더라도 문제를 해결하는 동료자, 탐구활동 방법의 안내자의 역할을 해야 한다.

(2) 내면화 학습

도덕교육이나 사회교육에서 학습된 도덕적 의식이나 생활습관 등이 교사나 부모가 보는 앞에서는 잘 지켜지나 안보이는 곳 또는 상황에 따라 지켜지지 않는 경우를 종종 본다. 이것은 도덕적 의식이나 생활습관이 몸에 완전히 밴 상태 즉 내면화되지 못하고 습관화의 상태에 머무르고 있기 때문이다.

① 내면화와 내면화 학습

'내면'이란 '인간의 정신상태·심리상태·감정·기분 따위의 내적인 면을 그리는 일(현대국어대사전, 1973)'을 의미하는 말로 '내면화'란 '인간의 정신상태·심리상태·감정·기분 등의 내면적인 변화를 유도하여 인간의 행동을 이끌어내는 것'이다. '내면화' 와 유사 개념으로 '습관화'가 있는데 '습관화'된 행동은 상황에 따라 행동이 달리 나타날 수 있으나 '내면화' 된 행동은 어떠한 상황이든 간에 일관되게 똑같은 행동으로 나타난다. 따라서 내면화 학습이란 '내면화과정을 근간으로 하여 이루어지는 학습 방법'이라고 정의할 수 있다.

② 내면화 학습의 필요성

지금까지 도덕교육이나 사회 교육에서 내면화과정을 소홀히 하고 바른 덕목의 주입 또는 주지 학습으로 유아들의 모든 행동이 습관화 단계에 머무르는 경향이 높다. 이것은 내면화 학습을 소홀히 했기 때문이다. 내면화 학습의 필요성은 다음과 같다.

㉠ 대부분의 교사들이 도덕성이나 사회성 지도에서 '…해라', '이렇게 하는 것이 옳다'는 식으로 도덕적 덕목, 바른 행동규범을 왜 그리해야 하는지?에 대하여 심정의 변화를 주지 않고 주입하거나 강요함으로써 유아행동이 습관화 단계에 머무르고 있다.

㉡ 유아들이 바른 행동을 해야 하는 결의나 자각의 과정을 거치지 않고 바른 행동의 규범만을 알려주고 행동 실천만을 강요함으로서 상황에 따라 행동 양상이 달라진다.

㉢ 유아교육기관에서 학습한 바른 행동규범이 가정이나 사회에서 후속적인 강화가 없을 때 바른 행동이 파괴되기 쉽다. 이것은 바른 행동규범이 내면화되지 않았기 때문이다.

㉣ 교사들이 도덕교육이나 사회교육에서 적용해야 할 내면화 지도 방법에 대한 이해가 부족하다.

③ 내면화 방법

내면화 학습은 내면화 방법을 적용하는 교수·학습 방법이다. 따라서 본 절에서는 내면화의 방법으로 체험, 통찰, 감화, 판단의 방법에 대하여 설명하기로 한다.

㉠ 체험

교사들이 매일같이 유아들에게 바른 행동을 지도한다. 옷을 단정히 입어라, 이를 깨끗이 닦아라, 손발을 깨끗이 씻어라, 조용히 걸어라 등이다. 여기에서 유아들은 '단정히', '깨끗이', '조용히'라는 용어의 개념은 물론 어떻게 하는지에 대한 방법을 모른다. 따라서 교사는 유아들과 함께 직접 옷을 바르게 입는 방법을 실연해보고 손발을 깨끗이 씻기 위하여 수도장에 가서 직접 손발을 깨끗이 씻기를 실연해본다. 이러한 활동이 체험이며 실제 체험을 통하여 생활습관을 내면화시킬 수 있으며 습관주제 학습에 적절하다.

ⓛ 통찰

교사들이 유아들에게 새로운 지식이나 정보를 이해시킬 때 대부분의 교사들이 이야기 나누기나 발문을 통하여 이해시킨다. 이때에는 통찰의 방법으로 지도해야 한다. 예를 들면, '북한 어린이들은 먹을 것이 없어 굶주린다.'라고 주입하는 것이 아니라 북한의 실상에 대한 그림이나 자료를 제시하고 유아들이 번갈아 보면서(통찰) 유아들로 하여금 북한 어린이들이 굶주리고 있다는 결론을 도출하도록 한다. 통찰이란 관련 자료들을 분석적으로 또는 종합적으로 조사, 탐색, 관찰하는 과정으로 이해 주제에 대하여 내면화 시키는데 효과적이다.

ⓒ 감동(감명)

유아행동 지도에서 관련 행동에 대한 감명과 감동을 받았을 때 유아들의 행동은 내면화된다. 교사는 흔히 유아들에게 '거짓말을 하지 말아라', '다른 사람을 도와 줄 수 있어야 훌륭한 사람이 될 수 있다', '모든 사람에게 친절해야 한다' 고 바른 행동 덕목만을 주지시킨다. 유아들은 교사의 지도를 받은 후 곧잘 실천에 옮기는데 오래가지 않아 실천을 포기한다. 이때에는 감동과 감명의 방법으로 내면화시키면 바른 행동이 확실히 정착된다. 예를 들면, '거짓말을 하지 말라'고 강요하지 않고 거짓말을 해서 손해를 본 동화를 들려주고 정직한 사람이 다른 사람들로부터 존경을 받고 많은 이득을 본 동화를 들려줌으로서 관련 행동덕목에 대하여 감명과 감동을 주어 내면화 시킬 수 있는데, 심정주제를 학습하는데 적절하다.

ⓡ 판단

유아들은 일상생활에서 옳고 그름에 대하여 판단해야 할 사건들이 많다. 그런데 이러한 옳고 그름에 대한 판단을 해야 할 사건에 대하여 교사는 일방적으로 옳은 가치를 유아들에게 주입하는 경우가 많다. 이렇게 교사에 의하여 유아들의 판단과정이 없이 일방적으로 주지시킨 행동은 상황에 따라 파괴되기 마련이다. 판단이란 어떤 사건에 대하여 상반적인 의견이 팽배할 때 그 가치를 따져 한 방향으로 의견을 정리해 나가는 과정이다. 예를 들면 '대단이 바쁠 때 꼭 교통신호를 지켜야 하느냐?' 라는 판단 주제를 가지고 유아들 상호간에 토론시키어 유아 스스로 옳은 가치를 선택하도록 하는 내면화 방법으로 판단 주제의 학습에 적절하다.

④ 내면화 학습 유형

㉠ 내면화 학습 유형

내면화 학습 유형은 내면화의 방법 즉 체험, 통찰, 감동(감명), 가치 판단 등 어느 활동으로 학습이 이루어지느냐에 따라 나누어지는데 내면화 학습 유형을 개략적으로 나타내면 〈표 Ⅰ-13〉와 같다.

표 Ⅰ-13 내면화 학습 유형

학 습 유 형	적용 주제	내면화 방법	상황의 예
활동체험형	활동(실천) 주제	체험, 실천	손발을 깨끗이 씻자
지적사고형	지적(이해) 주제	통찰, 분석, 종합	북한 어린이는 굶주리고 있다
감동감화형	심정(감동) 주제	감동, 감명	거짓말을 하지 않는다
가치판단형	판단(가치) 주제	가치판단, 토론	왜 우리는 정직해야 하나?

㉡ 내면화 학습과정

4개 내면화 학습 유형에 따른 학습과정을 나타내면 〈표 Ⅰ-14〉와 같다.

표 Ⅰ-14 내면화 학습과정

유형	활동체험형	지적신고형	감동감화형	가치판단형
도입	① 생활행위의 상기(반성) ② 경험의 정리(분류) ③ 사실자료의 투입 ④ 문제의 촛점화	① 생활 경험의 상기 ② 경험의 정리 ③ 간접자료 투입 ④ 문제의 촛점화	① 생활 경험의 상기 ② 생활 경험의 분류 ③ 문제의 촛점화	① 생활행위의 상기 ② 생활 경험의 분류 ③ 문제의 촛점화
전개	⑤ 조건 규명 ⑥ 주체험, 실연화, 극화	⑤ 사실 자료의 통찰, 분석, 탐색, 종합 토의	④ 감명, 감동주기 ⑤ 감명, 감동의 교환	④ 가치추구 – 각자 발표 ⑤ 집단사고 – 집단 토의 ⑥ 가치단판 – 집단 토의
종결	⑦ 실천계획수립	⑥ 자각 ⑦ 실천계획수립	⑥ 감화 ⑦ 실천계획수립	⑦ 가치화 ⑧ 실천계획수립

위와 같이 4개 내면화 학습 유형이 각기 독자적인 학습과정을 밟아 학습을 전개하는데 활동체험형에 한해 학습과정을 자세히 기술한다.

가. 경험의 정리(분류) : 유아들이 발표한 경험사실들(잘한 점, 잘못한 점)을 일정한 기준

에 의하여 몇 가지 행동유형으로 구분하여 학습전개에 편리하도록 정리하여 학습 방향을 잡는다.

나. 사실자료의 투입 : 분류된 경험에 더욱 보완되는 사실자료들을 투입하여 학습 방향을 명확히 한다.

다. 문제의 촛점화 : 학습 방향(학습 내용, 학습문제)을 전유아들에게 재확인시키고 학습문제 해결에 집중하도록 한다.

라. 조건의 규명 : 어떤 사실 또는 행위라야 되겠는지, 어떻게 하는 것이 좋은가를 따지고 알아본다.

마. 추체험, 실연화, 극화 : 이해된 사실 또는 행동양식을 실제로 체험시킨다. (예 : 수도장에 가서 직접 손발을 씻어본다)

바. 실천계획수립 : 학습결과를 일상생활에서 적용하기 위해서 앞으로 자기는 어떻게 할 것인가, 또는 집단적으로 어떻게 할 것인가를 계획하고 다짐해 본다. 또한 전개 단계에서 지적사고형은 사실을 통찰하고 탐색하고 토의하여 학습문제 해결에 집중하고 감동감화형에서는 학습문제에 관련하여 감명을 줄 수 있도록 다양한 감명 활동을 전개하고, 가치판단형에서는 새로운 가치를 추구하기 위하여 집단사고와 가치판단 활동을 많이 시킨다. 도입 단계와 종결 단계는 거의 비슷한 활동으로 전개된다.

2. 교사중심학습

교사중심학습은 학교교육에서 가장 전통적인 학습 형태로서 끊임없는 찬·반의 여론 속에서도 지금까지 현장 유아교육기관에서 많이 활용되고 있다. 교사중심학습은 교사의 주도성이 강한 학습으로 대표적인 개념학습과 발문법에 국한하여 기술하기로 한다.

(1) 개념학습

개념학습은 교사중심학습의 대표적인 유형으로 교육현장에서 오랜 역사성을 가지고 있다. 특히 개념학습은 Bruner에 의해 고안되면서 Weil이 구체화시킨 학습 방법으로 당시 주류를 이루었던 강의법이 갖는 산만한 지식의 주입이 유아들에게 무익하다는 현실적 문제점을 타개하기 위해 구안되었다.

① 개념과 개념학습

개념이란 '사상이 갖고 있는 공통점을 정리하고 추상화하거나 공통점을 근거하여 같은 집단으로 분류 정리하여 범주화한 것 즉 범주집합이다. 또한 개념은 상위개념과 하위개념 간의 관계를 포함하기도 한다.

예를 들면, 동물의 하위개념에는 포유류, 조류, 파충류, 어류 등이 있고 조류의 하위개념에는 닭, 비둘기, 참새, 독수리 등이 있다. 또한 동물의 상위개념에는 생물이나 자연을 들 수 있다. 개념학습을 진행하는 교사는, 현재 학습하는 개념의 상위, 하위개념을 파악할 수 있도록 돕고 현재 학습하는 개념의 범위를 결정해 줌으로써 영·유아의 개념발달을 촉진시킬수 있을 것이다(신혜은 외, 2014). 개념학습이란 '영유아가 사물이나 사건의 공통점에 근거하여 유목화하는 과정을 통해 분석적으로 사고할 수 있도록 돕는 교수·학습 방법'이다. 예를 들면, 강아지, 고양이, 호랑이, 토끼 등의 다리가 네 개이고 털이 있다는 공통점을 유아들로 하여금 발견하게 함으로써 네 발 동물이라는 개념을 습득시키는 학습 방법이다. 개념학습에는 구체적 개념학습과 정의적 개념학습, 두 종류가 있다. 구체적 개념학습은 눈으로 직접 보고 관찰을 통해 유목화하여 개념을 학습하는 방법이다. 예를 들면, '나무', '돌'과 같은 딱딱한 물체, '빨강', '초록'과 같은 색상, '동그라미', '사각형' 과 같은 형태를 유목화하는 학습 방법이다. 또한 정의적 개념학습은 추상적인 사고의 과정이나 정의를 통하여 유목화하여 개념을 학습하는 방법이다. 예를 들면 '정의', '희망', '사랑'과 같은 개념들을 학습할 때 활용한다.

② 개념학습의 필요성

㉠ 인간의 사고와 의사소통은 어휘, 단어, 낱말, 용어, 상징, 명명, 명칭 등의 학습된 개념을 통하여 이루어지므로 명확한 개념을 이해하고 있어야 활발한 사고나 의사소통이 가능하다.

㉡ 개념학습으로 터득한 방법이나 기술은 일상생활 속에서 당면하는 다양한 문제를 해결하여 합리적인 생활을 영위할 수 있게 한다.

㉢ 개념학습은 귀납적 교수법의 하나로서 유아의 개념 이해를 돕고 귀납적 사고와 연역적 사고는 유아들이 자기의 의견을 조리 있게 전달해주는데 공헌한다. 가설검증의 실천 기회를 통해 분석적 사고 기술을 갖도록 해준다(김진영 외, 2014).

개념학습을 통하여 학습된 어휘, 단어, 낱말, 용어, 상징, 명명, 명칭 등은 모든 교과학습의 기본이 된다.

③ 개념학습의 장·단점

- 장점

개념학습은 다양한 지식과 상식을 습득시키고 또한 다양한 지식과 상식 등은 의사소통과정을 촉진시켜 원활한 사회생활을 영위하도록 한다. 또한 다양한 지식과 상식은 사고과정을 확장시켜 모든 교과에서 폭넓은 학습을 할 수 있도록 돕는다.

- 단점

개념학습과정에 따른 개념 습득은 교사의 강의에 의하여 개념을 이해시키는 것보다 시간이 많이 소요되고 개념학습이 자칫, 암기학습으로 치우쳐 학습에 흥미를 잃을 우려가 있다.

④ 유아개념 발달의 특징

개념학습을 효율적으로 적용하기 위해서는 유아의 개념발달의 특징에 대한 이해가 있어야 한다(김진영외, 2015).

㉠ 유아의 개념발달은 위계적이고 누가적인 과정을 거쳐서 이루어진다. 예 : 유아는 동물이라는 개념을 획득하기에 앞서 '개' 나 '고양이'라는 개념을 먼저 학습한다.

㉡ 유아는 하나의 개념이 불변하는 절대적인 것으로 오해한다.

예 : '사과'는 항상 '사과'이고 '과일'은 항상 '과일'로 인식하게 된다. 때로는 '사과'가 '사과파이'나 '잼'으로 바뀔 수 있다는 사실이나 이유를 이해하지 못한다.

㉢ 유아는 추상적인 개념을 이해하는데 어려움을 겪는다. 예 : 유아는 '개'라는 개념보다 '애완동물'이라는 개념을 이해하는데 어려움을 겪게 된다.

㉣ 개념발달은 연속적인 형태로 진행된다. 단순한 상태에서 사회중심적인 상태로의 연속성을 따른다.

㉤ 유아가 개념의 명칭을 사용한다고 해서 그 개념을 이해하고 있다고 보기는 어려우며 학습해야 할 개념의 명칭을 모르더라도 개념을 학습할 수 있다.

⑤ 개념학습방법

개념학습으로는 크게 외형적 특성에 기초한 접근법과 논리적 특성에 기초한 접근법으로 나누어 볼 수 있다(신혜은 외, 2015).

㉠ 외형적 특성에 기초한 접근법

외형적 특성에 기초한 접근법에는 핵심적 특질을 사용한 개념학습과 범주전형성을 사용한 개념학습, 두 유형이 있다.

가. 핵심적 특질을 사용한 개념학습 : 꽃이라는 개념에는 꽃잎, 줄기, 나뭇잎, 가시, 뿌리로 이루어져 있고 향기가 난다는 특질을 가지고 있다는 것을 영·유아가 알게 되는 것이다.

나. 범주전형성을 사용한 개념학습 : 범주전형성이란 범주를 가장 잘 대표하고 그 범주의 대상이 되는 원형에 가까운 정도의 지표를 의미한다(Bjorklund, 2000). 예를 들어 개나 고양이는 포유류의 전형이라고 할 수 있다. 이때 개나 고양이는 전형적인 포유류라고 할 수 있다. 이때 개나 고양이가 포유류라는 것을 알게 되면서 영·유아는 포유류의 개념을 학습하게 된다.

㉡ 논리적 특성에 근거한 접근법

논리적 특성에 근거한 접근법에는 연역적 접근법과 귀납적 접근법이 있다.

가. 연역적 접근법을 이용한 개념학습 : 개념의 정의를 먼저 제시하고 개념에 관한 특징들에 대해 나열하는 방식으로 개념을 학습하게 된다. 예를 들면 곤충에 대하여 학습할 때 '곤충이란 몸이 마디로 이루어져 있고, 머리, 가슴, 배로 나누어진 벌레들' 이라는 정의를 먼저 내려준 다음 곤충의 특징(날개, 눈, 모양, 육지에서 살고 탈바꿈을 하는 것 등)에 대해 나열하는 방법이다.

나. 귀납적 접근을 이용한 개념학습 : 전형적인 예들을 먼저 제시해주어 비교하게 한다. 영유아가 범주의 본질에 대한 가설을 수립하고 좋은 예들을 찾아보게 한 후 어떻게 그런 생각을 하게 되었는지 설명하게 하는 방법이다. 예를 들면, 망치, 가위, 드릴, 의자와 같은 것은 우리의 일상생활을 돕는다는 공통점을 발견하고, 사람들이 만든 것들이 우리들의 생활을 돕는다는 공통점을 발견하고, 사람들이 만든 것들이 우리의 일상생활을 돕는 것들은 도구라고 명명하며 다른 도구들로는 톱, 자, 청소기와 같은 것들이 있다는 것을 알게 되는 개념의 획득 과정이다.

(2) 발문법(문답법)

발문법은 socrates의 대화법에서 연유되었으며 여러 학자들은 한결같이 질문을 사고와 동일한 개념으로 생각하고 질문에 대하여 체계적인 연구를 시도하였으며 학교교육에서 가장 많이 그리고 가장 오래된 전통적인 교수·학습 방법으로 교육현장에서 오랫동안 찬·반의 의견이 대두되었던 학습 방법이다.

① 발문과 발문법

학습도중에 학습목표를 달성하기 위하여 교사가 유아에게 던지는 질문도 발문의 한 유형이다.

또한 발문법이란 '교사가 질문에 의하여 유아의 학습활동을 자극하고 발전시키는 방법, 필문필답(筆問筆答)을 포함하여 말할 때도 있지만 보통은 일연의 구두문답에 의한 것'을 말한다. 또한 평가의 방법으로 유아의 학습 성과를 확인할 때에도 사용되는 등 활용의 범위가 넓다.

② 교수·학습면에서의 가치

발문법은 오랫동안 구미의 학교교육을 지배해 온 교수·학습 방법으로 문답법이라고도 한다. 발문법은 원래 강의법이나 시례법(示例法) 혹은 암송법 등의 주입식 교수법 등에 대하여 문제를 제기하고 학생들의 자발적인 사고활동을 활발히 유도하고 수업에 활기를 넣어주려는데에서 시작된 교수법이다. 실제로는 역시 형식화되어 교과서를 중심으로 무가치한 문답이 반복되어 왔다. 그러나 이와 같은 발문법은 극단적인 아동중심교육의 문제도 극복되고 교사의 역할이 정당하게 인식되어 교사질문의 가치도 다시 새로운 각도에서 음미하게 되었다. 오늘날에는 많은 교수법이 개발되고 있으나 발문법은 이러한 교수법에 의해 전개되는 학습활동을 효과적으로 전개시키기 위한 필수적인 교육 방법으로 활용되고 있다.

③ 발문의 필요성

발문법에서 발문이 왜 필요한가? 발문의 목적은 학습 내용이나 학습 방법에 따라서 여러 가지로 생각할 수 있으나 일반적으로 발문의 필요성은 다음과 같다.

㉠ 학습하려는 주제나 교재에 대한 학생의 관심, 경험의 수준을 이해하기 위해서

㉡ 중요한 학습 상황을 강조하여 흥미를 자극하고 동기를 부여하기 위하여

㉢ 학습 내용에 관하여 유아의 사고활동을 활발히 하고 또 사고의 방법을 지도하기 위하여

㉣ 학습 내용의 이해를 확인하고 착오를 정정하기 위하여

㉤ 연습이나 훈련을 시켜서 학습결과를 정확히 정착시키기 위하여

㉥ 학습의 성과를 평가하기 위하여

④ 발문학습의 장·단점

Flanders(1970)에 의하면 교사는 수업시간 중 교사활동이 3/4을 차지하고 그중 1/3은

교사의 언어활동이 차지한다고 말한다. 이와 같이 수업중에 교사의 언어가 대부분이고 보면 수업중 교사의 언어에 대한 연구는 필수적으로 부단히 이루어져야 한다.

㉠ 장점

가. 교사의 발문은 수업과정중 유아의 사고활동을 촉진시켜주는 역할을 한다. 또한 최윤정(1998)은 '수업활동 중에 발문은 유아의 정서에 호소하는 감정이입적인 작용을 하여 유아의 친사회적 행동과 추론능력에 효과적이다.'라고 말한다.

나. 발문기술은 모든 학습형태에서 적용된다. 모든 학습형태는 각 학습형태에 따른 독자적인 교수·학습과정을 가지고 있다. 예를 들면 발견학습은 문제 의식단계, 자료 제시단계, 보충자료 제시 단계, 추리 단계, 정리 단계, 응용 단계 등 7개 단계를 거치는데 이 발견 학습을 성공적으로 이끌기 위해서는 각 단계별로 각 단계에 최적한 교사 발문기술이 적용되어야 한다. 따라서 발견학습 뿐만 아니라 모든 학습법의 효율성을 제고시키기 위해서는 훌륭한 발문기술이 적용되어야 한다.

㉡ 단점

가. 발문학습은 교사주도성이 강한 학습으로 유아들이 학습활동에서 수동적일 수가 있다.

나. 발문학습은 교사의 발문기술 여하에 따라 교수·학습의 성과에 차이가 생긴다.

다. 발문학습은 유아들의 흥미와 요구가 무시되고 암기 위주의 학습으로 흐를 우려가 있다.

⑤ 발문법의 전개

모든 학습법은 해당 학습법 고유의 교수-학습모형이나 과정이 있고 해당 교수-학습모형이나 과정의 적절한 적용 여하에 따라 당해 학습법의 성공 여부를 결정해준다. 그러나 발문법에는 정형화된 교수·학습모형이나 과정이 없다. 그리고 발문법은 모든 학습 방법에서 적용하고 있고 해당 학습 방법의 성공 여부는 당해 교수·학습과정별로 거기에 최적한 발문기술을 적용할 때 해당 학습법은 성공할 수 있다. 따라서 발문법의 전개에서는 효율적인 발문 요령이 무엇인가? 또 발문 시 유의해야 할 점이 무엇인가에 국한해서 기술하기로 한다.

㉠ 허용적이고 탐구적인 분위기를 조성해 주어야 한다.

㉡ 발문 시에는 유아의 능력 수준에 맞는 용어나 어휘를 사용해야 한다.

㉢ 유아 능력에 따른 발문록을 사전에 작성하여 활용해야 한다.

㉣ 발문 시에는 발문 내용에 적합한 학습자료를 사용하여 질문 내용을 구체화시켜 줘

야 한다.

ⓜ 수렴적 발문보다는 확산적 발문을 더 많이 사용해야 한다.

ⓑ 발문한 후에는 충분히 생각할 시간(wait time)을 주어야 한다.

ⓢ 정확한 발음으로 언어 전달이 되어야 한다.

ⓞ 발문은 완성된 문장으로 한 번에 한 가지씩만 표현하여야 한다.

ⓙ 보통 회화에서와 같이 자연스럽게 발문을 한다.

ⓒ 발문은 요점이 명백하고 간결하게 제시해야 한다.

ⓚ 전체 유아에게 발문을 던져서 전유아의 사고활동을 유도해야 한다.

ⓣ 유아의 개인차나 능력을 고려한 발문이어야 한다.

ⓟ 유아의 말이 타당성이 없다 할지라도 유아의 말을 끝까지 들어주어야 한다.

ⓗ 침묵시간을 이용하여 생각하는 능력과 의미있는 말을 만들도록 도와준다.

㉮ 유아가 말을 할 때 주의 깊게 경청하고 열심히 듣고 있다는 느낌을 갖게 해야 한다.

㉯ 유아가 무언가 말하려고 할 때 그 신호를 빨리 감지하고 처리해 주어야 한다.

㉰ 유아들의 말은 끝까지 들어주고 끝나기 전에 대답하거나 평가하지 말아야 한다.

㉱ 유아의 발문에 대한 대답이 준비되지 않았을 때는 솔직하게 모른다고 말을 해야 한다.

㉲ 경우에 따라서 유아의 발문에 거꾸로 되묻기도한다.

4 교수·학습 방법의 특성

이상에서 탐색한 결과를 종합해 볼 때, 영유아 교과교육의 교수·학습 방법면에는 다음과 같은 특성이 있음을 확인할 수 있다.

1. 놀이중심의 통합적 지도

영유아는 주도적인 놀이를 통해 자신의 능력을 최대한으로 발휘하고 자발성을 토대로 학습에 즐거움을 갖게 된다. 즉 영유아교육은 영유아의 발달과 흥미를 고려하여 놀이중심의 통합적인 교육활동으로 전개한다. 영유아교육의 정체성을 대표하는 표현이 바로 '놀이중심의 통합적 지도'이다. 영유아교육에서 놀이는 학습의 수단이면서 또한 교사에게는 교수 방법이 된다. 물론 영유아는 특별한 교수계획이 없이 자연스럽게 유아교육기관의 일과중에서 놀 수도 있다. 그러나 놀이 속에 제시되는 교구나 자료 등의 학습환경과 게임이나 율동 등 놀이와 같은 형식으로 구성되는 교수학습활동은 분명한 교육적 목표를 가지고 편성·운영된다. 간혹 제시되는 환경이나 활동이 영유아의 흥미나 관심과 거리가 있고 영유아의 일상생활과 관련이 없는 맥락에서 제시되는 경우, 외형적으로는 영유아가 놀이를 하고 있는 것처럼 보이나 면밀하게 분석해 보면 영유아에게 '공부'를 시키는 경우가 많다. 영유아의 발달 수준보다 지나치게 높거나 영유아가 전혀 관심이 없는 교수·학습자료나 활동은 영유아에게 즐거움을 줄 수 없고 영유아를 학습활동에 몰입시킬 수도 없다. 놀이의 가장 중요한 조건으로 영유아에게 즐거움을 주어야 하는 것이다. 재미가 있기에 영유아는 자신의 모든 능력을 동원하여 놀이에 참여한다. 놀이를 하는 가운데 신체를 움직이고 자신의 감정을 조절하고 다른 사람의 의견을 이해하고 존중하는 경험을 갖게 된다. 따라서 놀이 속에서 0~1세, 2세 영아는 기본생활, 신체운동, 사회관계, 의사소통, 예술경험, 자연탐구 등 6대 영역, 3~5세 유아는 신체운동·건강, 사회관계, 의사소통, 예술경험, 자연탐구 등 5대 영역이 놀이를 중심으로 통합되어 지도되는 것이다.

2. 흥미중심 교육

영유아의 활동은 영유아가 흥미를 가지는 것에서 시작해야 한다. 흥미를 가진다는 것은 어떤 것에 주의를 기울이고 지속적으로 몰두하여 마음이 사로잡혀 있는 것이다. 자신에게 흥미 있어 하는 활동이 제공되었을 때 영유아는 활동에 사로잡혀서 관람자가 아니라 적극적인 참여자가 되고 이를 통해 훌륭한 학습이 전개된다. 활동주제나 내용이 영유아의 관심 밖에 있거나 흥미가 없는 것일 때 영유아가 학습활동에 적극적으로 참여하여 몰입하기가 어려울 것이다. 따라서 교사는 세심한 관찰을 통하여 영유아의 관심이나 흥미가 무엇인지 파악하고 이에 적합한 활동을 제시한다. 또한 영유아가 보이는 관심과 흥미에는 개인차가 있으므로 교사는 다양한 활동을 준비하여 영유아가 자신이 원하는 활동을 직접 선택할 수 있는 기회도 충분하게 제공해 주어야 한다. 영유아의 흥미가 지속적으로 유지되어 학습이 이루어지기 위해서는 다양한 활동을 단편적으로 경험하기보다 흥미 있는 활동을 반복적으로 제시하고 영유아 자신이 한 경험에 대해 깊이 생각할 기회를 갖도록 지도하고 있다.

3. 1일 교육활동을 균형적으로 운영

유아교육에서 하루의 교육활동 운영은 동적인 활동과 정적인 활동, 실내활동과 실외활동, 개별활동과 소집단·대집단활동, 유아주도활동과 교사주도활동 등이 균형 있게 이루어지도록 한다. 즉 하루의 일과는 정적 활동(예 : 이야기 나누기, 동화, 동시, 음악, 언어, 과학, 미술 등)과 동적 활동(예 : 동작, 게임, 신체 등)을 교대로 계획하고 또한 실외활동(예 : 산책, 실외놀이, 게임 등)을 계획하여 유아가 에너지를 발산할 수 있는 기회를 가지도록 한다. 교사는 활동을 진행할 때 개별활동과 대·소집단활동의 비중을 고려한다. 그리고 하루의 일과는 유아주도활동의 균형 있는 안배가 필요하다. 이와 같이 유아교육활동은 하루의 교육활동을 균형있게 편성·운영하고 있다. 특히 어린이집에서는 0~1세 영아, 2세 영아는 일상생활 및 개별활동, 휴식 등이 균형있게 이루어지도록 하고, 3~5세 유아는 실내·실외활동, 정적·동적 활동, 대·소집단 활동 및 개별활동, 일상생활 및 휴식 등이 균형있게 지도되고 있다.

4. 주제중심의 다양한 활동의 통합운영

0~1세, 2세 보육과정은 기본생활, 신체운동, 의사소통, 사회관계, 예술경험, 자연탐구 등의 6개 영역으로, 3~5세 누리과정은 신체 운동·건강, 의사소통, 사회관계, 예술경험, 자연탐구 등 5개 영역으로 유아의 발달과 생활 경험을 통합하여 지도된다. 교육과정은 영유아의 주도적인 놀이, 흥미, 주변의 친근한 생활 경험을 중심으로 자신에게 의미 있는 지식, 기술, 태도, 가치를 형성하는데 중점을 둔다. 교사와 영유아 간의 신뢰로운 관계를 바탕으로 개별적인 놀이 및 활동과 교사·환경·또래와 능동적인 상호작용이 활발히 이루어지도록 하고 또한 여러 활동이 통합적으로 이루어지도록 한다. 유아는 자신을 둘러싼 세상에 대해 배워나갈 때 분리된 내용 영역이나 분절된 교과로 배우는 것이 아니라 통합된 전체 경험으로 배운다. 통합은 부분들을 전체에 관련지어 결합해가는 과정이며, 유아는 자신의 경험들을 통합하여 전인적으로 성장 발달한다. 주제중심의 통합은 유아의 흥미와 발달·학습에 적합한 주제를 선정하여 이를 탐구하는 과정에서 누리과정의 5대 영역과 관련되는 내용들을 통합하여 학습하는 것이다. 주제중심의 통합적인 활동을 운영하기 위하여 교사는 주제 전개에 따른 전체적인 계획을 세운다. 그러나 계획을 그대로 실행하는 것에만 중점을 두기보다는 유아의 반응과 흥미에 따라 기존의 계획을 수정하는 등 상황적 접근 방법(situational approach)을 통하여 교사와 유아가 함께 만들어가는 교육활동이 되도록 하고 있다.

5. 학습결과보다 학습과정을 중시

유아교육현장에서 이루어지는 교육 방법을 크게 보면 결과중심의 교육(education centered product)과 과정중심의 교육(education centered process)으로 나누어 생각할 수 있다. 결과중심의 교육은 유아들이 주체적으로 탐구하고 궁리하여 어떠한 결론을 찾아내기보다 교사가 학습의 핵심이나 결과를 유아들에게 이해시키려고 노력하는 학습 방법으로 교사는 유아들에게 학습의 핵심이나 결과를 쉽게 이해시키기 위하여 시청각 교구를 활용하고 적절한 발문을 제공하여 다양한 유아교육활동을 전개한다. 반면 과정중심의 교육은 교사가 학습의 결과나 핵심을 지도하고 이해시키기보다 다양한 교수·학습활동을 통해 학습자인 유아가 주체적으로 학습의 결과나 핵심을 찾아내려고 노력하는 학습 방법으로 학습의 결과보다는 학습의 결과를 찾아내기 위한 학습과정을 더 중시하는데, 이 과정을 탐구과정(inquiry process)이라고 하며 유아교육은 과정중심의 교육을 중시한다. 이러한 과정중심의 교육이 이루어지기 위해 유아교육기관에서는 유아중심교육과 유아의 주도적 활동을 강조하여 지도하고 있다.

6. 일상생활과 관련된 내용, 방법의 통합

유아교육기관에서 교육과정의 편성·운영에서는 영유아의 일상생활과 관련되는 교육내용을 활용하고 교수·학습과정이 영유아에게 실제적이고 의미 있는 경험이 되게 한다. 영유아는 이를 통하여 지식, 기능, 태도 및 가치를 형성해 나간다. 영유아가 배워 나가는 지식, 기능, 태도 및 가치는 일상생활의 문제를 해결할 수 있는 실제적인 능력이다. 따라서 영유아 개인에게 의미 있고 실제적인 가치를 가지는 생활 속의 경험을 통해 이를 습득하도록 한다. 또한 영유아는 발달특성상 구체적이며 직접적인 경험을 토대로 학습을 한다. 영유아가 생활 속에서 갖는 경험은 영유아에게 가깝고 친숙하며 구체적이고 직접적인 것이다. 따라서 교사는 영유아와 직접적으로 관련된 가정과 유아교육기관의 일과, 친구관계 등 영유아의 일상생활에서 영유아가 하는 경험에 대해 잘 알고 지도하고 있다.

7. 직접적이고 구체적인 경험 제공

주변의 다양한 자료와 자연물을 적극 활용하여 영유아들이 직접적이고 구체적인 경험을 할 수 있도록 한다. 사람·자연존중 세계관은 주변의 다양한 자료와 자연물을 적극 활용하여 유아들이 직접적이고 구체적인 경험을 할 수 있도록 한다. 영유아는 자신이 직접 주변을 탐색하고 자료를 구체적으로 조작하는 과정에서 지식을 구성해 나간다. 영유아의 발달단계에 맞는 교재나 교구 특히 주변에서 쉽게 접할 수 있는 다양한 자료와 자연물은 영유아가 구체적으로 조작해 볼 수 있는 경험을 제공해 주기에 적합하다. 영유아에게 주어지는 구체적인 경험이란 단순히 실제 사물을 보고 만지는 등 감각적 경험을 하는 것만을 의미하는 것은 아니다. 영유아가 감각기관을 사용하여 사물을 조작할 뿐만 아니라 동시에 자신이 경험한 바에 대한 정신적인 조작도 함께 이루어짐을 의미한다. 영유아는 주변의 다양한 사물을 통해서 자신을 표현하려는 욕구를 가지고 있다. 예를 들면, 직접 자연물을 감상하고 경험한 것을 활용하여 만들고 그릴 수 있는 경험을 통해서 자연의 생명력과 신비감을 느끼고 이러한 과정에서 영유아는 자연보호에 대한 필요성과 자연에 대한 고마움을 느끼게 하는 등 직접적이고 구체적인 경험을 제공하여 지도하고 있다.

8. 학습 방법의 개별화

유아교육은 영유아의 관심과 흥미, 발달이나 환경특성 등을 고려하여 개별 영유아에게 적합한 방식으로 학습한다. 영유아는 같은 연령이라도 각자 경험의 내용, 관심사, 학습능력, 발달 수준, 가정의 문화 등이 많은 부분에서 개인차가 있다. 특히 다문화 가족이 증가하고 있는 현상황에서 영유아 개개인의 독특성을 인정하고 개개인에게 적합한 학습방식을 적용하는 것은 필수적이다. 교사는 영유아의 연령만을 기준으로 교육활동을 계획하는 것이 아니라 개별 영유아의 특성을 함께 고려하여 활동을 제공하고 교수전략을 수립하는 것이 필요하다. 이를 위해 모든 영유아가 동시에 같은 것을 학습하도록 기대하지 말고 난이도가 다른 다양한 활동을 제공하여 영유아 자신의 흥미와 능력, 학습 속도에 알맞은 활동을 선택하도록 한다. 또한 영유아의 특성을 고려하여 개별, 중·소집단, 대집단 등으로 집단 형태를 다양하게 구성하여 학습활동을 전개해 나간다. 장애가 있는 영유아의 경우, 교사는 전문가의 도움을 받아 장애 상태와 발달에 적합한 개별교육계획을 세워 지도하는 등 학습방법을 개별화하여 지도하고 있다.

PART

2 영유아 교과교육의 설계

영유아 교과교육의 설계에서는 교과교육을 전개하는데 필수적인 계획, 환경, 교재교구 등 교과교육을 위한 여건을 어떻게 정비하느냐에 관점을 두고 아래와 같은 내용에 대해 기술한다.

첫째, 교수–학습계획은 어떤 절차를 밟아, 어떤 계획을 수립할 것인가?

둘째, 교수–학습환경으로 흥미 영역을 어떻게 구성할 것인가?

셋째, 교수–학습 지도에 필요한 교수·학습 매체의 유형과 활용방안은 무엇인가에 국한하여 기술하기로 한다.

1 교수 · 학습계획 수립

유아교육기관에서는 당해 유아교육기관에서 설정한 교육목표를 구현하기 위해서 교육과정을 편성·운영한다. 그러나 교육과정은 당해 유아교육기관에서 이루어지는 모든 교육활동의 총체로서 포괄적이며 광범위하므로 이를 실행으로 옮기기 위해서는 일차적으로 교수·학습계획으로 구체화시켜야 한다. 따라서 아무리 당해 교육기관의 교육과정이 잘 편성되었다 하더라도 이를 실행하기 위한 교수·학습계획이 타당하고 합리적으로 수립되지 않으면 당해 유아교육기관의 교육목표 구현에 차질이 생긴다. 따라서 본장에서는 합리적인 교수·학습계획 수립을 위한 절차와 각종 교수·학습계획 수립 요령에 대하여 기술한다.

1 교수 · 학습계획 수립 절차

유아교육기관에서 유아교육과정을 편성하기 위해서는 시·도교육청, 지역 교육청의 교육과정 편성지침을 근간으로 하여 당해 유치원의 실정에 맞는 유아교육과정을 편성하고 이에 근거하여 교수·학습계획을 수립해야 한다. 합리적인 교수·학습계획을 수립하기 위해서는 일반적으로 다음과 같은 절차를 밟는다. ⑴ 주제 선정, ⑵ 교수-학습목표의 설정, ⑶ 교수-학습 내용의 선정, ⑷ 교수-학습활동의 선택, ⑸ 교수-학습자료의 선정, ⑹ 교수-학습평가 내용의 선정 등 6단계의 절차를 거쳐 편성하게 되는데 다음에서 단계별로 간략하게 설명하기로 한다.

1. 주제 선정

유아교육기관에서 유아들을 대상으로 활용되어 온 주제는 상당히 제한되어 있다. 왜냐하면 유아들 자신의 사회적 경험이나 유아들의 주변 환경, 그리고 유아들의 흥미나 호기심을 충족시킬 수 있는 것이어야 하기 때문이다. 교육부에서는 일선 유치원에 누리과정 교사용 지도서 11권을 제작해서 제시하고 있는데, 그 주제는 ① 유치원/어린이집과 친구, ② 나와 가족, ③ 우리 동네, ④ 동식물과 자연, ⑤ 건강과 안전, ⑥ 생활도구, ⑦

교통기관, ⑧ 우리나라, ⑨ 세계 여러 나라, ⑩ 환경과 생활, ⑪ 봄, 여름, 가을, 겨울 등 11권이다. 그러나 교육부에서 제시한 11개 주제는 일선 유치원에서 취사·선택하고, 수정·보완하는 등 유치원 실정에 맞는 주제를 선정하여 운영하도록 하고 있다. 그런데 현대사회가 산업화되면서 주제도 다양해지고 있다. 예를 들면, 사회과학교육의 개념, 환경, 이웃나라 사람들의 문화와 생활, 일상생활 속에서 일어나는 다양한 경험이 다루어지는 등 주제가 다양하다. 이는 흔히 유아교육 활동주제와 내용은 유아 자신의 유아교육기관 안팎에서 겪는 사회적 경험을 반영하고 유아의 흥미와 호기심을 충족시킬 수 있어야 한다. 일반적으로 주제를 선정할 때는 기본적으로 다음과 같은 점을 고려해야 한다(유효순, 1992).

- 주제는 유치원 교육과정의 5대 영역의 기본 목적(이해, 태도, 기술)을 달성하는 데 도움이 되는가?
- 주제는 유아의 일반적인 발달 수준과 탐구능력 배양에 적합한가?
- 주제와 주제 사이가 연결되어 있는가?
- 주제 구현을 위해 시간과 자료 준비 등이 무리한 것이 아닌가?
- 주제는 유아들의 흥미와 호기심을 유발할 수 있는 것인가?
- 주제는 다양한 학습활동이 계획될 수 있는가?
- 주제는 유아의 현재 그리고 미래의 생활과 관련이 있는가?

2. 교수 · 학습목표의 설정

교수의도(instructional intent)를 명확히 하는 것은 교수-학습목표를 기술하는 핵심이 된다. 따라서 유아교육활동에서 적절한 교수-학습목표를 설정하는 것은 대단히 중요한 일이다. 유아들이 주제활동을 통해서 어떠한 교육 효과를 가져올 것인지, 즉 주제활동을 통해서 유아들이 무엇을 성취할 것인지, 주제에 관련된 활동들을 경험하면서 유아들이 가지고 있던 기존의 지식이나 정보, 태도, 가치가 어떻게 변화할 것인지, 교육활동에 대한 평가는 어떻게 해야 하는지 등을 기술한다. 일반적으로 교수-학습목표를 두 가지 측면에서 생각할 수 있다. 즉, 생활주제에 대한 종합적인 목표가 있고, 또 하나는 생활주제에 따른 하위 주제별 활동목표가 있는데 결국 하위 주제별 활동목표를 종합하면 생활주제의 목표가 될 수 있어 이 두 목표 간에는 상호 역동적인 관계가 있다. 교수-학습목표를 진술할 때 다음 사항이 고려되어야 한다.

- 목표는 프로그램의 목적과 관련하여 유아의 계속적인 발달을 가져오게 하는가?
- 목표는 유아가 성취할 행동을 분명하게 진술하고 있는가?
- 목표는 유아의 목표 달성을 고무하기 위해 사용해야 할 자료와 활동을 제시하고 있는가?
- 목표가 유아의 발달 수준에 적합한가?
- 목표가 평가활동을 용이하고 명확하게 할 수 있는가?

3. 교수 · 학습 내용의 선정

교수-학습목표가 설정되면 그에 적절한 교수-학습 내용이 선정되고 조직되어야 한다. 교수-학습 내용은 유아들이 교육을 통해서 학습하여야 할 학습경험을 말한다. 따라서 교수-학습 내용은 어떻게 교육목표를 충실히 반영하여 선정되고 조직되느냐에 따라서 교육의 질이 결정된다. 바꾸어 말하면 교수-학습 내용의 선정과 조직은 교육과정 계획의 전 과정에서 가장 핵심적인 활동이다. 교수-학습 내용의 선정은 유아가 알아야 할 사실이나 정보를 유아의 주위 환경으로부터 수집하며 이를 간단한 것에서부터 복잡한 것 순으로 가르치도록 정리한 것이다. 또한 가르치려고 하는 내용은 유아로 하여금 자신이 살고 있는 사회와 그 세계의 지식체계 모두를 탐색할 수 있도록 해주는 것이어야 한다. 또한 일반적으로 교수-학습 내용을 선정하는 절차는 다음과 같다.

(1) 교육부 고시 내용 탐색

먼저 교육부에서 고시한 교육과정 내용을 철저하게 탐색하여 교육과정의 편성 취지, 지침, 내용을 숙지한다.

(2) 시·도교육청 편성 지침 및 지역화안 탐색

교육부에서 교육과정을 고시하면 시·도교육청에서는 교육부의 교육과정 편성 취지, 지침, 내용을 근거로 하여 시·도교육청의 정책, 특수성을 고려, 시·도교육청 수준의 교수-학습 내용의 지역화안을 포함한 교육과정 편성·운영지침을 고시하게 된다. 또한 지역교육청에서는 교육부, 시·도교육청의 교육과정 편성·운영 고시 내용을 근간으로 하여 각 지역교육청 정책과 특수성을 고려하여 지역교육청 수준의 교육과정 편성·운영지침을 장학자료로 제작하여 일선 유아교육기관에 시달하면, 일선 유아교육기관에서는 누리과정에 대한 시·도교육청, 지역교육청의 편성지침을 근간으로 하여 유아교육기관의 교육과정 편성지침을 작성하고 이 지침에 준하여 교수-학습 내용을 선정하게 된다. 다음에서 이러한 과정을 거쳐서 작성된 교수-학습 내용의 '예'를 '사회관계' 영역에 한해 제시한다.

표 Ⅱ-1 교수-학습 내용(사회관계 영역)

내용 범주	내용	세부 내용	우리 유치원 적용 내용	관련 주제
나를 알고 존중하기	나를 알고 소중히 여기기	나에 대해 알아본다.	나에 대해 소중하게 생각하기	나와 가족
		나와 다른 사람의 차이점을 알아본다.	친구 얼굴 그리기와 친구와 같은 점, 다른 점 알아보기	
		나에 대하여 긍정적으로 생각하고 나를 소중하게 여긴다.	나에 대해 소중하게 생각하기	
	나의 일 스스로 하기	내가 할 수 있는 일을 해 본다.	기본 생활습관 가지기	
		하고 싶은 일을 계획하고 해 본다.	자유선택활동에 스스로 선택하여 참여하기	
나와 다른 사람의 감정 알고 조절하기	나와 다른 사람의 감정 알고 표현하기	자신의 감정을 알고 표현한다.	• 다양한 감정 알아보기 • 여러 가지 사진을 보고 느끼는 감정을 이야기해 보고 나를 느끼기	나와 가족
		다른 사람의 감정을 안다.	친구와 선생님의 감정 알아보기	
	나의 감정 조절하기	자신의 감정을 조절해 본다.	나의 감정을 상황에 맞게 표현하기	
가족을 소중히 여기기	가족과 화목하게 지내기	가족의 소중함을 안다.	가족을 소중하게 여기는 마음가지기	나와 가족
	가족과 협력하기	가족 구성원의 역할에 대해 알아본다.	가족 소개하고 역할을 알아보기	
		가족을 위하여 내가 할 수 있는 일을 알아보고 실천한다.	가족을 위해 내가 할 수 있는 일을 알아보고 실천해 보기	
다른 사람과 더불어 생활하기	친구와 사이좋게 지내기	친구와 협동하여 놀이한다.	친구와 함께 협동하여 놀이하기	우리 동네
		친구와의 갈등을 긍정적인 방법으로 해결한다.	갈등 상황 관련 그림카드로 다양한 갈등 상황 알아보고 해결하기	
	공동체에서 화목하게 지내기	도움이 필요할 때 다른 사람과 도움을 주고받는다.	유치원에서 도움을 주시는 분들께 인사하기	
		교사 및 주변 사람과 화목하게 지낸다.		

<table>
<tr><th>내용 범주</th><th>내용</th><th>세부 내용</th><th>우리 유치원 적용 내용</th><th>관련 주제</th></tr>
<tr><td rowspan="5">다른 사람과 더불어 생활하기</td><td rowspan="5">사회적 가치를 알고 지키기</td><td>정직하게 말하고 행동한다.</td><td>• 친구의 물건 소중히 여기기
• 정직과 관련된 동화를 듣고 이야기 나누기</td><td rowspan="5">유치원과 친구</td></tr>
<tr><td>다른 사람의 생각, 행동을 존중한다.</td><td rowspan="4">• 유치원 규칙 정해보기
• 전통예절 참여하기
• 유치원 물건 아껴쓰기
• 동화를 이용한 활동을 통해 자연과 자원을 아끼는 습관 기르기</td></tr>
<tr><td>친구와 어른께 예의 바르게 행동한다.</td></tr>
<tr><td>다른 사람과 한 약속이나 공공규칙을 지킨다.</td></tr>
<tr><td>자연과 자원을 아끼는 습관을 기른다.</td></tr>
<tr><td rowspan="8">사회에 관심 갖기</td><td rowspan="3">지역사회에 관심 갖고 이해하기</td><td>우리 동네에 대해 알아본다.</td><td rowspan="2">우리 동네의 특징을 알아보기</td><td rowspan="3">우리 동네
우리나라</td></tr>
<tr><td>우리 동네사람들이 하는 일에 관심을 갖는다.</td></tr>
<tr><td>물건을 살 때 돈이 필요함을 안다.</td><td>다양한 직업에 관련된 역할놀이 해보기</td></tr>
<tr><td rowspan="3">우리나라에 관심 갖고 이해하기</td><td>우리나라를 상징하는 것을 안다.</td><td>태극기와 애국가에 대한 의미를 알고 예절 지키기</td><td rowspan="3">우리 동네
우리나라</td></tr>
<tr><td>우리나라의 전통놀이와 풍습에 관심을 갖는다.</td><td rowspan="2">점심식사 메뉴에서 전통 음식 알아보기</td></tr>
<tr><td>우리나라에 대해 자부심을 갖는다.</td></tr>
<tr><td rowspan="2">세계의 여러 문화에 관심 가지기</td><td>세계 여러 나라에 대해 관심을 갖는다.</td><td>우리 지역의 다문화가정에 대해 관심을 가지기</td><td rowspan="2">세계 여러 나라</td></tr>
<tr><td>다양한 인종과 문화에 관심을 갖는다.</td><td>다문화가정의 다양한 문화에 관심을 갖고 존중하기</td></tr>
</table>

제공 : 군산 우리별유치원

교수-학습 내용을 선정할 때는

① 교수-학습 내용은 비형식적이며 유동적이고 다양한 내용으로 유아의 흥미를 지속시킬 수 있어야 한다.

② 교수-학습 내용은 유아교육 목표 구현에 직결되어야 한다.

③ 교수-학습 내용은 유아가 알아야 할 사실이나 정보를 중심으로 유아의 주위환경에서 수집해야 한다.

④ 교수-학습 내용은 유아교육기관의 안팎에서 겪는 사회적인 경험으로 유아들의 호기심과 흥미를 충족시킬 수 있는 내용이어야 한다.

⑤ 교수-학습 내용은 인지적·정의적·기술적 목표를 균형적으로 성취시킬 수 있도록 선정해야 한다.

⑥ 초등학교의 1학년 국어, 수학을 비롯한 통합교과인 '바른 생활, 즐거운 생활, 슬기로운 생활'과의 연계를 고려해야 한다.

또한 교수-학습 내용이 선정되면 교수-학습계획을 조직해야 하는데 논리적 순서에 따라 어떻게 배열할 것인가, 유아들의 발달 수준에 어떻게 맞추어 나갈 것인가, 그리고 보다 쉽게 이해할 수 있게 하기 위해서 교수-학습과정에 따라 어떻게 배열할 것인가에 대하여 생각해야 한다. 교수-학습계획을 조직할 때의 순서화에서 고려할 점은 다음과 같다.

첫째, 교수-학습 내용은 유아가 아는 내용에서 모르는 내용순으로 조직한다. 이는 교수-학습 내용을 유아들이 잘 아는 내용으로부터 시작하여 잘 모르는 내용으로 나아가는 것이다. 예를 들어, 사회에 대한 학습을 할 때 나, 가족, 이웃의 순으로 윤곽을 잡아가는 것이다.

둘째, 교수-학습 내용은 간단한 내용으로부터 복잡한 내용순으로 조직한다. 즉, 학습 개념의 기초적인 특징을 먼저 가르치고 난 뒤, 상위의 특징을 가르치는 것을 말한다.

셋째, 교수-학습 내용은 구체적인 내용으로부터 추상적인 내용순으로 조직한다. Piaget의 인지발달이론에서 지적한 바와 같이 유아는 구체적 학습을 해야 할 필요가 있다. 그러므로 가르칠 내용의 순서는 구체적인 학습활동이 추상적인 내용을 다룰 수 있는 발판이 되도록 계획해야 한다.

넷째, 교수-학습 내용의 조직은 연대순으로 한다. 이는 교수-학습 내용을 시간적인 순서에 따라서 조직하는 것을 말한다. 유아들이 역사의 연대를 의미 있게 다룰 수 있는 능력은 참으로 서서히 발달된다. 그것은 유아들이 11세 내지 12세가 되어도 때로는 나타나지 않는다는 사실을 유의해야 한다.

다섯째, 교수-학습 내용은 나선형으로 조직한다. 이는 학습한 내용의 지식을 반복하고 확장시켜 가면서 진술한 내용을 다시 되풀이해 가는 것을 말한다. 즉, 유아가 한 단계 한 단계씩 나선형으로 개념을 계속 확장해 가는 식으로 더 많이 학습하게 된다는 의미이다.

4. 교수 · 학습활동의 선택

주제 선정, 교수-학습목표 설정, 교수-학습 내용 선정 이후에 교수-학습활동을 선택하게 된다. 주제 선정 과정, 교수-학습목표의 설정, 교수-학습 내용의 선정이 무엇을 가르칠 것인가에 대한 관심이라면 교수-학습활동은 어떻게 가르칠 것인가에 대한 관심으로 아무리 교수-학습 내용이 잘 선정되었다 하더라도 그것을 직접적으로 전달해 주는 방법이 효과적이지 못하면 교사의 노력은 아무 소용이 없게 된다. 교수-학습활동은 교육이 직접적으로 이루어지는 장면이기 때문이다. 교수-학습활동에는 이야기 나누기, 작업하기, 소집단으로 나누어 토의하기, 견학하기, 요리하기, 그룹게임, 음률활동, 관찰을 비롯한 과학활동, 노래하기, 자원인사 초빙하여 이야기 듣기, 역할놀이, 동화 등이 있는데 교수-학습 내용에 따라 이상의 활동들을 대집단으로 지도하는 것이 효과적인지, 중집단으로 지도하는 것이 효과적인지, 소집단으로 지도하는 것이 효과적인지, 개별적으로 지도하는 것이 효과적인지 검토하여 선택하여야 한다. 교수-학습활동 선택 시 고려할 점은 다음과 같다.

첫째, 학습집단을 대집단으로 할 것인가, 중집단으로 할 것인가, 소집단으로 할 것인가를 결정한다.

둘째, 학습경험을 제공하기 위한 환경을 어떻게 구성할 것인가를 계획한다.

셋째, 학습활동의 전개 형식은 교사 중심으로 할 것인가, 아니면 유아 중심으로 할 것인가를 결정한다.

넷째, 유아를 의자에 앉힐 것인가, 1/2을 마룻바닥에 앉힐 것인가, 또는 반원이나 원으로 하여 책상을 중심으로 앉힐 것인가 등을 계획해야 한다.

5. 교수 · 학습자료의 선정

교수-학습활동이 결정되면 이어서 교수-학습자료를 선정하여야 한다.

① 교수-학습자료의 유형

유아교육에 활용할 수 있는 교수-학습자료로서는 도서류(그림책, 잡지, 사진첩, 스크랩북 등), 시청각 자료(OHP 자료, 필름, 그림카드, 구체물, VTR 자료 등), 견학(지역사회의 자원-병원, 방송국, 소방서 등), 인적 자원(전문인, 직업인) 등을 들 수 있다.

② 교수-학습자료 선정 시 유의점

교수-학습자료 선정 시 고려해야 할 내용은 다음과 같다.

- 현재 보유하고 있는 자료를 점검한 후에 새로운 자료의 제작 및 구입 계획을 수립한다.
- 수업목표를 위해 타당한 자료인지 검토한다.
- 유아의 발달단계와 성숙도에 적합한가를 고려한다.
- 자료 활용의 다양성, 안정성, 가격, 제작시간, 사용의 간편성 등을 고려한다.

③ 교수-학습자료실 설치

유아교육기관에는 위와 같은 요령으로 선정된 교수-학습자료들을 원별 또는 활동실별로 설치하여 각종 자료를 체계적으로 분류·보관하며 필요 시에 교수-학습자료실에서 가져다 활용하도록 한다.

6. 교수 · 학습평가 내용의 선정

교수-학습자료가 선정되면 이어서 교수-학습평가 내용을 선정해야 한다. 일반적으로 교수-학습평가에는 주제목표를 계획하기 전에 유아들이 주제에 대하여 어느 정도 알고 있는지를 평가하는 진단평가를 생각할 수 있다. 진단평가를 통하여 학습을 어디서부터 시작하고 어떤 방향으로 진행시킬 것인가를 결정한다. 또한 주제학습이 전개되는 과정에서 형성평가를 실시한다. 교사는 학습활동과정에서 유아의 행동, 작품, 표현 등을 통해 나타난 형성평가의 결과에 따라 학습과정을 수정·보완·확장한다. 또한 주제학습이 종료되면 학습목표를 어느 정도 달성하였는지를 알아보기 위하여 총괄평가를 실시하여 유아들에게는 자신이 학습한 내용을 깨닫게 하고, 교사들에게는 효율적인 교수-학습 방법을 개선하는 자료로 활용한다. 또한 이러한 평가계획은 교육계획안에 기록하여 활용하는데, 형성평가계획은 일일 교육계획안과 주간 교육계획안에, 총괄평가계획은 월간·연간 교육계획안에 계획하여 교수-학습 진행과정에 따라 활용한다.

2 교수 · 학습계획안(교육계획안) 작성

교육계획안에는 연간 교육계획안, 월간 교육계획안, 주간 교육계획안, 일일 교육계획안 등이 있다. 이와 같이 교육계획안들은 어떤 생활주제를 선정하는지, 주제에는 어떤 개념과 내용들을 포함하는지, 언제, 어떤 방법으로 유아들에게 제시하고 지도하는지를 구체적으로 안내해 준다. 교육계획안에는 먼저 연간 또는 월간으로 수립하고 다시 주간, 일별, 시간대별로 수립해야 한다. 월간 교육계획안은 상세히 계획하기보다는 한 달 전에 미리 안(案)으로 계획한다. 연간 교육계획안과 월간 교육계획안은 간략하고 융통성 있게 수립하고 주간 교육계획안과 일일 교육계획안은 구체적으로 수립한다.

1. 연간 교육계획안

연간 교육계획안은 1년 동안 이루어지는 전체 프로그램에 대한 포괄적인 교육계획안이다. 연간 교육계획안은 유아교육기관의 교육 전체에 대한 개요를 보여주는 것으로, 밑그림에 해당한다. 다음은 연간 교육계획안을 작성할 때 고려해야 할 점이다.

첫째, 연간 교육계획안은 새 학기가 시작되기 전인 2월 중순경에 전체 교사회의에서 결정한다.

둘째, 연간 교육계획안에 관련지어 월간 교육계획안과 주간 교육계획안을 작성한다.

셋째, 연간 교육계획안은 당해 유아교육기관의 교육활동 지도자료에 제시되어 있는 연간 생활주제 및 활동주제를 중심으로 작성한다.

넷째, 생활주제를 배열할 때에는 유아들이 친숙하게 접하고 있는 환경에서 구체적인 것을 선정하여 교육활동으로 구성, 제공하고, 점차 멀리 떨어져 있는 환경 및 추상적인 개념으로 확대해 나간다.

다섯째, 유아들의 연령, 발달 정도, 유아교육기관 수학 경험의 유무 등 유아들의 특성을 고려하여 적용기간을 가늠하고, 이를 연간 교육계획안에 반영한다.

여섯째, 국가나 지역사회에서 이루어지는 각종 행사들의 교육적 가치를 평가하여 생활주제로 선정, 연간 교육계획안에 포함시킨다.

일곱째, 생활주제와 관련하여 견학, 부모 참여 등의 특별활동을 연계성 있게 계획하도록 한다. 또한, 생활주제와 관련하여 참관 또는 견학 시기를 결정하여 연간 교육계획안에 반영한다.

여덟째, 연간 교육계획안을 부모들에게 배부하여 유아교육기관의 교육계획을 알린다.

참고로 〈표 II-2〉와 같이 연간 교육계획안의 예를 제시한다.

표 Ⅱ-2 연간 교육계획안의 예(4세)

굵은 글씨는 행사, ✲는 과학 표상활동 주제

월	생활주제	주제	주	일	소주제
3월	유치원과 친구	유치원의 환경	2	5	**입학식**
				6	우리반 이름과 교실 알아보기
				7	유치원 돌아보기
				8	유치원에서 함께 지내는 사람들 알아보기
		유치원에서의 하루	3	11	등·하원하기
				12	화장실 사용법
				13	놀잇감의 올바른 사용
				14	바른 자세로 급식(간식) 먹기
				15	우리 반의 약속
		유치원에서 만난 친구	4	18	나와 친구 소개하기
				19	친구와 다른 점 알아보기
				20	친구와 사이좋게 놀이하기
				21	
				22	친구 간의 예의 지키기
	봄	봄의 날씨	5	25	봄 날씨 알기
				26	
				27	봄 풍경 즐기기
				28	
				29	따뜻한 봄 즐기기
4월	봄	✲봄의 식물 진달래	1	1	진달래를 보았나요
				2	진달래의 종류
				3	진달래를 찾아봐요
				4	진달래의 생김새
				5	진달래의 성장과정
	동식물과 자연	동물과 우리의 생활	2	8	동물과 함께 하는 즐거움 느끼기
				9	동물이 주는 이로움 알기
				10	동물을 대하는 바른 태도
				11	사라져 가는 동물에 관심가지기
				12	자연과 더불어 살아가기

월	생활주제	주제	주	일	소주제
4월	동식물과 자연	식물과 우리의 생활	3	15	식물과 함께 하는 즐거움 느끼기
				16	식물이 주는 이로움 알기
				17	식물과 함께 지내는 방법
				18	사라져 가는 식물에 관심가지기
				19	**현장체험학습**
		공룡	4	22	지금은 살지 않는 동물
				23	육식 공룡이 있어요
				24	초식 공룡이 있어요
				25	**반별 테마학습**
				26	내가 좋아하는 공룡은
5월	나와 가족	나의 몸과 마음	1	29	나의 탄생
				30	신기한 나의 몸
				1	나의 감정
				2	나의 마음과 생각
				3	나에 대해 알아봐요
		소중한 나	2	6	내가 좋아하는 것
				7	내가 할 수 있는 일
				8	나의 꿈
				9	소중한 내 몸
				10	**브레인 올림피아드 가족 한마당**
		소중한 가족	3	13	**교육자 대회의 날**
				14	가족이 하는 일 알기
				15	가족에 대한 예절 지키기
				16	행복한 우리 가족
				17	**석가탄신일**
		가족의 생활과 문화	4	20	가족의 생활 알기
				21	
				22	가족의 문화 알기
				23	
				24	다양한 가족에 관심 가지기

제공: 군산 우리별유치원

2. 월간 교육계획안

월간 교육계획안은 별도로 작성하지 않고 연간 교육계획안에 포함시키거나 주간 교육계획안으로 대체하는 경우가 많으나, 월간 교육계획안 중에서 행사 등과 관계되는 중요한 일들을 중심으로 월간 교육계획안을 작성할 수도 있다. 월간 교육계획안은 매월 셋째 주 금요일쯤에 다음달의 교육계획안을 작성하며, 월말에 가정으로 통지하는 것이 효과적이다. 월간 교육계획안을 가정으로 통지하는 것은 부모들이 가정에서 연계성 있는 지도를 할 수 있고, 미리 그 달의 행사를 알고 준비·협조하도록 하기 위한 것이다. 월간 교육계획안에는 유아의 생일, 견학일, 공휴일 등을 구체적으로 표시하여 놓을 수 있다. 따라서 월간 교육계획안은 학급 간에 공통점과 차이점이 다소 있을 수 있다.

〈표 II-3〉은 월간 교육계획안의 한 예로서, 명절이나 행사를 중심으로 계획한 것이다.

표 II-3 월간 교육계획안의 예 (5월)

1주					1	2
2주	4	5 생일 : 이찬수	6	7	8 어버이날	9
3주	11	12	13 참관일	14 석가탄신일	15 소풍 어린이대공원	16
4주	18	19	20	21	22 자체연구수업 나비반	23
5주	25	26 생일 : 김희연	27	28	29	30

3. 주간 교육계획안

주간 교육계획안은 1주 동안에 이루어지는 모든 활동들을 한눈에 조명하여 볼 수 있도록 세부적인 내용까지 포함한 교육계획이다. 교사는 주간 교육계획안을 수립함으로써 다음 주간에 해야 할 모든 활동에 대하여 구체적으로 생각하고 미리 준비할 수 있다.

또, 주간 교육계획안을 보고 요일별로 다양한 활동들이 자유선택활동시간과 집단활동시간에 균형 있게 배정되어 있는지 쉽게 점검할 수 있다. 다음은 주간 교육계획안을 작성할 때에 고려해야 할 점이다.

- 주간 교육계획안은 매주 금요일에 전체 교사회의를 거쳐 작성한다.
- 주간 교육계획안은 연간 교육계획안에 기초하여 작성한다.
- 당해 유아교육기관의 교육활동 지도 자료에서 제시되어 있는 연간 생활주제 및 활동주제를 중심으로 통합적인 주간 교육계획안을 작성하고 실행함으로써 유아의 전인적 발달을 도모한다.
- 주간 교육계획안 작성 시 유아의 특성과 능력, 유아교육기관 및 지역사회의 요구에 따라 필요한 생활주제를 선정하고 다양한 활동을 골고루 안배한다.
- 주간 교육계획안에는 요일별로 자유선택활동시간에 각 흥미 영역에서 이루어지는 활동들, 하루 일과 중에 이루어지는 집단활동들을 구체적으로 명시한다.
- 주간 교육계획안에는 교육활동뿐 아니라, 교사나 보조교사(교직원, 부모 자원자)의 이름과 임무를 구체적으로 적어 놓도록 한다.

주간 교육계획안의 예를 제시하면 〈표 Ⅱ-4〉와 같다.

표 Ⅱ-4 주간 교육 활동계획(4세)

주제		다양한 생활도구				
활동목표		다양한 생활도구의 종류와 기능에 대해 안다. 다양한 생활도구를 안전하게 사용하는 태도를 갖는다.				
창의·인성지도		신호등을 잘 지켜요		안전교육	찻길에서 놀지 않아요	
소주제		주변의 생활도구 알아보기	편리해진 생활도구	유치원에서 사용하는 생활도구	안전하게 사용해요	생활도구의 변천과정
자유선택활동	언어	생활 속의 ㄱㄴㄷ/글자를 만드는 노트북				
	수·조작		생활도구 패턴		지킬 수 있어요	
	쌓기	내 책상을 만들어요				
	역할		부엌놀이를 해요			
	음률		가위 안전송			
	미술				사진기를 만들어요 / 연필접기	
	과학	편리한 깔때기			드라이버 사용하기	

함께 하는 활동	이야기 나누기	도구가 필요해요	점점 편리해져요	여러 가지 가방	아차! 조심해요	생활도구의 발전
함께 하는 활동	☆동화 ♧동시 ♤동극	♧ 맛있는 소리	☆ 신기한 요술 냄비	☆ 요술 연필	☆ 내가 제일 멋진 도구야	☆ 먹이를 가져왔어
	음악	무엇이 필요할까요?			주전자	
	미술		생활도구 본뜨기	가방 만들기		
	신체			풍선 놀이		
	게임	힘 센 보자기			안전 장갑 끼고 나르기	
	현장 체험					우리 동네 마트 가요
	바깥 놀이	받아라 바톤	편리한 도구 찾기	모래놀이 도구 이용하기	뚝딱뚝딱 길을 내자	훌라후프 놀이
간식		우유/아몬드	우유/멸치	우유	우유/ 피스타치오	우유/ 아몬드
점심 식단		친환경클로렐라 잡곡밥 친환경콩나물국 돈육메추리알 장조림 미역줄기게맛살 볶음 배추김치 한입붕어빵	친환경찰보리 잡곡밥 오색떡국 국산콩두부조림 실파김무침 배추김치 무농약딸기주스	짜장면&작은밥 맑은미역국 피자군만두 도토리묵상추무침 배추김치	친환경토마토 펜밥 한우미역국 계란찜 애호박볶음 배추김치 키위	친환경검정쌀밥 청국장찌개 춘천닭갈비 가지볶음 배추김치 단호박편

가정과의 연계 활동	새노래	동시
	무엇이 필요할까요? 주르륵 주르륵 비가 오는 날 무엇이 무엇이 필요할까요 그건 바로 우산 비를 막아주는 고마운 우산 우산	맛있는 소리 꼬르륵 꼬르륵 배꼽시계 울린다 송송송송 탁탁탁탁 도마 소리 보글보글 부글부글 냄비 우는 소리 지글지글 자글자글 프라이팬 소리 꿀꺽꿀꺽 냠냠쩝쩝 즐거운 식사시간

제공 : 군산 우리별유치원

4. 일일 교육계획안

일일 교육계획안은 하루 동안 이루어지는 모든 활동을 순서적으로 계획한다. 일일 교육계획안은 주간 교육계획안에 기초하여 수립된다. 일일 교육계획안에는 생활주제, 교육목표, 활동명과 활동에 관한 각종 정보(소요시간, 준비물, 전개 방법, 유의사항 등) 및 평가 내용을 기록한다.

일일 활동계획 및 운영 시 고려할 점은 다음과 같다.

- 일일 활동 운영에 고려할 사항을 충분히 반영하여, 일일 생활 운영에 적합한 계획을 세운다. 고려할 사항은 〈표 Ⅱ-5〉에 나타난 바와 같이 프로그램의 유형, 인적·물적 환경 요인, 활동시기 등으로 구체적인 내용은 다음과 같다.

표 Ⅱ-5 일일 활동 운영에 고려할 내용

요인	유치원 현황
수업시간	반일제 프로그램, 시간 연장제 프로그램, 종일제 프로그램
인적 환경요인	교사, 보조교사, 교육실습생, 부모 자원자, 요원(관리인, 기사 등)
물적 환경요인	교실(흥미 영역 종류, 놀잇감, 교재·교구), 강당, 운동장, 화장실
활동시기	학기 초, 학기 중간, 학기 말

- 일과 활동은 일관성이 있어야 한다. 이는 일과에 일정한 패턴이 있음을 의미한다. 예를 들어, 대체로 등원하면 놀이를 하고 정리정돈을 하며, 일정한 장소에 함께 모여 앉아 동화를 듣거나 이야기를 나눈 뒤 간식을 먹고, 다시 함께 모여서 노래를 부르거나 게임을 한 뒤 집으로 가는 등의 활동이 유사하게 반복된다.
- 유아의 신체적 욕구나 리듬을 반영해야 한다. 일일 활동계획에는 간식, 배변, 휴식 등 유아의 신체적·생리적 욕구를 해결하는 시간을 적절하게 계획해야 한다.
- 유아의 흥미와 요구를 반영한다. 교사는 자신이 세운 계획에 유아들이 따라가도록 하기보다는 유아의 흥미와 요구를 반영할 수 있는 기회를 제공하여 유아의 능동적 참여를 유도해 낼 수 있어야 한다.
- 활동 간 균형을 맞추어 계획한다. 일과 안에 동적 활동과 정적 활동, 실내활동과 실외활동, 개별활동과 대·소집단활동, 교사선택활동과 유아선택활동을 균형적으로 계획한다.
- 다양한 유형의 상호작용이 일어날 수 있도록 계획한다. 즉, 교사와 개별 유아의 상

호작용, 대·소집단간 유아와의 상호작용, 유아와 유아 간의 상호작용, 유아와 교구와의 상호작용 등의 기회가 골고루 제공될 수 있어야 한다.

- 일과활동은 융통성 있게 재구성할 수 있어야 한다. 일일 교육계획안은 주간 교육계획안에 기초하여 작성되나, 유아들의 흥미나 요구, 우발적인 사건 등을 간과해서는 안 된다. 교사는 순발력 있게 그러한 요소들을 반영하여 계획을 수정할 수 있어야 한다.
- 일과활동의 계획과 실행에 대한 평가가 계획되어야 한다. 효과적인 일일 활동계획은 실행과 평가를 통하여 완성된다. 교사는 활동의 목표가 어느 정도 성취되었는지, 계획대로 실행되었는지, 차질이 있었다면 무엇 때문인지, 문제점은 무엇인지 등 일일 일과 및 활동에 대한 평가를 유아들과 함께 할 수 있다. 일일 교육계획안의 예를 제시한다.

표 Ⅱ-6 일일 교육계획안의 예

<table>
<tr><th>일시</th><td colspan="3">2015년 6월 4일 금요일</td></tr>
<tr><th>주제</th><td colspan="3">주말과 휴일을 어떻게 지냈나요?</td></tr>
<tr><th>목표</th><td colspan="3">1. 주말과 휴일 동안 있었던 이야기를 발표해 본다.
2. 생활 주변의 여러 가지 일들에 대해 관심을 갖고 알아본다.</td></tr>
<tr><th rowspan="2">활동시간 및 활동 내용</th><th colspan="2">수준별 활동 내용</th><th rowspan="2">자료</th></tr>
<tr><th>Ⅰ수준</th><th>Ⅱ수준</th></tr>
<tr><td>09:00
등원 및
언어놀이</td><td>• 등원하여 선생님께 인사한다.
• 소지품을 제자리에 바르게 정리한다.
• 출석카드의 2일 자리에 스티커를 붙인다.
• 언어놀이 영역에서 놀이를 한다.</td><td>• 등원하여 선생님과 친구들에게 인사를 나눈다.
• 소지품을 제자리에 바르게 정리한다.
• 출석카드의 2일 자리에 월요일 도장을 찍는다.
• 언어놀이 영역에서 놀이를 한다.</td><td>소지품 정리장, 출석카드, 바구니, 요일도장, 스탬프, 스티커, 달력, 언어놀이 교구</td></tr>
<tr><td>09:00~09:10
애국조회
일과계획 및
놀이계획</td><td colspan="2">• 9시가 되면 놀던 것을 정리하고 모여 앉는다.
- 오늘의 날짜, 요일, 날씨 알아보기(시제에 맞추어 어제와 내일의 요일도 알아보기)
• 애국조회(애국가, 국기에 대한 맹세)
• 이번 주의 약속 정하기, 도우미 정하기
• 출석 확인하기 및 새 소식 전하기
• 위인동화 듣기(동화를 듣고 느낌에 대해 이야기를 나눈다)</td><td>시계, 달력, 이름카드, 녹음기, 테이프, 그림카드, 동화책, 놀이계획지, 필기도구, 퍼즐, 면봉, 물감, 붓, 종이</td></tr>
</table>

<table>
<tr><th rowspan="2">활동시간 및 활동 내용</th><th colspan="2">활동 내용</th><th rowspan="2">자료</th></tr>
<tr><th>I 수준</th><th>II 수준</th></tr>
<tr><td>09:00~09:10
애국조회
일과계획 및
놀이계획</td><td colspan="2">• 오늘의 활동순서 알아보기
- 새 교구 소개
- 여러 가지 작업 퍼즐
- 작업 소개
- 면봉그림, 손가락 인형
• 놀이계획(어떤 놀이를 할 것인지 생각해 보고, 계획지에 계획한다)</td><td>시계, 달력, 이름카드, 녹음기, 테이프, 그림카드, 동화책, 놀이계획지, 필기도구, 퍼즐, 면봉, 물감, 붓, 종이</td></tr>
<tr><td>09:10~10:00
자유선택활동</td><td colspan="2">• 계획지에 계획한 대로 놀이를 한다.
• 놀이할 때 영역에 이름을 표시하고 놀이한다.
• 여러 영역을 고루 돌면서 놀이한다.
• 놀이 중에 자유롭게 화장실에 다녀온다.</td><td>흥미 영역 이름표, 각 영역 교재·교구, 칫솔, 컵</td></tr>
<tr><td>10:00~10:20
정리·정돈</td><td colspan="2">• 악기 소리가 나면 정리를 한다.
• 정리·정돈이 끝나면 놀이 평가를 한다.
• 화장실에 다녀온 후 언어 영역에 모여 앉는다.</td><td>소고, 놀이,
평가지, 필기도구</td></tr>
<tr><td>10:20~01:40
이야기 나누기</td><td colspan="2">• 이번 주의 활동주제를 알아본다. - 여자와 남자
• 오늘의 이야깃거리를 소개한다(주말에 지낸 이야기 발표).
• 내가 알아온 이야깃거리를 발표한다.
• 궁금한 것들을 서로 토론해 본다.
• 오늘의 이야기를 통해 알게 된 것을 종합한다.</td><td>이야깃거리, 융판, 화이트 칠판, 필기도구, 그림자료</td></tr>
</table>

3 교육계획안 수립 시 고려할 점

교육계획안을 수립할때 고려할 점은 유아가 활동하고 경험하도록 무엇을 도와줄 것인가를 생각해 보는 것이다. 다음에서 조순옥 외(2003)와 고정곤(2003)의 의견을 종합하여 고려할 점을 기술한다.

첫째, 유아에게 발달적으로 의미 있는 내용이어야 한다. 학습 내용이 유아의 인지, 정서, 사회, 신체 발달에 적합할 뿐만 아니라 특히 유아의 성장 발달에 직결되어야 한다.

둘째, 교수-학습지도원리를 반드시 고려하여야 한다. 유아교육과정을 편성함에 있어서 효율적인 교육 방법의 기준이 되는 자발성의 원리, 개별화의 원리, 사회화의 원리, 직관의 원리, 통합화의 원리 등 교수-학습지도의 원리가 반드시 종합적으로 고려되어야 한다.

셋째, 유아의 흥미와 관심을 끌 수 있도록 해야 한다. 유아의 관심과 흥미는 의미 있는 학습으로 이끄는 동기를 제공한다. 따라서 교육활동의 근본은 유아의 직접적인 경험, 놀이, 자발적인 활동에 있다.

넷째, 교육목표 구현에 직결된 내용과 방법이어야 한다. 활동실에서 이루어지는 교수-학습활동이 단순히 그 시간에 학습되는 교재의 흥미만을 중심으로 새로운 경험을 제공하거나 주제활동의 전개만으로 생각한다면 당해 유아교육기관에서 설정한 교육목표 구현에 직결되는 활동이 될 수 없다. 그러므로 교육과정 편성 시 당해 유아교육기관에서 구현하는 교육목적이나 교육목표가 구체적으로 반영되어야 한다.

다섯째, 유아의 문화적 배경, 개인적 경험에 근거하고 유아들의 가족 및 지역사회와 통합되어야 한다. 이는 유아교육활동이 유아 개인의 문화적 배경 및 유아의 가정, 유아교육기관, 이웃 유아교육기관의 맥락 안에서 통합되어야 함을 의미한다.

여섯째, 과학적이고 합리적으로 수립되어야 한다. 현장 실정을 고려하여 현장성과 적용 가능성이 있는 계획이어야 한다. 또한 모든 계획들이 교사에 의해서 일방적으로 책상 위에서 입안되거나 전시용, 제출용, 장부용, 실적용으로 입안되어 현장성이 결여되어서는 안 된다.

일곱째, 지역사회 내의 다양한 자원을 조사하여 활용하도록 계획한다. 지역사회 내의 다양한 자원의 활용은 물론, 부모를 자원봉사자로 참여시키는 등 자원 활용의 다양화를 기해야 한다.

여덟째, 모든 계획수립 절차와 내용이 일관성이 있어야 한다. 일관성이란 질서 있는 상호 관련성을 의미한다. 본시 학습활동 목표가 구현되어 자연스럽게 일일, 주간, 월간, 연간 교육목표가 구현될 수 있어야 한다.

아홉째, 교사, 유아, 부모, 지역사회 인사 등이 상호 긴밀한 관계 속에서 이들의 의견과 요구를 계획 수립에 반영하는 것은 물론 야기되는 문제에 대한 공동 협의가 이루어져 그 결과가 계획수립에 반영되어야 한다.

열째, 교사의 교육적 소양에 기초해야 한다. 교사의 역할, 유아학습심리, 유아발달 특성, 학습에 대한 특성과 원리, 교육에 대한 사회적 요구, 지역사회의 특수성, 학습이론과 교수-학습 방법, 학습에 필요한 자료 등 교육에 직·간접적으로 영향을 주는 제 요인이 교육과정 편성 시 반드시 고려되어야 한다.

열한째, 유아교육 활동은 다른 여러 영역 활동과 통합되어야 한다. 예를 들면, 유아들에게 정확한 언어를 사용하도록 다른 사람과의 의사소통을 격려하고 미술, 음악, 율동을 통해 아이디어를 표현하도록 할 수도 있다.

2 교수 · 학습환경

환경에 대해 정원식(1989)은 '개인에게 교육적으로 긍정적인 영향을 미치는 외적 조건 및 자극의 개별적 또는 총합적인 구조의 작용'(정원식, 1989)으로, 윤형모(1997)는 '학습활동 또는 행동이 행해지는 환경'으로, Bloom(1989)은 '개인에게 부딪치는 조건, 힘 및 외적 자극'으로 정의하는데 이러한 견해를 종합하여 '환경구성이란 인간에게 어떤 행동을 유발하게 하며 인간의 여러 특성을 형성하게 하는 힘을 가지고 다양한 기능을 수행하게 하는 교육적 여건을 조성하는 활동'으로 여기에는 공간구성은 물론 교재·교구까지 포함된다. 그리고 환경구성은 일반적으로 유아교육기관의 활동실과 이에 인접해 있는 공간의 구성으로 제한하여 쓰는 용어이다. 유아교육기관의 환경구성 내용에는 실내·외 흥미 영역 설치, 실내공간 구성, 교재·교구 배치 등이 주로 이루어진다. 본 장에서는 지면관계상 누리과정과 표준보육과정 운영지침에서 강조한 실내·외 흥미 영역에 국한하여 기술하기로 한다.

1 영아반(0~2세) 실내 · 외 흥미 영역 설치

교육환경이란 넓은 의미로는 물리적, 정의적, 심리적, 시간적 환경을 포함하는 개념으로 그중 하루 일과의 대부분을 보내는 보육실은 영아에게 가장 많은 놀이와 학습활동을 제공함으로써 가장 많은 영향을 주는 학습 및 생활공간이다. 따라서 쾌적한 보육공간과 적절한 놀잇감이 갖추어진 보육실을 정비하는 것은 당해 어린이집의 보육의 질을 가름한다고 보아야 한다. 이와 같은 영아들의 요구와 욕구를 충족시키기 위하여 보육실에는 흥미 영역을 설치하게 된다. 다음에서 제3차 어린이집 표준보육과정 교사용 지침서를 중심으로 흥미 영역 설치방안을 기술하기로 한다(제3차 어린이집 표준보육과정 교사용 지도서, 2014).

1. 환경구성 원리 및 지침

보육환경이란 넓은 의미로는 물리적, 인적, 심리적, 시간적 환경을 포함하는 개념이나 여기서는 보육공간과 놀이감을 중심으로 한 물리적 환경에 중점을 둔다. 쾌적한 보육공간과 적절한 놀잇감이 갖추어진 어린이집의 물리적 환경은 보육활동 전반에 영향을 미치는 중요한 요인이다. 영아를 위한 환경은 편안하고 안전하며, 영아의 발달에 적합하도록 구성되어야 한다. 구성원리는 다음과 같다.

(1) 영아의 건강과 안전을 최우선으로 한다. 쾌적하고 위생적인 공간과 설비, 놀잇감이 마련되고 지속적으로 청결하게 관리되어야 한다.

(2) 정서적 안정감을 줄 수 있어야 한다. 가정과 같이 포근하고 편안하게 느껴지도록 환경을 구성한다. 또한 영아가 안락하게 쉴 수 있는 휴식공간을 갖춘다.

(3) 움직임과 이동성을 확보한다. 공간은 영아가 탐색하며 활동할 수 있을 만큼 충분히 넓어야 한다. 또한 걸음마를 배우고 활동성이 증가하는 영아의 발달 특성을 고려한 공간 배치가 필요하다.

(4) 탐색과 발견의 기회가 마련되어야 한다. 영아의 발달 특성을 반영하여 탐색 놀이가 충분히 이루어지도록 다양한 놀이 영역을 구성한다.

(5) 영아의 일과를 고려하여 일상생활 영역과 놀이 영역을 함께 구성한다. 영아에게는 수유, 낮잠, 기저귀갈이 등 일상생활을 위한 공간이 필요한다.

2. 0~1세 영아를 위한 흥미 영역 설치

0~1세 영아를 위한 흥미 영역은 실내에는 일상생활 영역과 실내 흥미 영역을, 실외에는 실외흥미 영역을 설비한다.

(1) 일상생활 영역

일상생활 영역별	구성 방향	놀잇감 및 교재·교구	유의점
1. 개인 사물함	• 영아의 겉옷, 여벌복, 기저귀 가방, 개인소지품이나 일과 중 만든 물건을 정리 보관 • 가능한 보육실 내 또는 입구 가까운 곳에 수첩 비치 : 교사와 부모의 의사소통	• 서랍장이나 사물함 • 영아 개인의 사진이 부착된 이름표 • 수첩 및 통신문	• 영아의 이름과 사진을 부착 • 선반으로 대체할 수 있음 • 아래쪽에 바구니 설비

일상생활 영역별	구성 방향	놀잇감 및 교재·교구	유의점
2. 휴식 영역	• 조용한 곳에 아늑함과 부드러움을 느낄 수 있는 공간 • 교사가 관할하기 쉬운 곳 • 영아가 자유롭게 이용할 수 있는 휴식 공간 설비 • 인형이나 애착물을 비치 • 모빌을 설치하거나 음악을 제공할 수 있는 카세트 비치	• 부드러운 느낌이 나는 베개와 담요 • 폭신한 의자나 가구, 바닥깔개, 드리우는 천(캐노피) • 헝겊그림책, 인형	• 놀이공간 중 의사소통을 위한 영역을 이용할 수 있음 • 너무 폭신한 바닥깔개나 침구류 사용 금지 • 낮잠 자는 시간 차이에 따른 개별 지도
3. 수유 영역	• 0~1세 영아의 발달 특성을 고려하여 위생적이며 편안한 수유 및 식사를 위한 공간 확보, 성인에게 안기어 수유하는 상태에서 우유병 혼자 잡고 마시기 • 소독된 우유병과 젖꼭지를 충분히 확보 • 영아의 이유식과 식사를 위한 보육실에 낮은 책상 비치	• 냉장고, 수유 준비 테이블, 우유병과 젖꼭지 소독을 위한 도구 • 폭신한 의자나 베개 • 낮은 책상이나 영아용 식사테이블	• 우유는 냉장고에, 분유는 건조하고 서늘한 곳에 보관 • 식탁에 앉아 혼자 먹기 가능한 경우에는 낮은 책상에서 소집단으로 식사하기 지도
4. 기저귀 갈이 영역	• 영아의 언어발달을 촉진하기 위한 교사와의 언어적 상호작용 기회의 확대 • 영아의 휴식공간 가까이에 따뜻한 공간으로 설비 • 영아의 눕히기에 적당한 크기, 청소하기 쉬운 마감재를 사용한 매트 사용 • 폐기용 비닐과 휴지통 준비 • 수납할 장이나 선반을 비치 • 영아를 위한 화장실을 안전하게 구성, 수건, 물비누 비치 • 변기의 청결 유지, 배변 훈련	• 매트, 기저귀, 물휴지, 파우더, 일회용 장갑, 폐기용 비닐, 휴지통 • 수납장이나 선반 • 거울, 모빌 • 영아용 변기(영아용 변기 뚜껑) 또는 이동식 변기, 개수대 • 휴지, 물비누, 수건(종이수건)	• 음식 준비하는 곳에서 떨어진 곳에 배치 • 기저귀 가는 동안 영아가 탐색할 수 있도록 거울이나 모빌 설치 • 화장실, 청소용품, 소독제 보관의 안정성 고려

(2) 놀이 영역

놀이 영역 구분	구성 방향	놀잇감 및 교재·교구	유의점
1. 신체 영역	• 일상생활을 통해 자연스럽게 다양한 대근육 활동을 할 수 있는 환경으로 구성 • 영아의 움직임 발달을 고려한 안전하면서도 도전적인 환경 제공 • 오르고, 내리고, 타고, 밀고, 뛰고, 길 수 있는 시설과 설비	• 잡고 걸을 수 있도록 벽을 따라 설치된 봉 • 잡고, 서로 밀고 걸을 수 있는 바퀴 달린 장난감 • 실내의 미끄럼틀, 그네, 흔들말, 세발자전거나 붕붕차 • 낮은 계단과 경사로 건너뛰거나 통과하는 장애물 • 영아용 침대에서 사용 가능한 놀이기구 • 스펀지 블록, 공 등	• 공간구성에서 안전성 배려
2. 언어 영역	• 출입구, 화장실, 피아노 등과 떨어진 곳 : 조용하고 밝은 곳 • 교사와 언어적 상호작용이 가능한 곳 • 교사와 함께 책을 읽을 만한 공간 확보 • 감각책, 그림책, 인형, 그림, 사진 자료 비치 : 언어적 상호작용 • 영아와 교사에게 편안한 느낌을 경험하는 아늑한 분위기를 느끼는 공간으로 구성	• 낮은 소파나 폭신한 등받이 쿠션, 방석, 책상이나 상자 • 단순한 그림책, 감각그림책, 스펀지책, 헝겊책 등 영아용 그림책 • 손인형, 그림이나 사진, 끄적거릴 도구 • 모형 전화기나 카세트	• 책꽂이는 책의 앞면을 볼 수 있도록 정리 • 책이나 자료 사용 후 영아가 정리하는 습관 갖기 지도 • 자연 조명이 잘되는 밝은 곳, 아늑한 분위기를 위해 적절한 조명
3. 감각 및 탐색 영역	• 풍성한 감각적 경험을 형성할 수 있도록 다양한 재질과 형태의 놀잇감을 제공 • 영아의 발달에 맞추어 놀잇감의 종류를 선별 제공 • 누워 있는 영아–모빌, 딸랑이 비치 • 앉거나 이동하는 영아–쌓기 상자, 통 안에 모양 맞추어 넣기, 작동에 따라 소리나는 놀잇감 비치 • 손과 눈의 협응과 소근육 발달– 소근육 조작 경험을 시킬 수 있는 기구 비치	• 모빌, 딸랑이, 손에 쥘 수 있는 놀이감, 오뚝이 • 건드리면 다양한 소리가 나는 장난감, 앙자바 블록, 누르면 작동하는 놀잇감 • 다양한 질감의 인형, 여러 가지 재질과 크기의 공 • 모양 블록, 모양 끼우기 통, 고무나 플라스틱 재질의 고리끼우기 등	• 밝은 색상, 대비가 분명한 것, 단순한 디자인, 두드러지는 특징이 있는 것, 사람 얼굴 모양을 갖춘 놀잇감 비치 • 모든 자료의 청결성, 안정성 고려 • 삼킬 수 있는 작은 자료 제거

4. 역할 및 쌓기 영역	• 초보적 수준의 역할놀이를 통한 자기표현 기회 제공 • 가상놀이나 역할놀이를 할 수 있는 놀잇감 제공 • 영아의 창의적 표현을 북돋을 수 있는 공간 준비 • 다양한 재질과 크기의 쌓기 놀잇감 준비	• 다양한 인형(인형놀이를 위한 인형, 봉제인형) • 밀고 당기는 놀잇감(쇼핑용 손수레, 유모차, 자동차) • 부엌용품, 청소용품 등의 역할 놀잇감 • 다양한 크기, 색, 모양의 쌓기 놀잇감 • 쌓기놀이에 함께 할 수 있는 모형 자동차 및 인형	• 영아가 삼킬 수 있는 작은 자료 제거 • 제공하는 자료의 청결성, 안전성 고려

언어 영역

탐색 영역

쌓기 영역

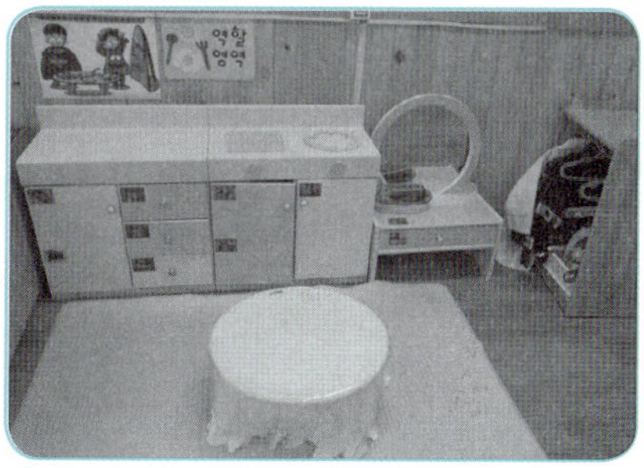

역할 영역

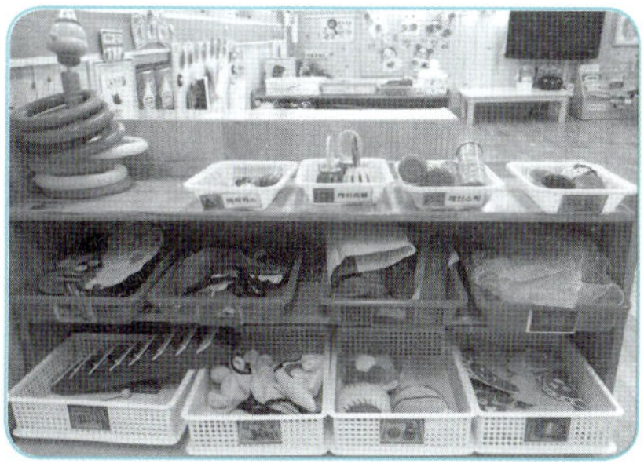

음률 영역

미술 영역

그림 Ⅱ-1 놀이 영역(만 1세)

(3) 실외 흥미 영역

0~1세 영아는 신체조절능력이 덜 발달되어 다른 연령에 비해 바깥놀이가 자유롭지 못하다. 그러나 바깥놀이터는 영아가 날씨의 변화와 자연현상을 감각적으로 경험할 수 있는 공간이며, 0~1세 유아가 직접 참여하지 않더라도 다른 연령의 영유아 놀이를 관찰할 수 있는 흥미로운 공간이다. 실외환경은 동적인 영역과 정적인 영역을 구분하여 배치한다. 동적인 영역에서는 걷기 전 영아를 위한 유모차나 걷기 시작한 경우에는 붕붕차 등 영아의 발달 수준에 맞추어 바깥놀이를 위한 놀잇감도 준비한다. 영아는 교사와 함께 미끄럼틀과 그네, 시소 등의 놀잇감을 경험할 수 있다. 정적인 영역에서는 휴식하기나 물놀이, 모래놀이 등을 할 수 있도록 실외 흥미 영역을 설비해야 한다.

3. 2세 영아를 위한 흥미 영역 설치

2세 영아를 위한 흥미 영역은 실내에는 일상생활 영역과 실내 흥미 영역을, 실외에는 실외 흥미 영역을 설비한다.

(1) 일상생활영역

일상생활 영역별	구성 방향	놀잇감 및 교재·교구	유의점
1. 개인 사물함	• 영아의 여벌옷, 비품 등 개인용품을 보관, 정리하기 위하여 설치 • 보육실 내 또는 입구 가까운 곳에 설비하여 물품, 정리가 용이하게 함 • 사물함이나 개인서랍에 영아의 이름과 사진 부착 • 부모와의 의사소통을 위한 수첩 비치	• 서랍장이나 사물함 • 영아 개인의 사진이 부착된 이름표 • 영아 부모와의 소통을 위한 수첩 및 통신문	• 영아 스스로 옷을 입고 벗고 정리할 수 있도록 지도 • 자기 것에 대한 소유감을 갖도록 지도 • 영아가 쉽게 이용할 수 있도록 설비
2. 휴식 영역	• 조용한 곳에 아늑함과 부드러움을 느낄 수 있도록 구성 • 다른 활동 영역과는 분리된 조용하고 편안한 휴식공간으로 구성 • 교사가 쉽게 영아를 늘 관찰할 수 있는 곳에 설치 • 영아가 선호하는 인형이나 애착물 비치	• 부드러운 느낌의 베개 및 담요 • 폭신한 의자나 가구, 바닥깔개, 드리우는 천(캐노피) • 헝겊 그림책, 인형	• 휴식공간을 별도로 마련하기 힘든 경우에는 의사소통을 위한 영역을 이용하여 휴식을 취함

일상생활 영역별	구성 방향	놀잇감 및 교재·교구	유의점
3. 간식 및 식사 영역	• 간식 및 식사시간 – 교사와 또래 간의 의사소통 상호작용의 기회 제공 • 안전하고 쉽게 닦을 수 있는 재질의 바닥과 도구를 준비 • 보육실 내 낮은 책상 배치 – 영아의 식사와 간식 • 간식과 식사를 위한 책상은 놀이공간에서 떨어진 곳에 배치 • 간식 전후에는 물휴지나 행주로 책상을 닦음	• 낮은 책상 • 물휴지 • 행주	• 또래 영아가 소집단으로 함께 식사할 수 있는 식사공간 확보 • 낮은 조리대와 급식대 배치 – 자율배식
4. 화장실	• 영아를 위한 화장실은 안전하게 구성 • 바닥에 미끄럼 방지처리 • 수건, 물비누 비치–손씻기 • 화장실에서 변기 사용하는 방법, 세면대에서 손 씻는 순서와 방법들을 사진이나 그림으로 안내–자조기술 배양 • 유아용 변기 비치, 아동용 변기 • 성인용 변기의 경우– 유아용 변기 뚜껑 올려 놓기	• 영아용 변기(영아용 변기 뚜껑) 또는 이동식 변기, 개수대 • 휴지, 물비누, 수건(종이수건), 휴지통 • 변기 사용 방법, 손씻는 순서와 방법 등에 대한 사진이나 그림	• 영아가 접근하기 쉽게 구성 • 집과 같은 느낌 – 조명, 큰 거울 비치 • 냄새 제거를 위한 환기 시설 – 대·소변의 실수 대비 • 청소용품, 소독제는 영아에 대한 안전성 고려

(2) 실내 흥미 영역

흥미 영역별	구성 방향	놀잇감 및 교재·교구	유의점
1. 신체 영역	• 움직임에 대한 욕구가 강한 시기 • 대근육활동 영역 설치 – 신체의 움직임이 민첩함, 신체활동을 즐김 • 오르고, 내리고, 타고, 밀고, 뛰고, 길 수 있는 시설 설비 • 보육실 내에 다른 활동에 방해되지 않게 대근육활동 기구 비치	• 실내 미끄럼틀, 종합놀이대 • 이동식 목마, 자동차, 끌차 • 공, 후프, 볼풀 놀이대 • 낮은 계단과 경사로, 건너뛰거나 통과하는 장애물	• 바깥놀이가 어려운 날에는 실내에서 대근육활동을 포함한 신체활동을 할 수 있도록 보육실 중심 공간 이용

흥미 영역별	구성 방향	놀잇감 및 교재·교구	유의점
2. 언어 영역	• 말하고, 듣고, 읽고, 쓰는 의사소통의 기회를 충분히 경험할 수 있도록 공간과 놀잇감 배치 • 교사, 또래와의 언어적 상호작용 경험 제공 • 교사가 책을 읽어줄 수 있는 공간 확보 • 그림책, 사진책, 포스터, 동시판, 노래판, 팜플렛, 전단지, 메뉴판을 준비하여 문자와 친해질 수 있도록 돕기 • 벽면에 칠판을 걸고 전지를 붙여 주고 분필, 크레파스, 색연필, 사인펜을 비치하여 끄적거리기 활동 격려 • 카세트와 녹음기, 마이크를 설비하여 말하기와 듣기 경험 확장	• 낮은 소파나 폭신한 등받이 쿠션, 방석, 책장 • 다양한 주제의 그림책, 사진책 • 포스터, 동시판, 노래판, 팜플렛, 전단지, 메뉴판 • 칠판이나 전지 및 끄적거릴 도구(분필, 크레파스, 색연필, 사인펜 등) • 녹음기, 마이크, 카세트	• 책꽂이는 책의 앞면을 볼 수 있도록 정리 • 책이나 자료 사용 후 제자리에 정돈하도록 환경구성 • 자연 조명이 잘되는 곳, 적절한 조명할 수 있는 곳에 설치 • 언어 영역 잘 꾸며 휴식 영역으로 사용할 수 있음
3. 감각 및 탐색 영역	• 손의 소근육 발달이 정교해지는 시기 – 다양한 조작놀이 제공 • 자연물, 소형 블록, 구슬 꿰기 등 영아가 정교하게 손을 이용할 수 있는 경험 제공 • 퍼즐이나 분류활동을 돕는 자료 제공 • 낮은 교구대에 바구니나 쟁반에 놀이기구를 담아둠 • 실내에서 기를 수 있는 동물(거북이, 달팽이, 토끼 등)이나 식물, 주변의 다양한 자연물을 관찰할 수 있는 공간 확보	• 여러 가지 조작 놀잇감(소형 블록, 구슬 꿰기 놀잇감, 레고 등) • 퍼즐 및 분류 놀잇감 • 실내에서 키울 수 있는 동식물, 돋보기 • 교구대와 바구니, 쟁반	• 놀잇감은 영아의 눈높이에 맞추어 비치 • 영아가 삼킬 우려가 있는 작은 놀잇감 사용 금지 • 자료를 보관하는 교구대 바닥에 놀잇감의 사진 부착 – 유아가 정리하기 편리함
4. 역할 및 쌓기 영역	• 가족과 관련된 역할놀이 선호 – 가족놀이, 아기놀이를 위한 놀잇감 제공 • 친구 배려, 놀잇감 공유 능력 부족 – 분쟁의 소지 사전 예방 – 충분한 양의 쌓기 놀잇감 준비 • 놀잇감으로 울타리, 집짓기, 성 쌓기, 도로나 기차 만들기 권장	• 다양한 인형(인형놀이를 위한 인형, 봉제인형) • 밀고 당기는 놀잇감(쇼핑용 손수레, 유모차, 자동차) • 부엌용품, 청소용품의 역할 놀잇감 • 크기가 너무 작지 않은 다양한 재질과 크기의 블록 • 동물, 자동차, 사람 등의 소품	

흥미 영역별	구성 방향	놀잇감 및 교재·교구	유의점
5. 미술 영역	• 세면대나 출입구가 가까운 곳에 배치 – 활동적이며 물이 필요 • 끄적거리고, 찢고, 오리고, 자르고, 붙이기 활동 격려 – 탐색능력, 대근육 및 소근육 조절능력, 협응력 배양 • 표현활동 격려 – 평면적 조형활동(그리기, 찍기), 입체적 조형활동(꾸미기, 붙이기, 판화) • 명화의 아름다움을 감상할 수 있는 공간 확보, 사진은 영아 눈높이에 맞춰 게첨	• 다양한 크기와 모양의 종이, 색종이, 그릴 수 있는 재료 • 끄적거릴 수 있는 도구(크레파스, 색연필 등) • 물감, 붓 • 사진이 많은 잡지책, 모루, 수수깡, 빈 과자상자나 봉투 • 안전가위, 풀, 접착용 테이프 • 명화, 아름다운 그림이나 사진 • 밀가루 반죽, 풀 물감, 찍기 놀이 도장, 스티커	• 삼킬 염려가 있는 작은 자료 비치 금지 • 책상 위나 바닥에 비닐 등의 깔개 깔기 • 제공 자료의 위생, 안정성 고려 • 미끄러지지 않게 준비– 물, 물감에 의한 미끄러움
6. 음률 영역	• 영아는 자신의 요구에 따라 악기를 이용하여 소리를 내보며 음악을 통해 자신의 감정을 표현하는 경험을 갖게 함 • 여러 가지 음악을 들으면서 그 속에 담긴 감정을 느껴 볼 수 있게 함	• 카세트나 녹음기 • 리듬, 악기(북, 트라이앵글, 마라카스, 탬버린, 캐스터네츠 등)	• 예술적인 경험을 할 수 있도록 여러 가지 매개체(악기, 음악테이프, 리본, 스카프, 의상 등)를 준비 • 벽에 큰 거울 비치 – 움직임 관찰

언어 영역

탐색 영역

쌓기 영역

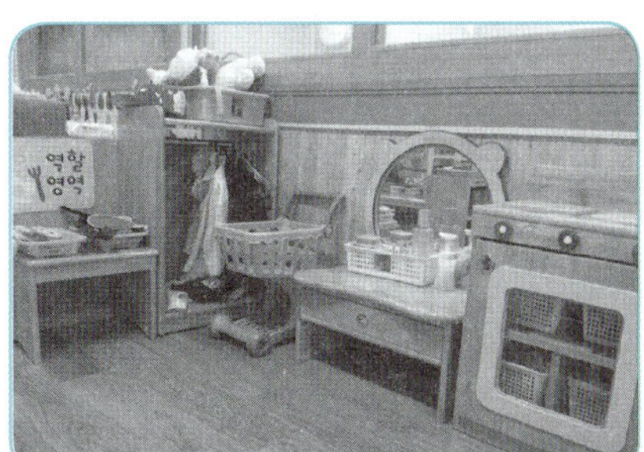

역할 영역

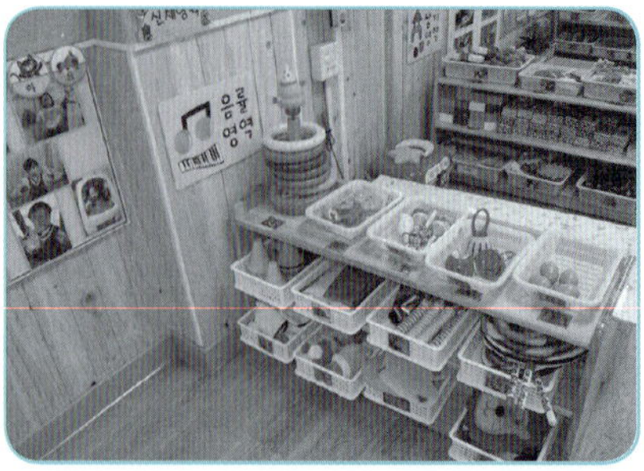

음률 영역

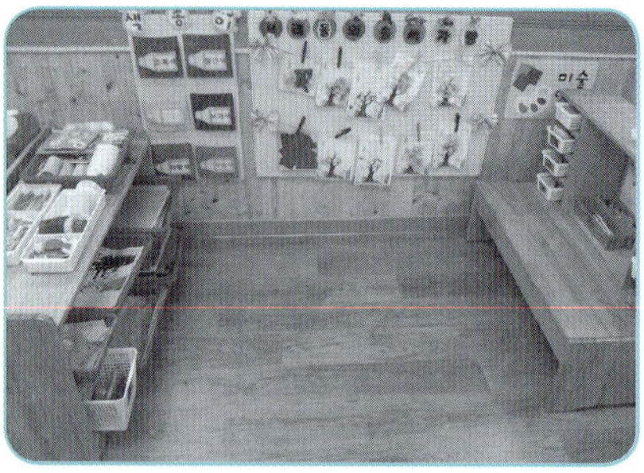

미술 영역

그림 Ⅱ-2 실내 흥미 영역(만 2세)

(3) 실외 흥미 영역

바깥놀이터는 영아가 날씨의 변화와 자연현상을 감각적으로 경험할 수 있는 공간이다. 영아를 위한 실외환경은 영아의 신체 크기에 적합한 공간을 확보하고, 발달단계에 따른 지각력과 개별활동을 고려하여 구성한다. 영아가 다양한 바닥 소재와 흥미로운 시야, 소리, 냄새 등을 경험할 수 있도록 배려한다. 실외환경은 동적인 영역과 정적인 영역을 구분하여 배치한다. 동적인 영역에서는 바퀴달린 놀잇감이나 세발자전거 등을 이용하기 위해 단단한 바닥재 영역이 필요하며 미끄럼틀과 그네, 시소 등의 놀잇감을 배치해도 좋다. 정적인 영역에서는 휴식을 위한 공간과 더불어 영아가 만지고 탐구할 수 있도록 잔디, 모래, 돌, 흙, 물 등의 탐색공간을 포함하여 환경을 구성할 수 있다. 놀잇감 보관을 위한 보관창고가 필요할 수도 있다. 외부 차량이나 사람들로부터 영아를 보호할 수 있도록 배려하고, 안전을 위해 놀이 상황을 교사가 한눈에 파악하고 필요 시에 도울 수 있도록 공간을 구성한다.

2 유아반(3~5세) 실내·외 흥미 영역 설치

교육부나 보건복지부는 유아교육기관에서는 어떠한 유형의 교육과정을 운영하든 간에 흥미 영역을 설치 운영하도록 하고 있다. 다시 말하면 유아교육기관의 교육·보육활동은 흥미 영역을 중심으로 이루어짐으로써 유아교육의 질은 흥미 영역 설치·운영 여하에 달려 있다 해도 과언이 아니다. 유아교육기관 활동실은 유아들이 대부분의 시간을 보내는 활동공간이다. 단순히 물리적 존재가 아니라 유아의 성장·발달에 끊임없이 작용하는 정신적·정서적인 영향을 주므로 가정과 같이 친근감이 있게 꾸며줘야 한다. 다음에서 실내흥미 영역 설치, 실외흥미 영역 설치 순으로 기술한다.

1. 환경구성 원리 및 지침

적절한 교재와 교구가 갖추어진 유아교육기관의 물리적 환경은 프로그램의 질적 수준에 영향을 미치는 중요한 요인이다. 환경구성은 유아의 심리적 안정, 신체적 안전, 발달적 적합성, 다양성을 고려하여 구성하는 것이 바람직하며, 그 원리는 다음과 같다.

(1) 실내공간은 3~5세 유아가 활동할 수 있을 만큼 충분히 넓어야 한다. 전체 공간의 크기를 고려하여 흥미 영역의 수를 고려해야 한다.

(2) 실내설비와 교구는 만 3~5세 유아의 연령 및 신체발달에 적합하여 유아가 성인의 도움없이 스스로 사용하고 정리할 수 있도록 한다.

(3) 환경은 교육적이고 정서적으로 안정되어야 한다. 낮은 교구장을 이용하여 각 흥미 영역의 독립성을 보장하면서 교사가 만 3~5세 유아가 놀이하는 모습을 한눈에 관찰할 수 있도록 배치한다.

(4) 청결하고 안전한 환경을 제공하고, 적정 온도와 습도를 유지해야 한다.

2. 실내 흥미 영역 설치

본 항에서는 흥미 영역별 교구 기준, 흥미 영역 설치방침, 흥미 영역 설치 요령, 흥미 영역별 교재·교구 평가 기준의 순으로 기술한다.

(1) 흥미 영역별 교구 기준

흥미 영역을 설치하기 위해서는 흥미 영역별 교구 기준을 이해해야 한다. 흥미 영역별 교구 기준은 다음과 같다.

표 II-7 흥미 영역별 교구 기준

영역	교구 종목	규격	소요 기준	비고	
				필수	권장
1. 쌓기	① 유니트 블록 (Unit Block)		급당 1	○	

영역	교구 종목	규격	소요 기준	비고	
				필수	권장
1. 쌓기	② 공간 블록 (Hollow Block)		급당 1	○	
	③ 쌓기 블록	2종(우레탄블록, 종이벽돌, 탑블록, 헝겊블록 등) 1조	급당 1		○
	④ 쌓기놀이용 소품	5종(교통신호표지, 주유소, 사람, 동물, 모형, 수레, 지게, 미니카, 끌차, 운전대 등) 1조	급당 1		
	⑤ 조작놀이용 블록	5종(소형 끼우기 블록류) 1조	급당 1		○
2. 역할	① 의상	5종(우리나라 전통의상, 경찰, 군인, 간호사, 요리사, 각 나라의 전통의상, 소방관 등) 1조	원당 1	○	
	② 놀이에 필요한 소품	5종(민속소품, 소방 호스, 마이크, 카메라, 가발, 옷장, 화장대, 다리미, 식탁 등) 1조, 병원놀이 세트, 인형, 유모차 등	원당 1	○	
	③ 일상 주방용품 모형	3종(가스레인지, 믹서, 싱크대, 냉장고, 저울, 전통찻잔, 장기판, 각종 그릇 등) 1조	급당 1	○	
3. 조형	① 이젤	유아용	급당 1		○
	② 그리기 자료	5종(물감, 먹물, 파스텔, 유성매직, 마블링, 붓, 사인펜 등) 1조	급당 1	○	
	③ 만들기와 꾸미기 자료	만들기에 필요한 다양한 재료(빈 용기, 핑킹가위, 구멍 뚫는 도구, 펀치, 스테플러, 여러 종류의 종이, 헝겊, 스카치테이프, 풀, 색모래, 찰흙 등)	급당 1	○	
4. 언어	① 테이프(녹음테이프, 비디오테이프)	10종(자연의 소리, 민요, 전래동요, 효과음, 동시, 동화, 동물소리 등) 조	원당 1	○	
	② 융판과 융판자료		급당 1	○	
	③ 인형류	2종(손가락인형, 손인형, 테이블인형, 막대인형 등) 1조	급당 1	○	
	④ 인형극틀		원당 1		○
	⑤ 동화책	3질 이상(질)	급당 1	○	
	⑥ 그림백과사전	동식물(질)	원당 1		○
	⑦ 카드세트	10종 이상	급당 1		○
	⑧ 게임자료		급당10	○	
	⑨ 퍼즐		급당10	○	

영역	교구 종목	규격	소요 기준	비고	
				필수	권장
5. 수학	① 퍼즐	종	급당10	○	
	② 게임자료	분류, 비교, 서열, 공간개념 형성 자료	급당10	○	
	③ 수놀이자료	종(수개념 형성 자료)	급당10	○	
6. 과학	① 실험 및 관찰 도구		원당 2	○	
	② 측정도구	무게, 질량, 부피, 크기 등	급당 1	○	
	③ 요리도구	가열기구, 조리기구, 주방기구 등	원당 1	○	
	④ 감각상자	2종(무게, 소리, 촉감, 후각상자 등)	급당 1	○	
	⑤ 동식물 표본	1종 이상	원당 1		○
	⑥ 동물사육	사육용 기구 포함	원당 1		○
	⑦ 식물재배	재배용 기구 포함	원당 1		○
7. 음률	① 전통악기	5종(소고, 장고, 북, 꽹과리, 징, 피리 등)	원당 1	○	
	② 리듬악기	5종(탬버린, 케스터네츠, 마라카스, 리듬막대, 트라이앵글, 우드블록, 방울 등)	급당 1	○	
	③ 가락악기	2종(실로폰, 멜로디온, 리코더, 크로마하프, 기타 등)	급당 1	○	
	④ 피아노	올겐이나 전자피아노 대치 가능	급당 1	○	
	⑤ 신체표현 소품	리본, 스카프, 줄 등	원당20	○	
8. 물놀이	① 물놀이도구	5종(양동이, 물뿌리개, 호스, 투명용기, 깔때기, 인형 등) 1조	원당 1	○	
9. 모래놀이	① 모래놀이도구	5종(트럭, 삽, 채, 계량컵, 밀대, 여러 가지 모양틀 등) 1조	원당 1	○	
10. 목공	① 목공놀이도구	(망치, 톱, 자키, 나사, 못 등) 1조	원당 1	○	
	② 테이블		원당 1	○	
11. 대근육	① 유니바	10개 1조	원당 1	○	
	② 매트		원당 2		○
	③ 평균대		원당 1	○	
	④ 놀이기구	5종(공, 줄넘기, 후프, 굴렁쇠, 줄 등) 1조	원당 1	○	
	⑤ 대근육게임 자료	생활주제와 관련	원당 5	○	
	⑥ 전통놀이 자료	5종(윷, 연, 투호, 팽이, 제기, 샅바, 자치기 등) 1조	원당 1	○	

영역	교구종목	규격	소요 기준	비고	
				필수	권장
12. 교통	① 유아용 자동차	위험성이 없는 것	원당 3		○
	② 유아용 자전거	실내, 실외용	원당 3	○	
	③ 모형신호등		원당 1	○	
	④ 교통표지판		원당 1	○	

(2) 실내 흥미 영역 설치방침

- 분리대, 이동식 교구정리장, 책꽂이, 책상, 의자 등을 사용하여 구성하고 수시로 변화시킨다.
- 정적 활동 영역과 동적 활동 영역이 서로 떨어져 있도록 배치한다.
- 기능적으로 분리 배치하여 활동이 편리하도록 한다.
- 활동 내용에 따라 관련 활동 영역에 인접하여 배치한다.
- 교육 내용과 계절, 유아의 흥미에 따라 수시로 변형이 가능하도록 구성한다.
- 교사가 유아활동 상황을 한눈에 관찰할 수 있도록 개방적으로 구성한다.
- 물, 전기가 필요한 활동 영역 배치에 신경을 쓴다.
- 주제와 유아발달 단계에 따라 해당 활동 영역의 교재와 교구를 수시로 첨가하거나 교체하여 활용한다.
- 유아의 연령이 어리거나 교실이 비좁을 때 합칠 수 있는 영역은 병합 운영한다.

(3) 실내 흥미 영역의 설치

실내 흥미 영역별 설치 요령과 비치기구 및 자료를 표로 나타내면 〈표 II-8〉과 같다.

비치기구 및 자료는 일시에 전부 비치하는 것이 아니라 활동 주제의 성격에 따라 주제 활동에 필요한 기구나 자료만 비치하고 나머지 기구나 자료는 유아교구 자료실에 흥미 영역별로 분류하여 보관하였다가 필요 시 관련 영역에 배열한다.

표 Ⅱ-8 실내 흥미 영역별 설치 요령과 비치기구 및 자료

실내흥미 놀이 영역	설치 요령	비치기구 및 자료
1. 언어 활동 영역	1) 책읽기, 이야기 듣기, 말하기, 글씨쓰기 등을 할 수 있게 시설과 자료를 설비함 2) 햇볕이 잘 들어 밝고 소음이 없는 곳에 설치함 3) 카펫을 깔아 주고 쿠션을 만들어 책을 볼 수 있는 아늑한 분위기를 조성함 4) 주제에 맞게 책꽂이의 책을 수시로 교체함 5) 손인형, 손가락인형, 막대인형, 그림자인형으로 인형극을 하고, 녹음테이프를 넣어 헤드폰을 쓴 채 동화를 들을 수 있게 설비함 6) 고무자석, 그림자료를 붙여가며 이야기를 꾸밀 수 있게 설비함 7) 듣기책상에는 카세트와 조작 순서도, CD와 테이프를 함께 제시함	(1) 말하기 자료 : 융판과 융판자료, 자석판과 자석자료, 인형류, 인형틀, 깡통자석놀이, 아크릴판과 이야기 나누기, 수수께끼카드와 상자 손거울, 녹음기, 빈 테이프, 마이크, 말하기 게임카드, 사진 및 그림자료, 전화기, 무전기 등 (2) 읽기자료 : 같은 모양 짝짓기, 모양변별카드, 글자와 그림맞추기, 글자카드게임, 여러 가지 사물그림, 다양한 장소의 그림, 그림책, 동화책, 유아용 월간 잡지책, 그림백과 사전류, 요리순서카드, 수수께끼카드, 나무, 모래종이, 모루로 된 글자카드, 플라스틱, 하드보드로 된 글자카드, 성씨분류판과 이름카드, 컴퓨터 상자 등 (3) 쓰기자료 : 크레파스, 색연필, 연필과 지우개, 이름카드, 언어카드, 매직펜(수성), 타자기, 컴퓨터, 한글 타자판과 스탬프, 다양한 크기와 색종이, 독서카드 용지, 하드보드종이, 모래와 쟁반, 필순카드, 쓰기자료 전시, 게시판, 소형 칠판과 색분필, 화이트보드, 마커펜이나 보드펜, 융판 등
2. 수 활동 영역	1) 수의 기초 개념, 시·공간개념, 그래프활동, 무게재기, 길이재기, 비교, 분류, 서열화 등의 수학적 활동에 전념할 수 있는 조용한 공간에 설비함	(1) 분류 : 다양한 크기와 모양의 단추, 다양한 모양의 도형, 개·폐모양의 분류카드, 구슬과 끈, 분류통, 플라스틱 패턴 블록, 촉감도미노, 병뚜껑, 구슬, 조개껍데기, 풀 등 (2) 순서짓기 : 길이가 다른 막대, 높이가 다른 원기둥, 이중서열자료, 크기가 다른 상자, 겹 끼우기 상자, 겹 끼우기 고리, 수 막대, 나사와 나사구멍 등 (3) 수의 이해 : 페그보드와 페그보드용 고리, 세울 수 있는 숫자, 윷놀이, 꽃과 화병, 동물카드게임, 숫자그림, 퍼즐, 숫자 도미노카드, 색풍선게임, 숫자도장, 숫자와 막대, 수놀이책, 수 막대와 구슬, 수 기차와 기찻길, 빨래집게와 수 카드, 숫자와 단추, 수와 수 카드 일치시키기 등 (4) 공간관계 : 도형 퍼즐, 융판과 도형, 카드게임, 색 입방체 블록과 패턴카드, 나무 못판과 고무 밴드 등 (5) 측정도구 : 길이 측정, 양 측정, 면적 측정, 표준 단위 측정도구 등

실내흥미 놀이 영역	설치 요령	비치기구 및 자료
3. 과학 활동 영역	1) 관찰, 실험, 측정도구 및 기타 과학 교구 위주로 설비함 2) 동물, 식물재배가 가능한 햇빛이 잘 들고 물 공급이 원활한 공간에 설치함 3) 여러 가지 꽃씨나 채소류 농작물의 싹을 틔우고 물을 주고 재배하면서 관찰할 수 있는 시설·기구 설비 4) 과학적 정보 취득을 위한 도서 정비함 5) 주제에 따라 과학실험을 할 수 있는 다양한 자료 준비함 6) 수학활동지, 관찰일지, 과학활동 기록지를 모을 수 있는 수·과학 파일 비치함 7) 동물사육, 곤충사육시설은 실내에 최대한 설비하고 어려운 경우, 실외 흥미 영역에 설비함 8) 화분에 다양한 식물을 재배할 수 있도록 창 쪽에 시설을 설비함	(1) 시간관계 : 모래시계, 해시계, 시계, 달력 등 (2) 컴퓨터자료 : 모니터, 키보드, 마우스, 조이스틱, 소프트웨어, 프린터, 프린터용지, 색연필, 연필, 가위, 풀, 종이, 막대 등 (3) 일반도구 : 큰 거울, 손거울, 오목거울, 볼록거울, 색연필, 확대경, 요술경, 프리즘, 잠망경, 건전지, 전선, 손전등, 막대자석, 말굽자석, 동그란 자석, 스포이트, 망원경, 청진기, 현미경, 지렛대, 실험순서카드 등 (4) 측정도구 : 막대기, 리본, 끈, 클립가위, 막대자, 줄자, 삼각자, 체중계, 양팔저울, 접시저울, 물컵 스푼, 계량컵, 계량스푼, 조리용 시계, 모래시계, 해시계, 온도계 등 (5) 동물류 : 강아지, 다람쥐, 토끼, 흰쥐, 오리, 병아리, 닭, 개구리 등 (6) 곤충류 : 개미, 나비, 메뚜기, 무당벌레, 사마귀, 여치, 풍뎅이 등 (7) 식물류 : 무, 배추, 고구마, 감자, 가지, 콩, 오이, 고추 등 (8) 표본류 : 돌, 흙, 조개껍데기, 낙엽, 꽃잎, 곡식류, 씨앗류 등 (9) 일반물체 : 쿠킹호일, 고무밴드, 클립, 분필, 연필, 종이 등 (10) 기계류 : 다양한 종류의 시계부품, 라디오부품, TV부품, 열쇠와 자물쇠 등 (11) 시청각 자료 : 그림, 사진, 폴라로이드 카메라, 녹음기와 녹음자료 등
4. 쌓기 활동 영역	1) 교실 중앙에 설비하여 다른 영역과 연계가 잘 이루어지도록 함 2) 교실의 구조에 따라 블록에 의한 소음을 피하기 위해 교실 코너나 출입문 옆에 설치할 수 있음 3) 여러 가지 블록을 이용하여 구성물을 만들 때 소음을 제거하기 위해 카펫이나 매트 깔기 4) 주제에 따라 함께 사용할 수 있는 소품도 그때그때 제시함 5) 유아가 제작한 작품을 전시할 수 있는 공간을 확보함 6) 주제에 따라 교사가 만든 소품을 제시할 수 있는 공간을 확보함	(1) 블록류 ① 공간 블록 ② 스펀지 블록 ③ 우레탄 블록 ④ 종이벽돌 블록 ⑤ 큰 끼우기 블록 ⑥ 유닛 블록 ⑦ 코코 블록 ⑧ 레고 블록 ⑨ 적목 ⑩ 기타 (2) 소품류 ① 작은 자동차 ② 끌차 ③ 끌 수 있는 놀잇감 ④ 천막집 ⑤ 교통신호 표시 ⑥ 운전대 ⑦ 주유소 모형 ⑧ 소방원 모자 ⑨ 경찰 모자 ⑩ 사람이나 동물 모형 ⑪ 오토바이용 모자 ⑫ 미니카 ⑬ 레미콘, 잠수함, 우주선 ⑭ 관련 책, 화보 ⑮ 활동카드 ⑯ 기타

실내흥미 놀이 영역	설치 요령	비치기구 및 자료
5. 역할 활동 영역	1) 조형 영역, 블록 영역과 이웃되게 배치하나 과학, 수학, 조작 영역과는 멀리 떨어져야 함 2) 일상생활 역할놀이이기 때문에 유아에게 알맞은 크기의 가구, 싱크대, 테이블, 의자, 거울을 비치하고 주제에 따라 필요한 소품을 낮은 선반에 비치함 3) 안락한 분위기가 조성될 수 있도록 천장에 캐노피를 달아주고 침대나 침대 대용의 쿠션, 이불, 베개를 배치함 4) 다양한 역할놀이를 할 수 있는 충분한 공간을 확보함	(1) 가족놀이 : 주방용품, 일상용품, 의류, 기타 소품에 따른 물품 등 (2) 교통기관놀이 : 운전사, 조종사, 선장이나 어부에 따른 물품 등 (3) 병원놀이 : 의사, 간호사, 약사에 따른 물품 등 (4) 가게놀이 : 파는 사람, 사는 사람, 계산하는 사람, 물건 나르는 사람에 따른 물품 등 (5) 우체국놀이 : 집배원, 우체국 직원, 편지 보내는 사람, 받는 사람에 따른 물품 등 (6) 미용실놀이 : 미용사(이용사), 손님에 따른 물품 등 (7) 소방서놀이 : 소방관에게 필요한 용구에 따른 물품 등 (8) 은행놀이 : 은행원, 손님에 따른 물품 등 (9) 주유소놀이 : 주유소에서 일하는 사람에게 필요한 용구에 따른 물품 등 (10) 기타 놀이 : 사무실놀이, 음식점(요리사)놀이, 유치원(선생님)놀이, 식료품상놀이, 목수(목공)놀이, 교통기관놀이, 신문(신문기자)놀이, 목욕탕 놀이에 따른 물품 등
6. 조작 활동 영역	1) 조용한 놀이가 이루어지는 정적 영역이므로 과학 영역에 인접하여 설치함 2) 바닥에 카펫을 깔아 낮은 책상에 앉아서 활동하도록 함 3) 플라스틱 바구니를 준비하여 조작놀이 자료를 구분하여 담아 놓고 바구니가 교구장에 넉넉히 들어갈 수 있을 만큼 커야 함	(1) 조작자료 : 퍼즐, 포개거나 끼워 맞추는 놀잇감 같은 그림 맞추기 카드, 그림연결카드, 그림자 카드 같은 용도의 카드 맞추기 등 (2) 구성놀이 : 코코놀이, 꽃 블록, 듀플로 레고 블록, 와플 블록, 브리오멧, 렉스 블록, 띠 블록, 관련된 책과 화보 등 (3) 일상생활자료 : 구슬, 끈, 끈 끼우기 판, 활동카드(끈 끼우기), 구슬, 씨앗, 곡식, 접시, 분류접시, 스푼(구슬 옮겨 담기), 찍찍이 붙이기, 단추 끼우기, 지퍼 올리기, 끈 끼우기, 리본 묶기(일상생활 훈련틀), 큰 플라스틱, 바늘, 실, 바느질용 종이, 헝겊, 가위, 투명 테이프(바느질하기), 다양한 크기의 병과 뚜껑, 냄비와 뚜껑, 포개놓을 수 있도록 제작된 그릇, 나사와 나사못(일상생활용품 등) (4) 게임자료 : 각종 게임카드, 게임판, 주사위를 이용한 게임, 가위바위보 게임, 바둑판과 바둑알 등

실내흥미 놀이 영역	설치 요령	비치기구 및 자료
7. 음률 활동 영역	1) 유아가 편안하게 생각에 따라 움직일 수 있는 공간 확보 2) 소음을 줄일 수 있게 바닥에 카펫 깔기 3) 조용한 활동이 이루어지는 영역을 옆에 설치(쌓기 영역) 4) 다양한 악기를 정비하되 일시에 전부 제시하지 않고 필요에 따라 하나씩 더 첨가함 5) 입으로 부는 악기는 알코올로 소독함 6) 카세트 조작기술은 안내문으로 제시함 7) 감상 후 느낌을 기록할 수 있는 그리기, 쓰기, 도구를 정비함 8) 신체를 표현할 수 있는 도구나 소품을 비치함	(1) 생활악기 : 냄비 뚜껑, 물의 높이가 다른 컵, 수도파이프, 바지와 젓가락, 주걱 2개, 숟가락 2개, 깡통, 나무토막 2개, 모래종이, 고무줄, 빨래판, 체 등 (2) 리듬악기 : 탬버린, 캐스터네츠, 트라이앵글, 손가락 심벌즈, 큰북, 작은북, 방울, 흔들이와 마라카, 샌드 블록, 귀로, 우드 블록, 장구, 소고, 꽹과리, 징 등 (3) 가락악기 : 피아노, 오르간, 실로폰, 스탭벨, 순종, 기타(교사용), 오토하프(교사용), 우쿨렐레(교사용), 만돌린(교사용) 등 (4) 음향기기 : 녹음기와 녹음테이프, 음악 관련 책, 다양한 소리가 녹음된 테이프와 그림, 헤드폰, 거울, 마이크 등 (5) 신체표현도구 : 리듬막대, 리본막대, 스카프, 고무밴드 등 (6) 기타 : 노랫말 종이, 색깔악보, 그림악보, 그림책, 융판과 융판자료, 막대자료 등
8. 조형 활동 영역	1) 물이 있는 세면대 근처에 설치하고 역할영역과 인접해도 좋음 2) 작업용 책상과 의자, 이젤 등을 설치해 두어야 함 3) 밀가루 반죽, 손가락 그림을 그릴 수 있게 책상용 비닐 커버, 유아용 작업복을 준비함 4) 입체작품, 평면작품, 종이 접기 작품을 전시, 혹은 게첨할 수 있는 공간을 확보함 5) 재료수납용 재료상을 준비함 6) 색종이 접기 책상은 별도로 준비함 7) 작품 미완성 시 보관할 바구니를 준비함 8) 작품 전시 후 느낌을 쓰거나 그릴 수 있는 필기용구를 준비함	(1) 종이류 : 벽지, 골판지, 한지, 크리넥스, 모래종이, 셀로판지, 아세테이트지, 습자지, 투사지 등 (2) 그리기자료 : 크레파스, 포스터컬러, 물감, 색연필, 사인펜, 매직펜, 유성매직, 색분필, 파스텔, 연필과 지우개, 볼펜, 먹물, 마블링물감, 스탬프, 스탬프 잉크, 붓, 물감 접시, 물통, 솜방망이, 스펀지, 립스틱 붓, 면봉, 스포이트, 칫솔, 가는 철망, 찍기도형, 본뜨기 도형, 분무기, 실, 목탄, 래커, 페인트, 화판, 핑거페인트용 풀 등 (3) 자르고 붙이는 자료 : 안전가위, 핑킹가위, 구멍뚫는 도구, 안전칼, 풀, 투명 테이프, 접착제(종이, 스티로폼, PVC 나무류), 스테이플러, 클립, Y핀, 끈, 고리, 고무풀, 플라스틱 바늘이나 돗바늘, 실 등 (4) 점토류 : 밀가루 점토, 찰흙, 유점토, 지점토, 모양틀, 밀대, 플라스틱 칼 등 (5) 수집자료 : 톱밥, 대패밥, 스티로폼, 이쑤시개, 성냥개비, 나무젓가락, 빨대, 플라스틱 용기 등 (6) 수집 : 병속대, 천조각, 부직포, 조개, 단추, 실패, 달걀판, 노끈, 털실, 포장끈, 솜, 알루미늄 파일, 상자, 쇼핑백, 종이봉투, 종이컵, 종이접시, 필름통, 아이스막대, 나무토막, 은박접시, 나무껍질, 우표, 조약돌, 잎사귀, 깃털, 씨앗, 곡식, 달걀껍데기 등 (7) 기타 : 작업복, 이름표, 활동순서카드, 관련 사진, 휴지, 휴지통, 종이, 수건, 마른 수건, 빗자루와 쓰레받이 등

언어 영역

수 활동 영역

과학활동 영역

쌓기활동 영역

역할활동 영역

조작활동 영역

음률활동 영역

조형활동 영역

그림 Ⅱ-3 실내 흥미 영역

(4) 실내 흥미 영역 교재·교구 평가 기준

실내 흥미 영역을 활용해 가면서 수시로 실내 흥미 영역별 교재·교구의 평가 기준에 의거, 실내 흥미 영역별로 비치된 기구나 자료를 평가·검토하여 평가 기준에 맞게 설비·운영하여 실내 흥미 영역 놀이의 효율성을 제고시켜야 한다.

표 Ⅱ-9 실내 흥미 영역 평가 기준

실내흥미 영역	평가 기준
1. 언어활동 영역	• 다양한 듣기·말하기 기회를 제고하는가? • 언어의 정확한 이해와 표현에 도움을 줄 수 있는가? • 바른 언어를 사용할 수 있는 기회를 제공하는가? • 의사표현에 기초가 되는 사고능력을 신장시키는 데 도움이 되는 교재·교구인가? • 일상생활과 관련된 낱말과 문장을 사용하는가? • 다양한 사물이나 현상에 관한 그림을 제시하는가? • 글자가 바르고 크게 쓰여져 있는가? • 유아의 흥미를 끌 수 있고 유아의 연령별 발달 수준에 적합한가? • 견고하고 내구성이 있는가? • 카세트, 녹음기 등이 작동하기 간편하고 성능이 좋은가?
2. 수·과학 활동 영역	• 10 이하의 숫자를 취급하였는가? • 분류, 수, 이해, 순서, 공간, 측정 등의 속성에 해당하는 자료가 골고루 준비되었는가? • 자료의 수가 너무 많아 유아에게 부담을 주지 않는가? • 교구가 매력적이고 유아가 사용하기에 편리하며 흥미로운가? • 각 교구마다 실수를 스스로 발견할 수 있는 단서가 있는가? • 자료의 수준이 유아에게 적절한가? • 자연현상에 관심을 갖고 이해하는 데 도움이 되는가? • 생활에 간단히 적용할 수 있는가? • 호기심과 탐구심을 조장할 수 있는가? • 사고력과 문제해결력을 증진시킬 수 있는 기회를 제공하는가? • 정확하고 정밀하게 구성되었는가? • 위험성이 없고 안전한가? • 유아의 흥미를 끌 수 있는가? • 물리적 변화를 관찰할 수 있고 다양한 실험을 유도할 수 있는가? • 크기나 무게, 사용법이 유아에게 적절한가?
3. 쌓기활동 영역	• 다양한 형태를 만들 수 있는가? • 형태가 안정되고 균형이 잘 잡히는가? • 놀이를 통해 성취감을 쉽게 느낄 수 있는가? • 낱개의 무게와 크기가 유아의 연령별 발달 수준에 적합한가? • 수량이 유아의 수에 적절한가? • 모서리 부분과 표면이 안전한가? • 견고하고 내구성이 있는가?

실내흥미 영역	평가 기준
4. 역할활동 영역	• 다양한 역할 및 기능을 이해시키는 데 적합한 교재·교구인가? • 공격적인 행동을 유발시키지 않는 것인가? • 고정적인 성 역할 관념에서 탈피한 것인가? • 유아의 문화와 환경에 적합한가? • 모양이나 색깔이 유아의 흥미를 끌 수 있는가? • 크기나 형태가 유아의 연령별 발달 수준에 적합한가? • 재질이나 도료가 안전하고 내구성이 있는가? • 실물을 모방한 놀잇감의 경우에는 실물이 잘 묘사되었는가? (기능, 질감, 색채, 형태 등) • 폐품이나 실제 사물을 이용할 경우에는 위생적이고 사용이 간편한가? • 유아 간의 상호작용을 조장할 수 있는가?
5. 조작활동 영역	• 유아의 손가락, 손, 팔, 눈의 기능을 촉진시키면서 각 기능 간의 협응을 조장하는가? • 난이도가 유아의 연령별 발달 수준에 적합한가? • 색채가 선명하여 유아의 흥미를 자극할 수 있는 형태로 제작되었는가? • 조각 부품이 정교하게 끝손질이 되었는가? • 재질이나 도료, 형태가 안전한가? • 견고하고 내구성이 있는가? • 수량이 유아의 수에 적절한가? • 성인의 도움 없이 유아가 조작할 수 있는가?
6. 음률활동 영역	• 여러 가지 소리를 탐색할 수 있는 자료가 제공되었는가? • 정확한 음정과 아름다운 소리를 가진 악기를 접할 수 있는가? • 노래 활동을 활발히 유도하는 다양한 자료가 있는가? • 감상용 음악 선곡이 유아의 발달 수준에 적합한가? • 신체적 표현을 유도하고 다양한 활동으로 전개할 수 있는 보조자료가 준비되었는가?
7. 조형활동 영역	• 자유로운 표현의 기회를 제공하는가? • 미술놀이를 통해 성취감을 느낄 수 있는가? • 색이 선명하고 색감이 좋은가? • 재료가 유아의 연령별 발달 수준에 적합한가? • 유아가 다루기 쉽고 질이 좋은가? • 유해성분이 없고 안전한가? • 충분한 양이 제공될 수 있는가? • 폐품을 이용할 경우에는 위험성이 없고 위생적으로 처리되었는가? • 다양한 개별활동과 집단활동 경험을 제공하는가?

3. 실외 흥미 영역 설치

실외 흥미 영역은 놀이터, 유원장, 운동장, 실외 놀이장 등 여러 가지 명칭으로 불리고 있으나, 일반적으로 유원장이라는 용어가 더 많이 사용되고 있다. 특히 유아교육기관에서는 흥미 영역 설치를 의무화하고 있기 때문에 실내에 설비할 수 없는 흥미 영역을 실외에 설치하여 유아교육의 효율성을 높이고 있다.

(1) 실외 흥미 영역 설치 방침

- 실외 흥미 영역은 실내 흥미 영역을 발전적으로 이어 실내에 설치할 수 없는 기구와 자료를 중심으로 설치한다.
- 실외 흥미 영역은 대근육 놀이기구뿐만 아니라, 공간의 위치와 넓이를 고려하여 각 흥미 영역별로 다양한 기구와 자료를 설치한다.
- 실외 흥미 영역은 다양한 활동성 외에 심미적인 즐거움을 주어 지루하지 않게 설치한다.
- 실외 흥미 영역은 다양한 활동성이 강조되기 때문에 안전성을 고려하여 설치한다.
- 실외 흥미 영역은 고가의 다양한 기구와 설비가 필요하므로 연차계획을 세워 점차적으로 설치한다.
- 실외 흥미 영역에서는 유아들의 자유분방한 신체활동이 이루어지므로 안전시설정비가 겸비되어야 한다.

(2) 실외 흥미 영역의 설치

표 Ⅱ-10 실외 흥미 영역 설치 요령

실외흥미 영역별	설치 요령	비치기구 및 자료
1. 개방 영역	1) 아무것도 없는 넓은 공간 한쪽에 모래놀이기구, 잔디밭을 설치함 2) 전 공간을 사토 후 모래놀이 영역, 잔디밭을 조성함	① 잔디밭 ② 모래장 ③ 기타
2. 그늘 영역	1) 다양한 크기의 관목 및 포도덩굴 등의 휴식공간, 동화 듣기, 극화놀이를 할 수 있는 모래, 물놀이 시설을 설치함 2) 관목·포도덩굴, 등나무 묘목을 심어 가꿈	① 관목, 포도덩굴 재배 ② 모래놀이 기구 ③ 물놀이 기구 ④ 극화놀이 기구 ⑤ 기타

실외흥미 영역별	설치 요령	비치기구 및 자료
3. 지붕 영역	1) 비 오는 날에는 사용 가능한 목공놀이대, 그림 그리기, 과학실험, 소꿉놀이, 구성 놀이대를 설치함 2) 건물에 연결통로를 만들고 실외활동과 연결된 영역별 활동을 실외에서 자유롭게 할 수 있게 함	① 정자 ② 움집 ③ 커다란 나무 ④ 목공놀이대 ⑤ 기타
4. 흙 영역	1) 진흙놀이나 땅따먹기놀이, 다양한 흙놀이를 할 수 있도록 설치함 2) 땅을 팔 수 있는 작은 삽이나 곡괭이를 비치함	① 작은 삽 ② 곡괭이 ③ 깔개 ④ 기타
5. 모래놀이 영역	1) 여러 가지 모래놀이 도구를 비치함 2) 1년에 한 번씩 모래를 소독하고 다양한 놀이기구를 비치함	① 모래밭 ② 모래놀이 도구(체류, 삽류, 땅파기 도구, 모양 만들기 도구, 측량기기, 물뿌리개), 모형 보조자료(손수레, 자동차류, 동물류, 사람류 등) ③ 기타
6. 물놀이 영역	1) 물놀이 도구를 비치함 2) 바닥은 딱딱하고 물기가 빨리 마르게 설치하고 놀이기구를 비치함	① 몰놀이 시설 ② 물놀이 도구(양동이, 호스, 물 뿌리개, 주전자, 물레방아 등) ③ 물놀이 정리함 ④ 연못 ⑤ 기타
7. 자연 생태 영역	1) 식물재배장, 샘, 울타리, 화단, 덤불, 정원을 설치함 2) 텃밭에서 식물재배를 할 수 있도록 설치함	① 식물 재배장(수경재배, 화분, 식물재배 등) ② 기타
8. 동물 사육 영역	1) 식물·동물 사육, 울타리, 화단이 정비된 정원을 설치함	① 동물 사육장(토끼장, 새장, 닭장 등)
9. 목공 놀이 영역	1) 목공놀이 소도구를 설치함 2) 나무와 연장을 사용하는 데 편리하도록 공간을 넓게 구성하고 놀이 소도구를 구입 비치함	① 목공놀이대 ② 목공놀이 정리함 ③ 목공놀이 도구(톱, 나사, 자, 망치, 못, 판자, 거친 모래종이, 조임쇠, 드라이버, 스티로폼, 코르크, 꺾쇠, 못 그릇 등) ④ 기타

실외흥미 영역별	설치 요령	비치기구 및 자료
10. 대근육 운동 영역	1) 대근육에 필요한 고정놀이 기구를 설치함 2) 눈에 띄기 쉽고 감독이 용이한 장소에 시소, 그네, 평균 오름대를 설치함	① 미끄럼틀 ② 그네 ③ 구름다리 ④ 터널 ⑤ 흔들 사다리 ⑥ 망 오름대 ⑦ 정글짐 ⑧ 밧줄타기 ⑨ 기타
11. 창작 놀이 기구 보관 영역	1) 이동식 놀이기구 및 놀이기구 부대시설의 안전한 관리	① 이동식 놀이기구 및 놀이기구 부대시설을 보관할 창고 ② 놀이기구, 수리기구 및 훼손 방지를 위한 각종 화학약품

(3) 실외 흥미 영역 시설·기구 및 설치상의 유의점

- 시설·기구 설비 면
  - 놀이시설·기구는 사용하는 유아들의 연령에 따라 놀이를 자극하기에 적절한가?
  - 놀이시설·기구는 다양성이 높아서 유아들이 다양한 신체적 활동을 할 수 있는가?
  - 유아들이 창의적으로 활용할 수 있는 시설·기구인가?
  - 유아들이 다목적 놀이를 할 수 있는 융통성이 있는 시설·기구인가?
  - 유아의 공간관계 개념을 증진시킬 수 있는 시설·기구인가?
  - 여러 가지 나무나 꽃을 재배할 수 있도록 흥미 영역의 시설·기구가 적절히 설비·비치되었는가?
  - 흥미 영역의 놀이시설·기구를 자유롭게 선택할 수 있도록 배치되었는가?
- 안전 건강 면
  - 놀이시설·기구는 튼튼한가?
  - 추락의 위험이 있는 곳은 모래와 같은 탄력성이 있는 자료로 바닥을 처리하였는가?
  - 그네의 발판은 부드러운 재질로 되어 있는가?
  - 그네는 유아들이 뛰어다니고 바퀴 달린 놀잇감을 타는 길에서 충분히 떨어져 있는가?
  - 높이가 높은 놀이시설·기구에는 유아의 추락사고를 방지하기 위한 난간이 설비

되어 있는가?

- 놀이시설·기구는 안전하게 잘 유지되고 있는가?
- 놀이 영역은 매일 점검되고 시설·기구가 계속적으로 보완·유지되고 있는가?

개방 영역

그늘 영역

지붕 영역

흙 영역

모래놀이 영역

물놀이 영역

자연생태 영역

목공놀이 영역

동물 사육 영역

대근육 운동 영역

창작 놀이기구 보관 영역

그림 Ⅱ-4 실외 흥미 영역(만 3~5세)

3 교수매체 및 시청각 매체 활용

유아교육은 교사와 유아, 유아와 유아, 유아와 교구와의 상호작용으로 이루어진다. 이 말은 유아교육활동에서는 교수-학습 지도의 효율성을 높이기 위해서 시청각 매체를 비롯한 다양한 교재·교구를 활용해야 한다는 말이다. 유아교육을 위한 시청각 매체와 교재·교구를 중심으로 활용 방법에 대하여 기술해 본다.

1 실물과 모형

실물은 유아들에게 유아교육활동에서 직접적인 경험을 제공하는 데 최상의 방법이다. 그러나 유아들이 직접적인 경험을 하는 것이 불가능하거나 위험해서 활용하지 못하는 경우가 많다. 이럴 때는 실물이나 실물의 표상이 될 수 있는 모형 등을 제작·활용하여 유아들에게 대리적 경험을 제공하기도 한다.

1. 실물과 모형의 효율적인 활용 방법

- 주제 도입 시 주제와 관련된 개념을 풍부히 하고, 종결활동 시 경험을 나누기 위해 실물을 활용할 수 있다.
- 유아들이 실물이 어떻게 작동되는지 다루어 볼 수 있는 기회를 주고, 깨지기 쉬운 것은 유아들에게 시범 또는 전시하여 보여준다.
- 유아들이 실물을 다룰 때 유아들의 질문을 유의하여 듣고 유아들의 흥미나 잘못 형성된 개념을 찾아 지도할 수 있다.
- 유아들이 물체를 관찰하고 묘사할 때 다양한 질문과 다른 물체와 비교·분석할 수 있는 기회를 준다.
- 실물을 활용할 수 없는 경우에는 모형으로 대체하는데 활용 방법은 실물 활용 방법과 같다.

2 사진과 그림

사진이나 그림은 실제 사실을 유아들에게 전달하는 자료로써 여러 종류의 시각 자료 중에서 유아학습을 위한 기초 자료로 가장 많이 활용된다.

■ 사진과 그림 자료의 활용 방법

- 예를 들면 석탄이라는 주제에 대한 사진 자료는 '석탄은 어디에서 캐내는지', '석탄을 어떻게 캐내는지', '그것을 어떻게 운반하며 어떻게 연료로 사용하는지' 등을 보여주는 사진이 들어 있어야 한다.
- 주제의 도입에 적절한 그림과 사진을 선정하고 정돈하여 유아에게 그림이나 사진을 제공하는 과정을 통해 주제에 연결된 중요한 질문이 나올 수 있게 한다.
- 교사는 사진이나 그림에 담긴 물체의 변별로부터 심화된 부분까지 토의로 이끈다.
  - 어떤 옷을 입고 있을까?
  - 어떤 도구를 사용하고 있을까?
  - 어떤 계절일까? 등
- 사진이나 그림은 모든 유아가 충분히 볼 수 있도록 큰 것이 좋으며, 중심 내용이 담겨 있어야 한다.
- 교사는 학습활동 시간에 유아로 하여금 그림 자료를 보고 느낌을 말하도록 하며 이야기 꾸미기를 하도록 한다.

3 녹음 자료

녹음 자료는 전축, 카세트, 녹음기, 릴녹음기 등을 통하여 전자식으로 녹음된 청각적 학습 자료를 통틀어 말한다.

■ 녹음 자료의 활용 방법

첫째, 교정, 비교, 변화과정의 이해 자료로 활용된다.

- 교정 : 예를 들면, 동화 읽기, 노래 부르기 등을 녹음한 후 다시 들으면서 잘못된 부분을 교정할 때 활용한다.
- 비교 : 예를 들면, 전 유아들의 동화 읽기, 노래 부르기 등을 녹음한 후 다시 들으면서 전 유아가 서로 비교할 때 활용한다.
- 변화과정 : 유아 개인별로, 어떤 내용을 수시로 녹음하여 두었다가 그 변화 또는 발전과정을 이해하는 데 활용한다.

둘째, 학습 보조 자료로 활용된다. 학습활동 시 문제의식을 넣어주거나, 학습 내용을 보완·심화시키거나, 학습결과를 정리할 때 학습 보조 자료로 활용한다.

4 융판 자료

융판은 베니어판에 융을 덮어 만들며 그 위에 그림이나 문자 또는 숫자들을 학습 지도 시 필요에 따라 붙였다 떼었다 할 수 있도록 제작된 시청각 교구다.

■ 융판 활용 방법

- 동화 들려주기 : 동화 들려주기 시간에 이야기에 나오는 인물, 사물, 배경을 융판 자료로 만들어 융판에 붙이면서 이야기해 가면 이야기의 순서, 동작, 내용 등을 보다 생생하게 경험할 수 있다.
- 사회현상에 대한 지도 : 예를 들면, 교통안전 학습에서 빨간색, 초록색, 노란색의 융을 둥근 모양으로 오려서 교통신호등 자료를 만들고, 정지할 때, 돌아갈 때, 앞으로 갈 때의 신호가 어떤 색인가를 알게 하며 실제로 행동에 옮겨보도록 한다.
- 색깔의 지도 : 여러 가지 색깔의 융을 공 모양으로 또는 풍선 모양으로 오려서 활용함으로써 색깔에 대한 식별 지도를 효과적으로 할 수 있으며, 여러 형태로 오린 것을 마음대로 붙여 봄으로써 창의적 디자인 구성에도 활용될 수 있다.
- 건강·안전지도 : 건강과 안전에 관한 이야기 나누기 시간에 교사가 시각적으로 제시하면서 유아와 이야기할 수 있다.
- 과학현상에 대한 지도 : 과학적인 여러 과정을 설명하고 토의할 때에 활용할 수 있다. 예를 들면, 식물의 씨앗에서 꽃이 되기까지 식물이 자라나는 과정 제시, 별자리 이해 등에 활용하면 효과적이다.
- 개념지도 : 여러 가지 동물이나 물체, 도형 모양을 여러 개 만들어 융판에 활용하여 동물에 대한 이야기 나누기, 도형의 이해, 수 개념 이해, 크기 비교, 사물의 명칭 이해 등을 쉽게 유도할 수 있다.
- 음악적 기호 이해 : 털실 등으로 오선을 융판에 붙이고 그 위에 음표, 쉼표 등을 붙여 표시하는 방법을 활용하여 음악적 기호의 이해에 활용할 수 있다.

5 게시 자료

유아활동실의 환경 구성을 대별하면 자유선택놀이 영역의 설비와 활동실 내의 게시환경으로 나눌 수 있다. 게시환경은 활동실 내의 게시판을 비롯하여 모든 평면 공간에 종이를 이용하여 그림과 글자로 구성한 평면구성 환경을 의미한다.

■ 게시 내용 및 방법

- 별도로 제작된 게시판의 게시물은 주제와 관련된 교수-학습활동 자료, 유아작품, 주제에 관련하여 유아가 탐구한 자료, 유아 성장발달 변화과정, 유아 개인별 활동 상황(예 : 우리 학급의 친구들), 학습 안내 및 학습 준비물 등이 있으며, 평면 공간은 위치에 따라 즉, 자유선택놀이 영역의 평면 공간에는 영역별 자유선택놀이 방법, 유아 자유선택놀이 참여활동을, 식물재배 영역의 평면 공간에는 식물관찰 방법을 게시하는 등 평면 공간이 활동실 내 어디에 있느냐에 따라 달라진다.
- 게시 방법상 고려할 사항은 다음과 같다.
  - 제목은 참신하고 매력적인 용어로 진술한다(예 : 유아들의 솜씨 자랑).
  - 게시물은 반구체물로도 구성 게첨하는 방법도 연구한다.
  - 게시할 때 배치, 균형, 순서, 색의 합리적인 조화를 고려해야 한다.
  - 게시물은 교사, 유아들이 함께 제작하여 게시한다.
  - 전시를 위한 게시 자료가 되어서는 안 된다.
  - 시사성, 계절적인 내용은 수시로 교체해야 한다.

6 도서 자료

그림책은 가격이 저렴하고 이동 시 휴대가 용이하며 각 가정을 비롯하여 각종 공공기관 및 시설에서 쉽게 접할 수 있는 자료로서 활용성이 아주 높다.

1. 그림책의 정비와 활용

유아교육기관 활동실 내의 도서 영역에는 이야기책, 정보를 주는 책, 동시집, 전기류 등을 정비해 둔다. 교실에서 전체 유아들이 함께 읽는 책인 경우에는 4~6권 정도로 똑같이 복사한 책을 준비해 두어 소그룹으로 복사한 책을 가지고 의견을 교환하고 토론할 때 활용할 수도 있다. 또한 책보기 영역은 카펫을 깔고 쿠션, 소파, 낮은 탁자 등도 마련해 주어 편안하고 매력적인 장소가 되게 한다.

2. 그림책 선정 요령

그림책의 선정 조건은

- 문학성이 있어야 한다.

- 유아의 발달에 적합해야 한다.
- 감정이입이 잘 이루어지는 요소를 갖추고 있어야 한다.
- 상위 추론 수준이 가능한 요소도 갖추고 있어야 한다.
- 극화놀이나 토의와 같은 후속활동이 가능한 내용의 그림책이어야 한다.

7 영상 자료

영화, 슬라이드, 비디오, TV 등 영상매체에 따라 특수성이 있기 때문에 교육 내용에 따라 적절한 영상매체를 선정하여 활용해야 한다.

1. 영상매체의 활용

- 영화 : 학습을 위한 목적으로 제작된 교육영화뿐만 아니라 역사적인 기록물, 뉴스 및 상업성을 띤 극영화도 유아교육의 자료로 활용할 수 있다.
- 슬라이드 : 슬라이드는 간단한 그림이나 도표로 되어 있는 영상을 제시하는 비교적 작은 필름 또는 투영 자료를 의미한다.
- 비디오 : 비디오는 스크린이나 암실이 필요 없으며, 장소의 이동도 가능하고, 또 테이프의 보관도 쉽다는 장점이 있다.
- 투영기(O.H.P) : 투영기는 유아의 교수-학습활동에서 유아교육에 관련된 도표나 스케치, 그림, 사진, 모형 등을 확대해서 볼 수 있는 장점을 가지고 있다.
- TV나 VTR : TV나 VTR 등의 영상매체는 각 매체의 특성에 따라 사회현상이나 사실을 보고 들을 수 있도록 음향과 영상이 동시에 제시된다는 점이 바람직하다.

2. 영상매체의 활용 방법

- 시청하기 전 : 유아들과 함께 시청하기 전에 미리 어떤 내용인지, 무엇에 관심을 가지고 시청할 것인지 이야기해보고 보는 것이 바람직하다.
- 시청 도중 : 교사는 유아들에게 비디오나 영화, 슬라이드를 보는 동안, 서로 묻고 이야기하도록 격려한다.
- 시청한 후 : 교사는 유아들과 함께 시청한 후에는 함께 이야기하는 시간을 갖도록 한다.

PART

3

0–2세 교과교육 지도

어린이집이 운영하는 보육과정은 국가 수준의 보육목표와 영유아의 발달과 개인차를 고려하여 이들이 경험하게 될 보편적인 보육 내용을 제시하고 있다. 1991년 영유아보육법이 제정되어 보육의 법적토대를 구축하였고 2004년에 개정된 영유아보육법 제29조에 의거하여 표준보육과정 개발·보급을 위한 법적근거가 마련되었다. 이에 2007년 1월 3일, 최초의 표준보육과정의 구체적인 보육 내용(여성가족부 고시 제2007-1호)를 고시하기에 이르렀다. 그래서 표준보육과정이 고시됨에 따라 2007년 어린이집 보육과정이 보육현장에 적용되다가 2013년 1월, 제3차 어린이집 표준보육과정을 고시하였다(보건복지부고시 제2013-8호).

그런데 어린이집에서는 보육과정이 아무리 바뀌어도 각 어린이집에서 종전에 운영해오던 프로그램을 그대로 지도하는 경향이 있어 보육교사 양성교육부터 국가 수준의 보육과정에 대한 이해수준을 높이기 위하여 교과교육지도에서 제3차 어린이집 표준보육과정을 다루기로 하였다.

1 0–2세 교과교육지도의 실제

0–2세 교과교육지도의 실제에서는 영유아 교과교육의 방향을 법으로 제시한 국가 수준의 표준보육과정 운영의 충실을 기하기 위하여 보건복지부고시 제2013–8호에 따른 제3차 어린이집 표준보육과정 해설서와 제3차 어린이집 표준보육과정 교사용 지침서를 참고하여, 교수–학습 지도지침을 통한 교과교육의 방향을 알아보고, 교과교육의 방법으로 6개 영역별로 성격, 목표, 내용 범주, 내용 범주별 지도 방법 순으로 살펴보기로 한다.

1 0–2세 영역별 교과교육 지도

1. 기본생활

전항에서 밝힌 바와 같이 0–2세 6대 영역별 교과교육지도는 6대 영역별로 성격, 목표, 내용 범주별 내용, 내용 범주별 지도지침 및 유의점 순으로 기술하기로 한다.

(1) 성격

제3차 어린이집 표준보육과정에 제시된 0–1세, 2세 기본생활 영역의 성격은 다음과 같다.

표 Ⅲ–1 기본생활 영역의 성격

0–1세	2세
• 영아가 생활에 필요한 수면, 휴식, 수유 등 건강한 일상을 자연스럽게 경험하는 영역이다. • 주변의 안전한 상황에서 놀이하는 등 안전한 일상을 경험하도록 하는 영역이다. • 위생과 청결을 점진적으로 경험하고 즐겁게 식생활을 하며 건강한 생활습관의 기초를 형성하는 영역이다.	• 2세 영아가 규칙적인 일과에서 수면과 식사, 배변 등 건강한 일상을 즐겁게 경험하고, 위험한 상황을 조심하며 안전한 생활습관의 기초를 기르는 영역이다. • 일상생활에서 지켜야 하는 위생과 청결, 바른 식생활 태도를 익히고, 건강한 생활습관의 기초를 기르는 영역이다.

(2) 목표

제3차 어린이집 표준보육과정의 0–1세, 2세 영아의 기본생활 영역의 목표는 다음과 같다.

표 Ⅲ-2 기본생활 영역의 목표

0–1세	2세
• 건강하고 안전한 일상생활을 경험한다. 가. 건강하고 편안한 일상생활을 경험한다. 나. 안전한 생활을 경험한다.	• 건강하고 안전한 생활습관의 기초를 마련한다. 가. 건강한 생활습관의 기초를 경험한다. 나. 안전한 생활습관의 기초를 경험한다.

(3) 내용 범주별 내용 구성

제3차 어린이집 표준보육과정에서 0–1세, 2세 영아의 기본생활 영역의 내용 범주별 내용 구성은 다음과 같다.

표 Ⅲ-3 기본생활 영역의 내용 범주별 내용

내용 범주	내 용	
	0–1세	2세
가. 건강하게 생활하기	1) 몸을 깨끗이 하기 2) 즐겁게 먹기 3) 건강한 일상생활하기	1) 몸을 깨끗이 하기 2) 바르게 먹기 3) 건강한 일상생활하기 4) 질병에 대해 알기
나. 안전하게 생활하기	1) 안전하게 지내기 2) 위험한 상황에 반응하기	1) 안전하게 놀이하기 2) 교통안전 알기 3) 위험한 상황 알기

(4) 내용 범주별 지도 방법

제3차 어린이집 표준보육과정 교사용 지침서 0–1세, 2세 영아의 기본생활 영역의 내용 범주별 지도 원리는 다음과 같다.

가. 건강하게 생활하기의 지도 원리

표 III-4 건강하게 생활하기의 내용별 지도 원리

0-1세	2세
• 몸을 깨끗이 하기 – 영아의 쾌적함에 대한 기본적 욕구충족과 몸이 깨끗할 때 기분 좋음을 알도록 손 씻기, 이 닦기를 스스로 하도록 도와준다. • 즐겁게 먹기 – 영아가 모유와 우유 및 다양한 음식에 적응해 가는 과정을 돕고, 먹는 것의 즐거움과 도구를 사용하는 경험을 하게 한다. • 건강한 일상생활하기 – 수유와 이유, 식사, 수면, 휴식, 배변 등의 활동을 가정에서처럼 편안하게 하도록 환경을 구성하며, 즐겁고 건강한 일상생활을 경험하게 한다.	• 몸을 깨끗이 하기 – 교사는 영아가 손 씻기, 몸 씻기, 이 닦기 등 청결 위생습관의 기초를 형성하는데 중점을 둔다. • 바르게 먹기 – 영아의 바른 식습관 형성을 위해 영아가 정해진 자리에서 도구를 사용하여 음식을 골고루 먹는 것에 중점을 둔다. • 건강한 일상생활하기 – 규칙적인 휴식과 수면, 배변습관을 가지고 즐겁게 생활하는 태도 형성에 중점을 둔다. • 질병에 대해 알기 – 질병저항력이 약한 영아를 세심하게 보살피며 질병의 위험을 알도록 한다.

나. 안전하게 생활하기의 지도 원리

표 III-5 안전하게 생활하기의 내용별 지도 원리

0-1세	2세
• 안전하게 지내기 – 영아가 안전하게 지내도록 영아의 발달에 적합한 안전한 환경을 구성하는 것에 주안점을 둔다. • 위험한 상황에 반응하기 – 다양한 상황에서 영아의 안전을 우선적으로 살펴보고 영아에게 위험한 것은 알려주고 피하도록 지도한다.	• 안전하게 놀이하기 – 영아가 안전한 장소에서 놀이기구나 놀잇감을 안전하게 사용하도록 하는 것에 중점을 둔다. • 교통안전 알기 – 교통안전을 위해 교통수단의 위험성을 알고 조심할 수 있도록 지도하는 것에 주안점을 둔다. • 위험한 상황 알기 – 여러 가지 위험한 상황에 대해 알고 어른의 지시에 따라 행동할 수 있도록 하는데 중점을 둔다.

(5) 0-1세 내용별 지도의 실제

가. 건강하게 생활하기의 지도

0-1세 건강하게 생활하기의 지도 내용에는 1) 몸을 깨끗이 하기, 2) 즐겁게 먹기, 3) 건강한 일상생활하기의 3개 하위 내용이 있는데, 이에 대한 지도 내용과 방법은 다음과 같다.

① 몸을 깨끗이 하기

▶ 지도지침 및 유의점

㉠ 교사는 영아의 기저귀를 갈거나 씻겨줄 때 눈맞춤을 하며 대화를 하거나 노래를

불러 주어 즐거움을 공유하도록 한다.

㉡ 영아의 위생과 청결을 위해 영아의 손을 깨끗하게 씻어주어야 한다. 손 씻는 과정이나 물에 대한 탐색을 언어적으로 표현해준다.

㉢ 수유, 식사 후 깨끗한 손수건이나 실리콘 칫솔 등 영아의 월령에 맞는 것을 이용하여 잇몸과 이를 부드럽게 닦아준다.

㉣ 영아의 청결을 위한 기저귀 갈이 영역, 화장실, 세면대 등의 공간을 항상 깨끗하게 유지하고 정기적으로 소독한다.

② 즐겁게 먹기

▶ 지도지침 및 유의점

㉠ 교사는 영아가 수유와 이유를 통해서 배고픔의 욕구를 채우고, 정서적으로 편안함과 안정감을 느끼도록 해야 한다. 수유는 반드시 위생적이고 개별적으로 실시하며 영아를 팔에 안고 우유병은 교사가 잡아준다.

㉡ 이유식을 시작하는 시기는 영아마다 개인차가 있으나 보통 생후 4~6개월이 지나면서 시작하며, 다양한 식재료에 대한 시도를 경험하도록 돕는 것이 중요하다.

㉢ 15개월 후반부터는 젖병을 떼야 하는 시기로 10개월 전후 빨대나 컵으로 먹기를 경험하며 점차 컵으로 먹을 수 있도록 지도한다.

㉣ 영아가 먹는 일을 즐거운 경험으로 인식하도록 하기 위해서, 새로운 음식에 대해 탐색할 수 있는 충분한 시간을 허용하고 교사의 따뜻하고 긍정적인 상호작용이 지속되어야 한다.

㉤ 여러 친구들과 함께 먹는 것은 영아에게 낯선 경험일 수 있으므로, 영아의 흥미를 끌 수 있는 그림을 게시하여, 영아가 관심을 가지고 스스로 앉을 수 있도록 유도한다.

③ 건강한 일상생활하기

▶ 지도지침 및 유의점

㉠ 개별 영아가 잠드는 시간과 습관, 자고나서 깰 때의 행동을 잘 관찰하여 배려해 준다. 낮잠 준비과정을 여유 있게 천천히 진행하며, 자고 일어난 후에는 따뜻한 접촉과 눈맞춤을 통하여 심리적 안정감을 준다.

㉡ 영아들이 편안하게 쉴 수 있는 휴식공간을 마련한다. 조용한 영역에 쿠션과 깔개를 마련하고 영아의 눈높이에 맞추어 가족, 친구, 좋아하는 동물이나 놀잇감의 사진 등을 붙여 친숙함을 느끼도록 한다.

ⓒ 영아들이 일과를 안정되게 지내기 위해서 불필요한 정리, 전이 및 이동을 최소화하고, 일상 활동은 개별로 이루어지도록 한다. 놀이 중에 영아의 개별 상태를 확인하여 기저귀를 갈아 주는 것이 개별적인 일상 활동이다.

나. 안전하게 생활하기의 지도

0–1세, 안전하게 생활하기의 지도 내용에는 1) 안전하게 지내기, 2) 위험한 상황에 반응하기 등 2개 하위 내용이 있는데, 이에 대한 지도 내용과 방법은 다음과 같다.

① 안전하게 지내기

▶ 지도지침 및 유의점

㉠ 교사는 영아의 안전을 위해 어린이집의 모든 환경을 안전하게 구성하여야 한다.

㉡ 영아가 놀이하는 장소는 안전하게 준비되어 있는 장소라도 예측하지 못한 상황이 안전을 위협하는 요인으로 작용할 수 있다.

㉢ 어린이집 등 하원 시 이용하는 차량에서 안전 장구를 착용하는 것은 습관화되도록 지도해야 한다.

㉣ 영아의 안전을 위해 구성되어야 하는 환경 요소와 놀잇감의 선택 기준을 숙지해야 한다. 또한 발달에 적합하지 않은 놀잇감은 영아의 안전사고가 염려되므로 월령별 발달에 적합한 놀잇감을 배치한다.

㉤ 교사가 영아의 수유나 이유, 낮잠 등의 활동지도에서, 영아의 돌연사나 질식사 등의 예방을 위한 교사의 안전행동수칙을 숙지하여 실행하도록 하고, 또한 영아의 안전지도 교육을 정기적으로 받아야 한다.

② 위험한 상황에 반응하기

▶ 지도지침 및 유의점

㉠ 교사는 영아의 움직임을 주의 깊게 관찰하고, 위험한 상황이 일어날 수 있는 것을 예측하여 위험함을 바로 알려준다.

㉡ 어린이집이나 가정에서 일어날 수 있는 위험한 물건이나 장소에 대해 일상생활 속에서 지속적으로 알려주도록 한다.

㉢ 세면대의 온수 온도 조절하기, 미끄럼틀이나 영아가 올라갈 수 있는 곳 바닥에 매트 깔기, 보육실 문 앞의 안전 문 설치, 서랍장의 안전 잠금 장치하기, 신체활동 시 위험한 상황이나 환경은 미리 점검하여 안전한 환경으로 구성하도록 한다.

㉣ 영아가 실내 활동은 물론, 산책, 바깥놀이 등 실외활동 시에도 바닥에 넘어질 수 있

는 위험한 장애물은 없는지, 높은 곳에서 추락의 위험은 없는지, 만지면 위험한 물건은 없는지 등 위험한 요소의 유무를 영아에게 사전 확인시킨 후 놀이를 시작하도록 한다.

(6) 2세 내용별 지도의 실제

가. 건강하게 생활하기의 지도

2세 건강하게 생활하기의 지도 내용에는 1) 몸을 깨끗이 하기, 2) 바르게 먹기, 3) 건강한 일상생활하기, 3)질병에 대해 알기의 4개 하위 내용이 있는데, 이에 대한 지도 내용과 방법은 다음과 같다.

① 몸을 깨끗이 하기

▶ 지도지침 및 유의점

㉠ 교사는 영아가 스스로 손을 씻도록 하며, 필요 시 도움을 주고 손을 씻는 바른 방법을 지속적으로 반복해서 지도해야 한다.

㉡ 2세 영아는 스스로 해보는 것을 좋아하기 때문에 영아가 이 닦기를 혼자 할 수 있는 경험을 제공한다.

㉢ 손 씻는 방법을 알 수 있도록 손 씻는 방법과 순서를 사진이나 카드로 제작하여, 세면대 거울 앞에 붙여두어 영아가 올바른 손 씻기를 습관화 될 수 있도록 지도한다.

㉣ 세면대는 영아가 서서 활동하기에 불편함이 없는 높이인지 확인하여야 한다. 너무 높을 경우에는 영아용 발 디딤대를 준비해주어야 한다.

㉤ 칫솔은 소독기를 사용하여 위생적으로 관리하도록 한다. 소독기를 사용할 수 없는 경우에는 교사가 깨끗이 씻어 통풍이 잘되는 곳에 세워서 말려야 하며, 칫솔모가 누워 있거나 솔이 닳았을 때는 즉시 교환해주도록 한다.

② 바르게 먹기

▶ 지도지침 및 유의점

㉠ 2세 영아는 미각 발달로 음식에 대한 기호가 뚜렷해지므로 개별적인 특성을 고려하되, 편식습관이 생기지 않도록 다양한 음식의 맛과 향, 질감을 접할 수 있는 기회를 제공 한다.

㉡ 2세 영아들이 식사도구를 사용하는 기술이 서툴더라도 영아 스스로 먹을 수 있도록 기다려주며 지도하여야 한다.

㉢ 영아들이 간식이나 식사 시 정해진 자리에 바르게 앉아서 먹는 태도가 습관화될 수 있도록 반복적이고 지속적으로 지도해야 한다.

㉣ 부모와 일상적 대화를 통해 가정에서의 식사 지도, 영아의 기호, 식사량, 체질 및 특이사항 등을 파악하여 특별한 요구가 있는 영아에게는 이를 고려하여 지도한다.

㉤ 잘 먹지 않으려는 영아는 식사 전에 신체활동에 적극적으로 참여하는 기회를 제공하면 영아가 스스로 음식을 잘 먹을 수 있다.

③ 건강한 일상생활하기

▶ 지도지침 및 유의점

㉠ 잠을 자는 시간과 잠자기 전의 과정(옷 갈아 입기, 자장가나 이야기 들려주기 등)이 규칙적으로 이루어질 때 영아는 일과를 예측하고 편안해지며 안정된 수면 습관이 형성될 수 있다.

㉡ 2세 영아는 0–1세 시기보다 놀이시간이 더 길어지고 휴식이나 낮잠시간도 정해진 시간에 지킬 수 있게 된다.

㉢ 정리 및 전이 시간을 미리 영아 개별로 알려주는 것이 효과적이며, 다음 일과를 안정되게 시작할 수 있다.

㉣ 배변 욕구를 표현하지 못하거나 해결을 못하여 실수를 하는 영아가 있을 때 교사가 불쾌한 느낌을 보이거나, 영아를 긴장하게 만들면 배변에 대해 부정적인 태도를 갖게 되므로, 교사는 영아가 변의를 느끼는 증후를 민감하게 인식하고 반응해야 한다.

④ 질병에 대해 알기

▶ 지도지침 및 유의점

㉠ 교사는 등원 시 영아의 안색과 눈, 입, 코, 귀, 혀 등을 살펴보고 영아의 건강을 확인한다. 특히 놀이에 활발히 참여하지 못하는 상황이 반복되는 경우 체온계로 열을 재서 확인하거나 영아의 몸 상태를 물어 영아가 표현할 수 있도록 지도한다.

㉡ 전염성 질환이 유행하는 경우 등원, 낮잠 자기 전, 자고 일어난 후의 시간 등 일과 시간의 일정 시간을 정하여 영아 개인별로 체온을 측정하거나 살펴본다.

㉢ 보육실을 자주 환기시켜 주는 것과 어린이집 실내의 정기적인 소독, 영아들의 놀잇감의 청결한 세척 등을 통하여 위생적인 환경 관리가 이루어지도록 한다.

나. 안전하게 생활하기의 지도의 실제

2세, 안전하게 생활하기의 지도 내용에는 1) 안전하게 놀이하기, 2) 교통안전 알기, 3)

위험한 상황알기, 3개 하위 내용이 있는데, 이에 대한 지도 내용과 방법은 다음과 같다.

① 안전하게 놀이하기

▶ 지도지침 및 유의점

㉠ 영아가 놀이기구나 놀잇감을 사용할 때 안전하게 사용하는 방법을 알려주고 교사가 시범을 보이도록 한다. 또한 안전하게 놀이하는 영아에게 긍정적인 칭찬과 격려를 한다.

㉡ 영아가 안전한 장소에서 놀이할 수 있도록 교실환경을 점검 배치하고, 놀이 환경을 재구성한다. 놀이장소에서 잘 못하면 다칠 수도 있다는 것을 지도한다.

㉢ 놀잇감으로 인한 다툼을 줄일 수 있도록 동일한 색과 모양이 같은 놀잇감을 여러 개 준비해 주고, 영아의 수보다 많을 정도의 충분한 놀잇감을 배치한다.

㉣ 던지거나 떨어져서 다칠 수 있는 무거운 재질보다 부드럽고 가벼운 재질의 놀잇감을 제공해 주고, 놀잇감이 뾰족하고 날카로운 부분이나, 쉽게 깨지거나 부서질 수 있는지 점검한 후 제공하도록 한다.

② 교통안전 알기

▶ 지도지침 및 유의점

㉠ 영아가 교통안전에 대해 이해할 수 있도록 교통수단의 이름, 인도와 차도, 횡단보도, 신호등, 안전벨트 등 관련 용어를 쉽게 설명해주어 익숙해지도록 한다.

㉡ 영아가 위험할 수 있는 상황을 영아에게 구체적으로 설명하여 주의하도록 한다.

㉢ 탈 것을 만들 수 있는 블록, 자동차 핸들, 안전벨트를 비치하여 영아가 놀이를 통해 교통안전에 대해 반복적으로 경험하도록 한다.

㉣ 영아에게 적합한 교통안전과 관련된 그림책, 다양한 화보, 인쇄물 등을 제공한다.

③ 위험한 상황 알기

▶ 지도지침 및 유의점

㉠ 교사는 책, 그림 자료, 일상생활 속의 실물자료를 통해 영아가 위험한 상황과 위험한 것을 찾아보고 구분할 수 있도록 한다.

㉡ 영아가 위험한 상황에 처했을 때는 위험한 것을 알리며 바로 영아에게 이동하여 위험한 상황에서 벗어나도록 도와야 한다.

㉢ 영아가 위험한 상황에 처하지 않도록 문에 손 끼임 방지 장치, 모서리에 부착하는 보호대, 욕실바닥에 미끄럼 방지장치, 콘센트 안전 덮개 등 안전 설비를 한다. 약품류, 세제류 등 위험물질은 영아의 손이 닿지 않는 곳에 보관한다.

㉣ 영아에게 안전교육은 일상생활과 놀이시간에 반복 지도하고, 위험한 상황에서 교사는 영아에게 위험을 알리고 기민하게 대응한다.

2. 신체운동

(1) 성격

제3차 어린이집 표준보육과정에 제시된 0–1세, 2세 신체운동 영역의 성격은 다음과 같다.

표 Ⅲ-6 신체운동 영역의 성격

0–1세	2세
• 신체운동 영역은 출생 후 영아가 자신의 감각적 경험을 통해 신체를 탐색하고, 대소근육을 발달해 가며 0–1세에 적합한 신체활동에 참여하면서 감각능력과 기본적인 신체운동의 기초능력을 기르기 위한 영역이다. • 영아의 감각과 신체인식은 신체운동능력의 발달에 기초가 된다.	• 신체운동 영역은 2세 영아가 자신의 신체 움직임을 탐색하고 대소근육을 조절해보며 감각 및 신체조절능력과 기본적인 신체운동능력을 기르기 위한 영역이다. • 2세 영아는 발달 수준이나 흥미, 요구에 적절한 신체활동에 참여함으로써 성취감을 경험하게 되고, 자신의 신체를 긍정적으로 인식할 수 있는 기초를 이룬다.

(2) 목표

제3차 어린이집 표준보육과정의 0–1세, 2세 영아의 신체운동 영역의 목표는 다음과 같다.

표 Ⅲ-7 신체운동 영역의 목표

0–1세	2세
• 감각 및 기본 신체운동능력을 기른다. 가. 감각기능을 발달시키고 자신의 신체를 탐색한다. 나. 대소근육을 조절하고 걷기 등의 능력을 기른다. 다. 규칙적으로 신체활동에 참여한다.	• 감각, 신체조절 및 기본 운동능력을 기른다. 가. 감각능력을 기르고, 자신의 신체 움직임을 탐색한다. 나. 안정된 자세로 대소근육을 조절하고 기본 운동능력을 기른다. 다. 규칙적으로 신체활동에 참여한다.

(3) 내용 범주별 내용 구성

제3차 어린이집 표준보육과정에서 0–1세, 2세 영아의 신체운동 영역의 내용 범주별 내용 구성은 다음과 같다.

표 Ⅲ-8 신체운동 영역의 내용 범주별 내용

내용 범주	내 용	
	0–1세	2세
가. 감각과 신체 인식하기	• 감각적 자극에 반응하기 • 감각기관으로 탐색하기 • 신체 탐색하기	• 감각능력 기르기 • 감각기관 활용하기 • 신체를 인식하고 움직이기
나. 신체조절과 기본 운동하기	• 신체 균형잡기 • 대근육 조절하기 • 소근육 조절하기 • 기본 운동하기	• 신체 균형잡기 • 대근육 조절하기 • 소근육 조절하기 • 기본 운동하기
다. 신체활동에 참여하기	• 몸 움직임 즐기기 • 바깥으로 신체 움직이기 • 기구를 이용하여 신체활동 시도하기	• 신체활동에 참여하기 • 바깥에서 신체활동하기 • 기구를 이용하여 신체활동하기

(4) 내용 범주별 지도 방법

제3차 어린이집 표준보육과정 교사용 지침서에서 0–1세, 2세 영아의 신체운동 영역의 내용 범주별 지도 방법은 다음과 같다.

가. 감각과 신체 인식하기의 지도 원리

감각과 신체 인식하기의 내용별 지도 원리는 〈표 Ⅲ–9〉와 같다.

표 Ⅲ-9 감각과 신체 인식하기의 내용별 지도 원리

0–1세	2세
• 신체의 여러 감각기관을 인식할 수 있도록 시각, 청각, 촉각, 후각, 미각을 자극하며, 느낌에 반응할 수 있는데 중점을 둔다. • 주변 환경을 탐색하는데 여러 감각기관을 동시에 사용하여 통합적으로 경험할 수 있도록 한다. • 손과 발 등 신체의 움직임을 통해 신체 부분을 인식하고 움직임을 언어로 표현해 주는데 주안점을 둔다.	• 일상생활과 자연환경 속에서의 다양한 감각적 경험을 제공해 주고 여러 가지 자극의 차이를 느끼며 반응하는 것에 초점을 둔다. • 오감을 자극할 수 있는 다양한 자료와 환경을 통해 오감각을 모두 활용하도록 한다. • 다양한 놀이나 활동을 통해 신체의 명칭을 인식하고 움직임을 경험하는데 주안점을 둔다.

나. 신체조절과 기본 운동하기의 지도 원리

신체조절과 기본 운동하기의 내용별 지도 원리는 〈표 Ⅲ-10〉과 같다.

표 Ⅲ-10 신체조절과 기본 운동하기의 내용별 지도 원리

0-1세	2세
• 영아가 몸의 균형을 잡기 위해 다양한 시도를 할 수 있다. • 몸을 조절하여 위치를 바꾸거나 몸의 움직임을 조절하면서 대근육 운동을 하는데 중점을 둔다. • 눈과 손의 협응을 통한 소근육 운동을 시도해 본다. • 배밀이, 기기, 걷기 등의 이동 운동을 시도하거나 팔 다리 뻗기, 흔들기, 서있기, 앉기 등의 다양한 기본 운동을 하도록 주안점을 둔다.	• 영아가 안정된 자세를 취하기 위한 다양한 시도와 신체 균형 잡기에 중점을 둔다. • 팔, 다리, 목, 허리 등의 움직임을 조절하면서 대근육을 조절하는데 주안점을 둔다. • 눈과 손을 협응하여 소근육을 조절하도록 한다. • 걷기, 계단 오르기 등의 이동운동을 하거나 제자리에서 몸을 움직여보는 등 다양한 기본 운동을 해보도록 격려한다.

다. 신체활동에 참여하기의 지도 원리

신체활동에 참여하기의 내용별 지도 원리는 〈표 Ⅲ-11〉과 같다.

표 Ⅲ-11 신체활동에 참여하기의 내용별 지도 원리

0-1세	2세
• 영아가 실내외의 다양한 신체활동에 참여하면서 자신의 몸을 움직여보는 활동을 즐기는데 중점을 둔다. • 바깥에서 적극적으로 신체활동을 경험하여 신체적·심리적 건강을 동시에 증진시킬 수 있도록 한다. • 기구를 이용한 신체활동을 통해 영아 자신의 신체에 흥미와 관심을 느끼고 다양한 움직임을 위한 활동에 참여하는데 주안점을 둔다.	• 2세 영아가 신체활동을 즐기고 참여하면서 신체운동능력을 향상시키는데 중점을 둔다. • 신체활동은 실내뿐만 아니라 실외에서도 규칙적으로 할 수 있도록 한다. • 영아가 몸을 움직이며 하는 신체활동뿐만 아니라 다양한 기구와 도구를 이용해서 할 수 있는 신체활동에도 참여할 수 있도록 주안점을 둔다.

(5) 0-1세 내용별 지도의 실제

가. 감각과 신체 인식하기의 지도

감각과 신체 인식하기의 지도 내용은 1) 감각적 자극에 반응하기, 2) 감각기관으로 탐색하기, 3) 신체 탐색하기 등 3개 하위 내용이 있는데, 이에 대한 지도 내용과 방법은 다음과 같다.

① 감각적 자극에 반응하기

▶ 지도지침 및 유의점

㉠ 교사는 영아가 감각기관을 통해 경험하는 여러 가지 자극을 느껴보고 이러한 다양한 자극에 각각 다른 반응을 할 수 있도록 감각적 반응을 언어로 표현해 준다.

㉡ 여러 가지 감각적 경험을 할 수 있도록 구체적인 활동을 계획하고, 특히 일상생활에서 시각, 청각, 촉각, 후각, 미각 등의 감각적 자극을 자연스럽게 경험할 수 있도록 상호작용 해준다.

㉢ 실내에서 제공되는 놀잇감은 다양한 감각을 통합적으로 경험할 수 있는 것을 제공한다.

③ 감각기관으로 탐색하기

▶ 지도지침 및 유의점

㉠ 교사는 영아가 속한 주변 환경을 이용하여 감각기관으로 탐색하는 활동을 시도하도록 해야 한다.

㉡ 실내와 실외의 환경을 충분히 탐색할 수 있도록 하루 일과 시간을 계획하고, 12개월 미만의 영아들을 위해 창문 밖으로 보이는 바깥풍경을 관찰하도록 한다.

㉢ 영아가 주변 환경에 대해 관심을 갖고 감각기관을 활용할 수 있는 안전하고 발달에 적합한 환경과 자료를 준비하여야 하며, 발달 수준에 따라 자연물 탐색이 어려울 경우 대체 감각 자료를 제공하도록 한다.

② 신체 탐색하기

▶ 지도지침 및 유의점

㉠ 교사는 영아의 행동을 관찰하면서 영아가 몸을 움직일 때 신체 부분이나 움직임에 대해 말로 표현해준다.

㉡ 영아가 신체 각 부분을 움직이고 탐색하도록 주요 신체 부분의 움직임을 격려한다.

㉢ 영아의 자유로운 신체탐색활동을 위한 넓은 공간을 마련하고, 교구장, 책장 등이 영아의 움직임에 방해가 된다면 바로 재배치하여 넓은 공간을 제공하도록 한다.

나. 신체조절과 기본 운동하기의 지도

신체조절과 기본 운동하기의 지도 내용은 1) 신체 균형 잡기, 2) 대근육 조절하기, 3) 소근육 조절하기, 4) 기본 운동하기 등 4개 하위 내용이 있는데, 이에 대한 지도 내용과 방법은 다음과 같다.

① 신체 균형잡기

▶ 지도지침 및 유의점

㉠ 교사는 영아가 몸의 균형을 잡기 위한 다양한 자세를 시도해볼 수 있도록, 0세 영아는 몸을 받쳐주거나 안아주고 혼자서 앉기가 가능해지면 손이나 팔을 잡아준다.

㉡ 균형감이 불안정한 영아들의 안전을 위하여 바닥에 안전매트를 배치하고 가구 모서리를 안전하게 처리한다.

㉢ 영아가 서는 법을 배우면 다양한 촉감이나 향기가 나는 놀잇감을 영아가 서 있는 시선 높이의 벽에 부착하여 호기심을 가질 수 있도록 한다.

② 대근육 조절하기

▶ 지도지침 및 유의점

㉠ 교사는 0세 영아가 뒤집기 등을 시도할 때 영아의 등을 받쳐주거나 뒤집기 후 영아의 몸을 바로해 주는 등의 도움을 준다.

㉡ 앉기, 서기, 걷기 등이 점차 익숙하게 되면, 다양한 몸의 움직임을 보여주며 영아가 흉내내보도록 한다.

㉢ 0세 영아 중 이동 능력이 없는 영아를 위해서 대근육 조절 능력을 돕기 위한 공간을 제공한다. 매트나 요를 마련하여 팔 다리를 움직여보는 활동을 수시로 해 주거나 낮잠 후 자연스러운 스트레칭을 통한 대근육 조절을 시도한다.

㉣ 영아가 뒤집기, 누워서 구르기 등 몸의 움직임을 조절할 때 주변의 물건에 부딪치지 않도록 넓은 공간을 제공하고, 움직이며 서로 부딪치지 않도록 움직임의 방향을 조정해준다.

③ 소근육 조절하기

▶ 지도지침 및 유의점

㉠ 교사는 영아가 관심을 보이는 사물이나 환경을 눈여겨보고 이를 활용한다. 0세 영아는 자주 접하는 모빌을 활용하고 1세 영아는 솜공, 털실 공, 블록 등 놀잇감을 활용하여 소근육과 조절력을 키우도록 상호작용한다.

㉡ 영아가 자연스럽게 소근육을 활용할 수 있도록 신발과 양말 벗기, 사물함의 서랍장 여닫기와 같은 일상생활 속에서 상호작용한다.

㉢ 블록을 이용한 구성놀이를 통해 소근육 조절하기 활동이 이루어지는 경우 종이무늬벽돌블록, 두루마리 휴지를 이용한 휴지 원통블록, 스폰지블록, 우레탄블록, 촉감블록 등 다양한 재질을 고려하고, 영아에게 적합한 모양, 크기의 블록을 제공한다.

④ 기본 운동하기

▶ 지도지침 및 유의점

㉠ 교사는 영아가 배밀이, 기기, 걷기 등과 같은 이동 운동을 시도할 때, 영아의 움직임을 격려하며 함께 동작을 따라해준다.

㉡ 영아가 제자리 운동을 시도할 때 영아의 움직임에 초점을 두어 편안하고 부드럽게 언어적으로 반응해준다.

㉢ 걸음마를 연습하는 영아의 호기심을 자극하기 위해 기기와 바닥과 벽면에 여러 질감의 천 조각으로 만든 촉감판, 가족사진 등 영아가 관심을 갖는 다양한 교구나 자료를 게시한다.

㉣ 배밀이나 기기 등의 이동 운동을 하는 경우 보육실 바닥의 안전과 청결에 유의한다. 주변에 부딪히거나 돌출되어 위험한 곳이 없는지 확인하여 영아가 안전하게 이동할 수 있도록 환경을 구성한다.

㉤ 혼자 서기에서 한 걸음씩 떼려는 영아의 시도에는 관심을 보여주고 격려해주되 걸음마를 억지로 시키지 않도록 주의한다.

다. 신체활동에 참여하기의 지도

신체활동에 참여하기의 지도 내용은 1) 몸 움직임 즐기기, 2) 바깥에서 신체 움직이기, 3) 기구를 이용하여 신체활동 시도하기 등 3개 하위 내용이 있는데, 이에 대한 지도 내용과 방법은 다음과 같다.

① 몸 움직임 즐기기

▶ 지도지침 및 유의점

㉠ 교사는 놀이나 일상활동 중에 영아가 자신의 몸을 적극적으로 움직일 수 있도록 한다.

㉡ 영아가 몸 움직임을 즐겁게 하기 위해서 교사가 몸 움직임에 참여하고 다양한 시도를 할 때 영아가 활발히 움직일 수 있다.

㉢ 영아가 몸 움직임을 활발히 하고 즐길 수 있도록 넓은 공간을 제공한다. 방울 덧신과 팔찌, 소리 나는 신발 등 감각적인 자료를 활용하여 다양한 몸 움직임을 시도할 수 있도록 한다.

㉣ 몸 움직임을 즐기는 것은 영아에게 매우 흥분되는 활동이므로 민감하게 관찰하면서 안전에 유의한다.

② 바깥에서 신체 움직이기

▶ 지도지침 및 유의점

㉠ 0세 영아들도 규칙적으로 바깥 환경을 경험하도록 한다. 유모차를 타고 바깥환경을 경험하는 것이 친숙해지면 실내에서 익숙해진 활동을 실외에서 경험하도록 한다.

㉡ 1세 영아들이 실외 놀이터에 항상 배치되어 있는 기구나 자료를 활용하는 것 외에도 뛰기, 걷기, 오르기, 내려오기, 던지기 등의 신체활동을 할 수 있는 놀잇감을 마련하고 환경을 제공한다.

㉢ 바깥 환경은 맑을 때, 비가 올 때, 바람이 불 때 등 다양한 자연의 변화를 경험할 수 있도록 한다.

③ 기구를 이용하여 신체활동 시도하기

▶ 지도지침 및 유의점

㉠ 0세 영아의 신체활동을 위한 기구는 얇은 이불매트, 낮고 넓은 쿠션이나 베개 등을 이용하고 이러한 신체 활동이 반복되고 지속되도록 한다.

㉡ 1세 영아가 자신의 수준에 맞는 활동을 경험할 수 있도록 적합한 기구를 제공하고, 필요한 경우 적절한 도움을 준다.

㉢ 0-1세 영아들의 발달에 적합한 기구를 파악하고 선택하여 제공하도록 한다.

(6) 2세 내용별 지도의 실제

가. 감각과 신체 인식하기의 지도

2세, 감각과 신체 인식하기의 지도 내용은 1) 감각능력 기르기, 2) 감각기관 활용하기, 3) 신체를 인식하고 움직이기 등 3개 하위 내용이 있는데, 이에 대한 지도 내용과 방법은 다음과 같다.

① 감각능력 기르기

▶ 지도지침 및 유의점

㉠ 교사는 영아가 오감을 통해 여러 가지 자극을 느껴보고 이러한 다양한 자극의 차이에 대한 반응을 관찰하며 격려해 준다.

㉡ 먹고, 씻는 등의 일상생활과 자연 환경 속에서 접할 수 있는 다양한 감각적 경험의 차이를 언어적으로 표현해 준다.

㉢ 밀가루 반죽놀이 등 한 가지의 재료 또는 같은 성질의 재료를 여러 가지 방법으로 제시해서 영아가 오감각을 활용하여 감각적 차이를 경험할 수 있도록 한다.

② 감각기관 활용하기

▶ 지도지침 및 유의점

㉠ 교사는 영아가 감각기관으로 집중하여 탐색할 때는 질문이나 제안을 멈추고 먼저 관찰을 한다. 그리고 영아의 탐색 행동을 언어로 표현하여 격려하도록 한다.

㉡ 한 가지 감각기관으로 탐색하기보다 오감이 동시에 통합적으로 이루어지도록 한다.

㉢ 2세 영아를 위해 놀잇감 중 소근육을 활용하는 조작 놀잇감보다 감각기관으로 탐색하는 놀잇감이 충분하도록 준비한다.

③ 신체를 인식하고 움직이기

▶ 지도지침 및 유의점

㉠ 교사는 영아의 행동을 관찰하다가 영아가 몸을 움직일 때 신체 부분이나 움직임에 대해 언어로 표현해 주며 격려한다.

㉡ 영아가 자신의 신체 각 부분을 인식하고 움직일 수 있도록 상호작용을 한다.

㉢ 안전 거울, 리본막대, 색 스카프 등 움직임을 확장할 수 있는 자료들을 기본적으로 항상 비치하고 계절이나 주제에 따라 나뭇잎 매트, 나비 날개 등 다양한 자료를 준비하여 환경을 구성한다.

나. 신체조절과 기본 운동하기의 지도

신체조절과 기본 운동하기의 지도 내용은 1) 신체 균형 잡기, 2) 대근육 조절하기, 3) 소근육 조절하기, 4) 기본 운동하기 등 4개 하위 내용이 있는데, 이에 대한 지도 내용과 방법은 다음과 같다.

① 신체 균형 잡기

▶ 지도지침 및 유의점

㉠ 교사는 영아가 몸의 균형을 잡기 위해 스스로 다양한 자세를 취할 수 있도록 격려한다.

㉡ 하루 일과 중 일상생활에서 바른 자세에 대해 관심을 갖고 영아의 균형감 있는 자세를 관찰하여 언어로 상호작용한다.

㉢ 영아가 신체 균형 잡기를 시도하는 것은 작은 공간에서도 할 수 있으나 영아들이 서로 몸을 부딪히지 않도록 공간을 구성하는 것이 중요하다.

㉣ 물 컵을 들고 가서 물통에 물 붓기, 큰 공 굴리기, 유니바 뛰어넘기처럼 실외에서 영아가 신체 균형 잡기에 관심을 가질 수 있는 다양한 놀잇감과 교구를 제공한다. 또한 영아의 몸이나 손을 잡아주어 안전사고에 유의하도록 한다.

② 대근육 조절하기

▶ 지도지침 및 유의점

㉠ 영아가 대근육 조절 활동을 처음 시작할 때는 흥미를 갖고 지속할 수 있도록 알맞은 거리나 높이를 제시해준다.

㉡ 영아가 활동 중 실패하거나 성공했을 때에 적절한 격려를 제공하며 흥미를 잃지 않도록 상호작용을 해준다.

㉢ 대근육을 조절하는 활동의 경우 주변의 물건을 치우고 넓은 공간을 마련한다. 특히 바닥이 미끄럽지 않은 곳에서 활동하도록 하고, 서로 부딪히지 않도록 넓은 공간을 마련한다.

㉣ 영아가 대근육을 조절하는 활동은 팔, 다리 움직이기는 물론 목, 허리, 무릎, 팔목, 발목 등의 신체를 조절하도록 상호작용한다.

③ 소근육 조절하기

▶ 지도지침 및 유의점

㉠ 교사는 영아의 개인별 소근육 발달 수준을 고려하여 영아가 성취감을 느낄 수 있는 놀잇감을 제공하고, 소근육의 움직임, 조절력 등에 대한 내용을 구체적인 언어로 표현해준다.

㉡ 소근육 발달 수준에 따라 활동에 사용되는 교구의 크기를 다양하게 준비하여 제공한다. 가위의 사용은 영아의 소근육 조절을 관찰하여 배치 여부를 조정한다.

㉢ 다양한 재료와 도구의 조합을 통하여, 수준에 따라 반복되고 지속될 수 있도록 활동 자료를 제공한다.

㉣ 영아의 개별적 특성을 잘 파악하여 교사가 적절한 때에 시범을 보여주고 도움을 주어 영아가 좌절감을 느끼지 않도록 한다.

④ 기본 운동하기

▶ 지도지침 및 유의점

㉠ 교사는 영아가 걷기, 계단 오르기 등과 같은 이동 운동을 할 때, 영아의 모습을 의성어, 의태어를 사용하여 언어적으로 표현해준다.

㉡ 영아가 제자리에서 몸을 움직여보는 기본 운동을 할 때, 처음에는 교사의 동작을 따라해보고, 그 다음엔 영아가 혼자서 좀 더 복잡한 움직임을 해보도록 한다.

㉢ 복도, 계단 등 주로 이동하는 장소의 바닥, 벽에서 이동 운동을 하며 감각을 활용하여 느낄 수 있는 안전한 자료를 부착하여 이동 운동과 감각 탐색을 통합하여 할 수 있도록 한다.

㉣ 실내에 전신이 보일 수 있는 안전 거울을 비치하거나 영아가 제자리에서 움직이는 모습을 촬영한 사진을 붙여준다.

다. 신체활동에 참여하기의 지도

신체활동에 참여하기의 지도 내용은 1) 신체활동에 참여하기, 2) 바깥에서 신체활동하기, 3) 기구를 이용하여 신체활동하기 등 3개 하위 내용이 있는데, 이에 대한 지도 내용과 방법은 다음과 같다.

① 신체활동에 참여하기

▶ 지도지침 및 유의점

㉠ 영아가 몸 움직임을 즐길 수 있는 분위기를 조성한다. 교사 자신이 신체활동에 참여하여 적극적으로 즐기는 모습을 보여주며 신체활동 참여를 격려한다.

㉡ 영아의 개인차를 존중하며 신체활동에 참여를 하지 않고 옆에서 지켜보는 것을 격려하도록 한다. 단계적으로 교사와 함께 하면서 참여하는 것을 도울 수 있다.

㉢ 영아가 신체활동에 자발적인 참여를 하기 위해서는 넓은 공간과 신체활동에 적합한 놀잇감이 배치되어 있어야 한다.

㉣ 몸 움직임을 즐기는 것은 매우 흥분되는 활동이므로 영아의 안전에 유의한다. 신체활동 후 제자리에서 앉거나 누워서 할 수 있는 가벼운 움직임이 있는 활동, 물을 마시거나 잠시 휴식을 갖는 것을 통해 영아가 안정감을 갖도록 한다.

② 바깥에서 신체활동하기

▶ 지도지침 및 유의점

㉠ 교사는 바깥에서 실시하는 신체활동에 함께 참여하며 영아가 표현하는 즐거움을 공유한다.

㉡ 실내에서 해본 신체활동을 다양한 방법으로 변화시켜 바깥에서 실시한다.

㉢ 영아가 바깥에서 규칙적으로 신체활동에 참여할 수 있도록 하루 일과 중 바깥놀이 시간을 계획하여 실행한다.

③ 기구를 이용하여 신체활동하기

▶ 지도지침 및 유의점

㉠ 2세 영아가 기구를 이용한 신체활동을 안전하게 할 수 있도록 기구 사용법과 안전 규칙을 안내하고 함께 사용하며 시범을 보인다.

㉡ 영아가 간단한 기구를 다양하게 활용하여 신체 움직임에 도전할 수 있도록 한다. 콩 주머니를 머리에 얹고 떨어뜨리지 않으며 걸어보거나, 이를 높이 던져보기, 높은 곳에서 떨어뜨려보기, 미끄럼틀에서 굴리는 것을 아래에서 잡기 등을 해보도록 한다.

㉢ 2세 영아의 발달 수준보다 너무 낮거나 높은 기구는 안전사고를 유발할 수 있으므로 발달에 적합한 신체활동 기구를 마련한다.

3. 의사소통

(1) 성격

제3차 어린이집 표준보육과정에 제시된 0-1세, 2세 의사소통 영역의 성격은 다음과 같다.

표 Ⅲ-12 의사소통 영역의 성격

0-1세	2세
• 의사소통 영역은 출생 후 첫 울음, 옹알이 등의 소리나 몸짓, 표정과 같은 비언어적 행동을 통해 자신의 감정이나 요구를 타인에게 전달하다가 점차 한 단어와 짧은 문장으로 다른 사람과 소통할 수 있는 기초를 이루는 영역이다. • 만 0-1세 영아는 옹알이나, 다른 사람의 목소리에 귀 기울이는 능력이 점차 향상되고, 몸짓으로 자신의 의사를 표현하는 등 다른 사람과의 의사소통을 위한 기초적인 능력이 향상된다. • 생후 12개월경 처음으로 첫 단어가 나타나며, 24개월까지 약 200~300개의 어휘가 급격히 증가하고, 불완전하나 짧은 문장으로 자신의 요구를 표현하려고 한다. 만 0-1세 영아는 말하고 듣는 기초 능력이 급격히 발달하는 중요한 시기이다.	• 의사소통 영역은 2세 영아가 기초적인 어휘와 의사소통 체제를 습득한 후에 듣고 말하기의 구어 능력이 향상되고, 읽고 쓰기에 관심이 증진되어 자신의 느낌, 생각, 경험을 구어와 문어로 표현하는 능력을 기르고 다른 사람과 소통할 수 있는 기초를 이루는 영역이다. • 만 2세 영아는 발음을 하는 조음 능력, 어휘력, 문장구성이 놀랍게 향상되는 중요한 시기이다. 사용하는 문장도 '빠방 가'처럼 명사와 동사로 이루어진 단순한 구조의 짧은 문장길이를 유지하다가 점차 세 단어, 네 단어를 조합하여 이전에 비해 복잡한 문장을 말할 수 있다. • 말하는 양도 급격히 증가한다. 만 2세 영아는 자신에게 일어난 일을 다른 사람에게 그 사건의 처음과 중간, 끝을 어느 정도 맞추어서 말을 하는 것이 가능해지기도 한다.

(2) 목표

제3차 어린이집 표준보육과정의 0–1세, 2세 영아의 의사소통 영역의 목표는 다음과 같다.

표 Ⅲ-13 의사소통 영역의 목표

0–1세	2세
• 의사소통 능력의 기초를 기른다. 가. 다른 사람의 말과 짧은 이야기 듣는 것을 즐긴다. 나. 자신의 생각과 느낌을 말로 주고받기를 즐긴다. 다. 그림책이나 환경 인쇄물에 관심을 가지며 글의 내용에 흥미를 가진다. 라. 글자 형태 끼적이기에 관심을 가진다.	• 말소리를 구분하고 의사소통의 기초를 마련한다. 가. 주변의 소리와 말소리 듣기에 관심을 보인다. 나. 표정, 소리, 몸짓으로 자신의 생각과 느낌을 표현한다. 다. 짧은 그림책이나 친숙한 환경 인쇄물에 관심을 가진다. 라. 끼적이기에 관심을 가진다.

(3) 내용 범주별 내용 구성

제3차 어린이집 표준보육과정에서 0–1세, 2세 영아의 의사소통 영역의 내용 범주별 내용 구성은 다음과 같다.

표 Ⅲ-14 의사소통 영역의 내용 범주별 내용

내용 범주	내 용	
	0–1세	2세
가. 듣기	• 주변의 소리와 말소리 구분하여 듣기 • 경험과 관련된 말 듣고 알기 • 운율이 있는 말 듣기 • 말하는 사람을 보기	• 말소리 구분하여 듣고 의미 알기 • 짧은 문장 듣고 알기 • 짧은 이야기 듣기 • 말하는 사람을 주의 깊게 보기
나. 말하기	• 발성과 발음으로 소리내기 • 표정, 몸짓, 말소리로 말하기 • 말할 순서 구별하기	• 낱말과 간단한 문장으로 말하기 • 자신의 원하는 것을 말하기 • 상대방을 바라보며 말하기
다. 읽기	그림책과 환경 인쇄물에 관심가지기	그림책과 환경 인쇄물에 흥미가지기
라. 쓰기	끼적이기	끼적이며 즐기기

(4) 내용 범주별 지도 방법

제3차 어린이집 표준보육과정 교사용 지침서 0–1세, 2세 영아의 의사소통 영역의 내용 범주별 지도 방법은 다음과 같다.

가. 듣기의 지도 원리

듣기의 내용별 지도 원리는 〈표 Ⅲ-15〉와 같다.

표 Ⅲ-15 듣기의 내용별 지도 원리

0-1세	2세
• 일상생활에서 영아가 익숙한 성인의 말소리에 집중하여 귀를 기울이고, 주변소리와 말소리를 구분하며 말소리에 호기심을 느끼고 능동적으로 반응하는데 중점을 둔다. • 영아의 눈앞에서 직접적으로 일어나는 반복적인 경험과 그와 관련된 말소리의 의미를 연결하여 들려주는 것에 중점을 둔다. • 운율이 있는 짧은 말이나 리듬감 있는 이야기를 들려주어 다른 사람과의 의사소통이 즐겁다는 경험을 주는데 중점을 둔다. • 영아가 말소리를 듣기 위해 몸을 돌려 성인을 응시하고 반응하는데 주안점을 둔다.	• 일상생활에서 영아가 친숙한 놀잇감이나 사물을 발음을 통해 경험하고 말소리의 차이를 인식하는데 주안점을 둔다. • 친숙한 낱말이나 짧은 문장을 들려주고 문장의 뜻을 이해하는 것에 중점을 둔다. • 짧은 이야기와 노랫말, 짧은 구절의 말을 들려주어 영아가 말하는 사람의 이야기를 즐겁게 들을 수 있도록 하는 데 주안점을 둔다. • 말하는 사람의 표정, 몸짓, 억양 등을 주의 깊게 바라보고 들음으로써 영아가 상대방이 전달하려는 의도를 파악할 수 있도록 돕는 것에 중점을 둔다.

나. 말하기의 지도 원리

말하기의 내용별 지도 원리는 〈표 Ⅲ-16〉과 같다.

표 Ⅲ-16 말하기의 내용별 지도 원리

0-1세	2세
• 여러 가지 소리내기와 말소리 즐겁게 내기를 바탕으로, 소리에 대한 반응을 모방하며 교사의 말을 모방하여 발음하기에 중점을 둔다. • 표정과 몸짓, 나아가 말소리로 의사 표현하는 것에 중점을 둔다. • 말할 순서에 따라 표정, 몸짓, 말소리로 반응하는 것에 중점을 둔다.	• 친숙한 사물을 발음해보고 새로운 낱말에 관심을 가지며, 간단한 문장 말하기에 중점을 둔다. • 표정, 몸짓, 말소리에 기초해서 자신이 원하는 것을 낱말과 문장으로 말하는 것에 중점을 둔다. • 말할 순서에 상대를 바라보며 말 주고 받는 것에 중점을 둔다.

다. 읽기의 지도 원리

읽기의 내용별 지도 원리는 〈표 Ⅲ-17〉과 같다.

표 Ⅲ-17 말하기의 내용별 지도 원리

0-1세	2세
• 그림책과 환경 인쇄물에 관심을 갖도록 다양한 감각 책과 주변의 친숙한 환경 인쇄물을 제공하여 이를 탐색하는데 중점을 둔다. • 책을 읽어 주는 교사의 목소리에 귀 기울이고, 책 보는 것에 재미를 느낄 수 있도록 친숙한 그림책을 반복적으로 보려는 영아의 시도를 격려하는데 주안점을 둔다.	• 읽기는 글자 모양에 흥미를 갖고 변별하는 것에서 시작되므로 영아가 모양에 대해 친숙함을 느끼며 이를 구분하는 데 중점을 둔다. • 영아에게 다양한 형태의 글을 읽어주어 그것을 즐기는 태도를 형성하는데 중점을 둔다. • 영아가 좋아하는 그림책을 읽어주어 책이 재미있다는 것을 느끼는 데 주안점을 둔다.

라. 쓰기의 지도 원리

쓰기의 내용별 지도 원리는 〈표 Ⅲ-18〉과 같다.

표 Ⅲ-18 쓰기의 내용별 지도 원리

0-1세	2세
• 마음대로 끼적이는 자체를 즐기며, 자신이 끼적거린 결과에 관심을 보이는 환경을 마련하는 데 촛점을 둔다.	• 영아가 의도적으로 끼적이는 것을 즐기며, 자신이 끼적거린 그림에 의미를 부여하도록 하는 데 촛점을 둔다.

(5) 0-1세 의사소통 내용별 지도의 실제

가. 듣기 내용 범주의 지도

0-1세 듣기의 내용 범주에는 1) 주변의 소리와 말소리 구별하여 듣기, 2) 경험과 관련된 말 듣고 알기, 3) 운율이 있는 말 듣기, 4) 말하는 사람을 보기 등 4개 하위 내용이 있는데, 이에 대한 지도 내용과 방법은 다음과 같다.

① 주변의 소리와 말소리 구별하여 듣기

▶ 지도지침 및 유의점

㉠ 교사는 영아의 행동을 친숙한 단어를 반복적으로 사용하여 영아가 소리의 경험에 흥미를 보이며, 다양한 소리를 들을 수 있는 경험을 제공한다.

㉡ 엄마와 아빠, 할머니, 교사 등 익숙한 사람의 목소리를 알아듣도록 하기 위해, 영아에게 자주 말을 걸어주고, 교사의 목소리에 익숙해져서 듣고 알아차릴 수 있도록 상호작용해준다.

㉢ 영아가 다양한 말소리의 높낮이와 세기 등 말소리의 차이를 인식할 수 있도록 억양

과 어조 등에 특징을 주어 영아가 말소리의 차이에 반응을 하도록 지원한다.

㉣ 영아가 쉽게 접근할 수 있는 실내 공간에 소리가 나는 놀잇감을 제공하여 영아가 다양한 소리를 탐색할 수 있는 환경을 제공한다.

② 경험과 관련된 말 듣고 알기

▶ 지도지침 및 유의점

㉠ 교사는 영아가 일상적인 경험의 반복을 통해 말소리의 의미를 자연스럽게 이해한다는 것을 알고, 일상생활에서의 영아 경험을 구체적인 말로 표현해 주어 영아가 경험과 관련된 말에 반응을 보이도록 한다.

㉡ 일상생활에서 영아의 이름을 자주 불러주어, 영아가 자신의 이름을 인식하고, 놀이에서 주체가 될 수 있도록 상호작용한다.

㉢ 영아가 편안한 환경에서 직접적이고 반복적인 경험을 할 수 있도록, 보육실에 익숙한 물건들을 배치하여 환경을 조성한다.

③ 운율이 있는 말 듣기

▶ 지도지침 및 유의점

㉠ 교사는 영아의 몸짓을 리듬감 있는 짧은 말소리로 반복적으로 들려주고, 짧은 그림책의 반복되는 내용에 운율을 넣어 들려줌으로써 운율 있는 짧은 말소리에 영아가 관심을 보이도록 격려한다.

㉡ 영아에게 익숙한 짧은 노래나 교사의 읊조리기를 통해 영아가 다양한 음률이 있는 말소리를 들을 수 있는 환경과 누르면 짧은 노랫소리를 들을 수 있는 놀잇감이나 간단한 말이 반복되는 촉감책 혹은 그림책을 제공한다.

㉢ 영아는 친숙한 목소리에 편안함을 느끼므로, 교사의 익숙하고 운율 있는 말소리 자체가 좋은 환경이 될 수 있다.

④ 말하는 사람을 보기

▶ 지도지침 및 유의점

㉠ 교사는 영아가 사람들의 말소리를 듣고, 말하는 사람의 눈을 바라보면서, 그 사람의 표정과 몸짓을 관심 있게 보도록 상호작용한다.

㉡ 영아가 말하는 사람과 눈을 마주칠 수 있도록 교사는 영아의 이름을 불러주어 시선을 맞추고 이야기하고, 영아의 눈높이에 맞춰 정서적으로 안정감 있게 이야기 하도록 한다.

㉢ 영아와 상호작용 시 교사는 다양한 표정과 몸짓으로 영아의 시선을 끌며, 관심이 지속될 수 있도록 자연스런 자극을 제공하는 것이 필요하나 영아에게 억지로 눈 맞춤을 강요하지 않도록 주의한다.

나. 말하기 내용 범주의 지도

말하기의 내용 범주에는 1) 발성과 발음으로 소리내기, 2) 표정, 몸짓, 말소리로 말하기, 3) 말할 순서 구별하기 등 3개 하위 내용이 있는데, 이에 대한 지도 내용과 방법은 다음과 같다.

① 발성과 발음으로 소리내기

▶ 지도지침 및 유의점

㉠ 교사가 영아의 옹알이와 말소리에 민감하게 반응해 주면 그 소리를 모방하여 소리내는 것에 흥미를 가지므로 영아와 교사가 적극적으로 상호작용하여 말을 주고받는 기회를 많이 만든다. 이 때 개별적으로 관심을 보이며 반복적으로 반응해준다.

㉡ 영아는 아직도 반복적으로 옹알이가 계속된다. 이 시기에 교사는 짧고 잘 알아들을 수 있는 말들은 모방하여 발음하면서, 자신이 발음해내는 소리 중에서 의미있는 말소리가 있음을 알도록 해준다.

㉢ 영아의 소리에 반응하여 잘 듣고 격려해 주는 것은 언어발달에 중요한 요소가 된다.

㉣ 영아는 자기가 한 옹알이나 말소리에 대한 교사의 반응을 살필 때, 영아를 둘러싸고 있는 온도, 채광 등의 물리적 환경에도 영향을 받으므로 영아가 안정감을 느낄 수 있는 쾌적한 환경을 제공하는 것이 필요하다.

② 표정, 몸짓, 말소리로 말하기

▶ 지도지침 및 유의점

㉠ 교사는 영아가 표정과 소리로 의사표현하는 것을 돕기 위해서 영아의 행동에 세심한 관찰을 하여야 한다. 영아가 흥미를 느끼는 대상을 바라볼 때 관심있는 표정과 소리내는 행동으로 의사표현을 하기 때문이다.

㉡ 영아가 표정과 말소리로 의사표현하는 것을 돕기 위해서, 영아에게 말을 걸거나, 개별적인 상호작용 시, 교사는 말과 함께 몸짓을 사용해서 표현해준다.

㉢ 교사는 영아의 행동과 말을 민감하게 해석하여 즉시 반응해야 한다. 영아가 몸짓만으로 의사표현을 하면 교사는 다시 되물어보고 말소리로 표현할 수 있는 기회를 주어, 영아가 사물의 이름을 정확한 발음으로 표현하도록 친숙한 사물의 이름을 말해 주어야 한다.

㉣ 영아의 표현 반응 정도에 따른 개인차를 인정하고, 오감각을 적절히 활용할 수 있는 다양한 환경을 준비해 영아들에게 표정, 몸짓, 말소리로 표현할 수 있는 자연스런 자극을 제공한다.

㉤ 표정, 몸짓으로 표현할 때, 교사가 몸짓으로 표현함에 있어 필요 이상 과장된 몸짓이나 표정을 사용해 의사소통의 혼란이 발생하지 않도록 해야 한다.

③ 말할 순서 구별하기

▶ 지도지침 및 유의점

㉠ 교사는 영아가 사물을 가리키거나 물건에 시선을 보낼 때, 주의를 기울이며 함께 보고 있는 것에 대해 말을 걸어주어 영아가 표정, 몸짓, 말소리로 반응할 수 있는 기회를 반복하여 제공한다.

㉡ 교사가 영아의 흥미 대상이 무엇인지 주의를 기울여 관찰하고 이를 언급해주는 것이 좋다.

㉢ 영아가 동등하게 주고받는 반응적인 상호작용을 할 수 있도록 자신이 말할 순서에 고개를 끄덕이거나 웃으며 기다려준다.

다. 읽기 내용 범주의 지도

읽기의 내용 범주에는 1) 그림책과 환경 인쇄물에 관심가지기의 1개 하위 내용이 있는데, 이의 지도 내용과 방법은 다음과 같다.

① 그림책과 환경 인쇄물에 관심가지기

▶ 지도지침 및 유의점

㉠ 영아가 책을 볼 준비가 되면 천이나 부드러운 비닐로 된 책, 만지고 냄새 맡을 수 있는 책, 소리 나는 책, 운율과 리듬이 있는 언어로 된 책, 명확한 그림으로 되어 있는 책, 반응을 경험할 수 있는 팝업 북 등 다양한 감각 책을 보여준다.

㉡ 영아가 친숙한 그림이나 사진이 포함되어 있는 환경 인쇄물에 관심을 보이면 그림 속의 사물을 명명하거나 그림에 대해 말해주고, 점차 사물과 영아의 경험을 연결하는 상호작용한다.

㉢ 영아가 편안하게 책을 볼 수 있도록 조용하고 채광이 좋은 곳에 책보기 영역을 구성하고 쿠션, 부드러운 카펫, 케노피, 소파 등을 마련하여 아늑한 분위기를 조성한다.

㉣ 영아들이 관심을 갖는 친근한 사물의 그림이나 사진, 가족사진, 아기사진 등을 활용한 활동자료를 제공한다. 그림이나 사진 위에 천 조각을 붙여서 까꿍놀이 그림책을

만들거나 영아 자신과 가족사진, 영아가 좋아하는 놀잇감 사진을 활용하여 '나에 관한 책'을 만들어준다.

ⓜ 영아가 그림책을 다루는 방식을 수용하고 인정한다. 영아가 책장을 넘기려 하면, 이야기의 내용을 읽어주기보다 영아의 요구를 수용하여 간단한 내용을 들려준다.

라. 쓰기 내용 범주의 지도

쓰기의 내용 범주에는 1) 끼적이기의 1개 하위 내용이 있는데, 이의 지도 내용과 방법은 다음과 같다.

① 끼적이기

▶ 지도지침 및 유의점

㉠ 교사는 발달에 적합한 자료와 공간을 마련하여 영아가 마음껏 끼적일 수 있도록 격려한다.

㉡ 영아가 마음껏 끼적이기를 시도할 수 있는 자료와 공간을 제공한다. 벽이나 바닥, 낮은 책상에 큰 종이를 붙여주거나 커다란 유리창에 마음껏 끼적일 수 있는 환경을 마련한다. 또한, 영아가 잡고 움직이기 쉬우며 입에 닿아도 해가 없는 쓰기도구를 제공한다.

㉢ 끼적이기에 활용되는 다양한 재료들을 탐색할 수 있는 기회를 제공한다. 구기거나 찢고 날리는 등의 다양한 탐색이 가능한 종이를 제공하며, 무독성 크레용이나 마커, 큰 펜을 가지고 자신의 세계를 마음껏 표현할 수 있도록 한다.

(6) 2세 의사소통의 내용별 지도의 실제

가. 듣기 내용 범주의 지도

2세의 듣기 내용 범주에는 1) 말소리 구분하여 듣고 의미 알기, 2) 짧은 문장 듣고 알기, 3) 짧은 이야기 듣기, 4) 말하는 사람을 주의깊게 보기 등 4개 하위 내용이 있는데, 이에 대한 지도 내용과 방법은 다음과 같다.

① 말소리 구분하여 듣고 의미 알기

▶ 지도지침 및 유의점

㉠ 교사는 영아의 일상 경험과 흥미를 민감히 파악하여 영아가 일상에서 사용하는 친숙한 단어를 반복적으로 경험하도록 지원하여 교사와 친숙한 낱말의 발음에 관심을 가지고 들을 수 있도록 격려한다.

㉡ 다양한 상황에서의 말소리를 영아들이 인식하고 반응하도록 여러 가지의 소리, 큰 소리, 작은 소리, 귓속말 등 변화를 줌으로써 소리 크기에 따라 집중해 볼 수 있도록 한다.

㉢ 일상 속에서 자연스러운 대화 또는 여러 가지 소리에 대한 감각을 높여주는 활동을 통해 다양한 환경적인 요소를 자유롭게 탐색할 수 있도록 개방적인 분위기를 조성한다.

② 짧은 문장 듣고 알기

▶ 지도지침 및 유의점

㉠ 영아가 자신과 주변 친구의 이름, 여러 가지 동식물, 사물의 이름과 연결한 문장을 사용할 때에, 교사는 낱말을 친숙하게 듣고 반응하고 지원한다.

㉡ 영아가 주의 깊게 듣고 반응할 수 있는 친숙한 짧은 문장을 사용하도록, 교사의 다양한 요구에 따라 반응하도록 지원한다.

㉢ 영아들의 얼굴과 가족의 사진을 교실 벽면과 바닥에 제공하여 영아들이 가족과 친구의 얼굴을 탐색하도록 하고, 친숙하게 느끼는 사물과 놀잇감을 비치하여 교사가 들려주는 단어와 연상할 수 있도록 환경을 구성한다.

③ 짧은 이야기 듣기

▶ 지도지침 및 유의점

㉠ 교사는 새로운 어휘나 어렵고 긴 문장을 영아가 듣고 이해하기 어려워하면, 즐겁게 듣고 주의집중을 할 수 있도록 노랫말로 이야기를 들려준다.

㉡ 영아는 그림책을 볼 때 그림이 함께 나오는 내용을 즐겨 들으므로 그림을 매개로 하여 영아와 이야기를 나눈다.

㉢ 영아가 이야기 듣는 것을 즐거워할 수 있도록 일상적 언어에 리듬을 넣거나 노래로 불러주는 등의 색다른 경험을 제공하고, 여기에 재미있는 행동을 덧붙여 생활 속에서 이야기의 즐거움을 느낄 수 있도록 환경을 마련한다.

④ 말하는 사람을 주의 깊게 보기

▶ 지도지침 및 유의점

㉠ 교사는 영아의 시점에서 현재 일어나고 있는 상황에 관해 표정과 몸짓을 사용하여 다양한 억양으로 말한다. 몸짓, 표정, 억양, 소리, 단어를 사용하여 대화를 할 경우 말하고자 하는 의도가 무엇인지 영아가 쉽게 알 수 있다.

㉡ 영아가 자신의 이야기 대상으로 교사를 초대했을 때, 교사는 하던 일을 멈추고 영아의 표현에 주의를 기울여 들어준다.

㉢ 영아의 놀이나 행동에 방해되지 않는 적절한 상황에서 말을 하여 영아가 교사의 말에 주의를 기울임에 있어 다른 방해 요소가 없도록 하고, 영아의 반응을 무시한 채 쉼 없이 계속 말하지 않도록 유의한다.

나. 말하기 내용 범주의 지도

2세의 말하기 내용 범주에는 1) 낱말과 간단한 문장으로 말하기, 2) 자신이 원하는 것을 말하기, 3) 상대방을 바라보며 말하기 등 3개 하위 내용이 있는데, 이에 대한 지도 내용과 방법은 다음과 같다.

① 낱말과 간단한 문장으로 말하기

▶ 지도지침 및 유의점

㉠ 교사는 영아가 내는 발음을 수용하면서 감정과 생각을 파악하여 올바른 발음으로 들려주는 것이 필요하다.

㉡ 영아에게 말할 때 약간은 강조된 억양을 사용하고, 단어나 음절을 늘려서 길고 분명하게 말하거나 조금 높은 톤으로 말을 해주는 것이 좋다.

㉢ 영아의 말하기를 자극할 수 있는 주변 환경을 구성할 때 영아의 경험을 기본으로 한 친숙한 탐색 자료와 호기심을 유발할 수 있는 새로운 탐색 자료를 적절히 구성해서 영아들이 제공된 자료를 탐색하며 자연스럽게 말할 수 있는 환경을 계획한다.

② 자신이 원하는 것을 말하기

▶ 지도지침 및 유의점

㉠ 교사는 영아가 의사표현을 할 때, 다양한 표정, 몸짓, 말소리를 풍부하게 사용할 수 있도록 편안하고 수용적인 분위기를 만들어 주어야 한다.

㉡ 영아들이 자신이 원하는 것을 알고 있는 낱말로 표현하거나, 새로운 사물을 보며 "이게 뭐야?" 라는 질문을 통해 낱말을 알아가고자 할 때 영아가 궁금해 하는 것을 신속히 알려주고 사물이 가진 특성을 함께 이야기해야 한다.

㉢ 자신이 원하는 것을 짧은 문장으로 말해보기 위해서는 영아가 새로운 물건을 조작하거나 놀이할 때 한 두 낱말을 문장으로 연결해 보도록 모델링하고 유도한다.

③ 상대방을 바라보며 말하기

▶ 지도지침 및 유의점

㉠ 교사는 영아가 주변을 인식하고 행동과 상황에 맞추어 말할 수 있는 능력이 늘어남에 따라, 행동에 맞는 말을 할 수 있도록 격려한다.

ⓛ 2세 영아는 전화기로 생각하고 느낀 것을 누군가와 대화하듯이 말하는 놀이를 즐긴다. 이 때 교사는 영아가 자신의 생각과 느낌을 말할 수 있는 기회를 많이 주고, 말이 잘 되지 않더라도 수용하고 기다려주며, 말하는 능력이 진전되도록 도와주어야 한다.

ⓒ 언어 영역에 손 인형이나 막대 인형 등의 언어 자료를 정비하고, '말할 순서에 맞춰 상대방을 바라보며 말 주고받기' 시에 영아들이 쉽게 꺼내서 말하기에 사용할 수 있도록 준비해준다.

ⓡ 일상생활에서 지속적으로 반복하여 인사말, 존댓말 등 상황에 적절한 말을 할 수 있도록 지도하되, 교사와 영아를 구분하여 평소에 하는 행동을 중심으로 높임말과 예삿말을 구분하여 말할 수 있도록 지도한다.

다. 읽기 내용 범주의 지도

2세의 읽기 내용 범주에는 1) 그림책과 환경, 인쇄물에 흥미가지기란 하위 내용이 있는데, 이에 대한 지도 내용과 방법은 다음과 같다.

① 그림책과 환경, 인쇄물에 흥미가지기

▶ 지도지침 및 유의점

ⓐ 교사는 기초모양 놀잇감을 풍부하게 제공하고, '동그라미, 세모, 네모' 등의 이름을 말하여 준다. 영아들이 모양 놀잇감의 조각들을 가지고 구성하는 것을 장려하여 모양 감각을 손에 익히도록 한다. 모양 탐색이 익숙해지면 모양들을 구분하고 이름을 말하도록 격려한다.

ⓛ 영아는 자신이 경험하여 알고 있는 강아지, 자동차 등을 소재로 한 그림책을 좋아하며 즐긴다.

ⓒ 그림책 보는 과정을 통해 영아는 글의 기능을 이해하기 시작하고, 책장을 손가락으로 넘기는 등, 책을 다른 물건과 다른 방식으로 다루게 되므로 교사가 그림책을 다루는 방법의 바른 모델이 되어야 한다.

ⓡ 영아는 교사가 읽어주는 것은 귀로 듣고 삽화는 눈으로 보면서 내용을 이해하고 책이 재미있다는 것을 느끼므로 짧은 동화, 짧고 리듬감 있는 동시, 엄마가 써 준 편지, 사진 등 다양한 글을 읽어주어 영아가 글 읽는 즐거움을 발견할 수 있도록 한다.

라. 쓰기 내용 범주의 지도

2세의 쓰기 내용 범주에는 1) 끼적이며 즐기기란 하위 내용이 1개 있는데, 이에 대한 지도 내용과 방법은 다음과 같다.

① 끼적이며 즐기기

▶ 지도지침 및 유의점

㉠ 교사는 영아가 쓴 끼적이기에 의미를 부여하도록 영아에게 무엇을 그리는지 질문한다. 형태가 명확하지 않은 끼적이기라도 관심을 가지고 질문하여 영아가 머릿속으로 생각한 것을 상징화할 수 있도록 돕는다.

㉡ 영아는 '나'에 대한 관심이 높아 자신의 이름 끼적이기에 흥미를 보이므로 반복적으로 이름을 끼적여보는 기회를 제공한다.

㉢ 영아가 자유롭게 끼적거리기를 하도록 놀이실의 한쪽 벽면이나 일정한 장소를 마련하여 준다.

㉣ 끼적이기를 지속적으로 즐길 수 있도록 영아가 끼적거린 종이에 어떤 내용을 끼적거렸는지 적어주고, 영아의 이름을 적어 보육실 벽에 게시하여 준다.

4. 사회관계

(1) 성격

제3차 어린이집 표준보육과정에 제시된 0–1세, 2세 사회관계 영역의 성격은 다음과 같다.

표 Ⅲ-19 사회관계 영역의 성격

0–1세	2세
• 사회관계 영역은 영아가 자신을 다른 사람과 분리된 존재로 인식하고 스스로 긍정적인 느낌을 가지며, 자신의 감정을 표현하고 다른 사람의 감정을 알며, 주 양육자와 안정된 애착관계를 형성하고, 또래에 관심을 갖고 자기가 소속된 집단이 있다는 것을 알게 됨으로써 다른 사람들과 더불어 생활하는 기초를 익히도록 하는 영역이다. • 영아기는 자신이 다른 사람과 분리된 개별적인 존재임을 인식하고, 자신의 이름이나 친숙한 물건을 구별하며 자신이 좋아하는 것을 해보면서 자신에 대해 긍정적인 자아존중감의 기초를 갖는 것이 중요하다. 영아기에 형성된 자아존중감은 평생 동안 사회관계의 기본 요소가 되므로 긍정적인 경험을 지속적으로 해야 할 필요가 있다. • 영아는 다른 사람의 행동이나 표정을 보거나 말을 듣고 그 사람에게 주의를 기울이거나 반응을 보이게 된다. 영아가 자신과 다른 사람의 감정을 인식하는 과정은 사회적 상호작용의 기초가 된다.	• 사회관계 영역은 2세 영아가 자신을 알고 소중히 여기며 자신을 존중하고, 자신과 다른 사람의 감정을 보다 명확히 인식할 수 있으며, 가족, 또래, 자신이 속한 집단의 다른 사람들과 생활해보는 경험을 통해 기본적인 사회적 가치를 자연스럽게 익히도록 하는 영역이다. • 영아기에는 자신과 다른 사람을 구분할 수 있게 되고, 자신의 고유성과 독특성을 소중하게 인식하게 된다. 자아존중감은 영아기부터 토대를 갖추어 유아기 이후 평생 동안 사회관계의 기본 요소가 되기 때문에 영아기에 긍정적인 경험을 통하여 스스로를 소중히 할 필요가 있다. • 영아는 자신의 가족을 인식하고 가족에게 특별한 애정과 관심을 보이게 된다. 영아는 또래에 대해서도 관심을 보이고 또래가 있는 곳에서 놀이하는 것을 즐거워하게 된다. 영아는 점차 다른 사람과 더불어 생활하는 경험에 익숙해지며 이를 통해 사회적으로 필요한 여러 가지 지식과 기술을 자연스럽게 익힐 수 있다.

(2) 목표

제3차 어린이집 표준보육과정의 0–1세, 2세 영아의 사회관계 영역의 목표는 다음과 같다.

표 Ⅲ-20 사회관계 영역의 목표

0–1세	2세
• 친숙한 사람과 관계를 형성한다. 가. 자신과 다른 사람을 구별된 존재로 인식한다. 나. 기본 정서를 표현하고 다른 사람의 감정에 주의를 기울인다. 다. 안정적인 애착을 형성하고 또래나 교사와 함께 지낸다.	• 나를 인식하고 다른 사람과 더불어 생활하는 경험을 한다. 가. 자기 존중감을 형성한다. 나. 자신의 감정을 알고 다른 사람의 감정에 반응을 보인다. 다. 가족을 사랑하고 또래, 교사와 즐겁게 지내며 간단한 규칙 등을 지킨다.

(3) 내용 범주별 내용 구성

제3차 어린이집 표준보육과정에서 0–1세, 2세 영아의 사회관계 영역의 내용 범주별 내용 구성은 다음과 같다.

표 Ⅲ-21 사회관계 영역의 내용 범주별 내용

내용 범주	내 용	
	0–1세	2세
가. 나를 알고 존중하기	• 나를 구별하기 • 나의 것 인식하기	• 나를 구별하기 • 좋아하는 것 해보기
나. 나와 다른 사람의 감정 알기	• 나의 감정을 나타내기 • 다른 사람에게 주의 기울이기	• 나의 감정을 나타내기 • 다른 사람의 감정에 반응하기
다. 더불어 생활하기	• 안정적인 애착 형성하기 • 또래에 관심 갖기 • 자신이 속한 집단 알기 • 사회적 가치를 알기	• 내 가족 알기 • 또래와 관계하기 • 자신이 속한 집단 알기 • 사회적 가치를 알기

(4) 내용 범주별 지도 방법

제3차 어린이집 표준보육과정 교사용 지침서 0–1세, 2세 영아의 사회관계 영역의 내용 범주별 지도 방법은 다음과 같다.

가. 나를 알고 존중하기의 지도 원리

나를 알고 존중하기의 내용 범주별 지도 원리는 〈표 Ⅲ-22〉와 같다.

표 Ⅲ-22 나를 알고 존중하기의 지도 원리

0-1세	2세
• 나의 모습에 관심을 갖거나 자신의 모습을 알도록 하는데 중점을 둔다. • 자신의 이름이나 물건 등 나에 대한 기본 특성에 대해 알아가면서 자기 존중감을 형성하는데 중점을 둔다.	• 영아가 자신과 다른 사람의 모습을 구분할 줄 알도록 하는데 중점을 둔다. • 자기 존중감을 형성하고 자신이 선호하는 것을 표현할 줄 알도록 하는 데 중점을 둔다.

나. 나와 다른 사람의 감정 알기의 지도 원리

나와 다른 사람의 감정 알기의 내용 범주별 지도 원리는 〈표 Ⅲ-23〉과 같다.

표 Ⅲ-23 나와 다른 사람의 감정 알기의 지도 원리

0-1세	2세
• 영아가 자신의 여러 가지 감정을 나타내는 경험을 통해 자연스럽게 자신에 대해 알아갈 수 있도록 하는데 중점을 둔다. • 영아가 자신의 감정뿐 아니라 다른 사람의 욕구나 감정에도 관심을 갖도록 하는데 촛점을 둔다.	• 영아가 자신의 욕구나 감정을 표정이나 소리, 몸짓뿐 아니라 적합한 말이나 행동으로 표현할 수 있도록 하는데 중점을 둔다. • 영아가 주변의 다른 사람이 나타내는 기쁨이나 즐거움뿐만 아니라 슬픔, 화남, 두려움, 아픔 등 여러 가지 감정을 알아차리고 이에 적합하게 반응할 수 있도록 한다.

다. 더불어 생활하기의 지도 원리

더불어 생활하기의 내용 범주별 지도 원리는 〈표 Ⅲ-24〉와 같다.

표 Ⅲ-24 더불어 생활하기의 지도 원리

0-1세	2세
• 영아가 주양육자와 애정적인 유대나 정서적인 결속을 맺고 심리적 안정을 유지하며 자신의 욕구와 관심을 표현하는 것에 중점을 둔다. • 영아가 또래에 관심을 가지며 함께 지내는 경험을 하는데 중점을 둔다. • 영아가 자신이 속한 반이나 담임교사를 알아볼 수 있도록 하는데 중점을 둔다. • 영아가 사회관계에서 기본적으로 익히게 되는 사회적 가치를 일상생활을 통하여 경험해보도록 하는데 중점을 둔다.	• 영아가 자기 주변의 친숙한 사람 중에서 보다 특별한 대상으로서의 가족이 있음을 알고 가족에게 소속감과 애정을 표현할 수 있도록 하는 것에 중점을 둔다. • 영아가 또래에게 관심을 보이고 이름을 알고 또래의 모습과 행동을 모방하면서 같은 곳에서 놀이하는데 친숙해지도록 하는 것에 중점을 둔다. • 영아가 집단에 대한 기본적인 소속감을 가질 수 있도록 하며, 다른 사람과 더불어 살기 위해서는 기본적으로 지켜야 할 바람직한 가치가 있다는 것을 인식하는 것에 중점을 둔다.

(5) 0-1세 사회관계 내용별 지도의 실제

가. 나를 알고 존중하기의 지도 방법

0-1세 나를 알고 존중하기의 내용 범주에는 1) 나를 구별하기, 2) 나의 것 인식하기 등 2개 하위 내용이 있는데, 이에 대한 지도 내용과 방법은 다음과 같다.

① 나를 구별하기

▶ 지도지침 및 유의점

㉠ 교사는 0세 영아가 거울에 비치는 자신의 모습을 응시하도록 하거나 거울 속에 비치는 자신의 모습을 자연스럽게 주목할 수 있도록 거울을 함께 바라본다.

㉡ 영아가 항상 자신을 볼 수 있도록 영아의 활동 범위를 고려하여 문을 열거나 자주 다니는 통로 쪽이 아닌 보육실 벽면에 안전거울을 부착하여 활용하도록 한다.

㉢ 영아가 놀이 활동하는 모습을 교사가 보여주거나 스스로 비춰볼 수 있도록 안전 손거울을 준비하여 활동 시에 제공한다.

㉣ 영아는 일차 양육자의 신체적 접촉과 개별적이고 반복적인 상호작용을 통해 다른 사람과 분리된 존재로서의 자신을 인식할 수 있음을 항상 인식하고 교사는 친숙한 상호작용을 지속적으로 지원한다.

② 나의 것 인식하기

▶ 지도지침 및 유의점

㉠ 교사는 일상생활 속에서 영아의 일상적 양육활동(수유, 이유, 급·간식, 기저귀 갈기, 배변 훈련, 낮잠)과 놀이활동에서 친숙한 목소리로 이름을 불러주며 일과활동을 함으로써 영아가 자신의 이름에 반응하는 것이 익숙해지도록 한다.

㉡ 보육실에서 영아가 자신의 개별 물품에 관심을 갖도록 함께 찾아보거나 보여주며 개별적으로 상호작용하도록 한다.

㉢ 영아가 항상 자신의 이름을 듣고 반응할 수 있도록 벽면에 안전거울을 부착하여 함께 얼굴을 바라보고 부드러운 표정으로 상호작용한다.

㉣ 영아가 자신을 자연스럽게 인식할 수 있도록 옷이나 기저귀, 가방 등 개별용품을 영아의 얼굴 사진을 붙인 사물함에 보관한다.

다. 더불어 생활하기의 지도 방법

0-1세 더불어 생활하기의 내용 범주에는 1) 안정적인 애착형성하기, 2) 또래에 관심

갖기, 3) 자신이 속한 집단 알기, 4) 사회적 가치를 알기 등 4개 하위 내용이 있는데, 이에 대한 지도 내용과 방법은 다음과 같다.

① 안정적인 애착형성하기

▶ 지도지침 및 유의점

㉠ 영아가 교사와 친숙해지고 애착을 형성할 수 있도록 시선 맞추기, 안아주기, 쳐다보며 미소짓기 등의 활동을 통하여 영아가 자연스럽게 관심과 욕구를 표현하도록 한다.

㉡ 친숙한 사람의 얼굴이나 목소리를 인식하고 도움을 요청하거나 애정을 표현할 때나 교사나 양육자에게 관심과 욕구를 표현할 때 어떤 상황인지, 어떤 것이 필요한지 알아채고 영아의 정서적 행동을 언어로 표현해주고 안정감을 가질 수 있도록 돕는다.

㉢ 영아가 양육자와 떨어져 점차 교사와 친숙해질 수 있도록 적응프로그램을 충분히 가지는 것이 중요하다.

㉣ 영아가 분리불안을 느낄 수 있음을 고려하여, 실내보육환경을 가정과 같이 편안하고 안락하며 안전한 공간을 구성해준다.

② 또래에 관심 갖기

▶ 지도지침 및 유의점

㉠ 교사는 영아가 또래에 대한 관심을 자연스럽게 인식할 수 있도록 하루 일과 중 개별적인 영아의 요구를 수용해주면서도 다른 영아에 대한 보살핌을 함께 느낄 수 있도록 지속적으로 돕는다.

㉡ 영아가 교사를 신뢰하고, 안정적인 애착을 형성하기 위해 보육실을 가정과 같이 편안하고 안락하고 안전하게 구성한다.

㉢ 영아는 아직 자신의 개별용품에 대한 구별이나 인식이 약하므로 개별 수유용품 및 기저귀 등의 물품 보관에 유의하여 영아가 다른 영아의 소독된 우유병이나 다 쓴 기저귀 등을 만지지 않도록 관리한다.

③ 자신이 속한 집단 알기

▶ 지도지침 및 유의점

㉠ 교사는 영아의 여러 가지 생리적 욕구를 온정적으로 충족시켜주고 영아가 나타내는 여러 가지 감정에 민감하게 반응해준다.

㉡ 영아가 교실에서 불편함을 느끼지 않고 안정감을 가질 수 있도록 쾌적하고 안락하게 정비된 환경과 친숙한 놀잇감을 제공한다.

㉢ 영아가 여러 가지 생리적 욕구를 보일 때 민감하게 대처하며, 유심히 관찰하고 온정적으로 반응한다.

④ 사회적 가치를 알기

▶ 지도지침 및 유의점

㉠ 영아가 사용하는 놀잇감이나 물품은 항상 정해진 교구자리에 놓여있어야 안정감을 갖게 되므로, 친숙한 놀잇감이나 개인 물품을 사용한 후에는 반드시 정해진 자리에 정리하도록 교사와 함께 정리하거나 찾기를 통해 알려준다.

㉡ 영아가 양육자와 헤어질 때, 온정적으로 안아주고 인사하면서, 다시 만났을 때 즐겁게 인사하는 경험을 통해 친숙한 사람에 대한 애정을 표현하도록 한다.

㉢ 영아가 양육자 혹은 친숙한 사람과 만나고 헤어지는 인사를 할 때, 편안한 분위기에서 할 수 있도록 좋아하는 놀잇감이나 일차 양육자를 느낄 수 있는 물건을 미리 준비해두었다가 함께 사용하여 안정감을 가지도록 한다.

(6) 2세 사회관계 내용별 지도의 실제

가. 나를 알고 존중하기의 지도 방법

2세 나를 알고 존중하기의 내용 범주에는 1) 나를 구별하기, 2) 좋아하는 것 해보기 등 2개 하위 내용이 있는데, 이에 대한 지도 내용과 방법은 다음과 같다.

① 나를 구별하기

▶ 지도지침 및 유의점

㉠ 영아가 교사와 또래의 얼굴을 가리킬 수 있고, 간단한 신체 부위를 구별하여 손으로 가리킬 수 있도록 놀이활동 속에서 지속적으로 활동 경험을 제공한다.

㉡ 영아가 항상 자신의 모습을 자연스럽게 구별할 수 있도록 보육실문, 사물함, 안전거울 등에 영아의 눈높이를 고려하여 자신의 사진을 붙여둔다.

㉢ 영아가 항상 자신과 다른 사람을 자연스럽게 구별할 수 있도록 언어 영역 등에 영아가 속한 반 친구들 사진과 교사, 가족사진 등을 붙여두고 함께 찾아보는 놀이를 한다.

② 좋아하는 것 해보기

▶ 지도지침 및 유의점

㉠ 교사는 일과 중 영아가 선호하는 놀이나 놀잇감을 개별적으로 관찰하여 좋아하는

인형이나 놀잇감 등을 함께 찾아보거나 조금 익숙해지면 스스로 찾아보는 활동을 지속적으로 제공한다.

㉡ 영아가 좋아하는 놀잇감 사진과 다른 사진을 함께 펼쳐두고 좋아하는 놀잇감 사진을 선택하도록 기회를 제공하고 좋아하는 놀잇감을 가지고 즐겁게 활동할 수 있도록 함께 상호작용하여 긍정적인 경험을 제공한다.

㉢ 영아가 개별적으로 좋아하는 놀잇감이나 놀이를 찾거나 선택할 수 있도록 영아의 키 높이를 고려한 교구장에 찾기 쉽도록 놀잇감을 배치하고 놀이사진 등을 눈높이에 맞추어 벽면에 게시한다.

나. 나와 다른 사람의 감정 알기의 지도 방법

2세 나와 다른 사람의 감정 알기의 내용 범주에는 1) 나의 감정을 나타내기, 2) 다른 사람의 감정에 반응하기 등 2개 하위 내용이 있는데, 이에 대한 지도 내용과 방법은 다음과 같다.

① 나의 감정을 나타내기

▶ 지도지침 및 유의점

㉠ 교사는 영아가 자신이 느끼는 다양한 감정을, 울거나 떼쓰거나 때리는 행동이 아닌, 적합한 말로 표현하거나 필요한 행동으로 나타낼 수 있도록 돕는다.

㉡ 영아가 느끼는 다양한 감정을 어떤 감정인지 구체적인 언어로 표현해주어, 영아는 자신의 감정에 대한 언어적 표현을 들으면서 자신이 느끼는 감정을 나타내는 말을 인식하도록 돕는다.

㉢ 넉넉한 수의 놀잇감을 준비하고 똑같은 모양과 색의 놀잇감을 영아 수만큼 준비하여, 교실 내에서 놀잇감 부족으로 인한 다툼이나 문제 상황을 최소화 한다.

㉣ 영아가 긍정적인 감정을 표현할 뿐 아니라 부정적인 감정도 해소할 수 있는 놀이(예 : 밀가루 반죽, 모래놀이, 물놀이 등)를 계획하여 영아가 충분히 즐길 수 있도록 한다.

㉤ 교사는 영아가 부정적인 정서표현도 할 수 있음을 알고, 공감해주며 위로해준다.

② 다른 사람의 감정에 반응하기

▶ 지도지침 및 유의점

㉠ 교사는 영아가 다른 사람이 다양한 감정을 가지고 있음을 인식할 수 있도록 감정표현에 대하여 언어로 표현해주고, 영아의 정서표현에 민감하게 반응해 준다.

㉡ 다양한 감정을 나타내는 영아들의 얼굴 사진을 붙여주어 영아들이 사진을 보며 감

정이입을 통해 주인공의 상황을 추측해본다.

ⓒ 다양한 표정 퍼즐이나 표정그림판, 표정 바꾸기 놀잇감, 감정표현 관련 그림책 등을 제공하여 영아가 놀이를 통해 자연스럽게 여러 가지 감정에 대한 관심을 가지고 반응해 볼 수 있도록 한다.

다. 더불어 생활하기의 지도 방법

2세 더불어 생활하기의 내용 범주에는 1) 내 가족 알기, 2) 또래와 관계하기, 3) 자신이 속한 집단 알기, 4) 사회적 가치를 알기 등 4개 하위 내용이 있는데, 이에 대한 지도 내용과 방법은 다음과 같다.

① 내 가족 알기

▶ 지도지침 및 유의점

ⓐ 교사는 영아가 생활을 함께 하는 가족이 있음을 알고 자신을 둘러싼 가족에게 소속감을 느끼며 가족과 기쁨이나 즐거움 등을 함께 나누고 가족과 다시 만났을 때 적절한 애정을 표현할 수 있도록 상호작용하면서 격려한다.

ⓑ 가족사진, 부모님이 일하시는 모습 사진, 부모님이 읽어주는 동화나 이야기 녹음한 것, 영아가 좋아하는 노래를 부모님이 불러서 녹음한 것 등 다양한 자료를 활용하여 영아가 가족구성원의 소중함을 느껴보도록 한다.

ⓒ 가족구성원이 사용하는 물건, 아기용품 등을 준비하여 가족 역할놀이를 할 수 있도록 하고 소품을 실물자료로 제공할 때 안전하게 처리되도록 한다.

② 또래와 관계하기

▶ 지도지침 및 유의점

ⓐ 교사는 영아와 놀이할 때 또래에게 간단한 인사를 하게 하거나, 또래가 하는 놀이 활동을 함께 바라보며 상호작용하도록 한다.

ⓑ 영아가 일상적인 상호작용이나 놀이 상황에서 자신의 이름뿐 아니라 또래의 이름을 자주 불러주는 경험을 가질 수 있도록 하고 영아가 또래와 병행놀이를 하면서 점차 함께 놀이할 수 있는 경험을 지속적으로 제공한다.

ⓒ 영아가 또래에게 지속적으로 관심을 가질 수 있도록 개별 사물함에 영아 개별사진을 붙여두고 등·하원 시 가방 정리할 때 또래 사진에 관심을 가지도록 한다.

ⓓ 영아가 또래와 함께 놀이하거나 나란히 앉아 놀이하는 모습을 사진으로 찍어 벽에 게시하고 영아와 일과 중 자연스럽게 바라보며 또래에 관심을 가질 수 있도록 한다.

ⓜ 영아는 아직 또래에 대해 관심을 가지나 병행놀이단계이므로, 교사는 일과 중 지속적으로 또래의 이름을 자주 불러주고 함께 어울리며 상호작용 할 수 있도록 함으로써 또래에 대한 관심과 사회적 기술을 증진하도록 한다.

③ 자신이 속한 집단 알기

▶ 지도지침 및 유의점

㉠ 영아가 교사와 우리 반 친구들 사진에 관심을 가질 때, 사진 속의 인물이 누구인지 맞춰보는 놀이를 할 수 있다.

㉡ 영아가 선호하는 놀잇감을 선택하여 주도적으로 놀이할 수 있는 분위기를 조성해 주도록 한다.

㉢ 보육실의 하루 일과를 규칙적으로 계획하여 영아가 보육실 내에서 안정감을 느낄 수 있도록 하며, 하루 일과를 통해 영아의 발달 수준과 개인적 흥미에 맞는 활동을 즐겁게 경험할 수 있도록 돕는다.

④ 사회적 가치를 알기

▶ 지도지침 및 유의점

㉠ 교사는 영아가 자신이 사용한 물건을 평소 그 물건이 놓여진 자리에 정리해볼 수 있도록 돕고, 좀 더 큰 영아에게는 보육실 내 규칙적인 하루 일과 속에서 스스로 친숙한 놀잇감을 정리할 수 있도록 상호작용한다.

㉡ 여러 친구들이 한 가지 일을 동시에 하려면, 순서를 기다려야 하며, 자기 순서가 되려면 앞사람이 먼저 일을 끝내야 자기 차례가 오게 된다는 것을 알게 하는 상호작용을 할 때, 영아가 자신의 순서가 올 때까지 욕구를 참고 기다릴 수 있도록 지원한다.

㉢ 영아가 어린이집에서 교사나 친구를 만나고 헤어질 때, 반갑고 예의바르게 인사할 수 있도록 모델링을 보이고 상호작용해준다.

㉣ 영아가 식사를 한 후에 양치하기, 친구를 때리지 않기, 친구가 놀고 있는 놀잇감을 빼앗지 않기 등 어린이집에서 지켜야 할 규칙이 있다는 것을 알고 이를 지킬 수 있도록 상호작용해준다.

5. 예술경험

(1) 성격

제3차 어린이집 표준보육과정에 제시된 0–1세, 2세 예술경험 영역의 성격은 다음과 같다.

표 Ⅲ-25 예술경험 영역의 성격

0-1세	2세
• 예술경험 영역은 영아가 자신의 신체와 주변의 감각 자극에 호기심을 가지고 반응하고 다양한 방법으로 표현하기를 즐기며 자연물, 사물, 환경의 아름다움에 관심을 가짐으로써 아름다움을 즐기고 풍부한 정서를 경험하기 위한 영역이다. • 영아가 자신의 주변에 대하여 호기심과 관심을 가지는 것은 장차 심미감을 키우고 감성 발달에 중요하며 인식능력을 증진시킴으로써 탐구하는 태도 형성에 도움이 된다. • 영아가 주변 자극에 대하여 적극적으로 반응하고 표현하는 것은 창의적인 표현능력 발달에 기초가 되며 긍정적인 자아를 인식하게 하여 자신감을 형성하는데 중요하다. 또한 소리로 반응하며 점차 리듬감각을 가지고 움직임을 통해 기본동작능력을 기르며 모방행동을 통해 사회성을 발달시킬 수 있다.	• 예술경험 영역은 주변 생활에서 예술적 요소를 탐색하고 즐기며 리듬이나 노래, 움직임, 자발적인 미술활동, 모방행동을 자유롭게 시도해 봄으로써 아름다움에 관심을 가지고 예술경험을 즐기기 위한 영역이다. • 영아기는 주변 생활 속에서 예술적 요소에 대한 인식과 지각능력을 발달시키고 심미적 태도를 증진시켜 나가는 시기이다. 영아가 간단한 소리를 만들다가 점차 리듬 있는 소리를 만들며 음악에 맞추어서 리듬을 탐색해 보는 경험이 중요하다. 몸 움직임이나 미술, 모방이나 상상놀이를 통해서도 단순한 심미적 요소에서부터 관심을 가지고 탐색해 보는 경험이 필요하다. • 영아는 다양한 의사표현 방법으로 자신의 느낌과 생각을 자발적으로 표현하는 능력을 길러나간다. 이를 통해 영아는 표상능력을 발달시키고 언어능력을 향상시키며, 사회적 지식과 기술을 익히는데 도움이 된다.

(2) 목표

제3차 어린이집 표준보육과정의 0-1세, 2세 영아의 예술경험 영역의 목표는 다음과 같다.

표 Ⅲ-26 예술경험 영역의 목표

0-1세	2세
• 아름다움에 관심을 가진다. 가. 자신의 신체와 주변의 감각 자극에 호기심을 가지고 반응한다. 나. 소리와 움직임으로 반응하고, 단순한 미술을 경험하며, 모방 행동을 즐긴다. 다. 친근한 소리나 노래를 즐겨 듣고, 자연물, 사물, 주변 환경에 관심을 가진다.	• 아름다움에 관심을 가지고 예술경험을 즐긴다. 가. 주변 생활에서 예술적 요소를 발견하고 흥미롭게 탐색한다. 나. 간단한 리듬이나 노래, 움직임, 자발적인 미술활동을 자유롭게 시도하고 모방이나 상상놀이로 표현한다. 다. 주변의 환경과 자연 및 다양한 표현에서 예술적 요소를 관심 있게 보고 즐긴다.

(3) 내용 범주별 내용 구성

제3차 어린이집 표준보육과정에서 0-1세, 2세 영아의 예술경험 영역의 내용 범주별 내용 구성은 다음과 같다.

표 III-27 예술경험 영역의 내용 범주별 내용

내용 범주	내 용	
	0-1세	2세
가. 아름다움 찾아보기	예술적 요소에 호기심 가지기	예술적 요소 탐색하기
나. 예술적 표현하기	• 리듬 있는 소리로 반응하기 • 움직임으로 반응하기 • 단순한 미술 경험하기 • 모방행동 즐기기	• 리듬 있는 소리와 노래로 표현하기 • 움직임으로 표현하기 • 자발적으로 미술활동하기 • 모방과 상상놀이하기
다. 예술 감상하기	아름다움 경험하기	아름다움 즐기기

(4) 내용 범주별 지도 방법

제3차 어린이집 표준보육과정 교사용 지침서 0-1세, 2세 영아의 예술경험 영역의 내용 범주별 지도 방법은 다음과 같다.

가. 아름다움 찾아보기의 지도 원리

아름다움 찾아보기의 내용 범주별 지도 원리는 〈표 III-28〉과 같다.

표 III-28 아름다움 찾아보기의 지도 원리

0-1세	2세
• 영아가 주변의 다양한 소리, 움직임, 색, 모양에 호기심을 갖고 반응하는데 중점을 둔다.	• 영아가 익숙한 주변 환경에서 새로 발견하는 것에 대해 관심을 갖고 주의를 기울여 자발적으로 예술적인 요소를 탐색하는 것에 주안점을 둔다.

나. 예술적 표현하기의 지도 원리

예술적 표현하기의 내용 범주별 지도 원리는 〈표 III-29〉와 같다.

표 Ⅲ-29 예술적 표현하기의 지도 원리

0-1세	2세
• 영아가 리듬 있는 소리에 관심을 갖고 소리나 노래로 반응하는 것에 중점을 둔다. • 다양한 자극에 대해 손발 흔들기와 몸의 움직임, 나아가 간단한 도구를 활용하여 표현하는데 중점을 둔다. • 감각적으로 단순한 미술활동을 경험하는 것에 중점을 둔다. • 영아가 일상생활 속에서 자주 접하는 행동을 흉내내보는 것에 중점을 둔다.	• 영아가 친근한 노래를 따라 부르고 신체, 목소리, 리듬악기 등을 이용하여 간단한 소리와 리듬을 만들어 보는 경험에 중점을 둔다. • 노래나 리듬에 맞춰 몸을 움직이거나, 간단한 도구를 활용하여 표현하는데 중점을 둔다. • 자발적으로 그리기와 만들기를 시도하고, 간단한 도구와 재료를 경험하는 데에 중점을 둔다. • 친숙한 사람의 행동을 모방하거나 자신의 일상생활에서 익숙해진 행동을 인형이나 다른 사람에게 적용하여 상상놀이를 즐기는데 중점을 둔다.

다. 예술 감상하기의 지도 원리

예술 감상하기의 내용 범주별 지도 원리는 〈표 Ⅲ-30〉과 같다.

표 Ⅲ-30 예술 감상하기의 지도 원리

0-1세	2세
• 영아가 일상생활에서 반복되는 소리나 노래를 즐겨 듣고, 익숙한 주변 환경 속에서 자연물이나 사물의 아름다움을 경험하도록 하는 데 중점을 둔다.	• 영아가 일상생활 속에서 자연과 사물의 아름다움에 관심을 가지고 즐기며, 자신과 또래가 표현한 노래, 춤, 그리기 등을 즐기는데 중점을 둔다.

(5) 0-1세 예술경험 내용별 지도의 실제

가. 아름다움 찾아보기의 지도 방법

0-1세 아름다움 찾아보기의 내용 범주에는 1) 예술적 요소에 호기심 가지기 1개 하위 내용이 있는데, 이에 대한 지도 내용과 방법은 다음과 같다.

① 예술적 요소에 호기심 가지기

▶ 지도지침 및 유의점

㉠ 교사는 영아가 관심을 보이는 사물이나 환경을 눈여겨보고 사물의 소리나 움직임에 대해서 언어로 표현해준다.

㉡ 일상생활에서 영아가 자연스럽게 주변 환경의 색과 모양에 관심을 갖도록 상호작용 해준다.

㉢ 걷지 못하는 영아도 실외환경에서 들리는 소리, 움직임, 색, 모양에 호기심을 가질 수 있도록 유모차, 돗자리 등을 준비하여 같은 실외놀이 환경을 제공한다.

㉣ 영아가 주변 환경의 소리와 움직임 및 색과 모양에 호기심을 가질 수 있도록 모빌처럼 소리와 움직임이 있는 놀잇감 및 여러 가지 색과 모양의 놀잇감이나 촉감책, 생활용품을 제공한다.

나. 예술적 표현하기의 지도 방법

0–1세 예술적 표현하기의 내용 범주에는 1) 리듬 있는 소리로 반응하기, 2) 움직임으로 반응하기, 3) 단순한 미술 경험하기, 4) 모방행동 즐기기 등 4개 하위 내용이 있는데, 이에 대한 지도 내용과 방법은 다음과 같다.

① 리듬 있는 소리로 반응하기

▶ 지도지침 및 유의점

㉠ 영아들이 좋아하는 동요나 동시를 교사의 목소리로 자주 들려주어 영아들이 리듬 있는 소리에 관심을 갖고, 익숙한 노래는 따라서 부를 수 있도록 지도한다.

㉡ 영아가 친근한 소리나 노래에 옹알이나 발성으로 반응할 수 있도록 교사는 짧고 운율이 반복되는 동요를 자주 들려주도록 한다. 영아가 교사의 목소리에 반응할 경우 영아의 반응을 격려한다.

㉢ 영아에게 친근한 소리 또는 노래를 자주 들려줄 수 있도록 교사 자신이 준비된 환경이 되도록 한다. 영아가 관심 있어 하는 소리 및 노래를 유심히 관찰하였다가 영아에게 자주 들려주도록 한다.

② 움직임으로 반응하기

▶ 지도지침 및 유의점

㉠ 교사는 영아가 어떠한 자극에 대해 손과 발, 몸의 움직임, 도구를 활용하여 표현하는 지를 주의 깊게 관찰하고 발견된 행동에 대해 언어적, 비언어적으로 상호작용해준다.

㉡ 일상생활 속에서 영아의 움직임에 영향을 주는 예술적 요소를 관찰하고, 그에 대해 반응하는 영아의 움직임을 언어로 표현하여 스스로 자신의 움직임에 대해 인식할 수 있도록 격려해준다.

㉢ 영아의 발달 정도와 흥미를 고려하여 음악을 선정하고 하루 일과 중 자연스럽게 들을 수 있도록 한다.

③ 단순한 미술 경험하기

▶ 지도지침 및 유의점

㉠ 교사는 다양한 미술재료를 쥐어보고, 누르고, 던지고, 뜯어보고, 문지르고, 비벼보는 등 소근육을 사용하여 질감 놀이를 즐길 수 있도록 격려한다.

㉡ 영아와 함께 단순한 미술 경험을 하며, 영아의 행위와 재료의 변화에 대해 구체적 언어로 묘사해준다. 교사의 언어적 자극을 통해 영아는 감각자극을 즐기며 놀이한다.

㉢ 감각경험이 가능한 간단한 재료를 제공하여 미술활동을 경험하도록 한다. 밀가루 반죽, 물감, 모래, 자연물, 생크림, 종이, 크레파스 등의 각종 재료와 스탬프, 도장, 풀, 종이테이프, 페인트 붓 등의 미술 도구를 탐색해 볼 수 있다.

④ 모방행동 즐기기

▶ 지도지침 및 유의점

㉠ 교사는 영아가 자신 및 주변인의 표정이나 몸짓 등을 모방하고 영아가 모방을 시도할 때 언어적으로 반응해주고 격려해준다. 사물을 이용한 단순 모방행동 및 상상놀이를 즐기도록 격려하는데 중점을 둔다

㉡ 영아 스스로 자신의 얼굴표정 및 몸짓을 흉내내거나 교사와 함께 거울을 보며 따라해 볼 수 있도록 보육실에 안전거울을 제공하고, 간단한 모방행동을 했을 때 반응하여 격려한다.

㉢ 영아의 모방행동을 격려하기 위해 장난감 전화기, 음식모형, 조리도구, 의사 놀이용품, 인형용품, 동물모자 등을 제공해준다.

다. 예술 감상하기의 지도 방법

0–1세 예술 감상하기의 내용 범주에는 1) 아름다움 경험하기의 1개의 하위 내용이 있는데, 이에 대한 지도 내용과 방법은 다음과 같다.

① 아름다움 경험하기

▶ 지도지침 및 유의점

㉠ 일상 속에서 리듬 있는 소리를 즐기도록 하기 위하여 교사는 영아와 말할 때, 의성어, 의태어 또는 간단한 리듬이 반복되는 말, 노래를 자주 불러주고 영아가 반응을 보이면 격려해준다.

㉡ 교사는 일상생활에서 아름다움을 느낄 수 있는 상황을 언어로 표현해줌으로써 영아가 익숙한 환경 속에서 아름다움을 찾아내고 관심을 가질 수 있도록 격려한다.

㉢ 일과 중 실외놀이시간을 계획하여 영아가 자연물이나 자연 현상에서 자연의 아름다움을 느낄 수 있는 기회를 마련해준다.

(6) 2세, 예술경험 내용별 지도의 실제

가. 아름다움 찾아보기의 지도 방법

2세, 아름다움 찾아보기의 내용 범주에는 1) 예술적 요소탐색하기가 하위 내용으로서 이에 대한 지도 내용과 방법은 다음과 같다.

① 예술적 요소 탐색하기

▶ 지도지침 및 유의점

㉠ 영아가 주변 환경에서 나는 다양한 소리와 움직임을 자발적으로 탐색하는 습관을 가질 수 있도록 사소한 것이라도 영아가 관심을 보이는 경우 교사는 영아가 나름대로 탐색해 보도록 영아의 행동을 말로 표현해준다.

㉡ 일상생활에서도 자연스럽게 탐색이 이루어질 수 있도록 영아의 반응에 관심을 갖고 상호작용한다.

㉢ 영아가 다양한 소리와 움직임, 색깔과 모양을 탐색할 수 있도록 소리 나는 장난감, 소리 나는 그림책, 악기, 스카프, 여러 가지 색과 모양의 블록, 조작 놀잇감 같은 교구를 준비한다.

나. 예술적 표현하기의 지도 방법

2세, 예술적 표현하기의 내용 범주에는 1) 리듬 있는 소리와 노래로 표현하기, 2) 움직임으로 표현하기, 3) 자발적으로 미술활동하기, 4) 모방과 상상놀이하기 등 4개의 하위 내용이 있는데, 이에 대한 지도 내용과 방법은 다음과 같다.

① 리듬 있는 소리와 노래로 표현하기

▶ 지도지침 및 유의점

㉠ 교사는 영아가 일상에서 친숙하게 듣는 노래를 좋아하고 따라 부를 수 있도록 영아가 좋아하는 노래를 자주 불러주거나 동요 CD 등을 들려준다.

㉡ 영아가 신체, 주변사물, 리듬악기 등을 이용하여 간단한 리듬과 소리를 만드는 것을 격려한다.

㉢ 영아들이 원할 때 자유롭게 노래를 부를 수 있도록 음률 영역에 교사용 우크렐레,

동요 CD 등을 준비하고, 노래 부르기를 일과 중 언제든지 할 수 있도록 한다.

㉣ 영아들이 자유롭게 리듬과 소리를 낼 수 있도록 영아가 손에 쉽게 쥘 수 있는 리듬악기, 주제에 부합되는 교사가 제작한 리듬악기, 냄비와 같은 생활용품 등을 준비해준다.

② 움직임으로 표현하기

▶ 지도지침 및 유의점

㉠ 교사는 영아가 노래나 리듬을 들으며 신체로 표현하는 모습을 관찰하고, 다양하게 상호작용하며 격려해준다.

㉡ 주어진 과제 외에도 주변의 여러 가지 도구를 활용하는 기회를 제공하며, 일상생활에서 나타나는 여러 가지 움직임을 즐기고 자유롭게 표현해본다.

㉢ 영아의 행동에 대해 운율이 있는 소리나 노래를 불러줌으로써 자신의 움직임을 인식하도록 돕는다.

㉣ 몸 움직이기에 선택하여 놀이할 짧은 스카프나 가벼운 천, 촉감이 있는 헝겊, 리본막대 등 간단한 도구를 가까운 곳에 비치해두어 쉽게 선택하여 놀이할 수 있도록 한다.

㉤ 일상 속에서 들리는 다양한 음악에 맞추어 몸으로 표현할 수 있도록 개방적인 분위기를 조성하고, 영아가 시도하는 신체적 표현을 긍정적인 언어로 반응해준다.

③ 자발적으로 미술활동하기

▶ 지도지침 및 유의점

㉠ 교사는 영아가 미술활동을 자발적으로 시도하고 즐길 수 있도록 영아의 미술표현에 대해 적극적으로 격려한다.

㉡ 밀가루 반죽, 크레파스, 색연필, 풀처럼 주변에서 쉽게 접할 수 있는 자료를 활용하여 미술활동을 즐길 수 있는 기회를 제공한다.

㉢ 미술활동에서 만들어진 결과물을 게시해둔다. 이때 영아는 자신의 작품에 관심을 가지고 감상하는 과정을 통해 자발적인 미술활동을 하며, 또래의 작품을 관찰하고 창의적 표현을 시도할 수 있다.

④ 모방과 상상놀이하기

▶ 지도지침 및 유의점

㉠ 교사는 영아가 다른 사람의 행동을 모방할 때 적극적으로 반응하고 격려하여 영아의 상상놀이를 활성화한다.

㉡ 교사는 영아가 일상의 경험을 좀 더 조직적인 방법으로 상상하고 재구성할 수 있

도록 영아의 상상놀이를 격려 및 확장할 수 있는 적절한 질문을 하도록 한다.

㉢ 일상용품 또는 소꿉용 접시, 컵, 음식모형, 전화기, 병원놀이 소품, 미용놀이 소품, 모자, 옷, 신발과 같은 소꿉 놀잇감을 다양하게 제공해줌으로써 영아의 상상놀이를 자극할 수 있다.

㉣ 상상놀이는 쌓기 영역과 연계하여 진행할 수도 있다. 인형놀이를 할 때 인형침대가 따로 없다면 종이블럭을 이용하여 아기 침대를 만들 수도 있고, 여행놀이를 할 때 블록으로 탈 것을 만들어 이용할 수 있도록 한다.

다. 예술 감상하기의 지도 방법

2세, 예술 감상하기의 내용 범주에는 1) 아름다움 즐기기 1개의 하위 내용이 있는데, 이에 대한 지도 내용과 방법은 다음과 같다.

① 아름다움 즐기기

▶ 지도지침 및 유의점

㉠ 교사는 실내외 모든 활동에서 영아가 색이나 형태, 소리나 움직임 등 예술적 요소에 관심을 갖도록 언어로 격려하고 촉구한다.

㉡ 교사는 실외놀이, 어린이집 주변산책 등을 통하여 영아가 자연과 계절의 아름다움을 경험할 수 있는 기회를 제공하고 즐긴다.

㉢ 영아의 작품을 게시하여 영아의 표현을 존중해 줌으로써 영아들이 예술을 대하는 태도를 모델링하도록 한다.

6. 자연탐구

(1) 성격

제3차 어린이집 표준보육과정에 제시된 0–1세, 2세 자연탐구 영역의 성격은 〈표 III–31〉과 같다.

표 Ⅲ-31 자연탐구 영역의 성격

0-1세	2세
• 자연탐구 영역은 영아가 보고, 듣고, 만지면서 주변 환경에 관심을 가지고, 주변세계에 대한 탐색을 시도하며, 주변에서 일어나는 수학적 상황을 지각하고, 감각과 조작을 통하여 주변 사물과 자연환경에 대해 알아가며 일상생활 속에서 기초 수학적, 과학적 탐구 능력과 탐구태도를 기르기 위한 영역이다. • 탐구하는 태도 기르기는 일상생활 속에서 호기심을 가지고 환경과 상호작용을 통해 탐색하면서 상황을 이해하고 문제를 해결해 나가는 기초가 된다. 만 1세 영아는 호기심을 가지고 끊임없이 궁금해 하고 알아보고자 하므로 발달 수준이나 흥미에 맞는 탐색활동을 성공적으로 경험하는 것이 필요하다. • 특히 이 시기 영아는 자신이 궁금해 하는 것을 직접 해보고 감각을 통해 확인하여 봄으로써 주변사물에 대한 지속적인 탐색 행동에 대해 긍정적인 태도를 갖게 된다. 이는 영아가 미래 지식산업 기반 사회에서 필수 요소인 논리·수학적 사고와 과학적으로 탐구하는 능력과 태도를 기르기 위한 기초가 되므로 중요하다.	• 자연탐구 영역은 영아가 호기심을 가지고 다양하게 탐색하기를 즐기며 탐구하는 태도를 가지게 하고, 주변에서 경험하는 수학적 상황과 다양한 탐색을 통하여 주변사물과 자연환경을 인식하는 능력을 기르기 위한 영역이다. • 2세 영아는 호기심을 가지고 주변 세계에 대해 다양하고 반복적인 탐색하기를 즐기며 주변의 사물과 자연세계에 대해 알고자 한다. 또 일상생활에서 일어나는 수학적 상황에 대해 경험하면서 인식하게 된다. 2세 영아들이 호기심을 가지고 끊임없이 궁금해 하고 알아보고자 하는 태도를 가지도록 발달 수준에 맞는 탐색활동을 성공적으로 경험하도록 지원하는 것이 중요하다. • 특히 이 시기 영아들은 자신이 궁금해 하는 것을 직접 조작해보고 감각을 통해 확인하는 것이 중요하다. 호기심을 가지고 궁금한 것을 탐색하기를 즐기는 적극적인 태도는 유아기로 잘 이행되어, 지식기반사회에 필요한 논리·수학적 사고와 과학적 태도를 갖도록 하는 기초가 된다는 점에서 중요하다.

(2) 목표

제3차 어린이집 표준보육과정의 0-1세, 2세 영아의 자연탐구 영역의 목표는 〈표 Ⅲ-32〉와 같다.

표 Ⅲ-32 자연탐구 영역의 목표

0-1세	2세
• 보고, 듣고, 만지면서 주변 환경에 관심을 가진다. 가. 주변사물에 대한 탐색을 시도한다. 나. 주변에서 일어나는 수학적 상황을 지각한다. 다. 감각과 조작을 통하여 주변사물과 자연환경에 대해 지각한다.	• 주변 환경에서 호기심을 갖고 탐색하기를 즐긴다. 가. 호기심을 가지고 주변 세계에 대해 다양하게 탐색한다. 나. 주변에서 경험하는 수학적 상황을 인식한다. 다. 다양한 탐색을 통하여 주변사물과 자연환경을 인식한다.

(3) 내용 범주별 내용 구성

제3차 어린이집 표준보육과정에서 0-1세, 2세 영아의 자연탐구 영역의 내용 범주별 내용 구성은 〈표 Ⅲ-33〉과 같다.

표 Ⅲ-33 자연탐구 영역의 내용 범주별 내용

내용 범주	내 용	
	0-1세	2세
가. 탐구하는 태도 기르기	• 사물에 관심가지기 • 탐색 시도하기	• 호기심가지기 • 반복적 탐색 즐기기
나. 수학적 탐구하기	• 수량 지각하기 • 주변 공간 탐색하기 • 차이를 지각하기 • 간단한 규칙성 지각하기	• 수량 인식하기 • 공간과 도형에 관심가지기 • 차이에 관심가지기 • 단순한 규칙성에 관심가지기 • 구분하기
다. 과학적 탐구하기	• 물체와 물질 탐색하기 • 주변 동식물에 관심가지기 • 주변 자연에 관심가지기 • 생활도구 탐색하기	• 물체와 물질 탐색하기 • 주변 동식물에 관심가지기 • 자연을 탐색하기 • 생활도구 사용하기

(4) 내용 범주별 지도 방법

제3차 어린이집 표준보육과정 교사용 지침서 0-1세, 2세 영아의 자연탐구 영역의 내용 범주별 지도 방법은 다음과 같다.

가. 탐구하는 태도 기르기의 지도 원리

탐구하는 태도 기르기의 내용 범주별 지도 원리는 〈표 Ⅲ-34〉와 같다.

표 Ⅲ-34 탐구하는 태도 기르기의 지도 원리

0-1세	2세
• 자신과 주변사물을 시각, 청각, 촉각 등의 감각을 통해 경험하면서 관심을 갖도록 하는 것에 중점을 둔다. • 감각을 통한 사물 지각 능력을 바탕으로 의도적 탐색을 시도하면서 주변 세계에 대해 더욱 정교하고 정확하게 알아가게 하는데 주안점을 둔다.	• 영아가 주변사물뿐 아니라 자연세계에 대한 지속적인 관심을 통해 호기심을 갖게 되는 것에 중점을 둔다. • 호기심을 가진 사물이나 자연세계에 대해 반복적이고 주도적인 탐색을 시도하고 즐기면서 탐구하는 태도를 기르는데 주안점을 둔다.

나. 수학적 탐구하기의 지도 원리

수학적 탐구하기의 내용 범주별 지도 원리는 〈표 Ⅲ-35〉와 같다.

표 Ⅲ-35 수학적 탐구하기의 지도 원리

0-1세	2세
• 영아가 있고 없는 상황을 알게 되면서 '있다'와 '없다'를 구별하고, '한 개'와 '여러 개'의 수량을 지각하게 되는데 중점을 둔다. • 영아가 교사의 도움을 받아 보육실, 보육실 창 밖, 실외공간을 살펴보며 익숙한 물건의 위치, 장소, 모양을 탐색하도록 하는데 중점을 둔다. • 영아가 주변의 익숙한 물건의 색, 모양, 질감, 크기, 길이의 차이를 감각적으로 느낄 수 있도록 하는데 중점을 둔다. • 영아에게 규칙적으로 반복되는 하루 일과를 제공하고 반복되는 소리, 리듬이 들어가는 노래, 말놀이, 동작을 제공하여 간단한 규칙성을 경험하는데 중점을 둔다.	• 영아가 많고 적음을 구별하게 되면서 세 개 가량의 구체물을 말하며 세어보고, 일대일 대응 해보면서 수량을 인식하게 되는 데에 중점을 둔다. • 영아에게 자신을 중심으로 물건의 위치, 거리를 경험해 보도록 하고, 환경 속에서의 자신의 위치를 탐색해 보도록 하며 다양한 사물과 놀잇감으로 놀이하면서 모양을 지각하도록 한다. • 영아가 두 물체의 크기, 길이, 무게를 비교해 보고 관련 어휘를 경험해 보도록 하는데 중점을 둔다. • 영아가 주변 환경에서 반복되는 무늬, 색, 모양, 소리 등을 살펴보고 규칙성에 관심을 갖도록 한다.

다. 과학적 탐구하기의 지도 원리

과학적 탐구하기의 내용 범주별 지도 원리는 〈표 Ⅲ-36〉과 같다.

표 Ⅲ-36 과학적 탐구하기의 지도 원리

0-1세	2세
• 일상생활 주변에서 시각, 청각, 촉각, 후각, 미각 등의 다양한 감각을 통해 탐색할 수 있는 친숙한 환경과 놀잇감을 제공함으로써 영아가 이에 관심을 갖고 탐색하도록 격려하는 데 중점을 둔다. • 어린이집 실내나 주변 산책을 통해 움직이는 곤충이나 나뭇잎 등 친숙한 동식물을 볼 수 있는 기회를 자주 제공하여 모양, 소리, 움직임을 중심으로 상호작용해 주는 것에 중점을 둔다. • 주변산책을 통해 여러 가지 자연물, 바람과 햇빛 등의 자연현상에 관심을 가질 수 있도록 기회를 제공하고 반응해주는 것에 주안점을 둔다. • 하루 일과 중에 영아가 익숙하게 사용하는 도구를 탐색해 볼 수 있도록 하는 것에 주안점을 둔다.	• 주변에서 탐색할 수 있는 친숙한 환경과 다양한 물체, 물질을 제공해주어 영아가 호기심과 흥미를 보이도록 격려하는 것에 중점을 둔다. • 실외놀이와 산책을 통해 주변 동식물의 모양, 소리, 움직임에 관심을 가질 수 있도록 언어적 상호작용을 통해 격려하는 것에 중점을 둔다. • 실외놀이와 산책을 통해 어린이집 주변의 자연물과 날씨를 감각으로 느껴보고 탐색할 수 있는 기회를 자주 제공하는 것에 주안점을 둔다. • 나아가 일상생활의 친숙한 생활도구에 대해 호기심을 갖고 접할 수 있는 기회를 점차 확대하고, 적절한 상호작용을 통해 능동적인 탐색이 이루어지도록 하는 데 주안점을 둔다.

(5) 0-1세 자연탐구 영역 내용별 지도의 실제

가. 탐구하는 태도 기르기의 지도 방법

0-1세 탐구하는 태도 기르기의 내용 범주에는 1) 사물에 관심가지기, 2) 탐색 시도하기 등 2개 하위 내용이 있는데, 이에 대한 지도 내용과 방법은 다음과 같다.

① 사물에 관심가지기

▶ 지도지침 및 유의점

㉠ 교사는 영아를 주의 깊게 관찰하고 있다가 영아가 관심을 보이는 것에 적절한 몸짓, 표정, 언어를 통해 적극적으로 상호작용해주고 교사와 영아가 함께 주의를 기울여 집중해 주면서 지지하는 방법으로 관심을 공유한다.

㉡ 놀잇감 외에 영아에게 익숙한 일상생활에서 볼 수 있는 물건들(예 : 젖병, 기저귀, 옷, 양말 등)에 관심을 보이는 경우에도 함께 주의를 집중하고 지지해 준다.

㉢ 영아가 충분히 즐길 수 있도록 놀잇감의 개수와 종류, 보육실의 환경, 분위기를 고려한다.

② 탐색 시도하기

▶ 지도지침 및 유의점

㉠ 영아들이 자신의 손을 쳐다보고, 빨아보고, 발을 잡아보고, 손에 쥔 물건들을 입속에 넣고 빠는 등 감각으로 자신과 주변사물을 탐색할 때에 교사는 자세히 관찰하면서 영아의 탐색에 함께 주의를 집중해 주거나 언어적으로 표현해 준다.

㉡ 영아가 점차 주변사물에 대해 의도적인 탐색을 시도할 때 교사는 관심을 공유하면서 영아의 의도적인 탐색으로 인한 사물의 변화에 대해 언어적으로 표현해 준다.

㉢ 영아가 자신과 주변사물을 감각으로 즐겁고 편안하게 탐색하도록 영아의 눈높이에 맞춰서 모빌 종류를 매달아주고, 놀잇감은 입에 넣고 빨아도 안전하도록 청결을 유지한다.

나. 수학적 탐구하기의 지도 방법

0-1세 수학적 탐구하기의 내용 범주에는 1) 수량 지각하기, 2) 주변 공간 탐색하기, 3) 차이를 지각하기, 4) 간단한 규칙성 지각하기 등 4개 하위 내용이 있는데, 이에 대한 지도 내용과 방법은 다음과 같다.

① 수량 지각하기

▶ 지도지침 및 유의점

㉠ 교사는 영아가 있고 없는 상황을 지각할 수 있도록 물건을 숨기고 찾는 놀이, 까꿍 놀이 등을 하면서 언어적으로 지원해 주고, 영아가 이러한 상황을 자주 경험하도록 해 준다.

㉡ 눈앞에서 물건이 있다가 없어지는 경험을 시켜, '있고 없는 상황'을 지각하게 된 영아에게, 사물의 위치에 변화를 주거나 영아가 보는 앞에서 숨기고 찾는 놀이를 하면서 없어진 물건을 찾아보도록 하여 영아가 '있다'와 '없다'를 구별할 수 있도록 한다.

㉢ '있다'와 '없다'를 구별하게 된 영아가 많고 적음에 관심을 가지며 '하나', '많다' 등의 수량 관련 어휘를 알아듣고 구별하는 것을 돕기 위해 교사는 일상생활에서 수량에 관련된 어휘를 사용하여 영아가 자연스럽게 어휘를 듣고 익힐 수 있도록 한다.

㉣ 벽면에 영아의 사진이나 친숙한 그림을 이용한 까꿍 놀이판을 눈높이에 맞게 게시해 주고, 영아에게 친숙한 놀잇감을 한 쪽 바구니에는 한 개, 다른 쪽 바구니에는 여러 개 제시하면서 영아들이 자연스럽게 수량을 경험할 수 있도록 한다.

② 주변 공간 탐색하기

▶ 지도지침 및 유의점

㉠ 교사는 영아가 자신을 둘러싼 공간과 공간에 놓여 있는 사물에 관심을 갖도록 도움을 주며 상호작용한다.

㉡ 영아가 매일 접하는 사물을 가지고 놀 때, 모양과 관련된 어휘에 친숙해지도록 상호작용한다.

㉢ 이동능력이 발달되지 않은 영아는 가까이에 영아가 흥미를 보이는 사물을 놓아주거나 교사가 영아를 안고 영아가 공간에 관심을 갖도록 돕는다.

㉣ 도움을 받아야 설 수 있는 영아는 교사가 잡고 설 수 있도록 도움을 주어 공간을 탐색하는 범위를 넓혀 준다.

③ 차이를 지각하기

▶ 지도지침 및 유의점

㉠ 교사는 영아가 사물로 놀이할 때, 사물의 속성을 지각하도록 색, 크기, 길이, 무게 관련 어휘를 자연스럽게 사용한다.

㉡ 영아가 사물을 충분히 살펴보기 전에 서둘러 영아와 상호작용하기보다는 영아가

사물을 충분하게 살펴보는 모습을 지켜보다가, 영아가 흥미를 보이는 사물의 속성과 관련된 어휘를 사용하여 상호작용한다.

㉢ 영아가 사물의 속성을 충분히 살펴볼 수 있는 시간과 분위기를 조성해야 한다.

④ 간단한 규칙성 지각하기

▶ 지도지침 및 유의점

㉠ 교사는 하루 일과와 관련된 어휘를 자연스럽게 반복 사용하여 영아가 일과 흐름의 규칙성을 자연스럽게 이해하도록 한다.

㉡ 규칙성 있는 노래와 말놀이에 맞추어 간단한 동작을 반복적으로 제시함으로서 청각 또는 동작을 통한 규칙성을 경험하도록 한다.

㉢ 영아가 하루 일과 흐름의 규칙성을 인식할 수 있도록 반복적이고 안정적인 하루 일과를 계획하고 실행한다.

다. 과학적 탐구하기의 지도 방법

0–1세 과학적 탐구하기의 내용 범주에는 1) 물체와 물질 탐색하기, 2) 주변 동식물에 관심가지기, 3) 주변 자연에 관심가지기, 4) 생활도구 탐색하기 등 4개 하위 내용이 있는데, 이에 대한 지도 내용과 방법은 다음과 같다.

① 물체와 물질 탐색하기

▶ 지도지침 및 유의점

㉠ 교사는 영아가 일상생활 주변의 친숙한 것들에 관심을 보일 때 적극적으로 탐색해 볼 수 있도록 적절한 몸짓, 표정, 언어로 상호작용해준다.

㉡ 영아가 구기고 찢을 수 있는 종이, 주무르고 누를 수 있는 밀가루 반죽, 끌거나 당겨서 움직이거나 변화가 나타나는 놀잇감, 그리고 다양한 맛과 냄새를 맡아볼 수 있는 여러 가지 과일 등을 제공하여 직접 탐색해 보도록 지원해준다.

㉢ 영아에게 일상생활 주변의 친숙한 사물을 탐색할 수 있도록 환경을 미리 계획하여 구성해주되, 영아가 입에 넣거나 피부에 닿더라도 안전한지 반드시 확인한다.

② 주변 동식물에 관심가지기

▶ 지도지침 및 유의점

㉠ 교사는 1세 영아가 주변 동식물에 보이는 관심을 주의 깊게 관찰하여 영아들의 다양한 반응들에 민감하게 상호작용을 해준다.

㉡ 영아에게 실외놀이터나 주변 산책의 기회를 충분히 제공하고, 주변의 움직이는 곤

충이나 떨어지는 나뭇잎, 꽃, 열매 등에 관심을 보이도록 생명체에 대한 긍정적인 관심을 보여준다.

㉢ 보육실에서 동식물을 키울 때는 영아가 손으로 만지기에 안전한 동식물인지 확인하고 준비하는 것이 중요하다. 영아가 동식물을 직접 만져보기 어렵다면 투명한 플라스틱 통에 꽃잎, 열매 등을 넣어 살펴보도록 한다.

③ 주변 자연에 관심가지기

▶ 지도지침 및 유의점

㉠ 교사는 영아가 생활 주변에서 만나는 자연물을 만져보고 냄새를 맡아보는 등 감각을 통하여 자연물을 느껴볼 수 있도록 다양한 기회를 제공하고 적절한 언어로 상호작용해 준다.

㉡ 영아가 실외놀이터나 바깥 산책을 하면서 날씨의 다양함을 감각으로 느낄 수 있도록 기회를 제공하고, 영아의 표정과 반응을 민감하게 살피면서 적절한 언어와 몸짓으로 상호작용해 준다.

㉢ 주변 자연물이나 자연현상을 경험하기 위해서 실외놀이터나 주변 산책의 기회를 충분히 제공해준다.

④ 생활도구 탐색하기

▶ 지도지침 및 유의점

㉠ 교사는 1세 영아가 숟가락이나 포크, 물 컵 등 생활도구를 이용하여 스스로 밥을 먹거나 물을 마시고자 시도할 수 있도록 지켜보거나 도구를 바로 잡도록 도와주면서 언어로 간단하게 설명해준다.

㉡ 영아가 사용하는 개인 물 컵, 도시락, 숟가락, 포크 등 생활도구에 영아의 이름과 사진을 붙여주어 자신의 생활도구에 관심과 애착을 가지도록 해준다.

㉢ 하루 일과 중 자연스럽게 물을 마시거나 점심을 먹으면서 생활도구에 관심을 가지고 익숙하게 사용할 수 있도록 기회를 제공한다.

(6) 2세 자연탐구 영역 내용별 지도의 실제

가. 탐구하는 태도 기르기의 지도 방법

2세 탐구하는 태도 기르기의 내용 범주에는 1) 호기심 가지기, 2) 반복적 탐색 즐기기 등 2개 하위 내용이 있는데, 이에 대한 지도 내용과 방법은 다음과 같다.

① 호기심 가지기

▶ 지도지침 및 유의점

㉠ 교사는 영아의 호기심이나 탐색하고자 하는 시도를 지켜봐주고, 함께 관심을 기울여 주면서 궁금해 하는 것에 성의 있는 태도로 언어적, 비언어적 상호작용을 해준다.

㉡ 실내의 놀잇감 외에 계절에 따른 자연의 변화를 느끼고, 자연물에 대해 호기심을 가질 수 있도록 실외활동을 계획하여 실시한다.

㉢ 자발적이고 능동적으로 공간을 이동하면서 적극적으로 탐색하는 영아의 경우, 영아의 동선을 고려한 공간구성과 활동자료의 제공 시 소근육 조작능력의 적절성에 유의한다.

② 반복적 탐색 즐기기

▶ 지도지침 및 유의점

㉠ 교사는 영아의 탐색에 민감하게 반응하고 영아가 흥미를 보일만한 것에 대해 언어적으로 표현하고 질문하면서 반복적으로 탐색할 수 있도록 상호작용해 준다.

㉡ 새로운 재료를 일회성으로 제공하기보다는 동일한 재료를 여러 번 제공하여 동일한 재료를 다양하게 활용해 볼 수 있도록 한다.

㉢ 영아가 반복적인 탐색을 충분히 즐길 수 있도록 동일한 놀잇감을 영아의 흥미 정도에 따라 여러 개 준비하여 제공한다.

나. 수학적 탐구하기의 지도 방법

2세 수학적 탐구하기의 내용 범주에는 1) 수량 인식하기, 2) 공간과 도형에 관심가지기, 3) 차이에 관심가지기, 4) 단순한 규칙성에 관심가지기, 5) 구분하기 등 5개 하위 내용이 있는데, 이에 대한 지도 내용과 방법은 다음과 같다.

① 수량 인식하기

▶ 지도지침 및 유의점

㉠ 교사는 일상생활에서 자연스럽게 '많다', '적다' 등의 수량을 비교하는 어휘를 사용하여 영아가 많고 적음에 대한 언어적 표현과 수량에 대한 개념을 자주 경험하고 익힐 수 있도록 한다.

㉡ 물건을 나누어 줄 때나 간식을 먹을 때 등 일상적인 상황에서 교사가 보여주거나 영아가 직접 참여하면서 일대일 대응을 경험할 수 있도록 한다.

㉢ 보육실에 모양구슬이나 열매, 같은 모양의 블록 여러 개 등 영아가 수량을 경험하

고 비교할 수 있는 놀잇감을 제공한다.

② 공간과 도형에 관심가지기

▶ 지도지침 및 유의점

㉠ 영아가 자신의 몸을 움직이거나 스스로 사물을 움직여 자신과 사물, 사물과 사물의 위치, 방향, 거리를 경험하고 익숙한 공간에서 자신이 어디에 있는지 인식하도록 상호작용한다.

㉡ 도형의 이름을 인식하고 자주 접하는 사물의 모양을 도형으로 표현하도록 상호작용한다.

㉢ 영아 스스로의 힘으로 이동 가능한 사물을 배치하고, 익숙한 환경에서 사물을 원하는 위치와 방향으로 옮기도록 허용한다.

㉣ 여러 가지 모양의 자연물을 씻고, 말리고, 안전하게 다듬어 놀잇감으로 활용한다.

㉤ 영아가 언어로 표현한 공간과 도형에 대한 내용이 교사가 인식한 내용과 다르더라도 수정해 주기보다는 "○○는 그렇게 생각했구나!"라고 표현하여 영아가 공간과 모양에 대한 표현을 할 수 있도록 돕는다.

③ 차이에 관심가지기

▶ 지도지침 및 유의점

㉠ 영아가 사물을 충분히 탐색하여 사물의 속성을 분명히 인식한 후, 비교하기, 순서 인식하기와 관련된 상호작용을 시도한다.

㉡ 영아가 실내외 놀이 활동에서 접하는 다양한 사물의 크기, 길이, 무게를 비교해 보고 순서 짓도록 상호작용한다.

㉢ 영아가 놀이 활동 속에서 물체를 비교해 볼 수 있도록 다양한 크기와 길이, 무게의 쌓기 컵, 블록, 자연물, 인형 등을 제시한다.

㉣ 영아가 산책 나가는 준비, 간식을 준비하고 먹을 때 등 다양한 실외활동과 일상생활에서 사물의 속성을 비교할 수 있도록 한다.

④ 단순한 규칙성에 관심가지기

▶ 지도지침 및 유의점

㉠ 영아가 그림책에서 반복적으로 나타나는 인물의 특정 동작이나 단어(의성어, 의태어 등), 문장을 탐색하도록 상호작용한다.

㉡ 영아가 일상생활에서 자주 접하는 음악에서 반복되는 리듬, 멜로디, 노랫말에 관심

을 갖도록 상호작용한다.

㉢ 모양이나 색이 반복되는 벽지, 벽면 구성 등을 보육실에 배치하여 영아가 간단한 규칙성을 자연스럽게 느낄 수 있도록 한다.

㉣ 실외놀이를 하거나 산책을 나갈 때 보도블록의 모양, 색에서 간단한 규칙성을 느낄 수 있도록 계획한다.

⑤ 구분하기

▶ 지도지침 및 유의점

㉠ 영아가 오감각을 다양하게 활용하여 놀잇감, 생활용품을 구분해 보도록 격려한다.

㉡ 영아가 때에 따라 기준을 달리하는 것을 수용하고 새로운 기준을 만들도록 격려한다.

㉢ 영아가 일상생활에서 간단한 구분하기를 시도해 볼 수 있도록 교구장과 놀잇감 정리 바구니에 자리표시를 하여 놀잇감을 구별하여 정리할 수 있도록 한다.

㉣ 영아가 교사의 도움을 받아 자신의 개인 사물함에 양말, 모자 등을 넣음으로써 자신의 것과 다른 사람의 것을 구별하도록 한다.

다. 과학적 탐구하기의 지도 방법

2세 과학적 탐구하기의 내용 범주에는 1) 물체와 물질 탐색하기, 2) 주변 동식물에 관심가지기, 3) 자연을 탐색하기, 4) 생활도구 사용하기 등 4개 하위 내용이 있는데, 이에 대한 지도 내용과 방법은 다음과 같다.

① 물체와 물질 탐색하기

▶ 지도지침 및 유의점

㉠ 영아에게 물체를 움직이거나 물질을 변화시키는 놀이를 제공하여 능동적인 탐색을 격려해준다.

㉡ 영아가 능동적인 탐색을 할 수 있도록 굴려보고 던져보고 발로 차볼 수 있는 여러 가지 공, 올라타고 밀고 끌어볼 수 있는 탈 것, 비눗물을 관찰할 수 있는 비누거품, 손으로 눌러 짜볼 수 있는 물감 등 주변의 친숙한 물체와 물질을 다양하게 제공해준다.

㉢ 목표했던 행동과 결과보다는 영아에게 탐색할 수 있는 시간과 기회를 충분히 주어 탐색과정 자체를 스스로 즐길 수 있도록 해준다.

㉣ 비눗물이나 물감 등 영아가 입에 넣거나 삼킬 수 있는 물체와 물질을 제공할 때는 안전에 주의하도록 한다.

② 주변 동식물에 관심가지기

▶ 지도지침 및 유의점

㉠ 교사는 실내뿐 아니라 실외놀이터, 주변 산책 등을 통해 실외에서도 여러 가지 동식물을 관찰하고 관심을 가질 수 있는 활동을 다양하게 제공해 준다.

㉡ 영아들이 흥미를 갖는 동식물의 사진과 이름이 적혀 있는 그림책, 금붕어 어항, 산책하면서 주워온 나뭇잎이나 꽃잎, 나무토막, 열매 등을 보육실에 배치하여 자연스럽게 동식물에 관심을 갖도록 해준다. 이때 3.5cm 이하의 작은 열매 등은 투명한 플라스틱 통에 넣어 안전하게 탐색할 수 있도록 한다.

㉢ 영아에게 동식물을 탐색할 수 있는 활동자료나 실물을 제공할 때는 영아의 행동반경과 특성을 고려하여 안전한 동식물인지, 영아가 손으로 만져도 되는 것인지 등에 유의한다.

③ 자연을 탐색하기

▶ 지도지침 및 유의점

㉠ 교사는 영아에게 일상생활 속에서 자연물과 날씨 등에 관심을 가지도록 이야기를 나누며 감각적으로 탐색해 보도록 적절한 언어적 상호작용을 한다.

㉡ 등·하원 시 또는 산책 나가면서 피부로 느껴지는 날씨와 눈으로 보이는 날씨의 느낌을 감각적으로 표현해 보도록 한다.

㉢ 어린이집의 환경, 날씨 등을 고려하여 물놀이, 모래놀이 등의 기회를 최대한 자주 제공해준다. 벽면의 날씨판에 오늘의 날씨 그림을 찾아 붙여보도록 함으로써 영아가 날씨에 관심을 갖도록 한다.

㉣ 눈이나 비가 자주 오지 않는 지역에 거주하는 경우에는 동영상이나 사진자료를 활용하여 다양한 날씨에 관심 갖도록 한다.

④ 생활도구 사용하기

▶ 지도지침 및 유의점

㉠ 교사는 일상생활 속에서 사용하는 간단한 도구의 사용 방법을 알려주어 관심을 갖고 반복적으로 탐색하도록 상호작용한다.

㉡ 탐색 영역에 간단한 스위치, 사진기, 고장난 전화기, 냉장고 모형 등을 제공하여 일상생활에서 도구와 기계에 관심을 갖도록 한다.

㉢ 영아가 기계나 도구를 만져보려고 할 때는, 안전 여부를 확인하고, 영아의 관심을 인정해주고 탐색할 수 있도록 도움을 준다.

2 교수 · 학습 지도의 실제

0~2세 어린이집 제3차 표준보육과정지도의 효율성을 높이기 위하여 표준보육과정에서 제시된 교수·학습 방법 지침, 0-2세 영아 교수·학습활동 지도 시의 강조점, 그리고 표준보육과정 6대 영역별로 지도 핵심과 활동 유형별 교수·학습 활동을 살펴보고 이상의 방안을 고려한 교수·학습 지도의 실제를 제시하기로 한다.

1 0-2세 교수 · 학습 방법 지침

제3차 어린이집 표준보육과정에서 0-2세 영유아 교수-학습 방법 지침을 다음과 같이 제시하여 6개 영역의 교과 지도 방향을 시사하였다.

1) 주도적인 놀이를 중심으로 교수-학습활동이 이루어지도록 한다.
   (1) 영유아는 충분한 시간 동안 자발적이고 적극적으로 놀이에 참여한다.
   (2) 교사는 영유아의 다양한 탐색과 자유놀이가 가능하도록 계획하고 실행해야 한다.
2) 흥미를 중심으로 활동을 선택하고 지속할 수 있도록 한다.
   (1) 영유아는 흥미 있는 활동에 적극적 참여자가 되고 이를 통해 학습이 일어난다.
   (2) 교사는 영유아의 개인차를 고려하여, 이에 적합한 다양한 활동을 준비하여야 한다.
3) 생활 속 경험을 소재로 하여 지식, 기술, 바람직한 태도를 기르도록 한다.
   (1) 영유아는 실제 생활 속의 경험을 통해 영유아가 의미 있는 내용을 습득하도록 한다.
   (2) 가정 및 지역사회에서 얻은 영유아의 경험이 적합한 학습경험으로 연계될 수 있도록 한다.
4) 교사와 신뢰감을 형성하고 개별적인 활동이 이루어지도록 한다.
   (1) 영유아를 존중하는 교사의 상호작용은 언어적 상호작용, 온정적이고 긍정적인 비언어적 상호작용을 포함하며, 집단 활동과 개별적인 상호작용을 통해서, 영유아 개인과의 신뢰감을 형성한다.
   (2) 영유아의 발달 차이, 기질, 경험 내용과 범위, 관심사, 학습 능력, 가정문화 등의 개인차를 인정하고, 개별 영유아의 특성에 알맞게 놀이 및 활동 제공과 학습방식을 제공한다.

5) 교사, 환경, 또래와 능동적인 상호작용이 이루어지도록 한다.

(1) 영유아가 능동적이며 적극적으로 교사, 환경, 또래와 상호작용할 수 있도록 놀이 및 활동, 환경을 지원한다.

(2) 영유아의 이전 경험과 현재 영유아의 발달 수준, 사전 경험, 발달적 연계성 등을 고려하여 교사가 상호작용에 적용한다.

6) 주제를 중심으로 여러 활동이 통합적으로 이루어지도록 한다.

(1) 주제 중심의 통합은 영유아의 발달과 흥미, 학습에 적합한 주제를 선정한다.

(2) 주제 전개에 따른 전체 계획을 체계화하여 통합적으로 운영한다.

7) 만 0-1세 영아, 만 2세 영아는 일상생활 및 개별 활동, 휴식 등이 균형 있게 이루어지도록 한다.

(1) 영아의 급·간식, 배변, 씻기 등의 일상생활과 개별 활동, 휴식 등은 영아의 개별적 신체적 욕구를 충분히 고려하여 균형감 있게 배치하도록 한다.

(2) 영아와 함께 하는 모든 놀이 및 활동은 영아의 월령이 낮을수록 개별 리듬에 맞추어 융통성 있게 조절하며, 개별 활동으로 하는 것이 중요하다.

2 0-2세 영아교육을 위한 교사의 역할

영아는 세상에 태어나자마자 각 가정에 자연스럽게 형성된 무릎학교(Mother's Knee School)에서 온 가족의 총애와 배려를 받으며 자기중심적으로 성장해오다가 인위적으로 형성된 최초의 학교인 어린이집을 접하게 되는데 이것은 영아에게는 영아의 일생에서 가장 큰 충격적인 변화가 아닐 수 없다. 이러한 특수성이 있는 영아를 지도하는 보육교사는 다음과 같은 사항을 고려하여 지도해야 한다.

1. 영아에 대한 사랑

일반적으로 인간을 대상으로 하는 직업은 근본적으로 인간에 대한 사랑이 있어야 하며 특히 교사의 정서적 신호에 민감하게 반응하는 어린 영아를 대상으로 하는 보육은 영아에 대한 사랑을 더욱더 절실하게 기대한다. 영아들이 바르게 성장하기 위해서는 교사로부터 사랑의 감정을 충분히 느끼도록 영아를 쓰다듬고 안아주고 뽀뽀해주는 등 다양한 방법으로 사랑의 감정을 전달해 주어야 한다. 특히 다음과 같은 점을 고려한다.

첫째, 따뜻하고 부드러운 피부 접촉을 통해서 영아에게 쾌감과 만족감을 느끼게 한다.

둘째, 영아들의 느낌이나 생각에 민감하고 항상 영아편에 서서 그들의 말과 그들의 요구를 절대적으로 수용한다.

셋째, 말로써 사랑을 고백하고 칭찬과 감사를 표현하며 늘 이름을 불러준다.

넷째, 사랑이 가득 담긴 인자한 눈은 영아의 마음을 부드럽게하고 평안하게 해준다.

다섯째, 머리를 쓰다듬어 주고 손을 잡아주며 안아주기를 실천하여 촉각적인 효과를 준다.

여섯째, 영아들이 필요로 할 때는 즉시 뛰어갈 준비를 하고 있어야 한다.

일곱째, 사랑이 깃든 선물을 자주 전달한다. 크고 작음은 개의치 않는다.

여덟째, 사랑을 전달하는 최선의 방법은 영아들과 즐겁게 놀아주는 것이다.

아홉째, 영아는 무한한 가치와 존엄성을 지닌 인간으로서 존경해 준다.

2. 온정적인 자세

교사의 온정적인 성품은 따뜻하고 포근하고 배려적이며 이해심이 강하고 수용적이며 또한 유머스러우면서도 친절한 성품이다.

영아들이 각 가정에서 영아중심적으로 온 가족의 귀여움을 받고 생활하다가 갑자기 모든 것이 생소하며 낯설고 조직적으로 이루어지는 집단 생활에 잘 적응할 수 있도록 하는 동인은 바로 보육교사의 온정적인 태도이다. 온정적인 태도는 영아들의 정서적인 불안감을 해소해주고 안정감을 주며 집단생활에 잘 적응할 수 있도록 하고 영아의 지지자, 격려자, 애정표현자, 불안제거자로서 영아의 어린이집 적응에 긍정적인 영향을 준다.

3. 영아중심 교육의 실천

영아중심 교육은 아무리 강조해도 부족할 정도로 영아 본위로 각종 보육활동이 이루어져야 한다. 3–5세 유아에게는 집단의식 배양을 위해 유아중심 교육에 교사중심성이 가미될 수 있으나 0–2세 영아에게는 최대한 영아중심성이 고려되어야 한다.

영아에게는 연령차뿐 아니라 동일 연령 내에서의 개인차와 사전 경험을 파악하여 영아중심 교육을 실현해야 하며 특히 다음 사항을 고려해야 한다.

첫째, 영아주도적 놀이를 시킨다. 교사는 3–5세 유아에게는 놀이를 학습의 수단으로 놀이중심의 통합지도(integrated learning)를 시도한다면, 0–2세 영아에게는 어린이집의 원활한 생활적응을 위해 놀이를 시킨다. 따라서 교사는 다양한 놀이를 제공해주고 영아들이 자신의 흥미와 요구, 기대 그리고 발달상황을 고려하여 놀이를 선택하고 자기주도적으로 이끌어간다. 특히 영아기 놀이는 한 가지 놀이에 오랫동안 몰입하면서 다양한 경험을 하도록 지도해야 한다.

둘째, 영아 개인별 맞춤식 프로그램을 적용한다. 3–5세 유아지도는 대집단, 중·소집단 활동의 균형적인 통합지도를 통하여 학습은 물론 집단 규범과 의식을 자연스럽게 형성시킴에 반하여 0–2세 영아에게는 집단 규범과 의식배양 교육은 배제되어야 한다. 가정교육의 연계선상에서 영아 개인의 발달 수준, 특성, 흥미, 요구는 물론 사전경험을 반영하여 해당 영아에게 알맞는 맞춤식 개별 프로그램을 편성 지도한다.

4. 어머니와의 연계교육 실천

어머니는 가정 교육의 대표자, 정보제공자로서 교사와 가장 쉽게 접할 수 있는 사람이다. 어머니와의 연계교육은 부모교육의 차원이 아닌 자녀 영아교육을 위한 참여교사 또는 보조교사로서의 기능이다. 부모는 해당 영아지도를 위한 각종 지식과 기술을 지니고 있는 자녀교육에 관한 정보의 보고이다. 어머니를 통하여 가정에서의 교육 방법은 물론 놀이 성향, 식생활 습관, 배변, 휴식 등 일상생활에 관한 모든 정보를 제공받아 가정생활의 연속선상에서 어린이집 교육이 이루어져야 한다. 이를 위해서는 부모로 하여금 보조교사의 역할을 수행하게 하는 일이다. 예를 들면, 가정에서 주로 가지고 노는 놀이기구가 무엇인가를 파악하여 해당 놀이기구를 활동실에 구입하여 비치하거나 가정에서 해당 놀이기구를 대여받아 배치할 수도 있다. 또한 영아가 가정에서 즐겨 사용하는 기구를 활동실 자유선택 영역에 비치하여 가정과 같은 분위기를 조성하는 등 가정과의 연계교육을 위해 부모의 역할을 강화하는 것이다.

5. 돌봄 위주의 균형적인 통합교육

영아들에게 주의 집중을 요구하고 놀잇감을 동료 영아에게 양보하게 하고 조용히 걷고 떠들지 말라고 하는 등 집단생활 규범을 지도하는 것이 아니라 가정에서와 같이 영아 자신이 자기 주도적인 놀이를 통해 재미있게 놀 수 있도록 급·간식, 배변, 씻기 등의 일상생활과 개별 맞춤식 프로그램, 휴식 등 영아의 신체적, 생리적 욕구를 충분히 고려한 돌봄 위주의 균형적인 통합교육이 되도록 노력한다.

3 0–2세 영역별 교수·학습 지도의 실제

1. 기본생활 영역

가. 지도의 핵심과 활동 유형별 교수–학습활동

① 기본생활 영역 지도의 핵심

기본생활 영역 지도의 핵심은 첫째, 출생 후부터 영유아가 식습관, 청결, 수면과 휴식, 배변, 놀이 등에 관한 건강하고 안전한 일상생활의 기초를 경험하고, 이를 습관화하는 것이다. 둘째, 스스로를 보호할 능력이 거의 없는 영유아의 안전을 위협하는 질식사고, 화상사고, 낙상사고, 교통사고 등의 위험요인과 상황에 적극 대처할 수 있는 능력을 기르는 안전한 환경을 조성하고 영유아가 안전한 생활을 실천할 수 있도록 지도하는 일이 필수적이다.

② 기본생활 영역 활동 유형별 교수–학습활동

영유아 보육·교육 현장에서 기본생활 영역의 교수–학습활동이 적용 가능한 실제 활동 사례를 알아보고자 한다. 먼저 생활주제를 중심으로 활동 유형에 따라 교수–학습활동의 구성의 실제를 예시하였는데, 이야기 나누기, 신체 활동, 감각·탐색, 창의·음률, 쌓기·역할, 실외·산책 등 7가지 유형으로 구분할 수 있다. '즐거운 유치원'을 주제로 하여 교수–학습활동을 0세, 1세, 2세 영아 수준에서 교수–학습 유형과 활동 내용을 예시해 보면, 〈표 Ⅲ–37〉과 같다. 제시된 활동 유형 중에서 이야기 나누기, 신체활동의 2가지 영역을 선정하여 0세 영아, 1세 영아, 2세 영아의 교수·학습활동 지도의 실제를 별표에 구체적으로 제시하였다.

표 Ⅲ–37 영역별 교수–학습 유형과 활동 내용

주제	즐거운 유치원		
활동 내용 / 활동 유형	0세 영아	1세 영아	2세 영아
	선생님이 좋아요	배변훈련	여러 가지 탈 것
㉠ 이야기 나누기	선생님 안녕	변기에서 응가해요	신호등을 보고 길을 건너요
㉡ 신체 활동	손을 씻어요	자동차 탈 때 안전벨트 매기	손과 몸을 깨끗이 해요
㉢ 감각·탐색	스카프 까꿍놀이	카시트 끼우고 빼보기	놀잇감 탐색하기
㉣ 창의·음률	거울로 내 얼굴 보기	신호등 만들기	'건너가는 길' 노래
㉤ 쌓기·역할	종이벽돌 블록 쌓기	아기 인형 안아주기	신호등 놀이
㉥ 실외·산책	실외 놀이터 둘러보기	어린이집 주변 산책	공원 둘러보기

㉠ 이야기 나누기 활동으로 0세 영아 수준에서는 '선생님 안녕'하며 반갑게 인사하고, 선생님 얼굴도 만져보고, 선생님과 책도 보며 이야기 나누기를 하고, 1세 영아 수준에서는 '변기에서 응가해요'를 하면서 배변훈련을 하고, 2세 영아 수준에서는 '신호등을 보고 길을 건너요'를 통하여 신호등의 의미를 이야기하고, '건너가는 길' 노래를 함께 불러본다.

㉡ 신체활동에서 0세 영아 수준에서는 '손을 씻어요'를 통해 수유나 식사 후, 기저귀갈이 등 손을 깨끗이 씻도록 도우며, 요령을 알려주고, 1세 영아 수준에서는 '자동차 탈 때 안전벨트 매기'를 통하여 카시트를 매야 함을 경험하고, 2세 영아 수준에서는 '손과 몸을 깨끗이 해요'를 통하여 손 씻고, 이 닦기를 경험하게 한다.

㉢ 감각·탐색활동은 0세 영아 수준에서는 '스카프 까꿍놀이'를 통하여 선생님이나 또래와 친밀감을 기를 수 있으며, 1세 영아 수준에서는 '카시트 끼우고 빼보기'를 하면서 안전벨트 매기를 스스로 할 수 있도록 할 수 있다. 2세 영아 수준에서는 '놀잇감 탐색하기'를 통하여 흥미 영역에서 좋아하는 놀잇감을 능동적으로 선택하여 탐색해 볼 수 있다.

㉣ 창의·음률활동에서 0세 영아 수준에서는 '거울로 내 얼굴 보기'를 통하여 안전거울에 자신의 얼굴을 비춰볼 수 있게 하고, 1세 영아 수준에서는 '신호등 만들기'로 자동차 안전의식을 인식케 하고, 2세 영아 수준에서는 '건너가는 길' 노래를 '신호등을 보고 길을 건너요'와 관련지어 학습할 수 있다.

㉤ 쌓기·역할활동은 0세 영아 수준에서는 '종이벽돌 블록 쌓기'를 통하여 눈과 손의 협응력을 기르고, 1세 영아 수준에서는 '아기 인형 안아주기'를 하며 인형을 아껴주는 경험을 해보고, 2세 영아 수준에서는 '신호등 놀이'를 이야기 나누기에 관련지으며 '신호등을 보고 길을 건너요' 노래를 부르며 체험학습을 할 수 있다.

㉥ 실외·산책활동은 0세 영아 수준에서는 '실외 놀이터를 둘러보기'에서 친구들과 같이 차례를 지키며, 놀이터의 놀잇감을 사용할 때의 안전규칙을 알게 하고, 1세 영아 수준에서는 '어린이집 주변 산책'으로 친구들과 같이 차례를 지키며, 안전규칙을 알게 할 수 있고, 2세 영아 수준에서는 가까운 공원 둘러보기를 통하여, 차례를 지키며, 현장을 둘러보고, 공원의 자연과 운동기구의 안전한 사용 방법을 알고 교사와 같이 이용해볼 수 있도록 한다.

나. 교수-학습활동 지도의 실제

① 건강하게 생활하기

표 Ⅲ-38 변기에서 응가해요

<table>
<tr><td>활동명</td><td>변기에서 응가해요</td><td>대상</td><td>1세 영아(1수준)</td></tr>
<tr><td>활동 목표</td><td colspan="3">변기를 탐색하며 배변에 대한 친숙함을 갖도록 한다</td></tr>
<tr><td>관련 범주</td><td colspan="3">기본생활〉 건강한 일상생활하기</td></tr>
<tr><td>활동 자료</td><td colspan="3">• 영아용 변기, 안전거울, 모빌 – 배변훈련용 놀잇감과 환경구성을 보육실, 화장실 양쪽에 게시
• 곰돌이 등 여러 가지 인형 – 영아용 변기와 변기 사용법 그림</td></tr>
<tr><td>활동 방법</td><td colspan="3">도입 : ① 영아용 변기와 사용하는 그림을 내보이면서, “이것은 변기라고 해요, 궁금하지요?”라고 한 후 교사는 아기 변기에 앉아 보는 시범을 보인다. – 응가할 때는 이렇게 앉아요, ~ (손뼉 치기) 짝짝짝!!!
전개 : ② 영아가 배변에 대한 의사표현을 할 수 있도록 돕는다.
교사 : 이 변기는 쉬이도 하고, 끙끙 응가도 하는 것이야, 무엇이라고 했지? 변기라고 했지요.
교사는 영아가 말이나 손짓, 몸짓으로 배변 의사를 보이거나, 이미 배변한 것을 표현하면, 이에 적절한 도움을 주어야 한다.
교사 : (영아의 표정이나 자세를 살펴보며) ○○이 응가하고 싶어요? 아기 변기에 앉아 볼까요? 꼭 의자같이 생겼지? ○○이가 한번 앉아 볼래요.
– 낯설어서 어렵구나, 그럼 곰돌이인형을 먼저 앉아보라고 할까?
– “곰돌아~, 변기에 앉아서 쉬이~ 해보자.”
– “와~. 곰돌이가 변기에 앉았네,”
– “우리 ○○이도 곰돌이처럼 아기변기에 앉아 볼까요?”.
– “와~. 우리 ○○이도 변기에 앉아 보았구나, 참! 잘 했어요”
– 우리 함께 손뼉 쳐주자, 짝짝짝!!!
③ 교사는 영아가 변기에 앉아 쉬이를 하고, 씻겨줄 때 눈 맞춤을 하며, 노래를 부르거나 이야기를 하여 즐거움을 함께 한다.
– ○○이가 변기에 앉아 쉬이를 하였구나, 기분이 어때요?
– ○○이 : 좋아요.
– 예! 좋아요,
– ○○이는 대답도 잘 하네요, – 우리 함께 손뼉 쳐주자, 짝짝짝!!!
교사 : “(웃으며) 씻고 나니 어때요? 시원하고 기분이 좋지요!” – 아 ~, 시원해 ~!
– 영아가 씻은 후 쾌적함을 느끼도록 잘 닦아주고 영아용 로션을 발라주며 이러한 일상활동을 놀이로 확장되도록 한다.
– (로션을 영아 손과 몸에 발라주며 노래 부르듯이) ○○손에 미끌미끌 엉덩이에도 미끌미끌.
정리 : ④ 손 씻기 전과 후의 과정에 세심한 도움을 주고, 손 씻는 과정이나 물에 대한 즐거운 탐색을 언어적으로 표현해준다.
– (영아와 함께 손에 비누칠을 하고) ○○이랑 우리 손을 한번 비벼 볼까? 하얀 거품이 나네!
– (손을 흐르는 물에 헹구면서) 이제는 물로 헹구어보자. 거품이 손을 따라 주르륵 흐르고 있어요!
– 야! 재미있지요? – 응. 재밌어~.</td></tr>
<tr><td>사후 활동 및 유의사항</td><td colspan="3">• 배변과 관련된 환경자료를 가정에 전달하여 영아의 배변 관련활동이 가정과도 연계되도록 한다.
• 영아의 기저귀를 가는 곳 주변에는 안전거울을 설치하고, 영아가 관심을 가지는 모빌과 인형 등을 배치하여, 배변시간이 즐거운 시간임을 영아가 인식하도록 돕는다.</td></tr>
</table>

표 Ⅲ-39 스스로 손과 몸을 깨끗이 해요

<table>
<tr><td>활동명</td><td>스스로 손과 몸을 깨끗이 해요</td><td>대상</td><td>2세 영아(1수준)</td></tr>
<tr><td>활동 목표</td><td colspan="3">• 배변 후 규칙적으로 손을 씻는 습관을 갖도록 한다
• 스스로 이 닦기를 시도한다</td></tr>
<tr><td>관련 범주</td><td colspan="3">기본생활〉 건강한 일상생활하기〉 몸을 깨끗이 하기〉 스스로 손과 몸 씻기</td></tr>
<tr><td>활동 자료</td><td colspan="3">• 비누, 물, 수건, 종이 휴지 - 배변 후 손 씻기 그림
• 영아용 칫솔, 치약, 양치컵, 거울 등, 이 닦기 그림</td></tr>
<tr><td>활동 방법</td><td colspan="3">도입 : ① 배변 후의 손 씻기와 청결 위생에 대해 이야기하기
- "응가하고 나서는 무엇을 해야 할까요?"
- "손 씻기요".
- 예! 알아 맞췄어요.
- 우리 함께 손뼉 치자. 짝짝짝! 한 번 더 짝짝짝! 또 한번 더 짝짝짝!
- "그래요, 손을 씻어야지요."
- "대변을 보고 나면 손에 병균이 묻기 때문에 비누로 손을 깨끗이 씻어야 해요"
전개 : ② 교사는 손 씻기 하는 순서와 방법을 이야기한다. 손을 씻는 이유와 씻는 방법에 대하여 이야기한다.
- 손을 씻어 본 적이 있나요? - 언제 손을 씻지요? - 손을 안 씻으면 어떻게 되지요? 질문을 하여 자유롭게 이야기 한다.
- (그림자료를 보면서) - 손 씻기 전 소매 걷기 - 물을 틀고 비누칠하기 - 손 깨끗이 씻기, 수돗물 잠그기 - 수건으로 손 닦기 - 소매 내리기 등 손 씻기 전과 후의 과정에 대한 방법을 함께 이야기해 본다.
- 영아가 스스로 손을 씻도록 하며, 손을 씻는 바른 방법을 시범을 보이며, 손 씻는 방법에 대해 설명해준다.
- "(영아가 닦는 것을 살펴보며) ㅇㅇ가 거품을 잘 헹구고 있구나. 손가락 사이도 닦고 있네. 그럼 물에 잠가볼까요?" - 교사가 (영아의 머리를 쓰다듬어 주며). - 아주 자알 했어요!
- 〈우리는 손을 씻어요〉 노래를 부르며 손 씻는 모습을 흉내낸다.
③ 수유나 식사 후 이닦기에 대한 이야기를 한다,
- 영아가 이 닦기를 스스로 혼자 할 수 있는 경험을 제공한다. 교사의 시범과 적절한 도움을 준다.
- ㅇㅇ가 앞니를 혼자서 닦고 있네. 선생님도 같이 해볼게요.
- (영아를 보고 웃으며) 치카치카 치카치카. - 우리 함께 손뼉 치자, 짝짝짝!
- 수유, 식사 후 영아의 월령에 맞는 칫솔을 이용하여 이를 부드럽게 닦아준다,
- 이유식을 한 영아는 입안을 물로 헹구어 내도록 하고, 세수하기를 함께 하도록 세심하게 보살펴 준다.
- 얼굴도 깨끗이 닦아보자. 선생님이 도와줄게요.
정리 : ④ 몸을 깨끗이 닦고, 이를 닦은 후의 느낌을 이야기 한다.
- 깨끗이 닦고 나니 기분이 어때요, 기분이 아주 좋지요, 상쾌하다고 해요.
- 모두 따라 해봐요, 아! 상쾌하다~.
- 아! 상쾌하다~.
- 오늘은 손 씻기 하기, 이 닦기 하는 것을 배웠지요, 예~.
- 오늘도 재미있었지요?, 예~,
- 모두 집에 가서도 엄마랑 한 번 해보세요, - 할 수 있지요?!</td></tr>
<tr><td>확장 및 유의사항</td><td colspan="3">• 손 씻는 방법을 카드로 제작하여, 세면대 거울 앞에 붙여두어 올바른 손 씻기가 습관화될 수 있도록 지도한다.
• 영아 스스로 양치질 후 사용한 치약과 칫솔, 컵도 깨끗이 헹구어 스스로 정리하는 경험을 할 수 있는 기회를 제공한다.</td></tr>
</table>

2. 신체운동 영역

가. 지도의 핵심과 활동유형별 교수-학습활동

① 신체운동 영역 지도의 핵심

신체운동 영역 지도의 핵심 목표는 영유아의 감각능력을 기르며, 대소근육을 조절하고 기본 운동능력을 향상시킨다'로서 이는 추구하는 인간상인 '영유아의 전인적인 발달'의 기반을 다지는 영역이다. 첫째, 감각과 신체 인식하기, 둘째, 신체조절과 기본 운동하기, 셋째, 신체활동에 참여하기를 여러 가지 신체놀이 활동프로그램을 통하여 영유아의 발달 특성을 고려하여 지도해야 한다. 이를 위해서 실내·외 공간에 다양한 놀이시설과 기구를 정비하고 계획적인 일과 운영으로 활발한 신체활동을 하도록 하여야 한다.

② 신체운동 영역 활동 유형별 교수-학습활동

신체운동 영역의 교수-학습활동은 '나는 예뻐요' 생활주제를 중심으로 활동 유형에 따라서 이야기 나누기, 신체 활동, 감각·탐색, 창의·음률, 쌓기·역할, 실외·산책 등 6가지 유형으로 구분할 수 있다. 신체운동 영역의 교수-학습활동을 0세, 1세, 2세 영아 수준에서 교수-학습 유형과 활동 내용을 예시해 보면, 〈표 Ⅲ-40〉과 같다.

표 Ⅲ-40 영역별 교수-학습 유형과 활동 내용

주제	나는 예뻐요		
활동 내용 / 활동 유형	0세 영아	1세 영아	2세 영아
	선생님과 걸음마해요	내 얼굴에 있어요	나는 할 수 있어요
㉠ 이야기 나누기	내 몸의 각 부분 찾아보기	눈, 코, 입, 귀 이야기	신체 각 부분의 이름 말하기
㉡ 신체활동	*나도 걸음마 할 수 있어요	*○○은 어디 있나? 여기!	*나처럼 해 봐요, 이렇게
㉢ 감각·탐색	거울에 내 얼굴 보기	밀가루 풀 탐색하기	내 몸이 커졌어요
㉣ 창의·음률	'혼자 할 수 있어요' 동요	'○○은 어디 있나? 여기!' 동요	'나처럼 해 봐요, 이렇게' 동요
㉤ 쌓기·역할	우레탄 블록 끼우기	장난감 집 찾아주기	내 키만큼 쌓아요
㉥ 실외·산책	새싹을 찾아 보아요	바깥나들이 나가기	우리 동네 공원 둘러보기

㉠ 이야기 나누기 활동으로 0세 영아 수준에서는 내 몸의 각 부분을 찾아보는 이야기 나누기를 하고, 1세 영아 수준에서는 눈, 코, 입, 귀 이야기를 말해 보고, 2세 영아 수준

에서는 신체 각 부분의 이름을 말해본다.

ⓛ 신체활동에서 0세 영아 수준에서는 교사와 함께 걸음마를 하면서 자신감을 가지게 하며, 1세 영아 수준에서는 '○○은 어디 있나? 여기!'로 내 얼굴의 이름을 말하고, 가리켜보고, 2세 영아 수준에서는 '나처럼 해 봐요, 이렇게'를 통하여 신체 각 부분의 움직임을 탐색한다.

ⓒ 감각·탐색활동은 0세 영아 수준에서는 거울에 내 얼굴을 비춰보면서 내 얼굴 모습을 인식할 수 있으며, 1세 영아 수준에서는 밀가루 풀 탐색하기로 감각적 경험을 할 수 있다. 2세 영아 수준에서는 내 몸과 내 키의 크기를 탐색해 볼 수 있다.

ⓔ 창의·음률활동에서 0세 영아 수준에서는 '혼자 할 수 있어요' 동요를 신체활동시간에 부르며 놀고, 1세 영아 수준에서는 '○○은 어디 있나? 여기' 동요를 신체활동과 같이 즐기고, 2세 영아 수준에서는 '나처럼 해 봐요, 이렇게'를 부르며 사회생활과 같이 학습할 수 있다.

ⓜ 쌓기·역할활동은 0세 영아 수준에서는 '우레탄블록 끼우기'를 통하여 눈과 손의 협응력을 기르고, 1세 영아 수준에서는 장난감 집 찾아주기를 통하여 놀잇감 정리하는 경험을 해보고, 2세 영아 수준에서는 내 키만큼 적목을 쌓아서 성취감을 증진한다.

ⓑ 실외·산책활동은 0세 영아 수준에서는 실외에서 새싹을 찾아보고 자연의 변화를 느껴보며, 1세 영아 수준에서는 바깥나들이를 통해 친구들과 같이 차례로 안전규칙을 지키는 기회가 되며, 2세 영아 수준에서는 가까운 동네 공원 둘러보기를 통하여, 차례를 지키며, 현장을 둘러보고, 공원의 자연과 운동기구를 안전하게 이용할 수 있도록 한다.

나. 교수·학습활동 지도의 실제

① 감각과 신체 인식하기

표 Ⅲ-41 ○○은 어디 있나? 여기!

활동명	○○은 어디 있나? 여기!	대상	1세 영아(2수준)
활동 목표	· 나의 얼굴에 있는 눈, 코, 귀, 입을 찾아 본다. · 얼굴, 팔, 다리 등 신체 부분의 명칭을 듣고 이해한다.		
관련 범주	· 신체운동〉 감각과 신체 인식하기〉 신체 탐색하기 · 의사소통〉 듣기〉 주변의 소리와 말소리 구분하여 듣기		
활동 자료	거울, 신체원형 모양판, 로션, '○○은 어디 있나' 노래 녹음테이프		

활동 준비	• 신체 원형 모양판은 0-1세 3수준 영아들이 명칭을 들으면 알 수 있게 신체 부분의 그림카드를 원형 모양판에 붙인 것으로, 모양판의 중심에 구멍을 내고 화살표 모양의 지지대를 꽂아 팽이처럼 돌릴 수 있게 만든다. • 신체 각 부분을 그린 그림카드 뒷면에는 벨크로테잎을 붙여 원형 모양판에 붙이고 떼는 것을 자유롭게 한다.
활동 방법	**도입** : ① 교실 한쪽 벽에 설치된 거울 앞에서 영아 자신과 친구들의 얼굴을 충분히 관찰할 수 있는 시간을 가진다. 거울을 보며 거울 속에 누가 있나? 거울 속에 얼굴이 보이는구나?, 또 눈을 찡그리는 등의 다양한 표정연출 경험을 한 후(대집단으로 모여 앉아) * 'ㅇㅇ은 어디 있나' 노래를 부르며 신체의 명칭에 맞게 신체부분을 가리켜 본다. – 교사는 영아와 함께 눈, 코, 입, 귀의 위치를 가리켜 본다. – 선생님 눈은 여기 있네, ㅇㅇ이 눈은 어디 있지? – 영아들이 '여기'라고 노래를 하면서 자기 얼굴 부위를 짚어본다. – 선생님 코는 여기 있네, ㅇㅇ이 코는 어디 있지? – '여기'라고 하면서 자기 얼굴 부위를 짚어본다. – 교사의 질문에 영아가 스스로 눈, 코, 입, 귀를 가리켜 볼 수 있도록 한다. – ㅇㅇ이 코는 어디 있지? ㅇㅇ이가 손으로 짚어볼까?" – "예, 아주 잘 했어요." (손뼉 치기, 짝짝짝!!!) **전개** : ② 영아들을 두 명씩 서로 마주보고 앉도록 한 뒤, 앞에 앉은 영아의 눈, 코, 입, 귀 등을 만져보게 한다. 이 활동으로 얼굴의 각 부분에 익숙해지면 팔, 다리 등의 신체 부분을 만져보게 한다. – 영아들에게 원형 모양판을 돌려서 나온 신체 부분에 로션 발라주기 활동을 한다고 하고, 교사 둘이 서로 마주 앉아 시범을 보인다. – 먼저 로션을 발라 줄 영아들의 손에 로션을 적당량 덜어주고, 원형 모양판을 돌려서 나타난 신체 부분의 명칭을 세 번 정도 큰 소리로 말하고, 마주 앉은 친구의 얼굴에 로션을 부드럽게 발라주도록 한다. – 같은 방식으로 마주 앉은 영아와 역할을 바꿔 활동을 진행한다. 이 때 영아에게 로션의 양을 신체 부분에 1회 정도 사용할 수 있는 분량만 덜어준다. – 교사 : 선생님이 '코에 발라 주세요'하고 말하면, 앞에 앉은 친구의 얼굴 중에서 코에만 로션을 발라주고, '입에 발라 주세요' 하고 말하면, 입에 로션을 부드럽게 발라 주는 거예요. – 교사 : '귀에 발라 주세요.' – 교사 : '귀에 발라 주세요.' 하면 어디에 바르면 될까요? 한 번 손으로 가리켜 보세요. – 맞아요, 이렇게 여기 코에만 로션을 부드럽게 발라주는 거예요. – (코를 손가락으로 가리키며) 선생님을 따라 '코 코 코'해 보세요. – 영아 : 기, 기, 기. – "예, 아주 잘 했어요" (손뼉 치기, 짝짝짝!) **정리** : ③ 서로의 신체 부분에 로션 발라주기 활동이 끝나면 함께 둘러앉아 눈, 코, 입, 이마, 귀, 팔, 다리 등이 자세하게 그려진 신체 그림을 영아들에게 보여주며, 교사가 그림에서 가리키는 신체 부분의 명칭을 말해 보도록 한다. – 오늘은 내 코, 내 입, 내 귀가 어디 있는지 찾아 보았지요? – 재미 있어요? – 예!~ – (신체 그림을 벽면에 게시해두면서) 다음에는 이 그림을 보고 누구든지 놀이해 보세요. – 예!~
확장 및 유의사항	– 신체 그림을 벽면에 게시해두고, 친구와 그림에서 가리키는 신체 부분의 명칭을 말해보고, 놀이를 하도록 한다. – 영아들이 활동에 익숙해지면 손등, 손가락, 발가락 등 신체의 세부적인 부분에도 로션을 바르는 활동으로 확장해 볼 수 있다.

② 신체조절과 기본 운동하기

표 Ⅲ-42 나처럼 해 봐요, 이렇게

활동명	나처럼 해 봐요, 이렇게	대상	2세 영아(2수준)
활동 목표	• 신체 각 부분의 명칭을 안다. • 신체 각 부분의 움직임을 탐색 한다.		
관련 범주	• 신체운동〉 감각과 신체 인식하기〉 신체 탐색하기 • 의사소통〉 듣기〉 주변의 소리와 말소리 구분하여 듣기		
활동 자료	신체 그림카드, 동요('사과 같은 내 얼굴', '머리 어깨 무릎 발 무릎 발'〈나처럼 해봐요 이렇게〉), 카세트, 대형 매트		
활동 준비	• 다양한 얼굴 표정(윙크하는 모습, 크게 웃는 모습, 코로 냄새 맡는 모습, 소리에 귀 기울이는 모습)과 다양한 신체 움직임(양 팔을 올린 모습, 앉아서 한쪽 다리를 올린 모습, 무릎을 구부린 모습) 등 그림카드를 8절 도화지에 크게 그려서 준비한다. • 영아들이 자유롭게 움직일 수 있도록 넓은 공간을 확보하고, 바닥에는 대형매트를 깔아서 다치지 않게 한다.		
활동 방법	**도입** : ① 그림카드에 나타난 신체 각 부분의 명칭을 익히고 움직임을 탐색하는 활동이다. - 〈사과 같은 내 얼굴〉 노래를 하며 '신체 그림카드'에 주의를 집중한다. - 교사가 '신체 그림카드'를 보여주며, 신체 부분의 명칭을 말하면, 영아들은 자신의 신체에서 어떤 부분인지 짚어본다. - 신체의 세부적인 부분까지 손으로 짚어 보도록 하여 영아들이 신체 부분의 명칭에 어느 정도 익숙해지면, 〈사과 같은 내 얼굴〉과 〈머리 어깨 무릎 발 무릎 발〉 노랫말 속에 신체 부분의 명칭이 있는 동요를 틀어주고, 노래 가사에 맞춰 동작활동도 한다. **전개** : ② 영아들이 지시에 따라 얼굴표정이나 신체를 움직이기가 아직 어려우므로, 교사와 함께 그림카드에 제시되어 있는 움직임을 여러 번 반복해 보도록 한다. - 익숙해진 두 명의 영아가 한 조가 되어 교사가 임의로 선택한 그림카드의 움직임을 보고 그대로 따라한다. - 이때 나머지 영아들이 〈나처럼 해봐요 이렇게〉 노래를 부르면, 이에 맞춰 두 명의 영아가 흉내내는 것으로 활동한다. ③ 교사는 두 명의 영아가 움직임을 제대로 표현했는지 발문하고, 동작을 다시 말로 해줌으로써 신체 부분 명칭에 대한 정확한 이해를 돕는다. 교사 : (영아들의 '나처럼 해봐요, 이렇게' 노래에 맞춰 그림카드 한 장을 꺼낸다) 영아 : (큰 소리로 웃는 동작을 한다) 교사 : (그림카드에 있는 친구를 가리키며) 우리 친구들도 이 친구와 똑같이 입을 크게 벌리고 하하 웃고 있어요. 이 친구는 왜 이렇게 웃었을까요? 영아 : 너무 재밌어서요, 기분이 좋아서요. 교사 : (영아들의 〈나처럼 해봐요, 이렇게〉 노래에 맞춰, 또 다른 그림카드 한 장을 꺼낸다) 영아 : (한쪽 무릎만 구부리는 동작을 한다) 교사 : 어때요? (나머지 영아들에게 물어본다) 우리 친구들하고 똑 같은 가요? 그래요. 한쪽 무릎은 구부리고, 다른 한쪽 다리는 쭉 펴고 있는 거예요. 우리 친구들이 너무 잘 하네요. **정리** : ④ 대집단으로 모여앉아 어떤 신체 부분의 움직임이 쉬웠는지 혹은 어려웠는지를 함께 이야기한다. - 아 한 명을 지명하여, 자유로운 동작으로 〈나처럼 해봐요 이렇게〉를 하면, 나머지 영아들이 모두 함께 동작을 따라해 보는 활동으로 마무리한다.		
확장 및 유의사항	활동이 끝난 후에도 교실 한쪽에 안전거울을 항상 설치해 놓고 영아들이 거울에 자신의 신체 움직임을 재현해 보는 놀이를 해보도록 한다.		

3. 의사소통 영역

가. 지도의 핵심과 활동 유형별 교수 – 학습활동

① 의사소통 영역 지도의 핵심

의사소통 영역 지도의 핵심 목표는 영유아가 타인의 말소리를 듣고, 자신의 의견을 표현하는 듣기와 말하기를 통한 음성언어 능력을 기르고, 읽기와 쓰기활동의 기초를 경험하여 문자언어능력의 기초를 기르는데 있다. 즉, 다른 사람의 말소리 듣기와 자신의 생각과 느낌을 말로 바르게 표현하는 능력과 태도를 기르고, 그림책 읽기와 글씨 쓰기에 흥미를 갖도록 지도해야 한다. 이들 영역 중 듣기와 읽기는 수용 언어인 반면 말하기와 쓰기는 표현 언어라고 할 수 있다. 또한 듣기와 말하기는 음성 언어에 속하고 읽기와 쓰기는 문자 언어에 속한다(이숙재. 박인숙, 1988). 또한 듣기와 말하기, 읽기와 쓰기 등 4영역을 상호 밀접하게 관련을 지어서 바르게 지도하여야 한다. 0~5세경의 영유아기는 언어교육의 '결정적인 시기'(Lenneberg, 1967)로서 의사소통 영역의 중요성이 더욱 강조된다.

② 의사소통 영역 활동 유형별 교수 – 학습활동

의사소통 영역의 교수 – 학습활동은 활동유형에 따라서 이야기 나누기, 신체활동, 감각·탐색, 창의·음률, 쌓기·역할, 실외·산책 등 6가지 유형으로 구분할 수 있다. 의사소통 영역의 교수 – 학습활동을 0세, 1세, 2세 영아 수준에서 교수 – 학습 유형과 활동 내용을 예시해 보면, 〈표 Ⅲ–43〉과 같다.

표 Ⅲ–43 영역별 교수–학습 유형과 활동 내용

주제	나의 예쁜 친구들		
활동 내용 / 활동 유형	0세 영아 인형을 업어줘요	1세 영아 예쁜 내 얼굴	2세 영아 내 몸이 궁금해요
㉠ 이야기 나누기	*인형과 뽀뽀하기	*동물 그림보고 이야기하기	*누구의 목소리인가?
㉡ 신체 활동	*동물 인형과 인사해요	*눈은 어디 있나요?	*동물원에는 어떤 동물이 있나요?
㉢ 감각·탐색	손 인형으로 말하기	소리 나는 놀잇감 탐색	나와 친구의 다른점
㉣ 창의·음률	〈오리〉 노래	〈동물 흉내〉 노래	〈동물 사랑하는 아이〉노래
㉤ 쌓기·역할	모자로 까꿍~	친구와 함께 블록 쌓기	손 인형 인사하기
㉥ 실외·산책	따스한 햇볕 쬐기	바깥놀이장 둘러보기	계단을 오르고 내려가기

㉠ 이야기 나누기 활동은 0세 영아 수준에서는 좋아하는 인형과 뽀뽀하기를 통해 '뽀뽀'라는 말을 듣고, 뽀뽀를 해볼 수 있고, 뽀뽀라고 말해 볼 수 있으며, 1세 영아 수준에서는 동물 그림보고 동물의 소리, 이름을 표현할 수 있으며, 2세 영아 수준에서는 '누구의 목소리인가?'에서 피펫인형의 말소리를 녹음하여 말소리를 구분할 수 있도록 한다.

㉡ 신체활동에서 0세 영아 수준에서는 '동물 인형과 인사해요'를 통해 말하기를 해보도록 하고, 1세 영아 수준에서는 '눈은 어디 있나요?'를 통해 얼굴 각 부분의 명칭을 알고, 말할 수 있도록 하며, 2세 영아 수준에서는 '동물원에는 어떤 동물이 있나요?'에서 동물의 이름을 통해 말과 글의 관계를 익히게 한다.

㉢ 감각·탐색활동은 0세 영아 수준에서 손 인형으로 말하기를 통하여 나와 또래와 쉽게 말하기를 할 수 있으며, 1세 영아 수준에서는 소리 나는 놀잇감을 탐색하면서 소리를 구별할 수 있게 되며. 2세 영아 수준에서는 나와 친구의 다른점을 구별해 볼 수 있다.

㉣ 창의·음률활동에서 0세 영아 수준에서는 〈오리〉 노래를 '동물 인형과 인사해요'에 관련지어 흥미를 높이고, 1세 영아 수준에서는 〈동물 흉내〉 노래를 '동물 그림보고 이야기하기'에서 전이활동이 되게 하고, 2세 영아 수준에서는 〈동물 사랑하는 아이〉 노래를 부르며 '동물원에는 어떤 동물이 있나요?'와 관련지어 흥미를 높일 수 있다.

㉤ 쌓기·역할활동은 0세 영아 수준에서는 '모자로 까꿍~' 놀이로 선생님과 친구들과 친밀감을 높이고, 1세 영아 수준에서는 친구와 함께 블록 쌓기를 경험해 보고, 2세 영아 수준에서는 손 인형 인사하기로 인사말을 할 수 있다.

㉥ 실외·산책활동은 0세 영아 수준에서는 따스한 햇볕 쬐기를 통해 상쾌한 기분을 느끼게 하고, 1세 영아 수준에서는 바깥 놀이장 둘러보기를 친구들과 같이 차례를 지키며 사이좋게 둘러볼 수 있고, 2세 영아 수준에서는 실외 놀이터의 계단을 안전하게 오르고 내려가기를 차례를 지키며 이용해볼 수 있도록 한다.

나. 교수 – 학습지도의 실제

표 Ⅲ-44 인형과 뽀뽀하기

<table>
<tr><th>활동명</th><td>인형과 뽀뽀하기</td><th>대상</th><td>0세 영아(1~4수준)</td></tr>
<tr><th>활동 목표</th><td colspan="3">• '뽀뽀'라는 말을 듣고 행동으로 표현한다.
• '강아지'라는 말을 듣고 반응할 수 있다.</td></tr>
<tr><th>관련 범주</th><td colspan="3">• 의사소통〉 듣기〉 경험과 관련된 말 듣고 알기
• 의사소통〉 듣기〉 주변의 소리와 말소리 구분하여 듣기</td></tr>
<tr><th>활동 자료</th><td colspan="3">• 여러 가지 인형 : 오리, 곰, 강아지, 토끼짱구, 돼지 인형 등 다수</td></tr>
<tr><th>활동 준비</th><td colspan="3">• 깨끗한 인형(세탁과 소독)을 영아 수만큼 준비한다.</td></tr>
<tr><th>활동 방법</th><td colspan="3">도입 : ① 오늘은 인형을 가지고 놀이해 볼까요?, 영아가 여러 가지 인형 중 좋아하는 인형을 하나씩 찾아서, 각자 탐색해 보도록 한다.
– 교사 : 어! 이 인형은 아주 귀엽네.
– 교사 : 눈, 코, 입, 귀도 있고, 네 발이 달려 있네.
– 교사 : 이것이 무슨 인형이지요?
– 영아 : 강아지 인형이요.
전개 : ② 강아지 인형에 대하여 몇 가지 질문을 하여 흥미를 유발한다.
– 교사 : 강아지는 어떻게 울지요?
– 영아 : 멍 멍 멍~.
– 교사 : 예 맞아요. 우리 강아지처럼 '멍 멍 멍~'해 볼까요?
– 교사·영아 : 멍 멍 멍~, 멍 멍 멍~.
③ 이번에는 교사가 토끼짱구 인형에게 뽀뽀를 해 보이며, 흥미를 높여준다.
– 교사 : 토끼짱구 인형이 참 예쁘네. 토끼짱구 인형이 예쁘니까 인형 볼에 뽀뽀 해 줘야겠다. 뽀뽀, 쪽~!
– 영아들 : 각자 자기가 선택한 좋아하는 인형을 가지고 뽀뽀해본다.
④ 영아도 뽀뽀라고 말하면서 인형에게 뽀뽀해 볼 수 있도록 지도한다.
– 교사 : ○○이도 곰 인형에게 선생님처럼 뽀뽀를 해볼까?
– 영아 : 곰 인형 뽀뽀~.
– 교사 : ○○이가 곰 인형에게 뽀뽀해주니 인형이 좋아하네.
– 교사 : ○○이도 오리 인형에게 '오리 뽀뽀'라고 말해 볼까?
– 영아 : 오리 뽀뽀~.
– 교사 : ○○이도 인형에게 '오리 뽀뽀'라고 말 했어요, 참 잘 했어요.
정리 : ⑤ 오늘은 좋아하는 인형과 뽀뽀해주고, '강아지', '뽀뽀'라는 말도 듣고 배웠지요.
– 교사 : 인형과 뽀뽀라고 말하며, 뽀뽀 하니까, 재미있어요?
– 영아 : 강아지 뽀뽀~, 오리 뽀뽀~, 재밌어~.
– 교사 : 오늘은 강아지도 배우고, 인형과 즐겁게 뽀뽀~했으니까 모두 손뼉 치자 짝짝짝짝~.</td></tr>
<tr><th>확장 및 유의사항</th><td colspan="3">영아가 좋아하는 인형을 여러 가지 준비해 두고, 자유롭게 탐색놀이를 더하여 보도록 한다.</td></tr>
</table>

표 Ⅲ-45 동물 그림보고 이야기하기

활동명	동물 그림보고 이야기하기	대상	1세아(1-2수준)
활동 목표	• 동물 그림을 보고 동물의 이름을 말할 수 있다. • 동물의 울음소리를 표정, 몸짓, 소리로 표현할 수 있다.		
관련 범주	• 의사소통〉 말하기〉 표정, 몸짓, 말소리로 말하기〉 표정, 몸짓, 소리로 의사표현을 한다.		
활동 자료	여러 가지 동물에 관한 그림카드, 융판 자료, 융판, 〈동물흉내〉 노래 테잎, 녹음기		
활동 준비	동물 그림카드를 여러 장 준비하여, 책상 위에 펼쳐 놓고, 영아들을 책상 주위에 둘러 앉힌다.		
활동 방법	**도입** : ① 〈동물흉내〉 노래를 다 같이 불러본다. (오리는 꽤액 꽤액, 염소 음메, 돼지는 꿀꿀, 소는 음머) - 여러 가지 동물 그림카드를 보고 어떤 동물인지 이야기하고, 그 동물의 울음소리와 몸짓을 흉내내어 본다. 교사 : (강아지 그림카드)를 보여주며, 이 동물은 이름이 무엇일까요? 영아 : 강아지~. 교사 : 그럼, 누가 강아지 울음소리를 흉내내어 볼까요? 영아 : 멍멍멍. 교사 : 영수가 강아지 울음소리를 참 잘 내네요. **전개** : ② 동물 그림카드를 보며, 동물의 이름을 말해 보도록 한다. 교사 : (돼지 그림카드)를 보여주며, 이 동물은 이름이 무엇일까요? 영아 : 돼지. 교사 : 그럼, 누가 돼지 울음소리를 흉내내어 볼까요? 영아 : 꿀꿀~. 꿀꿀~. 교사 : 민주도 돼지 울음소리를 참 잘 내네요. ③ 그 동물의 울음소리를 듣고, 그 이름을 말해보도록 한다. 교사 : (송아지 울음소리를 내며) 이 동물은 이름이 무엇일까요? 영아 : 소, 송아지~. - 동물의 울음소리를 표정과 몸짓, 소리로도 나타내 보도록 이야기한다. 교사 : (오리그림을 보여주며) 이 동물은 어떻게 울고, 어떤 몸짓을 하는가? 영아 : 꽤액 꽤액, 뒤뚱, 뒤뚱 걷지요. 교사 : 아주 잘 했어요. 그리고, 이 동물 이름은 무엇일까요? 영아 : 오리~. 교사 : 예! 맞았어요, 모두 함께, 손뼉 치자, 짝짝짝작…. **정리** : ④ 〈동물흉내〉 노래를 부르며, 동물 울음소리를 내 보고, 누가 제일 재미있게 표현하였는지 이야기한다. 교사 : 우리 오늘 동물의 이름 말하기, 동물 울음소리 내 보기 모두 잘 했어요.		
확장 및 유의사항	동물 그림을 보고 여러 가지 동물의 울음소리와 몸짓 흉내내기 놀이를 자유롭게 해보도록 한다.		

4. 사회관계 영역

가. 지도의 핵심과 활동 유형별 교수 – 학습활동

① 사회관계 영역 지도의 핵심

사회관계 영역 지도의 핵심은 영유아가 자신에 대해 소중함을 느끼며 다른 사람들과 사회적인 관계를 형성하며 더불어 조화롭게 살아가기 위한 사회적 지식, 기능, 태도, 가치 형성의 기초를 다져 그들이 사회생활에서 직면하는 문제해결 능력을 발달시키는 일이다. 영유아 사회교육의 주된 목적은 상호의존적인 세계 속에서 그들이 살아가는 집단의 일원으로서 더불어 살아가는 능력과 태도를 기르도록 하는 매우 중요한 영역이다.

② 사회관계 영역 활동 유형별 교수 – 학습활동

사회관계 영역의 교수 – 학습활동은 활동 유형에 따라서 이야기 나누기, 신체활동, 감각·탐색, 창의·음률, 쌓기·역할, 실외·산책 등 6가지 유형으로 구분할 수 있다. '친구와 함께'를 주제로 하여 사회관계 영역의 교수 – 학습활동을 0세, 1세, 2세 영아 수준에서 교수 – 학습 유형과 활동 내용을 예시해 보면, 〈표 Ⅲ-46〉과 같다. 그 중 이야기 나누기와 신체활동 유형은 교수 – 학습활동 지도의 실제를 별표로 제시한다.

표 Ⅲ-46 영역별 교수 – 학습 유형과 활동 내용

주제	친구와 함께		
활동 내용	0세 영아	1세 영아	2세 영아
활동 유형	선생님과 친구해요	친구와 놀이해요	자동차를 같이 타요
㉠ 이야기 나누기	*선생님과 까꿍 놀이	친구야, 같이 하자	*자동차 안전하게 타고 내리기
㉡ 신체 활동	선생님과 스카프 밀고 당기기	*친구와 사이좋게	뛰뛰 빵빵 경주놀이
㉢ 감각·탐색	선생님과 손바닥 마주쳐보기	친구랑 닮은 곳 찾기	여러 가지 자동차 놀이
㉣ 창의·음률	〈손뼉을 치고〉 노래	〈친구와 함께〉 노래	〈기차놀이〉 노래
㉤ 쌓기·역할	선생님과 블록쌓기	친구만큼 블록 쌓기	블록으로 자동차 만들기
㉥ 실외·산책	꽃밭 둘러보기	어린이집 주변 산책	공원 둘러보기

㉠ 이야기 나누기 활동으로 0세 영아 수준에서는 '선생님과 까꿍 놀이'하며 친밀감을 형성하고, 1세 영아 수준에서는 '친구야, 같이 하자'하면서 놀이할 때 다투지 아니하고,

2세 영아 수준에서는 '자동차 안전하게 타고 내리기'를 하면서 차례를 지키며, 친구와 부딪쳤을 경우는 '미안해'라고 한다.

㉡ 신체 활동에서 0세 영아 수준에서는 '선생님과 스카프 밀고 당기기'를 흥미있게 하고, 1세 영아 수준에서는 블럭이나 인형을 가지고 놀이할 때는 친구와 놀이할 때 자기 혼자 욕심 부리지 않고 '친구와 사이좋게' 놀이하는 것을 경험하고, 2세 영아 수준에서는 뛰뛰 빵빵 경주놀이를 즐겁게 한다.

㉢ 감각·탐색활동은 0세 영아 수준에서는 '선생님과 손바닥 마주쳐보기'로 친밀감을 기르고, 1세 영아 수준에서는 '친구랑 닮은 곳 찾기'를 해보며. 2세 영아 수준에서는 '여러 가지 자동차 놀이'를 통하여 좋아하는 놀잇감을 선택하여 탐색해 볼 수 있다.

㉣ 창의·음률활동에서 0세 영아 수준에서는 〈손뼉을 치고〉 노래를 하면서 즐긴다. 1세 영아 수준에서는 〈친구와 함께〉 노래를 '친구와 사이좋게' 놀이에서 부르고, 2세 영아 수준에서는 〈기차놀이〉 노래를 '자동차 안전하게 타고 내리기'와 관련지어 학습할 수 있다.

㉤ 쌓기·역할활동은 0세 영아 수준에서는 '선생님과 블록쌓기'를 통하여 눈과 손의 협응력을 기르고, 1세 영아 수준에서는 '친구만큼 블록 쌓기'를 같이 하는 경험을 해보고, 2세 영아 수준에서는 블록으로 자동차 만들기를 친구와 함께 할 수 있다.

㉥ 실외·산책활동은 0세 영아 수준에서는 '꽃밭 둘러보기'에서 친구들과 같이 꽃밭을 살펴보게 하고, 1세 영아 수준에서는 '어린이집 주변 산책'으로 친구들과 같이 차례를 지키며, 안전규칙을 지킬 수 있고, 2세 영아 수준에서는 가까운 공원 둘러보기를 통하여, 차례를 지키며, 공원의 자연과 운동기구를 안전하게 교사와 같이 이용해볼 수 있도록 한다.

나. 교수 – 학습지도의 실제

표 Ⅲ-47 친구와 사이좋게

활동명	친구와 사이좋게	대상	1세아(1~4수준)
활동 목표	• 친구와 사이좋게 지내는 방법을 안다. • 놀이할 때 안전하게 놀이해야 함을 안다.		
관련 범주	사회관계〉 더불어 생활하기〉 또래에 관심 갖기〉 다른 영아와 함께 지내는 것을 경험한다.		
활동 자료	– 친구와 싸우는 장면 그림 자료 – 친구와 사이좋게 놀이하는 장면 그림 자료, 〈친구와 함께〉 노래 테잎, 녹음기		
활동 준비	영아들에게 친구와 싸우는 그림 자료와 친구와 사이좋게 놀이하는 그림 자료를 제시하고, 잘 살펴보도록 한다.		

활동 방법	**도입** : ① 교사는 (친구와 사이좋게 놀이하는 그림)을 보여주며, 정수와 영희는 무엇을 하고 있는지 질문한다. 교사 : 블록을 가지고 사이좋게 놀이하고 있구나. 영아 : 예! 좋아요, **전개** : ② 교사는 (친구와 싸우는 그림)을 보여주며, 철수와 영수는 무엇을 하고 있는지 질문한다. 교사 : 인형을 가지고 서로 빼앗아 가려고 싸우고 있지요. 영아 : 싸워요. 안돼요. ③ 친구와 놀이할 때, 안전하고, 즐겁게 놀이하려면 어떻게 해야 하는지 이야기 한다. 교사 : 친구와 놀이할 때 자기 혼자 욕심내면 되나요? 어떻게 하면 좋을까? 영아 : 혼자. 안돼요. 교사 : 친구가 가지고 있는 놀잇감을 가지고 싶을 때는 무어라고 말하면 좋을까? 영아 : '빌려 줘' 교사 : 그래요 '빌려 줘' 라고 해야지요. **정리** : ④ 교사는 (친구와 사이좋게 놀이하는 그림)을 보여주며, 정수와 영희처럼 친구의 놀잇감을 가지고 놀이하고 싶을 때는 나 좀 '빌려 줘' 라고 말하고, 서로 사이좋게 놀이해야 됨을 이야기한다. – 〈친구와 함께〉 노래를 부른다, 노랫말에 맞추어 두 친구씩 손을 잡고 천천히 손을 흔들며 노래한다. 교사 : 친구와 싸우면 안되죠, 친구와는 사이좋게 지내야지요? 영아들 : 예! 사이좋게. 교사 : 친구의 놀잇감을 가지고 놀이하고 싶을 때는 빼앗아 가야 하나요? 영아 : 안돼! 나 좀 '빌려 줘! – 교사 : 자, 우리 모두 친구 되어서 선생님처럼 손뼉체조하자. 손 위로 올리고 짝짝, 손 앞으로 내밀고 짝짝, 손 아래로 내리고 짝짝, 재미있어요, – 영아 : 예~~~. 재미있어!
확장 및 유의사항	• 영아가 또래와 함께 놀이하거나 나란히 앉아 놀이하는 모습을 사진으로 찍어 벽에 게시하고 영아와 일과 중 자연스럽게 바라보며 또래에 관심을 가질 수 있도록 한다. • 두 가지 그림 자료를 교실에 게시해 두고, 수시로 살펴보도록 한다.

표 Ⅲ-48 자동차 안전하게 타고 내리기

활동명	자동차 안전하게 타고 내리기	**대상**	2세아(1~4수준)
활동 목표	• 자동차를 안전하게 타고 내리는 방법을 안다. • 차례를 지키고 순서를 지킬 줄 안다.		
관련 범주	• 사회관계〉 더불어 생활하기〉 사회적 가치를 알기〉 자기 순서를 안다. • 기본생활〉 안전하게 생활하기〉 교통안전 알기〉 교통수단의 위험을 알고 조심 한다.		
활동 자료	큰 장난감 자동차, – 어린이집 자동차, 카시트가 장착된 차량의 내부 사진 또는 그림, – 〈기차놀이〉 노래 테잎, 녹음기		
활동 준비	– 실외에 자동차 코스를 흰 선으로 그려 놓고, 큰 장난감 자동차를 준비하여 자동차 안전하게 타고 내리기 준비를 한다. – 〈기차놀이〉 노래 테잎을 틀어 준다.		

활동 방법	**도입** : 〈기차놀이〉 노래 테잎을 들으며, 노래를 불러본다. ① 자동차를 타고 내릴 때, 차례를 지키면 좋은 점을 이야기 한다. – 서로 다투지 않게 된다. – 넘어지지 않는다. – 편안하게 탈 수 있다. – 다치지 않고, 안전하다. 교사 : 자동차를 안전하게 타기 위해 지켜야할 일은 무엇인가, 이야기 해 볼까요? 영아 : – 차례를 지킨다. – 안전하게 탄다. –카시트를 맨다. – 바르게 앉는다. – 남에게 양보 한다. – 내릴 때는 천천히 내린다. * 자동차 타는 순서 정하기 – 차례로 올라 타기 – 자동차 밀어주기 교사 : 지금부터 자동차를 한사람씩 순서를 정해 줄 테니 안전하게 차례차례 타기로 해요. – 자동차를 타는 순서는 영수–순이–선영–지환–선미의 순으로 해요. – 자기 앞사람이 자동차를 탈 때는 차를 밀어주기로 해요. 너무 세게 밀지 말고 살살 밀어 주어요. **전개** : ② 영수–순이–선영–지환–선미의 순서대로 자동차를 한사람씩 차례차례 타고, 그 다음사람이 밀어준다. – 교사는 실수하는 사람이 없도록 옆에서 일일이 보살피고 도와 준다. ③ 자동차를 타면서 다른 사람과 부딪쳤을 경우에 사과하는 방법을 이야기 한다. 교사 : 순이야 친구와 부딪쳤을 경우에는 '미안해'라고 말해야지요. 순이 : 선영아 '미안해' 교사 : 선영아 친구가 '미안해'라고 말하면, '괜찮아'라고 말하면 더 좋지요. 선영 : '괜찮아' ④ 다음 순서(순이–선영–지환–선미)의 영아는 친구가 자동차에서 완전히 내릴 때까지 차례를 기다린 후에 자동차에 탄다. 교사 : 지환아, 선영이가 차에서 내릴 때까지 기다려 주자. 선영이가 다 내렸네, 이제 지환이가 타 볼까? 지환 : 이제 내 차례구나, 야! 신 난다!! **정리** : ⑤ 자동차를 순서를 정하여 차례차례 타기를 해본 느낌은 어땠는지 이야기 해본다 교사 : 오늘 자동차를 안전하게 타기, 차례 지키기, 안전벨트 매기, 바르게 앉기, 천천히 내리기를 해 보았지요?, 재미있었어요? 영아들 : 예~, – 모두 〈기차놀이〉 노래 (칙칙폭폭 떠나간다, 어서어서 올라타라, 우리 동무 웃음 동무, 조롱조롱 올라타라)부르자
확장 및 유의사항	어린이집 통학버스를 이용하여 자동차 안전하게 타고 내리는 방법을 매일 계속 지도하여 습관화 되도록 한다.

5. 예술경험 영역

가. 지도의 핵심과 활동 유형별 교수 – 학습활동

① 예술경험 영역 지도의 핵심

예술경험 영역 지도의 핵심은 영유아가 주변의 예술적 요소를 탐색하고 아름다움을 즐기며 소리, 노래, 움직임, 미술활동, 상상놀이를 통해 예술적으로 표현하는 태도를 기르고, 심미감과 창의성 및 풍부한 감성발달을 목표로 한다. 그러므로 주변 환경과 자연에서 미술, 음악, 동작, 극과 같은 다양한 예술적 표현활동과 예술작품을 다양하게 경험시켜 창의적 표현능력 발달과 심미감 함양에 주력해야 한다.

② 예술경험 영역 활동 유형별 교수 – 학습활동

예술경험 영역의 교수 – 학습활동은 활동 유형에 따라서 이야기 나누기, 신체활동, 감각·탐색, 창의·음률, 쌓기·역할, 실외·산책 등 6가지 유형으로 구분할 수 있다. '재미있는 놀이'를 주제로 하여 예술경험 영역의 교수 – 학습활동을 0세, 1세, 2세 영아 수준에서 교수 – 학습 유형과 활동 내용을 예시해 보면 〈표 Ⅲ–49〉과 같다.

표 Ⅲ–49 영역별 교수 – 학습 유형과 활동 내용

주제	재미있는 놀이		
활동 내용 / 활동 유형	0세 영아	1세 영아	2세 영아
	친구 생일축하 놀이	재미있는 놀잇감	동물을 사랑해요
㉠ 이야기 나누기	*생일축하 놀이	어떤 놀잇감이 있을까	동물그림보고 이야기
㉡ 신체 활동	상자 자동차 타기	공을 굴려보자	*동물농장 놀이
㉢ 감각·탐색	생일축하 촛불 탐색	소리나는 놀잇감 탐색	동물 퍼즐 만들기
㉣ 창의·음률	생일축하노래	*밀가루 풀 그림그리기	동물농장 노래
㉤ 쌓기·역할	생일케이크 소꿉놀이	장난감 제집 찾아주기	동물원 꾸미기
㉥ 실외·산책	선생님과 그네타기	나뭇잎 모아보기	동물원 구경

㉠ 이야기 나누기 활동으로 0세 영아 수준에서는 '생일축하 놀이'를 통하여 친구와 상호작용하며 예술적 모방행동을 즐기고, 1세 영아 수준에서는 흥미 영역에는 어떤 놀잇감이 재미있을까? 이야기를 나누고, 2세 영아 수준에서는 여러 가지 동물의 종류와 울음소리를 이야기하며 동물을 사랑하도록 한다.

㉡ 신체활동에서 0세 영아 수준에서는 '상자 자동차 타기'를 재미있게 하고, 1세 영아

수준에서는 '공을 굴려보는 놀이'를 경험하고, 2세 영아 수준에서는 '동물농장 놀이'를 통하여 동물의 모양, 소리, 움직임을 즐겁게 표현한다.

ⓒ 감각·탐색활동은 0세 영아 수준에서는 생일축하 촛불을 켰을 때와 촛불을 끈 후를 탐색해 보고, 1세 영아 수준에서는 흥미 영역의 소리 나는 놀잇감을 찾아서 소리내보며, 2세 영아 수준에서는 동물퍼즐 만들기를 즐길 수 있다.

ⓔ 창의·음률활동은 0세 영아 수준에서는 〈생일축하노래〉를 손뼉치며 즐기고, 1세 영아 수준에서는 '밀가루 풀 그림그리기'를 통하여 색과 질감에 대한 미적 표현을 즐기게 하고, 2세 영아 수준에서는 '동물농장 노래'를 동물농장 놀이와 관련지어 리듬감 있게 표현할 수 있다.

ⓜ 쌓기·역할활동은 0세 영아 수준에서는 생일케이크로 소꿉놀이를 즐기고, 1세 영아 수준에서는 '장난감 제집 찾아주기'를 친구와 같이하는 경험을 하고, 2세 영아 수준에서는 '동물원 꾸미기'를 친구와 함께할 수 있다.

ⓑ 실외·산책활동은 0세 영아 수준에서는 선생님과 함께 그네타기를 즐기고, 1세 영아 수준에서는 실외 교재원에서 '나뭇잎 모아보기'를 친구들과 같이 해보며, 2세 영아 수준에서는 가까운 동물원 구경을 통하여, 동물을 사랑할 수 있도록 한다.

나. 교수 – 학습활동 지도의 실제

표 Ⅲ-50 밀가루 풀 그림그리기

활동명	밀가루 풀 그림그리기	대상	1세아(3~4수준)
활동 목표	· 밀가루 반죽으로 감각적 경험을 한다. · 색과 질감에 대한 단순한 미술경험을 한다.		
관련 범주	예술경험〉 예술적 표현하기〉 단순한 미술경험하기〉 감각적으로 단순한 미술경험을 한다. (3~4수준)		
활동 자료	밀가루 풀, 식용 색소, 신문지, 도화지, 큰 쟁반, 작업복. 녹음테잎		
활동 준비	큰 비닐이나 신문지를 책상 위에 깔고, 테이프로 고정시킨 뒤, 그 위에 도화지나 쟁반을 준비한다. 영아들은 작업복을 입힌다.		

활동 방법	**도입** : ① 영아들의 손바닥에 밀가루 풀을 한 수저씩 나누어 주고, 자유롭게 탐색해 보도록 한다. 교사가 먼저 큰 쟁반에 밀가루 풀을 넣고, 손가락으로 문지르거나, 비벼보는 등 시범을 보여주고, 영아들도 충분히 체험해 보게 하여 흥미를 유발한다. 교사 : 밀가루 풀이 미끌미끌 하구나. 오늘 밀가루 풀 그림놀이 한번 해볼까요? 영아 : 예~. **전개** : ② 교사는 각 영아에게 밀가루 풀 그릇을 하나씩 놓아 준다. 그리고 영아는 자기 그릇에 손을 넣고 마음껏 주물러 보도록 한다. 교사 : 오늘 밀가루 풀 그림놀이를 해보자, 야! 정말 곱게 생겼다. 자, 이렇게 손가락으로도 만져 보고, 손바닥으로도 비벼 보자. 아이 부드럽다. (활동 하는 사이, 조용한 음악을 들려준다) 영아 : 예~. 재밌어! 아이~. 교사는 영아의 손을 잡고, 함께 밀가루 풀을 주무르는 활동을 하면서 와! 예쁘고, 미끌미끌하다. 다른 영아와도 접촉하면서, 언어자극을 반복해 준다, ③ 큰 종이를 깔고, 여러 명의 영아가 함께 밀가루 풀 그림(공동 작품)을 그리도록 한다. 색깔은 다양하게 섞어서 사용하여 더욱 더 아름다운 풀그림을 완성하도록 한다. – 이 때 교사도 같이 도와서 작품을 완성한다. **정리** : ④ 우리가 함께 만든 밀가루 풀 그림그리기 어때요? 영아 : 좋아요! 예뻐요! 영아들의 손을 잘 씻기고, 로션을 바르고, 오늘의 준비물을 같이 정리한다.
확장 및 유의사항	영아가 밀가루 풀 그림을 색색으로 자유롭게 표현해 볼 수 있도록 미술 영역에 셋트를 제공한다.

표 Ⅲ-51 동물농장 놀이

활동명	동물농장 놀이	대상	2세아(1~2수준)
활동 목표	· 노래를 부르며 동물의 모양을 표현할 수 있다. · 동물의 모양, 소리, 움직임에 관심을 갖는다.		
관련 범주	· 예술경험〉 예술적 표현하기〉 움직임으로 표현하기〉 노래나 리듬에 맞춰 몸으로 표현한다. · 자연탐구〉 과학적 탐구하기〉 주변 동식물에 관심가지기〉 주변 동식물의 모양, 소리, 움직임에 관심을 가진다. · 신체운동〉 신체활동에 참여하기〉 신체활동에 참여하기〉 신체활동에 자발적으로 참여해 본다.		
활동 자료	여러 가지 동물 가면, '동물농장' 음악CD, 리듬막대 등		
활동 준비	동물농장 음악에 나오는 여러 가지 동물 가면을 준비하여, 영아들이 탐색해 보고, 하나씩 선택하여 머리에 써 보도록 한다.		

활동 방법	**도입** : ① 〈동물농장〉 노래를 들으며(닭장속에는 암탉이(꼬꼬댁) 문간 옆에는 거위가(꽥꽥) 배나무 밑엔 염소가 (음메) 외양간에는 송아지(음매)) – 동물가면을 머리에 쓴 영아들에게 동물의 이름과 울음소리를 생각해 보도록 한다. 교사와 영아들 : 동물 가면을 머리에 쓴 영아들 상호간에 자기가 쓴 동물의 이름을 이야기한다. **전개** : ② 〈동물농장〉 노래에 나오는 동물의 울음소리는 어떻게 낼까? 노래를 잘 들어 보고 말해 보도록 한다. 교사 : 암탉은 어떻게 울지? 영아 : 꼬꼬댁, 꼬꼬~. 교사 : 송아지는 어떻게 울지? 영아들 : 음매애~. 교사 : 고양이는 어떻게 울지? 영아들 : 야옹~. 교사 : 주영이가 고양이 소리를 참 잘 내는 구나~. 주영아, 고양이 소리를 또 한 번 내어 볼까? 주영이 : 야아 옹~. 다 같이 박수, 짝짝짝~. ③ 동물의 생김새와 울음소리를 생각하며, 교사와 영아가 다함께 율동을 (교사가 시범을 보이며 시작)해 본다. ④ 모두 율동에 맞춰 동물 가면을 쓰고 〈동물농장〉 노래를 즐겁게 표현해 본다. **정리** : ⑤ '동물농장' 놀이에서 각 영아들이 재미있었던 느낌을 이야기한다. – 다같이 〈동물농장〉 노래를 처음부터 끝까지 부르면서, 동물 울음소리를 재미있게 표현해 보게 한다. 교사와 영아들 모두 함께 : 야! 재미있다! 손뼉, 짝짝짝짝!
확장 및 유의사항	'동물농장' 노래를 들으며, 자기가 쓴 동물 이름이 나올 때만 율동 동작을 표현하는 역할극으로도 해보도록 한다.

6. 자연탐구 영역

가. 지도의 핵심과 활동 유형별 교수 – 학습활동

① 자연탐구 영역 지도의 핵심

자연탐구 영역 지도의 핵심은 영유아가 주변사물과 자연환경에 대해 호기심을 갖고 능동적으로 탐구하는 태도를 기르며, 일상생활의 여러 문제를 수학적 상황을 인식하고, 주변사물과 자연환경을 과학적으로 탐구하는 능력을 기르기 위한 것이다. 자연탐구 영역의 목표를 달성키 위하여서는 첫째, 영유아가 일상생활에서 호기심을 유지하면서 스스로 탐색하여 답을 찾도록 지도해야 하며, 둘째, 일상생활 속에서 부딪치는 수학적 문제를 능동적으로 탐구하여 수학적 문제해결 능력을 기르고, 셋째, 주변의 물체와 물질, 동식물과 자연환경을 과학적으로 탐구하는 과학적 사고과정인 관찰–비교–분류–가설설정–실험–의사소통 등의 과학적 기초 능력을 발달시켜야 한다. '과학은 사고의 방법이며, 세상을 살아가는 방법이므로 유아는 과학을 배워야 하며, 과학적 소양을 갖추는 일은 유아의 권리이기도 하다(NAEYC, 2002).

② 자연탐구 영역 활동 유형별 교수 – 학습활동

자연탐구 영역의 교수 – 학습활동은 활동 유형에 따라서 이야기 나누기, 신체활동, 감각·탐색, 창의·음률, 쌓기·역할, 실외·산책 등 6가지 유형으로 구분할 수 있다. '재미있는 탐구놀이'를 주제로 하여 자연탐구 영역의 교수 – 학습활동을 0세, 1세, 2세 영아 수준에서 교수–학습 유형과 활동 내용을 예시해 보면 〈표 Ⅲ–52〉과 같다.

표 Ⅲ–52 영역별 교수 – 학습 유형과 활동 내용

주제	재미있는 탐구놀이		
활동 내용 / 활동 유형	0세 영아	1세 영아	2세 영아
	놀잇감이 좋아요	자연이 좋아요	여러 가지 탈 것 놀이
㉠ 이야기 나누기	컵 블록이야기	가을철의 과일이야기	불자동차 이야기
㉢ 감각·탐색	*컵으로 블록 쌓기	단풍잎 탐색하기	*자동차와 상자 짝짓기
㉣ 창의·음률	꼬마버스 타요 노래	유치원에 갑니다 노래	우리 모두 다 같이 음률
㉤ 조작·역할	얼굴 표정 찾기	나뭇잎 소꿉놀이	기차 블록놀이
㉥ 실외·산책	텃밭 둘러보기	*공원 둘러보기	바깥에서 개미 찾아보기

㉠ 이야기 나누기 활동으로 0세 영아 수준에서는 '컵 블록이야기'로 구체물의 크기와

수량의 기초 개념을 탐구하고, 1세 영아 수준에서는 가을철의 과일이야기로 자연환경의 변화에 흥미를 가지며, 2세 영아 수준에서는 소리 나는 '불자동차 이야기'를 한다.

㉢ 감각·탐색활동은 0세 영아 수준에서는 '컵으로 블록 쌓기'로 컵의 모양과 크기를 탐색하며 눈과 손의 협응력을 기르고, 1세 영아 수준에서는 단풍잎 탐색하기로 날씨와 기후 변화에 흥미를 가지며, 2세 영아 수준에서는 '자동차와 상자 짝짓기' 놀이를 통하여 사물의 크기와 속성을 탐색해 볼 수 있다.

㉣ 창의·음률활동에서 0세 영아 수준에서는 '꼬마버스 타요 노래'를 컵으로 블록 쌓기 탐색활동에서 즐긴다. 1세 영아 수준에서는 유치원에 갑니다. 노래를 공원 둘러보기와 관련지어 부르고, 2세 영아 수준에서는 〈우리 모두 다같이〉 노래를 '자동차와 상자 짝짓기'와 관련지어 흥미 있게 학습할 수 있다.

㉤ 조작·역할활동은 0세 영아 수준에서는 얼굴 표정 찾기 퍼즐을 맞추며 얼굴의 조각을 맞추어보고, 1세 영아 수준에서 나뭇잎을 통한 재미있는 소꿉놀이를 해보고, 2세 영아수준에서 기차 블록놀이로 기차의 길이, 크기, 색깔에 따른 규칙성과 도구에 흥미를 갖는다.

㉥ 실외·산책활동은 0세 영아 수준에서는 '텃밭 둘러보기'에서 텃밭에서 자라는 나무와 꽃 등을 살펴보게 하고, 1세 영아 수준에서는 공원을 둘러보고 여러 가지 나무와 꽃, 바위들을 탐색하며, 2세 영아 수준에서는 바깥마당에서 개미나 벌레를 찾아보고 관찰 점검을 해 볼 수 있다.

나. 교수 – 학습활동 지도의 실제

표 Ⅲ-53 공원 둘러보기

활동명	공원 둘러보기	대상	1세아(1~2수준)
활동 목표	공원 주변의 자연물에 관심을 갖고 탐색할 수 있다.		
관련 범주	자연탐구〉 과학적 탐구하기〉 주변 동식물에 관심가지기		
활동 자료	어린이집 실외의 나무와 꽃의 사진, 다양한 식물과 무생물이 있는 주변 공원. 〈유치원에 갑니다〉 노래테잎		
활동 준비	어린이집 실외의 나무와 꽃의 사진을 큰 종이에 부착하여 교실에 게시한다. 실외 나들이 준비를 한다.		

활동 방법	**도입** : ① 영아들에게 어린이집 실외의 나무와 꽃의 사진자료를 보여주며, 이야기를 나눈다. 교사 : 선생님이 공원에서 나무와 꽃, 바위들 사진을 찍었어요. 오늘은 공원에 가서 이 사진 속의 꽃을 찾아볼까? 영아들 : 예~. 가요. 교사 : 공원에 갈 때는 지켜야 할 약속이 있어요. 친구와 손잡고, 줄지어서 순서대로 가야 해요. 어디 친구와 손잡고 줄지어서 걸어 볼까요? - 〈유치원에 갑니다〉 노래를 부르면서 즐겁게 공원에 갑니다. 영아들 : 짹짹짹짹, 짹짹짹짹 짹. 해가 떴어요. 어디가세요. 나는 유치원에 갑니다. **전개** : ② 영아들과 공원으로 실외 나들이를 즐겁게 나가서 나무와 꽃, 바위들이 어디 있는지 찾아보도록 한다. 교사 : 나무와 꽃이 어디 있지? 손으로 가리켜 볼까? 영아 : 예~. 저기 나무요. 영아 : 꽃이 요기요. 교사 : 나무와 꽃을 꺾으면 될까요? 영아 : 안돼요. 나무가 아야~해요. 교사 : 맞았어요. 우린 모두 나무와 꽃을 사랑하는 착한 어린이들이죠? 영아들 : 예~! ③ 영아들이 찾은 나무와 꽃, 돌 등을 살펴보고, 만져보고, 느낌을 말하게 한다. 교사 : 꽃은 예뻐요? 영아 : 이이뻐~. 교사 : 우리 나뭇잎을 손으로 만져보자? 부드럽지요? **정리** : ④ 우리가 돌아본 나무와 꽃이 있는 이 공원에서 기념사진 한 장 찍어가자. 모두 : 즐거운 마음으로 기념사진을 찍고 노래 부르면서 돌아온다. - 〈유치원에 갑니다〉 노래를 부르면서 돌아온다.
확장 및 유의사항	공원에서 촬영한 기념사진을 교실에 게시함으로써, 주변의 자연환경에 대한 관심을 깊게 가질 수 있다.

표 Ⅲ-54 자동차와 상자 짝짓기 놀이

활동명	자동차와 상자 짝짓기 놀이	**대상**	2세아(1~2수준)
활동 목표	• 자동차를 크기에 따라 분류할 수 있다. • 상자와 자동차를 크기에 따라 짝짓기 할 수 있다.		
관련 범주	• 자연탐구〉 탐구하는 태도 기르기〉 반복적 탐색 즐기기〉 관심 있는 사물을 반복하여 탐색하기를 즐긴다. • 자연탐구〉 수학적 탐구하기〉 차이에 관심가지기〉 주변사물의 크기(속성의 차이)에 관심을 가진다.		
활동 자료	크기가 다른(상, 중, 하) 장난감 자동차 3-4대, 장난감 자동차(상, 중, 하)를 넣을 수 있는 상자 3-4개		
활동 준비	크기가 다른 장난감 자동차 3대와 장난감 자동차의 크기에 맞는 큰 상자, 중간 상자, 작은 상자 3개를 준비하여 뒤섞어 놓는다.		

활동 방법	**도입** : ① 자동차도 크기가 큰 자동차가 있고, 작은 자동차도 있다. '크다'와 '작다'의 의미를 자동차 크기로 비교하여 이야기하고, 탐색해 보도록 한다. - 교실에 있는 종이블록의 크기에 대해서도 비교해 보도록 한다. 교사 : 자동차도 집이 있어요. 자동차네 집은 상자란다. 상자는 자동차네 집이라고 해요. 알았지요. 영아들 : 예~. 교사 : 그럼 자동차에게 자기 집을 찾아주는 짝짓기 놀이를 해 볼까? 어떻게 하면 좋을까? 교사 : 자동차와 자기 집 짝짓기는 큰 자동차는 큰 상자에 넣고, 작은 자동차는 작은 상자에 넣어주면 되지요. 영아들 : 예~. 자동차네 집 짝짓기요. **전개** : ② 영아는 자동차의 크기에 따라서 큰 상자, 중간 상자, 작은 상자로 나누어 넣어 본다. 교사 : 자동차와 자기 집 짝 짓기가 다 되었으면, 크기대로(제일 큰 상자, 중간 상자, 작은 상자) 놓아보아요. 영아들 : 제일 큰 상자, 중간 상자, 작은 상자 순으로 배열하였다. 교사 : 잘 했어요. 모두 큰 상자 속에 큰 자동차를 넣고, 중간 상자 속에는 중간자동차를 넣고, 작은 상자 속에는 작은 자동차를 넣어서, 자동차가 크기 순서대로 자기 집에 짝 짓기를 다 했네요. 아주 잘 했어요. 영아와 교사 : 모두 박수! 짝짝짝짝! ③ 영아가 잘 넣게 되면, 자동차와 상자의 수를, 늘려서 활동해 본다. - 자동차와 상자의 수를 '하나, 두울, 셋, 넷, 다섯으로 세면서 짝짓기를 하도록 한다. **정리** : ④ 영아가 상자의 크기에 맞는 자동차를 상자 안에 넣어 본 놀이에 대한 느낌을 이야기한다. 교사 : 오늘 자동차와 자기 집 짝짓기 놀이 모두 잘 했어요? 큰 자동차는 큰 상자가 집이고, 작은 자동차는 집이 어디인가요? 영아 : 예! 작은 자동차는 작은 상자가 집이요. 예! 맞아요. 교사와 영아들 : 〈우리 모두 다같이〉 손뼉을, 우리 모두 다 같이 손뼉을, 노래를 부르면서 끝 마친다.
확장 및 유의사항	· 자동차의 종류별, 색깔별로도 자유롭게 분류해 보도록 한다. · 자동차의 종류별, 색깔별, 크기별로 분류해서 순서지어 짝짓기하여 보도록 한다.

PART

4

3-5세 교과교육 지도

정부는 2011년 5월 2일, 만 5세 교육·보육에 대한 국가의 책임을 강화하는 「만5세 공통과정」을 시행한다고 발표한 후 2012년 3월부터 유치원과 어린이집에서 공통의 '5세 누리과정'을 배우게 되었으며 2012년 3월에 도입한 '5세 누리과정'에 이어 2013년에 만 3-4세까지 누리과정을 확대하였다. '누리과정(제도)'는 유치원과 어린이집으로 이원화되어 있는 교육·보육과정을 통합하여 유아기 단계부터 교육의 질을 제고하고 생의 초기 출발점 평등을 보장하는 등 한국유아교육현장 사상 대개혁의 획을 긋는 계기가 되었다. 그러나 이러한 국가의 의지와는 달리 유아교육기관에서는 오래전부터 해당 유아교육기관에서 적용해오던 프로그램을 그대로 활용하므로서 현장 유아교육기관의 교육·보육과정 운영에 하등의 변화가 없다. 따라서 유아 교사 양성교육에서부터 국가 수준의 누리과정에 대한 이해 수준을 높이기 위하여 교과교육지도에서 3-5세 누리과정을 다루기로 하였다.

1 3~5세 영역별 교과교육 지도

2013년 3월부터 전국의 모든 유치원과 어린이집에서 국가 수준의 교육과정인 3~5세 누리과정을 전면 시행하고 있다.

그러나 국가의 의지와는 달리 현장 유아교육기관에서는 '누리과정' 적용을 위한 의지가 부족한 실정으로 국가가 의도하는 '누리과정' 운영의 효율성을 높이기 위하여 교육과학기술부 고시 제 2012-16호, 보건복지부 고시 제 2012-82호에 따른 '3~5세 연령별 누리과정 해설서'와 '3~5세 누리과정 교사용 지침서'를 참고하여 교수·학습 지도 지침을 통한 교과교육의 방향을 알아보고 교과교육의 방법으로 5개 영역별로 성격, 목표, 내용 범주별 지도 방법 순으로 살펴보기로 한다.

1 3~5세 영역별 교과교육 지도

전항에서 밝힌 바와 같이 3~5세 5대 영역별 교과교육 지도에서는 5대 영역별로 성격, 목표, 내용 범주별 내용, 내용 범주별 지도 지침 및 유의점 순으로 기술하기로 한다.

1. 신체운동 · 건강 영역

(1) 성격

① 신체운동·건강 영역은 유아가 자신의 신체를 긍정적으로 인식하고 신체활동에 즐겁게 참여함으로써 유아기에 필요한 기본 운동 능력과 기초체력을 기르고 건강하고 안전한 생활을 실천하는 능력과 태도를 기르기 위한 영역이다.

② 신체운동·건강 영역에서는 유아의 발달 수준과 흥미에 맞는 다양한 신체활동과 규칙적인 운동을 통해 기본 운동 능력과 기초 체력을 형성하고 적절히 휴식하며 주변을 청결히 하고, 위생적이고 안전한 생활습관과 위험한 상황으로부터 자신을 지킬 수 있는 방법과 태도를 자연스럽게 습득하도록 한다.

(2) 목표

기본 운동 능력과 건강하고 안전한 생활습관을 기른다.

① 감각능력을 기르고, 자신의 신체를 긍정적으로 인식한다.
② 신체를 조절하고 기본 운동 능력을 기른다.
③ 신체활동에 즐겁게 참여한다.
④ 건강한 생활습관을 기른다.
⑤ 안전한 생활습관을 기른다.

(3) 내용 범주별 내용

표 Ⅳ-1 내용 범주별 내용

내용 범주	내용
신체 인식하기	• 감각능력을 기르고 활용하기 • 신체를 인식하고 움직이기
신체조절과 기본 운동하기	• 신체조절하기 • 기본 운동하기
신체활동에 참여하기	• 자발적으로 신체활동에 참여하기 • 바깥에서 신체활동하기 • 기구를 이용하여 신체활동하기
건강하게 생활하기	• 몸과 주변을 깨끗이 하기 • 바른 식생활하기 • 건강한 일상생활하기 • 질병 예방하기
안전하게 생활하기	• 안전하게 놀이하기 • 교통안전 규칙 지키기 • 비상시 적절히 대처하기

(4) 내용 범주별 지도 지침 및 유의점

가. 신체 인식하기

• 신체의 여러 감각기관을 인식할수 있도록 시각, 촉각, 청각, 미각, 후각 등 오감각을 모두 활용할 수 있게 하는데 초점을 둔다.

- 다양한 움직임과 활동을 통해 자신의 신체능력에 대해 자부심을 느끼게 하는 데 주안점을 둔다.

① 감각운동 능력 기르기

- 인식하는 능력을 키울 수 있는 내용으로 구성되어 있다.
- 감각기관을 서로 협응하여 감각적 차이를 보다 예민하게 구분하게 된다.

표 Ⅳ-2 연령별 지도 내용

3세	4세	5세
감각적 차이를 경험한다.	감각적 차이를 구분한다.	감각으로 대상이나 사물의 특성과 차이를 구분한다.
감각기관을 인식하고 활용해본다.	여러 가지 감각기관을 협응하여 활용한다.	

▶ 지도지침 및 유의점

- 유아의 감각활동을 몸으로 인식하며 여러 가지 감각기관을 동시에 통합적으로 활용한다는 것을 전재한다.
- 다양한 감각기관을 사용해 보도록 권장하고, 다양한 경험의 기회를 제공한다.
- 다른 신체와 능력을 가진 사람을 존중할 수 있도록 지도한다.
- 감각장애(시각, 청각 등) 유아를 위한 자료를 수정하거나 감각자료를 제공한다.
- 다양한 감각기관의 활용활동을 계획하고 적절한 환경과 자료를 제공한다.
- 일상생활에서 감각을 활용하는 기회를 제공한다.

② 신체를 인식하고 움직이기

- 자신의 신체를 긍정적으로 인식하도록 하는 내용으로 구성된다.
- 자신의 신체를 긍정적으로 인식하고 즐거움과 자긍심을 갖게 한다.

표 Ⅳ-3 연령별 지도 내용

3세	4세	5세
신체 각 부분의 명칭을 알고 움직임에 관심을 갖는다.	신체 각 부분의 특성을 이해하고 활용하여 움직인다.	
자신의 신체를 긍정적으로 인식하고 움직인다.		

▶ 지도지침 및 유의점

- 신체 각 부분을 움직여보고 신체의 구조와 기능을 스스로 느껴 볼 수 있는 기회를 제공한다.
- 신체 각 부분을 움직일 수 있는 구체적인 상황을 계획하여 제시한다.
- 유아의 발달 수준과 흥미에 적합한 활동을 제시한다.
- 가능한 넓은 공간에서 활동하도록 한다.

나. 신체조절과 기본 운동하기

- 다양한 움직임을 통해 신체를 조절하고 균형을 유지하며 신체 각 부분의 움직임과 협응력을 증진하는데 촛점을 둔다.
- 제자리에서의 움직임과 다양한 이동 운동을 하여 표현력과 창의적인 동작들을 만들기 위한 기초능력을 배양하는데 주안점을 둔다.

① 신체조절하기

- 신체운동 능력과 협응력을 지속적으로 향상시킨다.
- 바른 자세, 여러 가지 운동 발달에 필요한 지식과 기능, 태도를 기른다.

표 Ⅳ-4 연령별 지도 내용

3세	4세	5세
신체 기능을 유지해본다.	다양한 자세와 움직임에서 신체 균형을 유지한다.	
공간, 힘, 시간 등의 움직임 요소를 경험한다.	공간, 힘, 시간 등의 움직임 요소를 활용하여 움직인다.	
신체 각 부분의 움직임을 조절해본다.	신체 각 부분을 협응하여 움직임을 조절한다.	
눈과 손을 협응하여 소근육을 조절해 본다.		
		도구를 활용하여 여러 가지 조절운동을 한다.

▶ 지도지침 및 유의점

- 유아신체 각 부위의 근육을 조절하여 다양한 자세를 취하여 움직여 보도록 한다.
- 신체 각 부분의 움직임을 조절하고 협응하는 능력을 기르는데 중점을 둔다.
- 시범을 보이거나 흥미를 유발시켜 가능한한 다양한 움직임을 경험하고 활동에 참

여할 수 있도록 한다(장애나 발달지체 등).

- 유아가 여러 움직임을 경험하고 시도해 볼 수 있게 한다.
- 유아의 신체균형유지, 조절능력을 발달시켜 나갈 수 있도록 지원한다.

② 기본 운동하기

- 이동 운동(예 : 걷기, 달리기 등)과 제자리운동(예 : 구부리기, 뻗기 등)으로 운동능력의 토대를 갖춘다.
- 유아의 신체발달 특성을 고려한 다양한 이동, 제자리운동 경험을 해보게 한다.

표 Ⅳ-5 연령별 지도 내용

3세	4세	5세
걷기, 달리기 등 이동 운동을 한다.	걷기, 달리기, 뛰기 등 다양한 이동 운동을 한다.	
제자리에서 몸을 움직여 본다.	제자리에서 몸을 다양하게 움직인다.	

▶ 지도지침 및 유의점

- 이동 운동 시에는 속도와 방향 등에 변화를 주어 움직여 보도록 한다.
  예 : "앞으로 뒤로, 꽃게처럼 옆으로 걸어볼까?"
- 제자리에서 몸을 움직여 보는 활동을 방향과 속도를 달리하며 시도해본다.
  예 : 구부리기, 뻗기, 꼬기, 회전하기, 흔들기, 지탱하기, 밀기, 당기기 등
- 악기나 신호에 따라 움직이기, 움직이다가 방향 바꾸거나 멈춰보기 등의 활동을 해 본다.

다. 신체활동에 참여하기

- 즐거운 신체활동을 제공함으로써 유아가 자발적이고 지속적으로 신체활동에 참여할 수 있도록 하는데 초점을 둔다.
- 다양한 능력을 가진 친구와 함께 신체활동을 하면서 운동능력에 차이가 있음을 알고 다양한 방법으로 활동할 수 있다는 것을 이해하도록 한다.
- 바깥에서 자유롭게 움직임으로써 심신을 건강하게 하고 대근육 발달을 돕는데 주안점을 준다.
- 기구를 이용한 신체활동을 하면서, 기구를 탐색하고 활용하여 신체 협응력을 발달시키는데 중점을 둔다.

① **자발적으로 신체활동에 참여하기**

- 유아가 신체활동에 자발적으로 참여하여 이를 즐김으로써 기쁨과 만족감을 느끼고 자신의 신체운동능력에 자신감을 느끼게 한다.
- 유아의 발달적 특성에 적합한 신체활동을 격려한다. (연령, 개인차, 운동의 종류, 흥미, 능력 등)

표 Ⅳ-6 연령별 지도 내용

3세	4세	5세
신체활동에 자발적으로 참여한다.	신체활동에 자발적이고 지속적으로 참여한다.	
다른 사람과 함께하는 신체활동에 참여한다.		
	자신과 다른 사람의 운동능력의 차이에 관심을 갖는다.	자신과 다른 사람의 운동능력의 차이를 이해한다.

▶ **지도지침 및 유의점**

- 유아 주변의 사물의 움직임을 관찰한 후 자발적으로 표현해 볼 수 있도록 한다.
  예 : "개구리나 토끼는 어떻게 뛸까? 우리도 개구리나 토끼처럼 뛰어볼까?"
- 유아들이 자신의 특성에 맞는 신체운동에 참여함으로써 성공적인 경험을 할 수 있도록 하고 서로의 차이를 자연스럽게 인정하도록 한다.
- 자신감이 없거나 소극적인 유아에게는 충분한 시간적 여유를 주어 스스로 탐색과 다양한 시도를 해보도록 한다.

② **바깥에서 신체활동하기**

- 실외놀이터, 주변공원이나 놀이터 가까운 숲 자연환경에서 신체활동을 하는 내용이다.
- 다양한 신체활동을 통해 심신의 스트레스를 발산하고 신체발달과 운동능력을 증진시킨다.

표 Ⅳ-7 연령별 지도 내용

3세	4세	5세
규칙적으로 바깥에서 신체활동을 한다.		

▶ 지도지침 및 유의점

- 계절, 날씨, 건강 상태 등을 고려하여 매일 신체활동하기를 계획한다.
- 1일 60분 이상 바깥놀이(대근육 활동 포함) 시간을 확보하도록 한다.
- 동적, 정적활동, 집단활동과 자유놀이를 균형적으로 실시한다.
- 규칙적으로 놀이하기, 나들이하기, 산책하기 등의 대근육 활동을 하게 한다.

③ 기구를 이용하여 신체활동하기

- 다양한 기구를 활용하여 신체활동을 함으로써 대근육 활동능력을 기르고, 기구를 이용하는 방법을 습득하게 하는 내용이다.
- 기구 활용을 통해 거리, 높이, 길이, 빠르기에 대한 감각을 경험하면서 신체조절능력과 대처능력을 기를 수 있다.

표 Ⅳ-8 연령별 지도 내용

3세	4세	5세
여러 가지 기구를 이용하여 신체활동을 한다.		

▶ 지도지침 및 유의점

- 기구를 사용하기 전에 탐색하는 경험을 통하여 기구의 무게, 질감, 색 등을 느껴보고 탐색해 보도록 한다. 예 : "이것은 만져보니 어떤 느낌이 드니?"
- 기구의 사용 방법을 알아보며 기구를 활용한 여러 가지 운동들에 대해 알아본다.
- 기구 사용 시에는 유아발달에 적합한 기구를 사용하도록 하고, 난이도를 조절하여 안전에 유의하도록 한다.

라. 건강하게 생활하기

- 일과중 유아의 건강 상태와 신체리듬을 고려하여 규칙적인 생활을 하게 하는데 주안점을 둔다.
- 스스로 이 닦기, 손 씻기, 주변을 깨끗이 하기, 바른 식생활과 옷입기 등의 기본 생활습관을 실천하는데 주안점을 둔다.

① 몸과 주변을 깨끗이 하기

- 질병을 예방하기 위해 자신의 손과 몸을 깨끗이 하는 방법을 알고 실천한다.
- 유아생활 주변을 깨끗이 하는 습관을 기르도록 한다.

표 Ⅳ-9 연령별 지도 내용

<table>
<tr><th>3세</th><th>4세</th><th>5세</th></tr>
<tr><td colspan="2">손과 이를 깨끗이 하는 방법을 알고 실천한다.</td><td>스스로 몸을 깨끗이 하는 습관을 기른다.</td></tr>
<tr><td>주변을 깨끗이 한다.</td><td colspan="2">주변을 깨끗이 하는 습관을 기른다.</td></tr>
</table>

▶ 지도지침 및 유의점

- 유아들 스스로 손 씻기나 양치를 바르게 실천할 수 있도록 교사가 관찰지도한다.
- 유아들의 칫솔은 교체가 필요한 경우, 학부모에게 알려주어 교체하도록 한다.
- 칫솔질이 바르지 않은 유아를 찾아 지도한다.
- 핸드타월을 비치하고 칫솔을 살균소독기에 보관한다.
- 유아의 발달 및 각 영역의 정리 표시를 해두어 놀잇감을 정리하도록 한다.

② 바른 식생활하기

- 음식을 골고루 적당량 먹고 몸에 좋은 음식에 관심을 갖고 구별할 수 있게 한다.
- 바른 식사예절과 태도를 알고 실천할 수 있게 돕는다.

표 Ⅳ-10 연령별 지도내용

<table>
<tr><th>3세</th><th>4세</th><th>5세</th></tr>
<tr><td colspan="2">음식을 골고루 먹는다.</td><td>적당량의 음식을 골고루 먹는다.</td></tr>
<tr><td>몸에 좋은 음식에 관심을 갖는다.</td><td>몸에 좋은 음식을 알아본다.</td><td>몸에 좋은 음식을 선택할 수 있다.</td></tr>
<tr><td>바른 태도로 식사한다.</td><td colspan="2">음식을 소중히 여기고 식사예절을 지킨다.</td></tr>
</table>

▶ 지도지침 및 유의점

- 유아의 특성을 고려, 양을 조절해 주어 즐거운 식사시간이 되게 한다.
- 가정과 같은 식사 분위기를 조성해준다. (예 : 음악, 분위기 등)
- 교사는 식사 방법 및 태도에 대한 모델링이 된다.
- 음식에 대한 관심을 갖게 한다. (예 : 이름, 모양, 색, 맛, 경험 등)
- 식사도구에 관심을 갖고 젓가락 사용을 시도해본다.

③ 건강한 일상생활하기

- 규칙적인 수면과 휴식, 배변습관을 가지고 즐겁게 생활하는 태도를 기른다.

표 Ⅳ-11 연령별 지도 내용

3세	4세	5세
규칙적으로 잠을 자고 적당한 휴식을 취한다.		
하루 일과에 즐겁게 참여한다.		
스스로 화장실에서 배변한다.	빠른 배변습관을 가진다.	규칙적인 배변습관을 지킨다.

▶ 지도지침 및 유의점

- 건강생활은 일상생활 속에서 지속적으로 지도하고 하루 일과를 균형적으로 운영하여(예 : 동적활동 뒤에는 정적활동) 규칙적인 휴식시간을 제공한다.
- 유아들이 안정감을 느끼고 편안히 쉴 수 있는 아늑한 환경을 조성해 주어야 한다. (예 : 햇빛과 소음차단, 온도, 장난감, 인형, 음악, 동화 등)
- 유아들의 긍정적인 정서와 정신건강을 위하여 인내력을 가지고 긍정적인 방법으로 지도한다.
- 즐거운 놀이에 참여할 수 있는 일과를 운영한다.
- 유아의 놀이 도중 표정이나 행동을 살펴 화장실가기를 안내한다.

④ 질병 예방하기

- 질병의 위험에 대한 대비, 날씨와 상황에 따른 옷입기를 통하여 체온을 조절하고 건강을 유지한다.

표 Ⅳ-12 연령별 지도 내용

3세	4세	5세
질병의 위험을 알고 지도한다.	질병을 예방하는 방법을 알고 실천한다.	
날씨에 맞게 옷을 입는다.	날씨와 상황에 알맞게 옷을 입는다.	

▶ 지도지침 및 유의점

- 질병 관리를 위해 실내의 습도 및 온도 조절, 수시로 창문 열기, 정기적인 공기질 검사를 의뢰한다.
- 질병감염 유아에 대하여 지도한다. (예 : 가정휴식, 병원치료 등)
- 질병예방을 위해 가정과의 연계지도, 부모교육을 실시하며 일상생활에서 지속적으로 지도한다.

마. 안전하게 생활하기

- 사전에 안전사고를 예방할 수 있도록 지도하는 것에 중점을 둔다.
- 유아가 스스로 위험 상황을 정확히 인식하고 대처할 수 있도록 지속적인 교육과 훈련을 하는 것에 주안점을 둔다.

① 안전하게 놀이하기

- 놀이기구, 놀잇감, 도구, 전자미디어를 안전하게 사용하는 지식, 기능, 태도를 형성한다.

표 Ⅳ-13 연령별 지도 내용

<table>
<tr><th>3세</th><th>4세</th><th>5세</th></tr>
<tr><td colspan="2">놀이기구나 놀잇감, 도구를 안전하게 사용한다.</td><td>놀이기구나 놀잇감, 도구의 바른 사용법을 알고 안전하게 생활한다.</td></tr>
<tr><td>안전한 놀이장소를 안다.</td><td colspan="2">안전한 놀이장소를 알고 안전하게 놀이한다.</td></tr>
<tr><td>TV, 인터넷, 통신기기 등을 바르게 사용한다.</td><td colspan="2">TV, 인터넷, 통신기기 등의 위해성을 알고 바르게 사용한다.</td></tr>
</table>

▶ 지도지침 및 유의점

- 놀잇감과 도구의 위험요소(예 : 날카로운면, 파손) 등을 매일 점검하고 시설·설비안전 점검표를 활용하고 지속적인 안전교육을 실시하며 안전사고를 예방한다.
- 이야기 나누기, 동화, 토의 등을 통해 안전의 중요성을 이해시킨다.
- 전자미디어를 바르게 사용하는 방법을 지도하고 가정과의 연계지도를 강화하여 지나친 욕구를 조절하며 정해진 시간에만 활용하도록 한다.

② 교통안전 규칙지키기

- 교통사고의 위험으로부터 자신을 보호하기 위한 지식, 기능, 태도를 형성한다.

표 Ⅳ-14 연령별 지도 내용

<table>
<tr><th>3세</th><th>4세</th><th>5세</th></tr>
<tr><td>교통안전 규칙을 안다.</td><td colspan="2">교통안전 규칙을 알고 지킨다.</td></tr>
<tr><td colspan="3">교통수단을 안전하게 이용한다.</td></tr>
</table>

▶ 지도지침 및 유의점

- 교통안전 규칙을 숙지시키기 위하여 부모교육, 교통공원 체험학습(만 5세), 일상생활 장면별 현장지도를 지속적으로 실시한다.
- 승차시 '안전하게 뒤쪽 앉기' 안전띠를 매고 방해되지 않게 앉기 등의 규칙을 알려준다.

③ **비상시 적절히 대처하기**

- 비상상황에서 자신을 보호하는 지식, 기능, 태도를 배양한다. (예 : 학대, 성폭력, 실종, 유괴, 재난 및 사고 등)

표 Ⅳ-15 연령별 지도 내용

3세	4세	5세
학대, 성폭력, 실종, 유괴 상황을 알고 도움을 요청한다.	학대, 성폭력, 실종, 유괴상황 시 도움을 요청하는 방법을 알고 행동한다.	
재난 및 사고 등 비상시 적절하게 대처하는 방법을 안다.	재난 및 사고 등 비상시 적절하게 대처하는 방법을 알고 행동한다.	

▶ 지도지침 및 유의점

- 위험 상황을 인식하고 스스로 자신을 보호하는 방법을 이해시킨다. (예 : 성인에게 도움 요청 방법, 지속적인 정보 제공과 교육 등)
- 유아 교육기관의 교직원에 대한 전문적인 안전교육을 실시한다.
- 사회적인 선입견이나 편견을 갖지 않도록 지도한다. (예 : 낯선 사람에 대한 부정적 시각, 어른의 부탁을 거절할 경우, 나쁜 아이다는 등)
- 재난 대피훈련 시 예정훈련시간, 대피장소, 대피요령을 사전에 안내하고 가정에 가정통신문을 통해 연계 교육을 실시하며 재난 대피훈련 시 상황에 따른 다양한 대피방법으로 이해시키며 지속적으로 실시한다.

2. 의사소통

(1) 성격

① 의사소통 영역은 언어의 기본 형태의 구어와 문서를 활용하여 나와 다른 사람의 느낌이나 생각, 경험을 상황과 상대방에 알맞게 소통할 수 있는 능력을 기르는 영역이

다. 또한 말과 글의 관계를 알고 읽기와 쓰기에 흥미를 가져 언어 사용을 즐기도록 하는 영역이다.

② 일상생활에서 자연스럽게 접하게 되는 내용을 말하고 듣는 기회를 활용하고, 생활 속의 환경 인쇄물을 자주 접하도록 하며 정확하지 않은 말과 글로 표현하더라도 그 의미를 존중해 주어 즐거운 언어 사용이 되도록 하여 저자가 전달하고자 하는 의도를 유아가 즐겁게 발견할 수 있도록 한다.

(2) 목표

일상생활에 필요한 의사소통 능력과 바른 언어사용 습관을 기른다.

① 다른 사람의 말을 주의 깊게 듣는 태도와 이해하는 능력을 기른다.

② 자신의 생각과 느낌을 말하는 능력을 기른다.

③ 글자와 책에 친숙해지는 경험을 통하여 글자의 모양을 인식하고 읽기에 흥미를 가진다.

④ 말과 글의 관계를 알고 자신의 생각, 느낌, 경험을 글로 표현하는데 관심을 가진다.

(3) 내용 범주별 내용

표 Ⅳ-16 내용 범주별 내용

내용 범주	내용
듣기	• 낱말과 문장 듣고 이해하기 • 이야기 듣고 이해하기 • 동요, 동시, 동화 듣고 이해하기
말하기	• 낱말과 문장으로 말하기 • 느낌, 생각, 경험 말하기 • 상황에 맞게 바른 태도로 말하기
읽기	• 읽기에 흥미가지기 • 책 읽기에 관심가지기
쓰기	• 쓰기에 관심가지기 • 쓰기도구 사용하기

(4) 내용 범주별 지도 지침 및 유의점

가. 듣기

- 일상생활에서 사용하는 낱말과 문장, 좀 더 긴 구조로 이루어진 이야기, 동요·동시·동화 등 문학적 요소가 담긴 이야기를 집중하여 듣고 이를 즐기는데 중점을 둔다.
- 다른 사람이 말한 낱말, 문장, 이야기 내용을 주의깊게 듣고 그 내용을 이해하는데 중점을 둔다.

① 낱말과 문장 듣고 이해하기

- 낱말의 발음을 구별하여 듣기, 비슷한 발음을 구별하는 내용으로 구성되어 있다.
- 일상생활 및 여러 상황에서 낱말과 문장이 나타내는 뜻을 이해할 수 있는 내용이다.

표 Ⅳ-17 연령별 지도 내용

3세	4세	5세
낱말의 발음에 관심을 가지고 듣는다.		낱말의 발음에 관심을 가지고 비슷한 발음을 듣고 구별한다.
일상생활과 관련된 낱말과 문장을 듣고 뜻을 이해한다.		다양한 낱말과 문장을 듣고 뜻을 이해한다.

▶ 지도지침 및 유의점

- 주변의 여러 말소리에 관심을 가지고 들을 기회를 다양하게 제공한다.
- 새로운 낱말의 개념을 직접 경험하거나 볼 수 있는 상황에서 낱말 발음을 유아가 듣도록 하여 개념을 이해시킨다.
- 5세 유아에게는 운율이 있는 낱말을 활용한 언어놀이, 낱말의 첫소리나 끝소리가 같은 낱말 연결하기 등과 같은 언어 놀이가 효과적이다.
- 카드로 새로운 낱말 익히기, 학습지 형태로 낱말이나 문장 익히기는 주입식으로 외우기가 강요됨으로써 유아 언어 학습에 적합하지 못하다.

② 이야기 듣고 이해하기

- 유아가 좀 긴 이야기의 내용을 관심 있게 듣고 그 속의 사건이나 주인공의 느낌 등을 이해하는 내용이다.

• 만 4~5세 유아가 이야기를 듣는 도중, 궁금한 사물, 사람, 사건 등에 대하여 질문하도록 하는 내용이다.

표 Ⅳ-18 연령별 지도 내용

3세	4세	5세
다른 사람의 이야기를 관심있게 듣는다.	다른 사람의 이야기를 이해한다.	
	이야기를 듣고 궁금한 것에 대해 질문한다.	

▶ 지도지침 및 유의점

• 만 3세는 만 3세 아이가 흥미 있어 하는 주제나 내용에 대하여 이야기를 들려주고 이야기의 흐름을 놓치지 않는 범위에서 주의집중을 위한 행동을 하여 유아의 관심을 끌도록 한다. (예 : "똑똑 문을 두드렸대." 할 때 직접 책상을 두드림)
• 다른 사람의 이야기를 들을 때 교사는 가끔 질문을 하여 이야기의 내용을 이해하도록 기회를 제공한다. (예 : 낱말, 문장, 동기, 정서, 경험 등)
• 만 3~4세의 경우, 되도록 이면 개인별로나 소집단으로 이야기를 듣도록 한다.
• 유아가 서로 사전경험을 공유한 이야기를 주제로 하여 말하고 듣도록 한다.

③ 동요, 동시, 동화 듣고 이해하기

• 동요, 동시, 동화를 자주 경험하게 하고 다양한 방법으로 들려주어 즐기도록 한다.
• 반복하여 듣는 경험을 통해 우리말의 재미를 느끼게 하는 내용이다.

표 Ⅳ-19 연령별 지도 내용

3세	4세	5세
동요, 동시, 동화를 다양한 방법으로 듣고 즐긴다.		동요, 동시, 동화를 다양한 방법으로 듣고 이해한다.
	전래동요, 동시, 동화를 듣고 우리말의 재미를 느낀다.	

▶ 지도지침 및 유의점

• 문학적으로, 예술적으로 우수한 그림책을 선정하며 다양한 매체는 내용을 반복하여 들을 기회를 준다.
• 다양한 장르의 문학을 다양한 매체를 통하여 들을 수 있도록 한다.
(예 : 그림판 동화, 그림자 동화, 손가락 동화, TV 동화 등)

- 만 4~5세는 말의 운율이나 흥미로운 구절의 반복으로 재미를 느끼게 한다.
- 유아가 스스로 다양한 문학작품을 선택하여 들을 수 있도록 자료를 준비해 둔다.
  (예 : 카세트 플레이어, CD, 핸드폰 등)
- 그림책을 읽어 줄 때 유아가 추측이나 상상, 예측이 가능한 질문을 하는 것이 바람직하다.

④ 바른 태도로 듣기

- 다른 사람이 말을 할 때 말하는 사람을 바라보며 주의 깊게 끝까지 듣는 내용이다.

표 Ⅳ-20 연령별 지도 내용

3세	4세	5세
말하는 사람을 바라보며 듣는다.	다른 사람의 이야기를 주의 깊게 듣는다.	다른 사람의 이야기를 끝까지 주의 깊게 듣는다.

▶ 지도지침 및 유의점

- 말하는 사람에게 시선을 고정하여 말소리를 끝까지 듣게 한다.
- 만 3세 유아는 말하는 사람의 표정, 시선, 몸짓, 입 모양을 동시에 바라보면서 듣게 한다.
- 3~4세 유아는 새로운 주제를 도입할 때 그 이야기와 관련된 사전 경험을 하고 흥미가 생겼을 때 이야기를 들려준다.
- 대집단에서 이야기할 때는 이미 충분히 소개된 내용, 직접 경험한 것, 함께 보았던 내용을 주제로 해야 한다.
- 친구가 한 말을 동작으로 해보기, 친구가 낸 수수께끼 듣고 알아맞히기 활동은 다른 사람의 이야기를 주의 깊게 듣는 태도를 길러준다.
- 교사는 남의 말을 잘 들어 주는 모델이 되며 남의 말을 주의 깊게 잘 듣는 유아를 칭찬해준다.

나. 말하기

- 일상생활에서 일어나는 일들을 다양한 낱말과 문장으로 말하고 자신의 느낌, 생각, 경험을 잘 전달할 수 있도록 하는데 촛점을 둔다.

- 주제를 정하여 이야기 나누기와 이야기 지어 말하기를 통해 의사소통능력과 언어 표현력을 기르는데 주안점을 둔다.
- 상황에 맞게 바른 태도로 말할 수 있도록 의사소통의 기본 예절을 기르는데 주안점을 둔다.

① 낱말과 문장으로 말하기

- 자신이 알고 있는 낱말을 조음하여 발음하고 주변에서 일어나는 상황을 다양한 낱말이나 문장을 사용하여 말하도록 하는 내용이다.
- 일상생활에서 접하는 낱말을 상황에 맞게 다양한 문장으로 말할 수 있도록 하는 내용이다.

표 Ⅳ-21 연령별 지도 내용

3세	4세	5세
친숙한 낱말을 발음해 본다.	친숙한 낱말을 정확하게 발음해 본다.	정확한 발음으로 말한다.
새로운 낱말에 관심을 가진다.	다양한 낱말을 사용하여 말한다.	다양한 낱말을 사용하여 상황에 맞게 말한다.
일상생활에서 일어나는 일들을 간단한 문장으로 말한다.		일상생활에서 일어나는 일들을 다양한 문장으로 말한다.

▶ 지도지침 및 유의점

- 일상생활에서 자주 접하는 친숙한 낱말을 찾아 발음해 볼 기회를 제공한다. (만 3세 : 유아 이름, 주변의 사물 명칭 등)
- 새로 습득한 다양한 낱말들을 사용하여 상황에 맞게 말해 보도록 한다.
- 2~3개 낱말로 구성된 단문에서 점차 6~7개의 낱말로 구성된 복합문으로 발전시킨다.
- 교사는 동일한 상황이나 의미를 갖고 있는 다양한 단어를 사용해서 말한다.
- 교사는 명확하게 발음을 지적하거나 반복시켜 지도해서는 안 된다.

② 느낌, 생각, 경험 말하기

- 유아가 경험한 것을 자신의 느낌, 생각, 경험을 주제, 상황, 대상에 적합하게 적절한 낱말과 문장으로 능력을 기르는 내용이다.

- 자신의 생각을 이야기로 지어 말하고 즐기는 것을 통해 언어적 표현력을 기르는 내용을 포함한다. (만 4~5세)

표 Ⅳ-22 연령별 지도 내용

3세	4세	5세
자신의 느낌, 생각, 경험을 말해 본다.	자신의 느낌, 생각, 경험을 말한다.	자신의 느낌, 생각, 경험을 적절한 낱말과 문장으로 말한다.
	주제를 정하여 함께 이야기를 나눈다.	
	이야기를 지어 말한다.	이야기를 지어 말하기를 즐긴다.

▶ 지도지침 및 유의점

- 느낌과 생각을 자기의 경험으로 한두 낱말로 말해 보도록 한 다음 다양한 낱말과 문장으로 발전시킨다. (만 3세)
- 편안하고 자유롭게 표현할 수 있도록 허용적인 분위기를 조성해주고 다양한 요구와 정서적 상황에 대하여 민감한 반응을 해주어야 한다.
- 소집단 활동을 통해 주제를 정하고 이야기를 나눌 수 있는 기회를 제공한다.
- 간단한 상황과 사건으로 이야기를 지어보게 하다가 점차 복잡한 상황과 사건들을 연결하여 이야기를 지어보도록 격려한다. (만 4세)
- 다양한 자료를 제공해주어 이야기를 지어 말할 수 있는 기회를 제공하고 이야기를 지어 말하는 것을 즐길 수 있도록 한다.

③ 상황에 맞게 바른 태도로 말하기

- 때, 장소, 대상, 상황 등을 고려, 바르고 고운 말을 사용하여 말하는 내용이다.
- 상대방을 바라보며 차례로 말하기
- 듣는 사람의 생각 느낌을 고려하여 말하기(만 5세)
- 바르고 고운말 사용하기(만 3-5세)

표 Ⅳ-23 연령별 지도 내용

3세	4세	5세
	듣는 사람의 생각과 느낌을 고려하여 말한다.	
상대방을 바라보며 말한다.	차례를 지켜 말한다.	때와 장소 대상에 알맞게 말한다.
바르고 고운말을 사용한다.		

▶ 지도지침 및 유의점

- 그림 자료를 통해 제시된 다양한 상황 또는 놀이상황에서 듣는 사람의 느낌, 생각이 어떨까에 대해 이야기해 보도록 한다. (만 3~4세)
- 역할놀이나 갈등상황에서 상대방의 느낌과 생각을 고려해 때, 장소, 대상에 알맞게 말해 보는 기회를 제공한다. (만 5세)
- 교사는 늘 바르고 정확하게 말하는 언어적 모델을 보여준다.
- 유행어나 속어 등을 사용할 때 바른말로 대체하도록 격려한다.

다. 읽기

- 읽기에 흥미를 가지도록 환경인쇄물이나 일상생활속 인쇄물에서 친숙한 글자를 찾고 읽어보거나, 읽어주는 글의 내용에 관심을 가지는데 초점을 둔다.
- 책의 그림을 단어로 내용을 이해하고 필요한 정보를 책에서 찾아보면서 책에 흥미를 가지고 책 보는 것을 즐기는 태도를 기르는데 주안점을 둔다.

① 읽기에 흥미를 가지기

- 일상생활 속에서 자주 접하는 친숙한 글자를 찾아보고 이러한 글자에 흥미를 가지고 읽어보려고 시도하는 내용이다.
- 인쇄물, 그림책을 자주 읽어주는 기회를 제공하여 유아가 그 내용에 관심을 가지고 있었던 글을 자신이 읽어보려고 시도하는 내용이다.

표 Ⅳ-24 연령별 지도 내용

3세	4세	5세
주변에서 친숙한 글자를 찾아낸다.		주변에서 친숙한 글자를 찾아 읽어본다.
읽어주는 글의 내용에 관심을 가진다.		읽어주는 글의 내용에 관심을 가지고 읽어본다.

▶ 지도지침 및 유의점

- 교실에 읽기 자료를 비치해 둔다. (인쇄물, 편지, 간식 메뉴 등)
- 다양한 글을 읽어주고 읽기를 시도하도록 격려한다. (예 : 환경인쇄물, 생활광고지, 간판 등)
- 각종 인쇄물을 함께 찾아보고 읽어보려고 할 때 격려한다.

- 개인별, 소집단별로 그림책 읽어주기, 혼자읽기 등을 통하여 그림책 읽기에 관심을 가지도록 한다.
- 상황이나 맥락없이 학습지나 카트로 글자를 지도하는 것은 글자 읽기에 흥미를 잃을 우려가 있으니 유의해야 한다.

② 책 읽기에 관심가지기

- 책보기를 즐기며 책을 소중히 다루는 태도를 기르는 내용이다.
- 읽었던 내용을 그림을 단서로 이해하며 필요한 정보를 책에서 찾아보는 내용이다.

표 Ⅳ-25 연령별 지도 내용

3세	4세	5세
책에 흥미를 가진다.	책 보는 것을 즐기며 소중하게 다룬다.	
책의 그림을 단서로 내용을 추측해본다.	책의 그림을 단서로 내용을 이해한다.	
	궁금한 것을 책에서 찾아본다.	

▶ 지도지침 및 유의점

- 책에 흥미를 가지고 책보는 것을 즐기며 책의 가치를 알고 소중하게 다루도록 한다.
- 그림책을 제공하여 그림을 단서로 책의 내용을 추측해 보도록 격려한다.
- 궁금한 점은 책을 통해서 해결하도록 하여 책의 유익함을 알게 한다.

라. 쓰기

- 글자의 기능을 인식하고 자신의 생각을 그림, 글자와 비슷한 형태나 글자로 나타내는데 흥미를 갖도록 하는데 중점을 둔다.
- 쓰기가 자신의 느낌과 생각을 주도적으로 표현하는 중요한 방법임을 알고 쓰기의 즐거움을 경험할 수 있도록 하는데 중점을 둔다.
- 다양한 쓰기도구를 사용하는 경험을 하는데 주안점을 둔다.

① 쓰기에 관심가지기

- 자기 이름, 친숙한 글자, 자신의 느낌, 생각, 경험을 글자나 글자 비슷한 형태로 표현해 보는 내용이다.

표 Ⅳ-26 연령별 지도 내용

3세	4세	5세
말을 글로 나타내는 것에 관심을 보인다.	말이나 생각을 글로 나타낼 수 있음을 안다.	
자기 이름의 글자에 관심을 가진다.	자기 이름을 써본다.	자신의 이름과 주변의 친숙한 글자를 써본다.
	자신의 느낌, 생각, 경험을 글자와 비슷한 형태로 표현한다.	자신의 느낌, 생각, 경험을 글자와 비슷한 형태나 글자로 표현한다.

▶ 지도지침 및 유의점

- 자신에게만 의미 있는 선이나 모양으로 자신의 느낌이나 생각을 표현하며 격려한다.
- 유아가 끄적거린 내용이나 선으로 쓴 내용을 불러주면 교사가 받아써주는 기회를 자주 가져 유아의 말과 글의 관계에 관심을 갖는다.
- 유아가 좋아하고 친숙한 자기 이름 글자를 써보는 반복적인 과정을 통해 글자쓰기에 대한 관심을 갖도록 한다. 연필 잡는 법, 획 긋는 법, 유아가 쓴 글씨 수정 등은 별 도움이 안 된다.
- 유아가 자신의 생각, 느낌, 경험을 글자와 비슷한 형태로 표현하면서 쓰기에 즐거움을 알도록 자발적 동기를 부여한다.
- 글자 자체에 대한 공부는 글쓰기에 대한 거부감을 느끼게 되므로 반드시 지양한다. (예 : 정자법으로 쓰기, 베껴 쓰기, 자모음 이름 알고 순서대로 쓰기 등)

② 쓰기도구 사용하기

- 쓰기에 필요한 도구를 자연스럽게 경험해 보고 쓰기도구의 바른 사용법을 아는 내용이다.

표 Ⅳ-27 연령별 지도 내용

3세	4세	5세
	쓰기도구에 관심을 가지고 사용해 본다.	쓰기도구의 바른 사용법을 알고 사용해 본다.

▶ 지도지침 및 유의점

- 쓰기에 필요한 도구가 다양함을 경험하고 자유롭게 사용할 기회를 제공한다. (만 4세)

- 성인들의 쓰는 과정을 관찰하고 쓰기도구 사용법을 경험할 수 있는 환경을 제공한다.
- 쓰기도구의 특성을 경험하고 각각의 쓰기도구를 적절하게 사용하는 경험을 해 본다.
- 유아의 발달 수준과 개인차를 고려하여 소근육 발달, 눈과 손의 협응능력 배양에도 주력하다.

3. 사회관계

(1) 성격

① 사회관계 영역은 유아가 자신을 알고 소중하게 여기며 가족, 또래와 함께 원만하게 지내는 방법뿐만 아니라 공동체에서 함께 살아가는 방법을 익히고 사회에 관심을 가지며 적응해 나갈 수 있는 기초능력과 인성을 기르기 위한 영역이다.

② 사회관계 영역에서는 자신과 타인에 대한 존중과 배려, 협력, 질서 등 타인과 더불어 살아가기 위해 필요한 기초 예절과 소양을 기르기 위해 힘쓴다. 유아가 원만한 대인관계 속에서 건강한 자아를 지닌 유아로 성장할 수 있도록 인성 교육에 강조점을 둔다.

(2) 목표

자신을 존중하고 다른 사람과 더불어 생활하는 능력과 태도를 기른다.

① 자신을 소중히 여기며 자율성을 기른다.
② 자신과 타인의 감정을 알고, 자신의 감정을 적절하게 표현하고 조절한다.
③ 가족과 화목하게 지내며 서로 협력한다.
④ 친구, 공동체 구성원들과 서로 돕고, 예의, 규칙 등 사회적 가치를 알고 지킨다.
⑤ 우리 동네, 우리나라, 다른 나라에 관심을 가진다.

(3) 내용 범주별 내용

표 Ⅳ-28 내용 범주별 내용

내용 범주	내용
나를 알고 존중하기	· 나를 알고 소중히 여기기 · 나의 일 스스로 하기

내용 범주	내용
나와 다른 사람의 감정 알고 조절하기	· 나와 다른 사람의 감정 알고 표현하기 · 나의 감정 조절하기
가족을 소중히 여기기	· 가족과 화목하게 지내기 · 가족과 협력하기
다른 사람과 더불어 생활하기	· 친구와 사이좋게 지내기 · 공동체에서 화목하게 지내기 · 사회적 가치를 알고 지내기
사회에 관심갖기	· 지역사회에 관심갖고 이해하기 · 우리나라에 관심갖고 이해하기 · 세계와 우리 문화에 관심가지기

(4) 내용 범주별 지도지침 및 유의점

가. 나를 알고 존중하기

- 나와 다른 사람에 대해 긍정적으로 생각하고 존중하는 마음과 태도를 갖도록 하는데 중점을 둔다.
- 내가 할 수 있는 일과 하고 싶은 일을 알아보고 스스로 선택하고 계획해서 실행해 보는데 주안점을 둔다.

① 나를 알고 소중히 여기기

- 긍정적인 자아개념 형성을 돕기 위해 자신을 소중히 여기면서 다른 사람을 존중하도록 하기 위한 내용이다.

표 Ⅳ-29 연령별 지도 내용

3세	4세	5세
나에 대해 관심을 갖는다.	나에 대해 알아본다.	
나와 다른 사람의 차이에 관심을 갖는다.	나와 다른 사람의 차이점을 알아본다.	나와 다른 사람의 신체적·사회적·문화적 차이를 존중한다.
나를 소중히 여긴다.	나에 대해 긍정적으로 생각하고 나를 소중하게 여긴다.	

▶ 지도지침 및 유의점

- 이야기 나누기를 비롯한 다양한 활동을 통해 자신에 대해 알아보도록 한다. (예 : 이름, 성별, 나이, 가족 등)

- 자신의 신체를 인식하고 자신의 신체가 변화하고 성장해가는 것을 경험할 수 있는 활동을 제공한다. (예 : 다양한 모양과 소리를 만들어 봄)
- 유아가 자신을 소중히 여길 수 있도록 지도한다. (예 : 자신의 모습, 잘하는 것, 좋아하는 것을 친구나 가족에게 소개하기)
- 자신과 친구와의 공통점과 차이점(예 : 놀이, 음식, 색깔 등)에 관심을 갖는다. (예 : 성별, 외모, 장애 등)
- 책, 현장체험, 역할놀이, 외국인 초빙 등의 활동을 통해 차이를 인정하고 서로 존중하는 태도를 형성시킨다.
- 교사는 유아의 외모, 행동, 정서, 능력, 흥미, 생각을 존중해 주고 유아의 활동 결과물이나 바람직한 행동을 칭찬, 보상해 자신감과 자신을 소중히 여기는 태도를 형성시킨다.
- 교사는 긍정적 자아개념 형성, 의사소통에 걸림돌이 되는 언어를 사용하지 않는다. (예 : 지시, 명령, 위협, 경고, 비난, 충고 등)

② 나의 일 스스로 하기

자기가 할 수 있는 일을 찾아서 실천하는 과정을 통해 유아의 성취감과 책임감을 기른다.

표 Ⅳ-30 연령별 지도 내용

3세	4세	5세
내가 할 수 있는 일을 알아본다.	내가 할 수 있는 일을 해본다.	내가 할 수 있는 일을 스스로 한다.
내가 하고 싶은 일을 선택해본다.	하고 싶은 일을 계획하고 해본다.	

▶ 지도지침 및 유의점

- 유아의 놀잇감, 개인용품 등에 표시를 해주어 자기 물건을 정리하고 정돈하도록 하고 잘 이행했을 때 격려한다.
- 동화, 이야기 나누기를 통해 자기 스스로 할 수 있는 일을 찾아 실천하도록 한다.
- 교사는 다양한 흥미 영역에서 자신이 계획하고 선택할 수 있는 기회를 제공한다.
- 민주적이고 개방적인 학급 분위기를 조성하여 하고 싶은 일을 스스로 선택하게 하고 아이디어를 자유롭게 실천해 보도록 한다.

나. 나와 다른 사람의 감정 알고 조절하기

- 자신과 다른 사람의 감정에 대해 이해하고 중점적인 방법으로 표현할 줄 알며 유아의 공감능력을 신장하는데 촛점을 둔다.
- 사회적으로 수용 가능한 방법으로 나의 감정을 조절할 수 있는 능력을 기르는 데 주안점을 둔다.

① 나와 다른 사람의 감정 알고 조절하기

- 자신의 감정을 표현할 줄 알고 다른 사람의 감정을 이해하여 감정을 공감하는 내용이다.
- 자기의 감정을 언어적 또는 비언어적으로 표현하는 방법을 익힌다.

표 Ⅳ-31 연령별 지도 내용

3세	4세	5세
자신에게 여러 가지 감정이 있음을 안다.	자신의 감정을 알고 표현한다.	
다른 사람의 감정에 관심을 갖는다.	다른 사람의 감정을 안다.	다른 사람의 감정을 알고 공감한다.

▶ **지도지침 및 유의점**

- 자신의 감정을 알고 말로 표현할 수 있게 한다. (예 : 슬프고, 기쁘고, 행복하고, 화나고 등)
- 다양한 감정의 종류에 대해 관심을 갖을 기회를 제공한다. (예 : 다양한 감정을 표현하는 사진이나 그림 제시 등)
- 친구들의 감정은 모두 다를 수 있다는 것을 알게 한다.
- 기쁘거나 슬픈 감정과 관련된 상황을 유아가 다른 사람의 감정을 공감할 수 있는 기회로 삼는다. (예 : 갈등해결사항, 일상생활중)
- 부정적인 감정은 사회적으로 수용 가능한 방법으로 표현해야 함을 알게 한다.

② 나의 감정 조절하기

- 유아가 사회적, 문화적으로 수용될 수 있는 감정 표현을 알고 조절함으로서 다른 사람과 긍정적인 관계를 맺는 기초를 형성한다.

표 IV-32 연령별 지도 내용

3세	4세	5세
자신의 감정을 조절해 본다.		자신의 감정을 상황에 맞게 조절한다.

▶ 지도지침 및 유의점

- 부정적인 감정을 긍정적으로 조절하도록 하는데 중점을 둔다.
- 유아가 다양한 감정을 상황에 따라 적절하게 표현할 수 있는 기회를 제공한다.
- 교사는 학습에서 무의식으로 나타내는 자신의 감정표현방식에 유의하고 감정을 때와 상황에 따라 조절하는 본보기가 되어야 한다.

다. 가족을 소중히 여기기

- 가족에 대한 의미와 소중함을 알게 함으로써 가족에 대한 자부심을 갖도록 하는데 주안점을 둔다.
- 가족 구성원과 역할, 친구들의 가족에 대하여 알아봄으로써 다양한 가족에 대해 편견없는 태도를 형성하는데 촛점을 둔다.

① 가족과 화목하게 지내기

- 가족의 의미와 소중함을 알며 화목하게 지내는 내용을 다룬다.
- 가족을 소중히 여기는 마음을 갖도록 한다.

표 IV-33 연령별 지도 내용

3세	4세	5세
가족의 소중함을 안다.		가족의 의미와 소중함을 안다.
		가족과 화목하게 지낸다.

▶ 지도지침 및 유의점

- 가정에서 가지고 온 사진, 물건 등을 활용하여 가족의 의미와 소중함을 느낄 수 있는 기회를 제공한다.
- 가족에게 고마움이나 소중함을 전달하는 방법을 알도록 한다. (예 : 행동, 말, 선물 등)
- 가족 간에도 화목하게 지내려면 서로 예의를 지키며 존중해야 함을 알도록 한다.
- 가정과 연계하여 집에서 가지고 온 사진, 물건 등으로 환경구성을 한다.

- 허용적인 분위기를 조성하여 자신의 가족에 대하여 자연스럽게 말할 수 있도록 한다.

② 가족과 협력하기

- 가족을 위해 유아 수준에서 할 수 있는 일을 알아보고 실천하며 가족 간에 어떠한 도움을 주고 받을 수 있는지에 대하여 지도한다.

표 Ⅳ-34 연령별 지도 내용

3세	4세	5세
가족 구성원을 알아본다.	가족구성원의 역할에 대해 알아본다.	다양한 가족 구조에 대해 알아본다.
가족을 위해 내가 할 수 있는 일을 알아본다.	가족을 위하여 내가 할 수 있는 일을 알아보고 실천한다.	가족은 서로 도와야 함을 알고 실천한다.

▶ 지도지침 및 유의점

- 가족이 다양한 구성원으로 조직되어 있음을 알게 한다. (예 : 한 부모, 다문화가족 등)
- 가족의 다양한 특성(예 : 엄마역할을 하는 할머니)과 역할(예 : 가족을 돌보는 아버지)에 관심을 갖고 존중하도록 한다.
- 가족 간에 서로 도와야 하며 자신의 수준에서 가족에게 도움을 줄 수 있는 일을 실천해 보도록 한다.
- 역할놀이 영역에 가족에 관련된 소품을 다양하게 제공한다.
- 가족 구성원의 역할에서 양성평등의식을 가지도록 한다.
- 교사는 각 가족에 대해서 다양성을 존중하는 반편견·다문화 관점을 갖도록 한다.

라. 다른 사람과 더불어 생활하기

- 서로 협동하여 놀이하고, 친구와의 갈등을 긍정적으로 해결하는 방법을 익히는데 초점을 둔다.
- 다른 사람과 도움을 주고 받고 화목하게 지내며 더불어 살아갈 수 있는 능력을 기르는데 초점을 둔다.
- 다양한 능력과 특성을 가진 사람들을 수용하고 존중, 배려할 줄 알게 되어 원만한 인간관계를 유지하는데 초점을 둔다.
- 사회와 자연환경에 관심을 갖게 하여 사회적응력을 높이고 도덕성의 기초를 형성하는데 주안점을 둔다.

① 친구와 사이좋게 지내기

- 친구의 소중함을 알며 바람직한 관계를 형성하고 유지하는 능력을 기르는 내용이다.
- 친구들과 사이좋게 지낼 수 있는 사회적 기술을 익히도록 한다. (예 : 수용, 배려, 양보, 타협 등)

표 IV-35 연령별 지도내용

3세	4세	5세
친구와 함께 놀이 한다.	친구와 협동하며 놀이 한다.	
나와 친구의 의견에 차이가 있음을 안다.	친구와의 갈등을 긍정적인 방법으로 해결한다.	

▶ 지도지침 및 유의점

- 친구와 함께 생각하고 행동하면서 협동의 효과와 즐거움을 느낄 수 있는 다양한 경험의 기회를 갖도록 한다.
- 친구들 간에 서로 의견 차이와 갈등이 있음을 알고 긍정적인 방법으로 문제를 해결하도록 한다.
- 갈등상황에 개입할 때에는 명확한 상황판단으로 어느 쪽에게만 일방적인 양보나 배려를 요구하지 않도록 한다.

② 공동체에서 화목하게 지내기

- 다른 사람들과 도움을 주고받으며 서로 협력하여 화목하게 지내면서 더불어 살아갈 수 있는 능력을 기르는 내용이다.

표 IV-36 연령별 지도 내용

3세	4세	5세
	도움이 필요할 때 다른 사람과 도움을 주고받는다.	다른 사람과 도움을 주고받고 서로 협력한다.
교사 및 주변 사람과 화목하게 지낸다.		

▶ 지도지침 및 유의점

- 유아교육기관에서 유아-유아, 교사-유아 간에 자연스럽게 도움을 주고받으며 서로 협력할 수 있도록 지도한다.

- 상대방의 어려움을 이해하고 도움을 줄 수 있는 사회적 기술을 익힌다.
- 다른 사람들과 함께 지내면서 어울려 사는 공동체의 기쁨과 친밀함을 느낄 수 있는 긍정적인 경험을 갖도록 한다.

③ 사회적 가치를 알고 지키기

- 사회적 질서를 유지하기 위해서 필요한 사회적 가치를 알고 지키는 습관을 기르도록 하는 내용이다. (예 : 정직한 말과 행동, 다른 사람에 대한 존중과 배려, 예의바른 행동, 약속과 공공규칙 지키기, 자연과 자연 보호하기 등)

표 Ⅳ-37 연령별 지도 내용

3세	4세	5세
	정직하게 말하고 행동한다.	
다른 사람의 소유물을 존중한다.	다른 사람의 생각, 행동을 존중한다.	다른 사람을 배려하여 행동한다.
	친구와 어른께 바르게 행동한다.	
약속과 규칙을 지켜야 함을 안다.	다른 사람과 한 약속이나 공공규칙을 지킨다.	
	자연과 자원을 아끼는 습관을 기른다.	

▶ 지도지침 및 유의점

- 정직한 말과 행동의 중요성에 대해 알아보고 어떠한 경우에도 정직하게 말하고 행동하도록 지도한다.
- 다른 사람과 함께 생활할 때에는 자신의 생각과 감정만이 아니라 상대방의 의견이나 감정을 존중하고 배려할 줄 안다.
- 예의바른 행동으로 다른 사람에 대한 존중과 배려, 친절한 얼굴로 인사하고 예의를 갖추어 행동하도록 한다.
- 사회가 건강하고 질서 있게 유지되기 위해서는 약속과 공공규칙을 지키는 노력이 필요함을 알게 하고, 이를 통해 유아 스스로 행동을 선택하고 통제하는 법을 습득하여 사회적 가치규범의 중요성을 내면화할 수 있도록 도와준다.
- 자연과 자원이 우리 생활에 주는 도움과 그 가치에 대하여 알아보고 자연과 자원을 보호하는 습관을 가지도록 지도한다.
- 다양한 경험을 통하여 익힐 수 있도록 현장체험이나 직접 경험의 기회를 많이 제공한다.

마. 사회에 관심 갖기

- 자신이 속한 지역사회의 다양한 모습과 함께 어울려 지내는 사람들과 사람들이 하는 일과 관계 등에 관심을 가지며 사회구성원으로서의 소속감과 자긍심을 느끼도록 하는데 초점을 둔다.
- 우리나라를 상징하는 것과 전통, 역사, 문화에 관심을 갖도록 하고 자랑스러운 우리나라의 역사와 문화에 대한 자부심을 갖게 하는데 주안점을 둔다.
- 세계 여러 나라에 대해 관심을 가지고 다양한 인종과 문화에 대해 알고 존중할 줄 알며 서로 협력해야 함을 알도록 하는데 주안점을 둔다.

① 지역사회에 관심 갖고 이해하기

- 우리 동네 이름과 우리 동네가 갖고 있는 다양한 특성, 함께 어울려 사는 사람들과 하는 일, 다양한 직업 등 지역사회의 특성과 만나게 되는 다양한 사람들에 대한 구체적인 것들을 알아보는 내용이다.

표 Ⅳ-38 연령별 지도 내용

3세	4세	5세
우리 동네 이름을 안다.	우리 동네에 대해 알아본다.	
우리 동네 사람들에 관심을 갖는다.	우리 동네 사람들이 하는 일에 관심을 갖는다.	다양한 직업에 관심을 갖는다.
	물건을 살 때 돈이 필요함을 안다.	일상생활에서 돈의 쓰임에 대해 알아본다.

▶ 지도지침 및 유의점

- 우리 동네에 관심을 가지도록 한다. (예 : 동네 이름, 다양한 장소 등)
- 직접적인 정보수집 활동을 통해 우리 동네의 특징에 대해 알아본다.
- 동네와 공공기관에서의 다양한 모습, 경험한 서비스를 놀이로 표현할 수 있도록 자료와 기구를 비치한다.
- 지켜야 할 규칙, 예절규범을 놀이를 통해 접해 보도록 한다.
- 역할놀이를 통해 다양한 직업의 세계를 체험시킨다.

② 우리나라에 대해 관심 갖고 이해하기

- 우리나라의 상징, 전통놀이와 풍습, 문화에 대한 관심을 갖게 하여 우리나라에 대

한 자부심을 갖게 하는 내용이다.

표 Ⅳ-39 연령별 지도 내용

3세	4세	5세
우리나라를 상징하는 것에 관심을 가진다.	우리나라를 상징하는 것을 안다.	우리나라를 상징하는 것을 알고 예절을 지킨다.
우리나라의 전통놀이와 풍습에 관심을 갖는다.		우리나라의 전통, 역사, 문화에 관심을 갖는다.
	우리나라에 대해 자부심을 갖는다.	

▶ 지도지침 및 유의점

- 우리나라의 상징물이 어떻게 사용되는가 알아본다. (예 : 태극기, 애국가, 무궁화 등)
- 우리나라의 상징물을 대하는 태도와 예절을 지킨다.
- 우리 고유풍속을 생활 속에서 자연스럽게 접해 친숙감을 갖게 한다.
- 유아의 역사적 사건과 흐름에 대한 이해를 돕고 우리나라가 갖고 있는 과제에 대해 생각해 볼 기회를 준다. (예 : 남북통일외)
- 시간의 흐름을 구체화하여 보여줄 수 있는 환경을 구성한다.
- 역사와 문화·문화재에 대한 조사활동을 통해 우리문화에 대한 우수성과 자부심을 갖게 한다.

③ 세계와 여러 문화에 관심 가지기

- 다양한 인종과 문화에 대해 이해시키고 존중하는 태도를 기른다.

표 Ⅳ-40 연령별 지도 내용

3세	4세	5세
	세계 여러 나라에 대해 관심을 갖는다.	세계 여러 나라에 대해 관심을 갖고 서로 협력해야 함을 안다.
	다양한 인종과 문화에 관심을 갖는다.	다양한 인종과 문화를 알아보고 존중한다.

▶ 지도지침 및 유의점

- 대중매체, 직접 여행 등을 통해 얻은 세계 여러 나라 정보를 중심으로 이야기해본다.
- 세계 여러 나라의 다양한 인종과 문화에 대한 정보를 접할 수 있도록 환경을 구성

한다. (예 : 여행지에서 찍은 사진, 기념품, 특산품, 공예품, 현재의 달라진 모습 등)

- 세계 각국이 서로 교류하며 지구촌 문제를 공동으로 대응하기 위해 서로 협력하며 살아야 한다는 것을 알게 한다.
- 세계 각 나라는 다양한 생김새, 의식주생활, 풍속, 문화가 서로 다르며 다른 것을 이해시키고 또한 존중하는 태도를 갖게 한다.

4. 예술경험

(1) 성격

① 예술경험 영역은 유아가 친근한 주변 환경에서 발생하는 소리, 음악, 움직임과 춤, 모양과 색 등의 미술 요소에서 아름다움을 느끼고, 또래와 교사, 부모, 지역사회의 주민이나 작가가 표현하는 것을 즐기며 감상하기 위한 영역이다.

② 예술경험 영역은 다른 모든 영역에 비해 개인의 자유로운 감정과 표현이 존중되는 영역인 만큼 집단 활동으로 이루어지는 경우에도 각 유아가 가진 느낌을 편안한 마음으로 자유롭게 표현하고 즐길 수 있도록 하는 허용적인 분위기 조성이 필요하다.

(2) 목표

아름다움에 관심을 가지고 예술경험을 즐기며, 창의적으로 표현하는 능력을 기른다.

① 자연과 주변환경에서 발견한 아름다움과 예술적 요소에 관심을 갖고 탐색한다.

② 자신의 생각과 느낌을 음악, 움직임과 춤, 미술, 극 놀이를 통해 창의적으로 표현하는 것을 즐긴다.

③ 자연과 다양한 예술작품을 감상하여 풍부한 감정과 심미적 태도를 기른다.

(3) 내용 범주별 내용

표 Ⅳ-41 내용 범주별 내용

내용 범주	내용
아름다움 찾아보기	· 음악적 요소 탐색하기 · 움직임과 춤 요소 탐색하기 · 미술적 요소 탐색하기

내용 범주	내용
예술적 표현하기	• 음악으로 표현하기 • 움직임과 춤으로 표현하기 • 미술활동으로 표현하기 • 극 놀이로 표현하기 • 통합적으로 표현하기
예술 감상하기	• 다양한 예술 감상하기 • 전통예술 감상하기

(4) 내용 범주별 지도지침 및 유의점

가. 아름다움 찾아보기

- 다양한 소리와 음악, 움직임과 춤, 자연과 사물의 아름다움을 느끼고 그 아름다움의 요소에 관심을 가지고 이를 탐색하는 것에 중점을 둔다.
- 아름다움을 찾아보고 탐색함으로서 예술표현 및 감상능력을 함양하는 기초 실력을 발달시키는데 주안점을 둔다.

① 음악적 요소 탐색하기

- 유아가 자연과 주변환경에서 들리는 다양한 소리와 음악에 귀를 기울이고 반응하면서 소리와 음악의 아름다움을 구성하고 있는 음악적 요소를 느끼고 그 특징을 자연스럽게 발견하고, 다양한 소리와 악기 등으로 음악적 요소를 탐색하는 능력을 기르기 위한 내용이다.

표 Ⅳ-42 연령별 지도 내용

3세	4세	5세
다양한 소리, 음악의 셈여림, 빠르기, 리듬 등에 관심을 갖는다.		다양한 소리, 악기 등으로도 음악의 셈여림, 빠르기, 리듬 등을 탐색한다.

▶ 지도지침 및 유의점

- 다양한 소리와 음악에 깃들어 있는 아름다움을 느끼고 찾는 것에 중점을 둔다.
- 유아에게 다양한 장르의 음악을 제공함으로써 유아들이 쉽게 음악적 요소를 탐색할 수 있는 기회를 준다. 이렇게 하기 위해서는 음악적 요소에 대한 교사의 이해가

전제되어야 한다.

- 교사가 유아와 상호작용할 때 다양한 느낌과 반응을 인정하고 존중하도록 한다.

② 움직임과 춤 요소 탐색하기

- 움직임과 춤의 아름다움을 느끼고, 아름다움을 만들어내는 움직임과 춤 요소들의 특징을 자연스럽게 발견하고 탐색하는 능력을 기르기 위한 내용이다.

표 Ⅳ-43 연령별 지도 내용

3세	4세	5세
움직임과 춤의 모양, 힘, 빠르기 등에 관심을 갖는다.		움직임과 춤의 모양, 힘, 빠르기, 흐름 등을 탐색한다.

▶ 지도지침 및 유의점

- 다양한 종류의 움직임과 춤을 제공하고 그것을 따라하면서 움직임과 춤의 요소를 탐색하게 한다.
- 움직임과 춤으로 흐름을 탐색할 때는 음악을 제시하여 그 흐름의 요소를 더 자연스럽게 느껴보도록 한다. 이렇게 되기 위해서 교사는 움직임과 춤의 요소에 대한 이해가 선행되어야 한다.

③ 미술적 요소 탐색하기

- 자연과 사물에서 접하게 되는 다양한 미술적 요소에 대해 주의를 기울이고 반응하면서 아름다움을 느끼고, 그 아름다움을 만들어내는 미술적 요소들이 갖는 특징들을 발견하고 탐색하는 능력을 기르기 위한 내용이다.

표 Ⅳ-44 연령별 지도 내용

3세	4세	5세
자연과 사물의 색, 모양, 질감 등에 관심을 갖는다.		자연과 사물에서 색, 모양, 질감, 공간 등을 탐색한다.

▶ 지도지침 및 유의점

- 만 3, 4세는 자연물과 사물을 직접 보고 만지는 등의 경험을 통하여 미술적 요소에 관심을 갖고 발견하도록 하고, 만 5세는 여기에 좀 더 자유롭게 실험하고 비교하며 조합해 보도록 한다.

- 만 3, 4세 유아는 자연과 사물에서 미술적 요소(예 : 색, 모양, 질감, 공간 등)에 관심을 가지도록 하고 만 5세 유아는 한 가지 요소(예 : 색, 모양, 질감, 공간 등)의 다양함을 탐색하도록 한다.

나. 예술적 표현하기

- 음악, 움직임과 춤, 미술, 극놀이 등의 예술활동을 통해 자신의 생각, 느낌, 경험, 상상한 것을 적극적으로 표현하는 것에 중점을 둔다.
- 다양한 예술활동을 통해 유아가 생각하고 있는 것, 느낀 것, 본 것 등을 자유롭게 표현하도록 하여 창의적 표현능력을 기르고 정서적 안정감, 성취감 그리고 즐거움을 갖도록 하는데 주안점을 둔다.

① 음악으로 표현하기

- 유아가 노래와 전래동요를 부르고 리듬악기를 연주하며, 리듬과 노래를 즉흥적으로 만들어 보는 등의 다양한 음악활동을 통해 자신의 생각과 느낌을 표현하도록 하는 내용이다.

표 Ⅳ-45 연령별 지도 내용

<table>
<tr><th>3세</th><th>4세</th><th>5세</th></tr>
<tr><td>간단한 노래를 듣고 따라 부른다.</td><td colspan="2">노래로 자신의 생각과 느낌을 표현한다.</td></tr>
<tr><td colspan="3">전래 동요를 즐겨 부른다.</td></tr>
<tr><td>리듬악기로 간단한 리듬을 표현해 본다.</td><td colspan="2">리듬악기를 연주해 본다.</td></tr>
<tr><td colspan="2">간단한 리듬과 노래를 즉흥적으로 만들어 본다.</td><td>리듬과 노래 등을 즉흥적으로 만들어 본다.</td></tr>
</table>

▶ 지도지침 및 유의점

- 유아의 연령, 발달 정도, 흥미를 고려하여 노래를 선정하고 하루 일과 중 다양한 방법으로 듣고 즐겨 부를 수 있는 기회를 제공한다.
- 음악활동 시간외에도 하루 일과 중에 자연스럽게 전래 동요를 자주 접하도록 한다.
- 만 3, 4세는 반복적이며 쉬운 전래동요를 들려주다가 점차 전래놀이에 참여할 수 있고 주의집중 활동, 바깥놀이 등의 활동과 통합하여 경험시킨다. 만5세는 빠르기

에 변화주기, 가락과 가사 바꾸기, 전래동요에 맞추어 춤추기 등 다양한 경험을 제공한다.

- 리듬감각을 기르고 리듬악기를 연주하는 능력을 발달시킨다. (3세 : 신체 일부분을 사용하여 소리 만들기, 4세 : 다양한 종류의 리듬악기, 폐품으로 만든 악기, 주변의 사물을 이용하여 소리 탐색하기, 5세 : 다양한 방법으로 악기를 연주하기 등)
- 일상생활의 모든 경험, 생각, 느낌을 리듬과 노래로 만들어 볼 수 있도록 다양한 경험을 제공한다. 이때 교사는 긍정적으로 반응해주며 리듬이나 노래를 확장시켜 준다.
- 만 3세는 놀이 중에 말놀이나 즉흥적으로 흥얼거리므로 이를 즐길 수 있도록 하고 만 4세는 친숙한 곡에 멜로디와 노랫말을 만들어보게 하고 만 5세는 동화, 동시, 극놀이, 움직임 활동 등으로 느낌에 따라 즉흥적으로 배경음악을 만들어 보게 한다.
- 유아에게는 탬버린, 트라이앵글, 우드블록 등 간단한 악기를 제공하여 허용적인 분위기에서 소리를 탐색, 표현할 수 있도록 하고 연주를 강요하기보다 그림부호나 색 등으로 악보를 표시하며 유아의 이해를 돕는다.

② 움직임과 춤으로 표현하기

- 모양, 힘, 빠르기, 흐름 등과 같은 요소에 대해 인식하고 이를 조합, 응용하여 자신의 생각과 느낌을 창의적으로 표현해 보는 내용이다.

표 Ⅳ-46 연령별 지도 내용

3세	4세	5세
신체를 이용하여 주변의 움직임을 자유롭게 표현한다.		신체를 이용하여 주변의 움직임을 다양하게 표현하며 즐긴다.
움직임과 춤으로 자신의 생각과 느낌을 표현한다.		
도구를 활용하여 다양한 움직임으로 표현한다.		다양한 도구를 활용하여 창의적으로 움직인다.

▶ 지도지침 및 유의점

- 친숙한 생물, 사물, 상황 등의 움직임을 탐색하여 자유롭게 다양한 움직임으로 표현하는 경험을 제공한다.
- 만 3~4세는 동물, 식물, 탈 것 등 친숙한 것을 신체를 이용, 자유롭게 표현해 보도록하고, 만 5세는 초기의 사실적인 표현에서 상상력을 활용하여 새롭고 다양한 움직임으로 표현하도록 한다.

- 일상생활에서 신체로 표현이 가능한 다양한 예술작품(예 : 춤, 음악, 미술, 작품 등)을 감상한 후 생각과 느낌, 탐색한 것 등을 서로 이야기해 본다.
- 만 3~4세는 대상의 모양이나 움직임을 사실적으로, 또는 '마치~처럼 되어보기' 와 같이 상상적으로 표현하도록 하고 만 5세는 주제에 대한 느낌, 생각, 상황, 분위기, 상상한 것을 적절히 조합하여 표현하도록 지도한다.
- 여러 가지 도구를 사용하여 다양하고 창의적인 움직임으로 표현해 보는 흥미로운 경험을 제공한다.
- 시범이나 지시, 단순히 흉내내기가 아니고 자신의 신체를 실험해 보고 표현을 자주 하는 과제를 제공하며 허용적인 분위기를 조성해준다.
- 유아가 움직임을 구체적으로 표현하게 하려면 동작 어휘나 공간과 관련된 용어 등을 유아 수준에 맞게 정확하게 사용해야 한다.
- 유아의 개인차를 고려한 개별 학습이 이루어져야 한다.
- 유아가 표현할 대상에 대해 탐색하고 창의적 표현을 돕기 위한 다양한 자료를 제공한다.

③ 미술활동으로 표현하기

- 다양한 미술활동을 통해 유아가 자신의 생각과 느낌을 자발적이고 창의적으로 표현하도록 하기 위한 내용이다.

표 Ⅳ-47 연령별 지도 내용

3세	4세	5세
다양한 미술활동을 경험해 본다.	다양한 미술활동으로 자신의 생각과 느낌을 표현한다.	
	협동적인 미술활동에 참여한다.	협동적인 미술활동에 참여하여 즐긴다.
미술활동에 필요한 재료와 도구에 관심을 가지고 사용한다.	미술활동에 필요한 재료와 도구를 다양하게 사용한다.	

▶ 지도지침 및 유의점

- 만 3세는 일반적인 재료, 나무껍질, 돌, 조개껍질 등에 그림을 그리거나 색칠을 해 보고 만 4, 5세는 찢기, 오리기, 붙이기, 모자이크, 판화 등의 새로운 표현방식의 변화를 경험하도록 한다.
- 다양한 재료와 방법을 활용한 만들기와 꾸미기를 경험하도록 한다. (예 : 입체적 미술

활동(찰흙점토, 철사, 구슬, 돌 등), 선 공예, 골판지 공예(직조짜기, 염색하기 등))

- 만 4세는 또래와 함께 공통으로 꾸며 보는 경험, 만 5세는 또래와의 공유된 목표를 가지고 협의하여 미술작품을 완성해가는 협동적 미술활동 경험을 제공한다.
- 미술활동에 필요한 재료와 도구를 비치하여 호기심을 유발하고 탐색하며 활용해 보도록 한다.
- 만 3세는 평면적인 재료, 입체구성을 위한 재료, 소근육을 발달시킬 수 있는 재료와 도구를 늘 제공해주고 만 4~5세는 다양한 미술 재료와 도구 외에도 생활 주변의 모든 사물들이 미술활동의 재료가 될 수 있음을 알려줘 창의적 표현의 기회를 제공한다.
- 결과보다는 과정을 중시하여 자유롭고 다양한 방법으로 개별적 표현을 격려한다.
- 미술활동을 꺼리는 유아에게는 적절한 동기유발 방법을 활용한다. (예 : 이야기 들려주기, 생활 경험 이야기 나누기, 소재를 이끌어 내기 위한 질문 등)

④ 극 놀이 표현하기

- 유아가 언어와 움직임 및 다양한 매체를 이용하여 역할극, 인형극, 동극, 노래극 등으로 자신을 표현하도록 하기 위한 내용이다.

표 Ⅳ-48 연령별 지도 내용

3세	4세	5세
일상생활의 경험을 극 놀이로 표현한다.	일상생활의 경험이나 간단한 이야기를 극 놀이로 표현한다.	경험이나 이야기를 극 놀이로 표현한다.
	소품, 배경, 의상 등을 사용하여 협동적으로 극 놀이를 한다.	

▶ 지도지침 및 유의점

- 만 3세는 일상생활 경험과 관련된 주제에 적합한 역할소품 및 환경을 구성하고 유아의 흥미와 요구를 중심으로 극 놀이를 경험하게 한다.
- 만 4세는 다양한 일상생활 경험과 더불어 간단한 이야기와 동화를 읽어주고 이를 극 놀이로 표현할 수 있도록 풍부한 극 놀이 환경을 조성한다.
- 만 5세는 역사적 사실에 근거한 극 놀이도 계획하고 역할 소품을 제공한다.
- 블록, 역할소품, 미술작품, 옷, 모자, 구두 등의 자료를 제공해주고 이야기의 배경이 되는 장면, 음향, 공연을 위한 무대를 만들어 보게 한다.

- 교사의 개입이 극 놀이의 흥미를 떨어뜨릴 우려가 있으니 조심스럽게 개입한다.
- 유아가 극 놀이를 자유롭게 선택할 수 있도록 다양한 자료를 제공해주고 창의적 표현에 대해 격려해준다.
- 유아들이 여유 있게 극 놀이를 즐길 수 있도록 일과 중 시간을 충분히 제공한다.

⑤ 통합적으로 표현하기

- 유아가 참여하는 다양한 표현활동 즉 음악, 움직임과 춤, 미술, 극 놀이 등이 서로 통합적으로 이루어지도록 하기 위한 내용이다.

표 Ⅳ-49 연령별 지도 내용

<table>
<tr><th>3세</th><th>4세</th><th>5세</th></tr>
<tr><td></td><td colspan="2">음악, 움직임과 춤, 미술, 극 놀이 등을 통합하여 표현한다.</td></tr>
<tr><td colspan="2">예술활동에 참여하여 표현과정을 즐긴다.</td><td>예술활동에 참여하여 창의적으로 표현하는 과정을 즐긴다.</td></tr>
</table>

▶ 지도지침 및 유의점

- 음악, 움직임과 춤, 미술, 극 놀이 등의 표현활동을 동일 영역에서의 통합, 2가지 이상 영역 간의 통합, 감상과 표현활동의 통합 등을 경험하도록 한다.
- 음악, 움직임과 춤, 미술, 극 놀이 등의 통합활동은 한 개념이나 생활주제 안에서 이루어지도록 한다.
- 다양한 예술활동에 참여하여 통합적 경험을 통해 창의적으로 표현하도록 한다.
- 주제 전개시 다양한 예술활동이 여러 흥미 영역과 다양한 활동 형태(예 : 대·소집단, 개별 활동 등)와 통합되어 전개한다.

다. 예술 감상하기

- 다양한 자연환경, 주위 사물의 특성이나 예술작품이 가지고 있는 아름다움의 요소를 자주 접하고 이를 소재로 생각과 느낌을 나누는 경험을 하는 것에 중점을 둔다.
- 예술감각을 통해 예술적 요소에 대한 감각을 발달시키고 이를 적극적으로 표현하는 과정에서 자신과 또래, 다른 성인의 예술작품에 대해 흥미를 갖게 하는 것에 주안점을 둔다.

① 다양한 예술경험하기

유아가 음악, 춤, 미술작품, 극 놀이 등을 다양하게 접하여 아름다움을 느끼고 각자의 표현을 존중하며 예술감각에 지속적인 관심과 흥미를 갖도록 한다.

표 IV-50 연령별 지도 내용

3세	4세	5세
다양한 음악, 춤, 미술작품, 극 놀이 등을 듣거나 본다.	다양한 음악, 춤, 미술작품, 극 놀이 등을 듣거나 보고 즐긴다.	
나와 다른 사람의 예술표현을 소중히 여긴다.		

▶ 지도지침 및 유의점

- 유아가 일상생활에서 다양한 음악, 움직임과 춤, 미술작품, 극 놀이 등을 자연스럽게 접할 수 있는 기회와 환경을 제공한다. (예 : 만 3-4세는 일상생활, 만 5세는 다양하고 상징적인 표현까지)
- 다양한 예술작품을 다양한 방법으로 감상하고 듣고 보는 즐거운 경험을 제공한다.
- 생활 주제, 유아의 발달 특성과 선호도를 고려한 감상 작품을 선정한다.
- 예술 작품을 직접 경험할 수 없는 경우에는 감상이 가능한 매체를 선택 활용한다.
- 예술 작품의 관련된 발문을 통해 감상하며 즐기게 한다.

② 전통예술 감상하기

- 과거로부터 현재까지 전해 내려오는 우리나라 고유의 전통예술에 관심을 갖고, 이에 친숙해질 수 있도록 하기 위한 내용이다.

표 IV-51 연령별 지도내용

3세	4세	5세
우리나라의 전통예술에 관심을 갖는다.		우리나라의 전통예술에 관심을 갖고 친숙해진다.

▶ 지도지침 및 유의점

- 우리나라 전통예술작품을 교실에 배치하고 이야기 나누기를 한다. (예 : 미술작품(김홍도의 '씨름', '춤추는 아이' 등), 악기(예 : 아쟁, 해금, 피리 등), 전통무용(예 : 강강수월래, 학춤 사진 등))

- 지역사회 내 전통예술 관련 기관을 탐방한다.
- 역할놀이 영역에 전통일용품(예 : 한복, 죽부인, 고무신, 댕기 등), 전통놀이기구(예 : 제기, 투호 등)를 비치해서 전통예술에 친숙해지도록 한다.

5. 자연탐구

(1) 성격

① 자연탐구 영역은 유아가 자신을 둘러싸고 있는 주변세계에 대해 호기심을 가지고 궁금한 것을 해소하기 위해 탐구하며, 일상생활에서 부딪치는 현상이나 문제해결을 통해 수학적·과학적으로 생각하는 기초 능력과 태도를 기르기 위한 영역이다.

② 자연탐구 영역에서는 다양한 실물 자료와 자연체험의 가치를 유아에게 풍부하게 제공하여 교사의 개입 없이 이뤄지는 자발적 학습, 우연히 발생하는 학습 기회를 포착하여 가르치는 비형식적 학습 그리고 교사가 계획하고 의도한 형식적 학습, 모두가 가능하게 한다.

유아가 생활 속에서 자발적으로 문제를 발견하고 해결하기 위해 탐구하는 과정에 적극적으로 참여함으로써 탐구를 즐기도록 한다. 유아가 일상생활 경험에서 구성한 지식을 바탕으로 다양한 시도를 해보고 추론하는 활동을 통해 수학적·과학적 기초 능력을 의미있게 확장해 나갈 수 있게 한다. 탐구하고 발견해가는 과정에서 유아가 자신의 생각을 말, 글, 그림, 그래프, 표, 구체물 등을 사용하여 나타내고 다른 사람과 공유하게 한다.

(2) 목표

호기심을 가지고 주변세계를 탐구하며, 일상생활에서 수학적·과학적으로 생각하는 능력과 태도를 기른다.

① 주변의 사물과 자연세계에 대해 알고자 하는 호기심을 가지고 탐구하는 태도를 기른다.

② 생활 속의 여러 가지 상황과 문제를 논리·수학적으로 이해하고 해결하기 위한 기초 능력을 기른다.

③ 주변의 관심 있는 사물과 생명체 및 자연현상을 탐구하기 위한 기초 능력을 기른다.

(3) 내용 범주 및 내용

표 IV-52 내용 범주 및 내용

내용 범주	내용
탐구하는 태도 기르기	• 호기심을 유지하고 확장하기 • 탐구과정 즐기기 • 탐구기술 활용하기
수학적 탐구하기	• 수와 연산의 기초 개념 알아보기 • 공간과 도형의 기초 개념 알아보기 • 기초적인 측정하기 • 규칙성 이해하기 • 기초적인 자료 수집과 결과 나타내기
과학적 탐구하기	• 물체와 물질 알아보기 • 생명체와 자연환경 알아보기 • 자연현상 알아보기 • 간단한 도구와 기계 활용하기

(4) 내용 범주별 지도지침 및 유의점

가. 탐구하는 태도 기르기

- 주변환경과 자연세계에 대하여 지속적으로 호기심을 가지고 알아보는 과정을 통해 탐구하는 태도를 갖는 것에 중점을 둔다.
- 유아가 관심이 있는 사물이나 현상에 대해 다양한 탐구기술을 활용해 봄으로써 탐구능력과 사고기술의 기초를 형성하는데 주안점을 둔다.

① 호기심을 유지하고 확장하기

- 유아가 탐구하는 태도를 기르는데 필요한 가장 기초적인 성향을 갖추도록 하는 내용이다.
- 자신이 경험한 사물에 호기심을 갖고 궁금증을 해결하기 위해 지속적으로 알고자 하는 내용까지 포함한다.

표 Ⅳ-53 연령별 지도 내용

3세	4세	5세
주변 사물과 자연세계에 대해 호기심을 갖는다.	주변 사물과 자연세계에 대해 지속적으로 호기심을 갖는다.	주변 사물과 자연세계에 대해 지속적으로 호기심을 갖고 알고자 한다.

▶ 지도지침 및 유의점

- 유아가 관심을 갖는 사물이나 현상을 탐구하도록 격려한다.
- 유아가 관찰하고 실험할 수 있도록 확대경과 실험도구를 준비한다.
- 유아가 스스로 탐색할 시간을 부여하고 탐색을 돕는 언어적 상호작용을 강화한다.

② 탐구과정 즐기기

- 유아가 호기심을 느끼고 궁금한 점을 알아보기 위해 탐색, 탐구하며 발견해가는 과정을 즐기도록 하는 내용이다.

표 Ⅳ-54 연령별 지도 내용

3세	4세	5세
궁금한 점을 알아보는 과정에 흥미를 갖는다.	궁금한 점을 알아보는 탐구과정에 관점을 가지고 참여한다.	궁금한 점을 알아보는 탐구과정에 참여하고 즐긴다.
		탐구과정에서 서로 다른 생각에 관심을 갖는다.

▶ 지도지침 및 유의점

- 유아가 궁금한 점을 알아보는 방법에 대해 생각하도록 격려하고 고안한 방법으로 탐구하도록 격려하고 오류가 발생하더라도 지적하지 말고 스스로 오류를 발견하도록 한다.
- 탐구과정에서 자신이 설정한 가설과 검증결과가 서로 다를 수 있음을 알게 한다.
- 문제해결 과정에서 친구들과 의견이 다른 경우, 논의과정을 통해 새로운 방안을 모색하도록 한다.

③ 탐구기술 활용하기

- 유아로 하여금 주변의 사물과 자연환경을 지각하고 반복적으로 탐색하는 과정(예 : 탐색, 관찰, 비교 등)을 통해 문제를 탐구하는 방법을 익힐 수 있도록 하는 내용이다.

표 IV-55 연령별 지도 내용

3세	4세	5세
	일상생활의 문제를 해결하는 과정에서 탐색, 관찰 등의 방법을 활용해 본다.	일상생활의 문제를 해결하는 과정에 탐색, 관찰, 비교, 예측 등의 탐구기술을 활용해본다.

▶ 지도지침 및 유의점

- 교사는 교실에서 일어나는 여러 가지 문제 상황에 관심을 갖도록 상호작용하고 탐구하고 탐색한 내용을 다양한 방법으로 표현해 보도록 격려한다.
- 유아가 탐구과정에서 얻는 결과를 유사한 상황이나 문제 해결 방법에 활용하도록 격려한다.
- 교사는 유아가 고안해 낸 방법으로 탐구하도록 하고 반드시 객관적인 사실을 근거로 결론이 나오도록 한다.

나. 수학적 탐구하기

- 유아가 놀이와 일상생활을 기반으로 생활속 구체적인 문제를 해결하는 과정에서 기초적인 수학적 개념과 기능을 학습하고 사용하는 것에 중점을 둔다.
- 자신의 수학적 생각을 다양한 방법으로 나타내고 다른 사람들과 의사소통을 하는데 주안점을 둔다.

① 수와 연산의 기초 개념 알아보기

- 유아가 생활 속에서 다양하게 수를 경험하면서 수에 대한 이해를 발달시키고, 기초적인 수와 연산의 개념을 형성하는 내용이다.

표 IV-56 연령별 지도 내용

3세	4세	5세
생활 속에서 수에 관심을 갖는다.	생활 속에서 사용되는 수의 여러 가지 의미를 안다.	
구체물 수량의 많고 적음을 비교한다.	구체물 수량에서 '같다', '더 많다', '더 적다'의 관계를 안다.	구체물 수량의 부분과 전체 관계를 알아본다.
다섯 개 가량의 구체물을 세어보고 수량에 관심을 갖는다.	열 개 가량의 구체물을 세어보고 수량을 알아본다.	스무개 가량의 구체물을 세어보고 수량을 알아본다.
		구체물을 가지고 더하고 빼는 경험을 해 본다.

▶ 지도지침 및 유의점

- 수가 사용되는 다양한 경험을 통하여 집합수, 순서수, 이름수를 이해하도록 한다.
- 수량의 차이가 확실한 두 집합을 비교하는 활동을 통해 많고 적음을 이해시킨다.
- 집합의 크기를 비교할 때에는 1대1 대응을 사용하거나 수 세기를 활용하도록 격려한다.
- 수 세기가 요구되는 놀이나 게임, 숫자 노래, 일상경험 등 수 세기를 할 수 있는 기회를 많이 제공한다.
- 유아가 물체를 셀 때 한 개씩 손가락으로 가리키며 세어 보거나 헤아린 물체를 한쪽으로 놓는 등 효과적으로 수를 세는 방법을 안내한다.
- 더하기나 빼기가 요구되는 일상의 구체적인 상황이나 조작할 수 있는 구체물을 가지고 더하거나 빼는 경험을 해 보도록 한다.

② 공간과 도형의 기초 개념 알아보기

- 공간 안에서 위치와 방향을 인식하고 주변 물체들의 형태를 변별하면서 도형에 대한 초보적인 이해를 발달시키는 내용이다.

표 Ⅳ-57 연령별 지도 내용

3세	4세	5세
나를 중심으로 앞, 뒤, 옆, 위, 아래를 알아본다.	위치와 방향을 여러 가지 방법으로 나타내 본다.	
		여러 방향에서 물체를 보고 그 차이점을 비교해본다.
물체의 모양에 관심을 갖는다.	기본도형의 특성을 인식한다.	기본 도형의 공통점과 차이점을 알아본다.
	기본도형을 사용하여 여러 가지 모양을 구성해 본다.	

▶ 지도지침 및 유의점

- 특정 지형지물을 기준으로 물체의 위치와 방향을 인식하고 이를 표현할 수 있는 기회를 제공한다.
- 중요한 지형지물을 사용하여 경로를 설명하고 만 5세경에는 간단한 지도 만들기 경험을 제공한다.
- 여러 방향에서 본 물체의 형태를 표현하거나 비교하는 활동을 제공한다.

- 촉감을 이용한 감각 운동적 경험을 통해 기본 도형에 대한 이미지와 감각을 형성하도록 한다.
- 주변 여러 물체들의 모양을 살펴보고 모양에 따라 특성을 인식할 수 있는 기회를 제공한다.

③ 기초적인 측정하기

- 유아가 일상생활에서 측정 가능한 속성에 따라 사물이나 상황을 비교하고, 순서를 지어 보며, 임의 측정 단위를 사용할 수 있도록 하는 내용이다.

표 Ⅳ-58 연령별 지도 내용

3세	4세	5세
두 물체의 길이, 크기를 비교해 본다.	일상생활에서 길이, 크기, 무게 등을 비교해본다.	일상생활에서 길이, 크기, 무게, 들이 등의 속성을 비교하고 순서를 지어본다.
		임의 측정 단위를 사용하여 길이, 면적, 둘레 등을 재본다.

▶ 지도지침 및 유의점

- 놀이 및 일상에서 유아가 길이, 크기, 무게, 들이 등의 속성을 인식하고 비교하거나 순서지어 볼 수 있도록 한다.
- 유아가 측정을 위해 손 뼘, 발 길이, 블록, 연필과 같은 임의 단위를 사용하도록 한다.
- 유아가 측정과정을 나타나는 문제점을 경험하고 해결하는 과정에서 측정할 속성에 적합한 단위를 선정하고 동일한 단위를 반복하여 측정할 때 필요한 기술을 인식할 수 있도록 지도한다.

④ 규칙성 이해하기

- 유아가 생활주변에서 사물이나 사건의 양상이 일정한 순서로 반복 배열되는 것을 이해하도록 하는 내용이다.

표 Ⅳ-59 연령별 지도 내용

3세	4세	5세
생활주변에서 반복되는 규칙성에 관심을 갖는다.	생활주변에서 반복되는 규칙성을 알고 다음에 올 것을 예측한다.	생활주변에서 반복되는 규칙성을 알고 다음에 올 것을 예측한다.

3세	4세	5세
	반복되는 규칙을 인식하고 모방한다.	스스로 규칙성을 만들어 본다.

▶ 지도지침 및 유의점

- 유아가 사물이나 일상적 상황에 나타나는 규칙성을 발견하도록 하고 규칙성에 따라 다음에 올 것을 예측해 보는 기회를 제공한다.
- 유아가 다양한 패턴(예 : 청각적, 시각적, 운동적)이 있음을 인식하고 한 가지 유형의 규칙성을 다른 유형으로 재구성해보게 한다.
- 유아가 '빨강–파랑–빨강–파랑'과 같이 반복되는 규칙성을 보고 다음에 이어지는 것이 무엇인지에 초점을 맞추기보다는 규칙성의 핵심 요소인 A–B를 파악하는데 주의를 기울이도록 한다.

⑤ 기초적인 자료수집과 결과 나타내기

- 일상생활에서 탐구하고자 하는 문제를 해결하기 위해 필요한 자료를 모으고 정리하고 결과를 나타내고 해석하는 여러 과정을 포함한다.

표 Ⅳ-60 연령별 지도 내용

3세	4세	5세
	필요한 정보나 자료를 수집한다.	
같은 것끼리 짝을 짓는다.	한 가지 기준으로 자료를 분류해본다.	한 가지 기준으로 분류한 자료를 다른 기준으로 재분류해 본다.
		그림, 사진, 기호나 숫자를 사용해 그래프로 나타내본다.

▶ 지도지침 및 유의점

- 자료를 수집하기 전에 유아와 자료수집 방법에 대해 이야기 나누며 모으고자 하는 자료의 기준을 고려하여 수집하게 한다.
- 다양한 사물의 같은 점과 다른 점을 구별하고 같은 것끼리 짝지어 보는 기회를 제공한다.
- 유아가 수집한 자료들을 구체물이나 실물을 사용하여 직접 비교해 보도록 하거나 그림이나 사진, 기호를 사용한 그래프나 표로 만들어 보도록 한다.

다. 과학적 탐구하기

- 주변환경에 호기심을 가지고 탐색할 수 있도록 환경을 구성해 주고 관련된 다양한 자료를 제공해 주어 유아가 자발적으로 실험하고 탐구하도록 격려하는 것에 중점을 둔다.
- 유아를 주의깊게 관찰하여 유아의 생각을 알아보고, 적절한 질문을 통해 능동적으로 탐구하도록 안내하는 것에 중점을 둔다.

① 물체와 물질 알아보기

- 유아가 일상생활에서 접하는 친숙한 물체와 물질에 관심을 가지고 기본적인 특성을 알아보며 점차 여러 가지 방법으로 물체와 물질을 변화시켜 보는 것에 관한 내용이다.

표 Ⅳ-61 연령별 지도 내용

3세	4세	5세
친숙한 물체와 물질의 특성에 관심을 갖는다.	친숙한 물체와 물질의 특성을 알아본다.	주변의 여러 가지 물체와 물질의 기본 특성을 알아본다.
	물체와 물질을 여러 가지 방법으로 변화시켜 본다.	

▶ 지도지침 및 유의점

- 유아가 물체의 움직임이나 크기, 모양, 색 등의 특성에 관심을 가질 수 있도록 적절한 환경을 정한다. 만 3~4세에는 움직이는 물체(예 : 공, 움직이는 장난감 등)와 물질(예 : 물감, 밀가루 등)을 제공하고 만 5세는 구슬, 팽이, 바퀴, 여러 종류의 흙과 분말과 같은 다양한 사물을 제공하며 오감각을 통해 그 특성을 알아보게 한다.
- 유아가 물체의 움직임을 시도할 때 즉각 물체의 반응을 경험할 수 있는 활동을 통해 물체의 움직임을 알아본다.
- 유아가 물체나 물질을 변화시켜 보기 위해 다양한 방법을 사용해 보도록 격려하고 변화과정을 적극적으로 탐색한다.

② 생명체와 자연환경 알아보기

- 주변의 동식물에 관심을 갖고 생명체에 직접적인 영향을 미치는 자연환경을 알아봄으로써 생명체와 자연환경을 존중하고 녹색환경을 소중히 여기도록 하는 내용이다.

표 Ⅳ-62 연령별 지도 내용

3세	4세	5세
나의 출생과 성장에 대해 관심을 갖는다.		나와 다른 사람의 출생과 성장에 대해 알아본다.
주변의 동식물에 관심을 가진다.	관심 있는 동식물의 특성을 알아본다.	관심 있는 동식물의 특성과 성장과정을 알아본다.
생명체를 소중히 여기는 마음을 갖는다.		
	생명체가 살기 좋은 환경에 대해 관심을 갖는다.	생명체가 살기 좋은 환경과 녹색환경에 대해 알아본다.

▶ 지도지침 및 유의점

- 유아의 성장 과정에 대한 사진이나 동영상을 활용, 출생 후 변화된 부분을 알아본다.
- 동식물을 길러보게 하고 또한 관찰할 수 있는 기구를 정비해 준다.
- 교사는 생물체에 대해 관심을 갖고 존중해 주는 모델이 된다.
- 생명체가 살아가기 좋은 환경에 대해 생각해 보고 다양한 방법을 알아본다.
- 오염된 환경을 녹색환경으로 변화시키기 위한 일들을 조사해본다.

③ 자연현상 알아보기

- 유아가 자연물이나 자연현상에 대해 관심을 갖고 탐구과정을 통하여 '변화와 규칙성' 이라는 자연의 본질에 대한 이해를 도모하는 내용이다.

표 Ⅳ-63 연령별 지도 내용

3세	4세	5세
돌, 물, 흙 등 자연물에 관심을 갖는다.	돌, 물, 흙 등 자연물의 특성과 변화를 알아본다.	
		낮과 밤, 계절의 변화를 알아본다.
날씨에 관심을 갖는다.	날씨와 기후 변화에 관심을 갖는다.	날씨와 기후 변화 등 자연현상에 대해 관심을 갖는다.

▶ 지도지침 및 유의점

- 유아가 주변에 있는 돌과 물, 흙과 같은 자연물을 가지고 놀이해 보는 경험을 제공한다.
- 장소나 시간의 경과에 따라 자연물의 상태(예 : 모양, 색, 재질 등)가 변화될 수 있음을

알아보도록 한다.

- 계절 변화의 규칙성을 이해하고 계절의 변화에 따라 주변 환경과 동식물, 유아의 생활이 어떻게 변하는지 알아본다.
- 자연물(예 : 나무)을 정해놓고 계절의 변화에 따라 변화 과정을 탐색해 본다.
- 매일 아침 유아와 함께 날씨에 대해 이야기를 나누는 시간을 갖는다.

④ 간단한 도구와 기계 활용하기

- 유아가 생활 속에서 사용하는 다양한 도구와 기계에 관심을 가지고 활동하면서 도구와 기계의 발전으로 인한 편리성뿐 아니라 역기능에 대해서도 관심을 가지게 하는 내용이다.

표 Ⅳ-64 연령별 지도 내용

<table>
<tr><th>3세</th><th>4세</th><th>5세</th></tr>
<tr><td>생활 속에서 간단한 도구와 기계에 관심을 갖는다.</td><td colspan="2">생활 속에서 간단한 도구와 기계에 관심을 갖고 장·단점을 안다.</td></tr>
<tr><td colspan="2">도구와 기계의 편리함에 관심을 갖는다.</td><td>변화하는 새로운 도구와 기계에 관심을 갖고 장·단점을 안다.</td></tr>
</table>

▶ 지도지침 및 유의점

- 유아가 직접 탐색하고 활동해 볼 수 있는 간단한 도구와 기계를 제공하고 관련된 책 등의 자료를 준비한다.
- 교사는 생활도구와 기계의 어떤 점이 생활 속에서 편리함을 주는지 구체적으로 알아보도록 안내한다.
- 교사는 유아가 생활 속에서 도구와 기계를 올바르게 활용하고 다양한 문제해결에 사용하는 방법을 알게 한다.
- 첨단기계가 생활의 편리함을 제공하는 한편 잘못 사용하면 많은 피해를 줄 수 있다는 것을 이해시킨다.

2 교수 · 학습 지도의 실제

누리과정 5대 영역 지도의 효율성을 높이기 위해서는 누리과정 5대 영역별로 각 영역의 특질이나 특성에 따라 거기에 최적한 교수·학습 모형을 구안·적용해야 한다.

누리과정 5대 영역별로 각 영역의 특질이나 특성을 고려함이 없이 전 영역을 똑같이 획일적인 방법으로 지도해서는 안 된다. 다음에서 누리과정에 제시된 교수·학습 방법 지침과 누리과정 5대 영역별로 지도에 최적한 교수·학습 모형과 모형에 따른 전개 과정을 알아보고 이에 따른 학습 지도 활동안을 '예'로 제시한다.

1 교수 · 학습 방법 지침

3~5세 연령별 누리과정 해설서(교육 과학기술부고시 제2012-16호, 보건복지부고시 제2012-82호)에 제시된 교수·학습 방법 지침을 알아보자.

(1) 놀이를 중심으로 교수·학습활동이 이루어지도록 한다.

- 놀이를 통해 가르치고 배우는 것이 유아기에 가장 적합한 교수·학습 방법이 된다.
- 교사가 의도하는 교육 목표와 내용에 부합하며 유아가 자발적이며 적극적으로 참여할 수 있는 놀이를 계획하고 제공하는 것이 필요하다.
- 교사는 유아가 스스로 놀이계획 세우기, 선택, 수행, 평가의 기회를 가질 수 있도록 지도한다.

(2) 유아의 흥미를 중심으로 활동을 선택하고 지속할 수 있도록 한다.

- 자신이 흥미 있어 하는 활동이 제공되었을 때, 유아는 그 활동에 마음이 사로잡혀서 관람자가 아니라 적극적인 참여자가 되고 이를 통해 학습이 이루어진다.
- 교사는 세심한 관찰을 통해 유아의 관심이나 흥미가 무엇인가를 파악하여 이에 적합한 활동을 제시해야 한다.
- 유아의 흥미가 지속적으로 유지되어 학습이 잘 이루어지기 위해서는 여러 활동을 단편적으로 경험하기보다 흥미 있는 활동을 반복하고 자신이 한 경험에 대해 생각

할 기회를 제공하는 것이 필요하다.

(3) 유아의 생활 속 경험을 소재로 하여 지식, 기능, 태도 및 가치를 습득하도록 한다.

- 유아가 배워나가는 지식, 기능, 태도 및 가치는 일상생활의 문제를 해결할 수 있는 실제적인 것이다.
- 유아가 생활 속에서 하는 경험은 유아에게 가장 가깝고 친숙하며 구체적이고 직접적인 것이다.
- 유아의 수많은 일상적 경험을 학습상황으로 이끄는 것은 교사의 교육적 접근이 있을 때 가능하다.

(4) 유아와 교사, 유아와 유아, 유아와 환경 간의 능동적인 상호작용이 이루어지도록 한다.

- 유아는 교사나 또래와 개별적 또는 집단적으로 상호작용하면서 새로운 지식과 기능을 습득하고 태도를 형성해간다.
- 교사는 교사-유아, 유아-유아, 유아-환경 간의 상호작용을 지원할 때 유아의 연령, 사전경험, 발달 수준을 고려해야 한다.
- 상호작용의 핵심은 일방적이 아니라 쌍방향적인 것이다.

(5) 주제를 중심으로 여러 활동이 통합적으로 이루어지도록 한다.

- 통합은 부분들을 전체에 관련시켜 결합해가는 과정이며, 유아는 자신의 경험들을 통합하여 전인적으로 성장, 발달한다.
- 주제 중심의 통합은 유아의 흥미와 발달, 학습에 적합한 주제를 선정하여 이를 탐구하는 과정에서 누리과정의 5대 영역과 관련되는 내용들을 통합하여 운영하는 것이다.
- 주제를 중심으로 통합적으로 활동들을 운영하기 위하여 교사는 주제 전개에 따른 전체적인 계획을 체계적으로 세워야 한다.

(6) 실내·실외활동, 정적·동적활동, 대·소집단활동 및 개별 활동, 휴식 등이 균형 있게 이루어지도록 한다.

- 교수·학습활동은 실내활동과 실외활동, 정적활동과 동적활동, 개별 활동과 대·소집단활동, 휴식 등이 고르게 안배되어야 한다.

- 개별 활동과 대·소집단활동도 유아의 연령 및 시기 등을 고려하여 고르게 안배되어야 한다.

(7) 유아의 관심과 흥미, 발달이나 환경 특성 등을 고려하여 개별 유아에게 적합한 방식으로 학습하도록 한다.

- 교사는 유아의 연령만을 기준으로 교육활동을 계획할 것이 아니라 개별 유아의 특성을 함께 고려하여 활동을 계획하고 교수 전략을 사용하는 것이 필요하다.
- 장애가 있는 유아의 경우, 교사는 전문가의 도움을 받아 장애 상태와 발달에 적합한 교육, 보육계획을 세워야 한다.

2 교수·학습 모형 및 지도의 실제

교수·학습 모형에서는 누리과정 5대 영역 지도에 최적한 내면화 학습 모형, 탐구학습 모형, 언어학습 모형, 예능학습 모형에 국한하여 기술하기로 한다. 본 절에서 다루려는 교수·학습 모형의 유형에 따른 적용 가능 영역을 표로 나타내면 다음과 같다.

표 Ⅳ-65 교수·학습 모형 유형별 적용 영역

기본모형	5대 영역별 / 교수 학습 유형	신체운동·건강 영역	의사소통 영역	사회관계 영역	예술경험 영역	자연탐구 영역
내면화 학습 모형	감동감화 학습			0		
	가치판단 학습			0		
	지적사고 학습	0	0	0	0	0
	활동체험 학습	0	0	0		0
탐구학습 모형	가설실험 학습			0		0
	발견학습	0	0	0	0	0
	문제해결 학습	0	0	0	0	0
예능학습 모형	예능표현 학습	0			0	
언어학습 모형	연역(직접) 학습	0	0	0	0	0

(1) 내면화 학습 모형

내면화란 도덕적 의식이나 생활습관이 몸에 완전히 밴 상태로서 도덕적 의식이나 생활습관이 몸에 완전히 배이게 되면 유아들은 어떤 상황이나, 누가 보든지, 보지 않든 간에 항상 바람직한 생활습관이나 행동을 유지하게 된다.

따라서 유아들에게 바른생활 습관을 내면화시키기 위한 교수·학습 방법에는 감동감화 학습, 가치판단 학습, 활동체험 학습, 지적사고 학습 등 4가지 유형이 있는데 다음에서 위 4가지 교수 학습 방법 유형에 따른 학습의 전개방식에 대하여 설명하기로 한다.

① 감동감화 학습

감동감화 학습은 심정(감동) 주제에 대한 교수·학습 방법으로 유아들에게 학습 활동을 통해 감동과 감명을 주어 심정의 변화를 일으켜 내면화시키기 위한 교수·학습 방법이다.

감동감화 학습의 학습과정은 다음과 같다.

단계	과정	구조
도입	확인 (촛점화)	주제 제시 │ 생활 경험의 상기(반성) │ 생활 경험의 분류 │ 문제의 촛점화 ─ 간접 경험의 제공 │
전개	문제해결	(감명 자료 투입) …… 감명 …… (가치 인정) │ 감동의 교환 │
정리	실천의욕 갖기	│ (실천 의욕) → 감화 ← (자기중심에의 통일)

그림 Ⅳ-1 감동감화 학습 과정

위 교수·학습 과정에 따른 학습활동 전개방식을 개략적으로 설명하면 다음과 같다.

㉠ 학습주제 제시

교사는 본시에 학습할 활동주제를 도입 단계에서 유아들에게 제시한다. 학습주제를 제시하는 방법은 교사가 직접적으로 언어적 표현을 통해 학습주제를 제시하는 방법, 그리고 유아들의 생활 경험을 상기시키어 학습주제로 이끄는 방법 등 다양하다. 학습주제 제시는 본시 학습활동의 방향을 안내해 주는 역할을 한다.

㉡ 학습주제에 따른 생활 경험 상기

학습주제에 관련하여 유아들이 과거에 경험했거나 느꼈던 일 또는 보고 들었던 일들을 되새겨 보고 과거의 경험과 일들을 떠 올리면서 이야기 나누기를 한다.

㉢ 생활 경험의 분류

유아 각자가 느끼고 경험했던 사실 가운데에서 서로 같은 성질의 문제 또는 할 수 없는 문제, 나아가서 옳은 생각, 그릇된 생각, 어찌할 수 없는 문제 등 일정한 기준에 따라 분류한다.

분류 작업은 학습 진행의 방향을 결정해주는 중요한 과정이므로 유아들끼리 또는 교사와 유아가 공동활동으로 명확하게 분류하도록 하여야 한다.

㉣ 간접 경험의 제공

학습할 문제의 방향을 더욱 명확히 하기 위하여 보조적인 예화 또는 유사한 경험이나 사실을 제공한다.

㉤ 학습문제의 촛점화

본시에 학습할 문제(내용)에 대하여 유아들에게 확실히 이해시키는 과정이다. 어떠한 내용의 학습활동이든 간에 학습문제를 촛점화시키어 학습문제를 보다 명확히 하고 뚜렷하게 만드는 것은 중요한 일이지만 특히 도덕적인 문제나 생활지도상의 문제를 촛점화시키는 일은 그리 쉽지 않다. 왜냐하면 도덕적인 문제나 일상생활상의 문제는 대단히 광범위하기 때문에 조금만 관점을 달리하면 학습활동의 방향이 엉뚱하게 달라지기 때문이다.

㉥ 간접 자료 투입

감동감화 학습의 교수·학습과정은 유아들에게 학습주제나 지도하려고 하는 행동 덕목에 대하여 꼭 지킬 수 있도록 감명이나 감동을 주어 행동에 대한 실천의욕을 내면화 시키려는데 목적이 있기 때문에 유아들에게 더욱 깊은 감명이나 감동을 줄 수 있도록 해야 한다. 따라서 감동감화 학습의 교수·학습과정에서 제일 중요한 활동은 어떤 시청각자료나 예화자료를 제공하여 유아들로 하여금 그들의 심중에 강한 감명과 감동을 받게 하여 학습한 행동 덕목을 내면화 시키는 일이다.

ⓢ 감명(가치 확인)

유아들이 감동감화 학습을 전개하면서 전 학습과정을 통하여 감명이나 감동을 받게 되지만 이 단계에서는 감화가 더욱 깊어지도록 다양한 감명, 감동자료를 활용하여 학습을 전개하여야 한다.

ⓞ 감명의 교환

유아들은 지금까지의 학습과정을 통하여 많은 감명과 감동을 받았기 때문에 유아상호간에 서로 느낀 감명을 교환하도록 한다.

ⓩ 감화

감화 단계에서는 유아들이 감명·감동이나 감화를 받은 정도에 따라 일상생활 속에서 실천할 수 있는 마음의 결의를 하거나 마음속 깊이 다짐하여 앞으로 어떻게 행동할 것인가를 결의하도록 한다.

위 감동감화 학습의 학습과정에 따른 학습활동안의 '예'를 제시한다.

표 Ⅳ-66 감동감화 학습의 '예'

<table>
<tr><td colspan="2" rowspan="5">• 생활주제 : 유치원/어린이집과 친구
• 활동주제 : 나의기분</td><td>교육과정 관련</td><td>사회관계 영역</td></tr>
<tr><td>학습 형태</td><td>감동감화 학습</td></tr>
<tr><td>주요 활동</td><td>감명, 감동, 이야기 나누기</td></tr>
<tr><td>학습 목표</td><td>• 마음대로 하면 안 되는 것이 있음을 안다.
• 남을 위해 나의 행동을 조절할 줄 안다.</td></tr>
<tr><td>준비물</td><td>• 감명, 감동, 시청각 자료 · 이야기 자료, 예화 자료</td></tr>
<tr><td>단계</td><td>과정</td><td colspan="2">활동 내용</td></tr>
<tr><td>도입</td><td>주제 제시

생활 경험의 상기</td><td colspan="2">① 오늘은 다른 사람과 사이좋게 그리고 즐겁게 생활하는 방법에 대해 공부해요.
① 다른 사람이 마음대로 행동하여 나에게 불편을 준 사례를 이야기한다.
• 어떤 일
• 어떤 기분
• 친구들의 기분
• 기타
② 내가 마음대로 행동하여 다른 사람에게 불편을 준 사례를 이야기한다.
• 어떤 일
• 어떤 불편
• 친구의 심정
• 나의 기분</td></tr>
</table>

단계	과정	활동 내용
도입	생활 경험의 분류	① 같은 시각에도 기분이 좋은 유아, 그렇지 않은 유아가 있음을 안다. ② 오늘 아침 유치원 활동실에 들어온 후의 일들을 각자 발표시킨다. • 있었던 일과 그때의 기분 ③ 유아들의 사진을 실물환등기에 확대하여 비춰보면서 어디에서 무엇을 하고 있는 사진인지 이야기를 나눈다. ④ 사진에 나타난 표정들을 살펴보며 사진의 주인공들에게 그때의 상황과 기분에 대하여 이야기를 나눈다. • (함께 즐겁게 웃으며 놀이하는 사진을 보여주며) 이 사진의 친구들은 모두 웃고 있네, 왜 이렇게 웃었니? • (한 명은 웃는데 다른 한 명은 화난 모습을 보여주며) 이 두 사람의 기분이 서로 다른 것 같구나, 어떻게 해서 이렇게 되었니? • 두 사람이 모두 기분이 좋을 수 있는 방법은 없을까? • (서로 다투는 모습의 사진을 보여주며) 왜, 이런 일이 일어나게 되었니? • 이렇게 다투지 않고 해결할 수 있는 방법은 무엇일까?
	문제의 촛점화	① 사진 외에 실제로 기분이 좋았던 경험, 속상했던 경험 등에 대하여 이야기를 나누고 바르게 해결해 나가는 방법을 알아본다. • 내가 기분이 나쁘고 속상할 때 친구에게 어떻게 알릴까? • 친구가 나에게 속상한 것을 이야기하면 어떨까? • 마음대로 행동해서는 안 되는 것에는 무엇이 있는지 이야기 해본다. – 놀이터에서, 공공시설에서, 유치원에서
전개	감명	① 감명 자료를 들려준다. • 친구들을 배려하는 영희 – 매사에 친구들을 위하여 솔선수범하는 영희의 배려하는 마음을 그린 글 • 욕심쟁이들 – 서로 자기 욕심만 차리다가 모두가 낭패를 보는 이야기
	감명 교환	① 감명자료를 듣고 난 느낌을 말해보도록 한다. • 모든 일에 솔선수범해요. • 모두를 위해 내가 참아요. • 친구들의 마음을 상하지 않게 해요. • 내 기분대로 행동하지 않아요.
종결	실천 의욕	① 앞으로 어떻게 행동할까? 자기의 각오를 하나씩 말해 봐요.

② 가치판단 학습

가치판단 학습은 가치 주제에 대한 교수·학습 방법으로 유아들이 겪는 도덕적 갈등이나 사회적인 문제에 대한 학습활동에서 다양한 토의와 토론을 통하여 올바른 가치를 선택하여 유아의 심정에 내면화시키기 위한 교수·학습 방법이다. 가치판단 학습의 학습 과정은 다음과 같다.

단계	과정	구조
도입	문제의 확인 (촛점화)	주제 제시 경험의 상기(반성) 경험의 정리 분류 문제의 촛점화 ······ (직접 자료 투입)
전개	문제 해결 (토의, 토론)	(토의) → 가치 추구 ← (토론) (조건규명) → 각자 의견 발표 ← (준거 제시) 집단 사고
정리	가치 (가치판단)	(의욕화) → 가치화 ← (자각화) 태도화

그림 Ⅳ-2 가치판단 학습 과정

가치판단 학습모형의 학습활동은 전절에서 밝힌 감동감화 학습의 도입 단계나 정리 단계는 거의 비슷하다. 다만 감동감화 학습의 전개 단계에서는 유아들에게 학습주제에 대하여 많은 감명과 감동을 주어 유아들의 심정에 내면화시키는데 주력한다면 가치판단 학습에서는 학습주제에 대하여 다양한 토의와 토론을 통하여 유아들 스스로가 올바른 가치를 선택하도록 하고 실천의욕을 갖도록 유아의 심정에 내면화시키는데 주력한다. 위 과정에 따라 학습활동의 전개방식을 개략적으로 설명하면 다음과 같다.

㉠ 주제 제시

주제 제시 방법은 감동감화 학습과정과 같다.

㉡ 경험의 상기(반성)

경험의 상기(반성)는 감동감화 학습과 같은 방식으로 전개하는데 특히 자기가 과거에 잘못 판단하여 낭패를 본 사례 그리고 그때의 기분 또한 정확히 판단하여 이익을 가져온 사례, 그리고 그때의 기분에 중점을 두어 이야기하게 한다.

㉢ 경험의 정리, 분류

학습활동 주제에 관련된 생활 경험을 발표하도록 유도하여 유아들의 생활 경험을 교사가 설정한 기준에 따라 유아와 이야기 나누기를 통해 분류한다. 이 과정에서 유아들이 당면하는 과제가 무엇이며 어떤 갈등을 느끼는가를 알 수 있도록 유도해 나간다.

㉣ 문제의 촛점화

학습활동 주제를 결정하고 주제에 따른 학습문제와 학습활동의 방향을 전 유아들이 이해하도록 이야기 나누기를 이끌어간다.

㉤ 가치추구

가치추구는 가치판단의 과정으로 가치판단 학습에서 가장 핵심적인 활동이 이루어진다. 가치추구 단계에서는 경험의 정리 분류와 문제의 촛점화 과정을 통해 확인된 문제 사태와 이에 따른 상반된 견해에 대하여 자기의 주장이나 이유를 발표하도록 하여 서로 상반된 의견에 대한 토론과 토의 활동으로 객관적인 가치를 선택하도록 한다.

㉥ 집단사고

앞 과정인 가치추구활동을 더욱 심화시키기 위하여 집단적으로 사고하도록 하여 객관적인 가치를 선택할 수 있도록 이끌어간다.

㉦ 가치화, 태도화

가치판단 학습의 마지막 과정으로 지금까지의 다양한 가치판단활동을 통해 나타난 가치 가운데 가장 합리적이고 타당한 가치를 선택하고 실제 생활에서 적용 실천하려는 의지를 갖도록 한다.

위 가치판단 학습의 교수·학습과정에 따른 학습활동안의 '예'를 제시한다.

표 Ⅳ-67 가치판단 학습의 예

<table>
<tr><td colspan="2" rowspan="5">• 생활주제 : 유치원/어린이집과 친구
• 활동주제 : 친구들과 사이좋게 지내자</td><td>교육과정 관련</td><td>사회관계 영역</td></tr>
<tr><td>학습 형태</td><td>가치 판단 학습</td></tr>
<tr><td>주요 활동</td><td>토의, 토론, 이야기나누기</td></tr>
<tr><td>학습 목표</td><td>친구들과 사이좋게 지내는 방법을 알고 실천한다.</td></tr>
<tr><td>준비물</td><td>토의활동 시 주제에 맞는 그림 자료, 연필, 지우개 등</td></tr>
<tr><td>단계</td><td>과정</td><td colspan="2">활동 내용</td></tr>
<tr><td>도입</td><td>주제 제시
경험의 상기

문제의 촛점화</td><td colspan="2">① 오늘은 친구들과 사이좋게 지내는 방법을 알아보도록 해요.
① 친구들과 다툰 일이 있는가? 그때 무슨 일로, 기분이 어떠했는가?
② 친구들과 사이좋게 지낸 일이 있는가? 그때의 기분은 어떠했는가?
① 친구들과 사이좋게 지내기 위한 방법을 협의한다.
• 각 팀명과 '팀 인원을 선정한다.'
• 각 팀에 속한 유아들은 의장과 도우미를 뽑는다.
– 누가 의장이 되면 좋을까?
– 누가 도우미가 되면 좋을까?</td></tr>
</table>

단계	과정	활동 내용
전개	가치추구 (토의, 토론)	① 의장이 된 유아는 토의를 진행하면서 토의 내용을 기록한다. ② 의장은 어려운 일이 생기면 도우미의 도움을 받는다. ③ 토의가 끝나면 의장은 각 팀의 토의 내용을 정리하여 발표시킨다. ④ 토의 시 유의할 점을 협의한다. · 팀원에게 고루 발표할 수 있는 기회를 준다. · 토의 시 주제와 일치되는 내용을 발표하도록 한다. ⑤ 토의 주제를 안내하고 토의시킨다. · 친구들과 다툰 이유는 무엇인가? – 놀이기구를 먼저 타려고 – 나를 때리니까
	집단사고	① 놀이 기구를 이용할 때는 어떤 마음을 가져야 하는가? 집단토의 시킨다. · 다른 친구에게 양보한다. 그 이유는? · 내가 무조건 먼저 탄다. 그 이유는? · 먼저 온 순서대로 탄다. 그 이유는?
종결	가치화, 태도화	① 위 토의과정을 통해 가장 올바른 가치를 선택하도록 한다. ② 앞으로 유아들이 어떤 행동을 해야 할까? 각자의 각오를 말해보도록 한다.

③ 지적사고 학습

지적사고 학습은 지적(이해) 주제에 대한 학습모형으로 유아들에게 학습활동 주제에 대하여 폭넓고 체계적인 지식을 넣어주어 현재 상황을 바르게 이해시켜 내면화시키기 위한 학습모형이다.

지적사고 학습의 학습과정은 다음과 같다.

단계	과정	구조
도입	문제의 확인 (촛점화)	주제 제시 경험의 상기(반성) │ 경험의 정리 │ 문제의 촛점화 …… (간접 자료 투입) │
전개	문제해결 (통찰)	사실의 통찰 │ 근거 제시 → (합리성의 추구) ← 간접 자료 투입 │ 개념의 이해 확인 │

단계	과정	구조
종결	자각	자각 (조직화) (태도화)

그림 Ⅳ-3 지적사고 학습과정

위 교수 학습과정에 따른 학습활동 전개방식을 개략적으로 기술하면 다음과 같다.

㉠ 주제 제시

학습활동 주제 제시, 주제 제시 방법은 모든 내면화 학습 방법과 같다.

㉡ 경험의 상기

각자가 알고 있는 경험 또는 경험한 사실에 대하여 이야기 나누기를 한다.

㉢ 경험의 정리

발표한 경험이나 사실을 어떤 기준이나 성격 또는 학습 활동의도에 따라 분류 정리한다.

㉣ 간접 자료 투입

학습활동의 방향을 명료화하고 학습동기를 유발시킬 수 있는 관련 그림이나 사진 등 간접 자료들을 투입시킨다.

㉤ 문제의 촛점화

본시 학습문제를 확실히 이해할 수 있도록 이야기 나누기를 한다.

㉥ 사실의 통찰 → 합리성의 추구 → 개념의 이해 확인

본시 학습활동 문제에 대하여 깊이 있게 연구하고 궁리하여 어떤 문제인가? 어떤 내용인가? 사실과 현상은 어떠한가? 등에 대하여 근거를 제시해가면서 이야기 나누기를 한다.

㉦ 자각

위의 전 과정을 통하여 새롭게 터득한 원리 지식, 내용들을 정리하여 유아들에게 다시 확인시켜준다. 그리고 새로 이해된 내용을 기초로 하여 실생활에서 어떻게 적용할 것인가를 궁리해 보고 실천의욕을 갖도록 한다. 위 지적사고 학습의 교수·학습과정에 따른 학습활동안의 '예'를 제시한다.

표 Ⅳ-68 지적사고 학습의 예

생활주제 : 세계 여러나라 활동주제 : 기온과 우리생활	구분	내용
	교육과정 관련	자연탐구 영역
	학습 형태	지적사고 학습
	주요 활동	통찰, 이야기 나누기
	학습 목표	기온에 따라 집 모양이 다름을 안다.
	준 비 물	세계 각국의 집 모양 사진 자료

단계	과정	활동 내용
도입	주제 제시 생활 경험의 상기	① 세계 각국의 기후와 집 모양에 대하여 알아보자. ① 학습활동 주제에 관련된 유아들의 생활 경험을 발표하도록 한다. • 우리가 사는 집의 종류에 대해 이야기해보자. • 우리나라 집이 어떻게 변해왔는지 이야기해보자. 초가집 → 기와집 → 아파트 • 우리나라 집이 왜 변해왔을까? 이야기해보자. • 외국사람들은 어떤 집에 살까요? 이야기해보자.
	경험의 정리	① 외국 사람이 사는 집과 우리나라 사람이 사는 집이 어떻게 다를까? 에 대하여 공부해 보도록 해요.
	간접 자료 투입	① 외국 사람이 사는 집 모양 사진을 유아들에게 제시한다. • 추운 지방의 집 • 더운 지방의 집
	문제의 초점화	① 기온에 따라 집의 모양이 어떻게 다른지 알아보자. ② 우리나라의 집과 비교해 무엇이 어떻게 다른지 알아보자. • 모양, 재료, 크기 등
전개	사실의 통찰 탐색·토의	① 우리나라의 집 사진, 더운 지방의 집 사진, 추운 지방의 집 사진 등 3종류를 유아들에게 제시한다. ② 기온에 따라 집 모양이 어떻게 다른지 조사해 본다. ③ 기온에 따라 집 모양이 왜 다른지 조사해 본다.
종결	개념의 이해 확인	① 기온에 따라 집 모양이 어떻게 다른가 정리시킨다. ② 기온에 따라 집 짓는 재료는 어떻게 다른가 정리시킨다. ③ 기온에 따른 집 모양과 사용된 자료를 정리시킨다.
	자각	① 기온에 따라 집은 물론, 여러 가지 문화가 다르다는 것을 이해시킨다.
	실천계획	① 우리나라 문화의 우수성에 대해 긍지를 갖도록 한다.

④ 활동체험 학습

활동체험 학습은 활동주제 즉 학습문제에 대하여 유아들이 직접 활동이나 실천, 실행을 통해 기술, 기능, 방법을 터득시키어 내면화시키는 학습모형이다. 예를 들면 '손 씻기'를 습관화시키려는 활동주제를 학습할 때는 학습활동을 구두로 손 씻기 방법을 안내하는 것이 아니라 직접 수돗가에 데리고 가서 '손 씻기' 교사의 시범을 직접 보면서 '손 씻기' 방법을 체득시키는 학습 방법이다. 따라서 활동체험 학습에서는 학습주제에 관련된 내용에 대하여 시범, 실연, 실행, 실천, 추체험을 실시하여 생활 습관을 내면화시킨다.

활동체험 학습의 학습과정은 다음과 같다.

단계	과정	구조
도입	문제의 확인 (초점화)	주제 제시 경험의 상기(반성) | 경험의 정리 분류 | 문제의 초점화 …… (간접 자료 투입) |
전개	문제해결 (시범, 추체험, 극화, 실연)	조건의 규명 | 추체험, 시범, 극화·실연화 | 집단사고
정리	실천계획	| (자기계획) – 실천계획수립 – (태도화)

그림 Ⅳ-4 활동체험 학습 과정

위 활동체험 학습 과정에 따른 학습활동 전개방식을 개략적으로 기술하면 다음과 같다.

㉠ 학습활동주제 제시

학습활동주제 제시 방법은 감동감화 학습, 가치판단 학습, 지적사고 학습모형과 같다. 다만, 제시되는 주제가 습관(실천) 주제일 뿐이다.

㉡ 생활 경험의 상기(반성)

활동주제에 관련하여 유아 개인 또는 집단적으로 그러한 상황에서 어떻게 행동하고 실천했는가의 자기 경험을 발표(이야기)시킨다.

㉢ 경험의 정리(분류)

활동주제와 관련된 경험들을 몇 가지 관점 또는 행동 유형으로 분류하여 학습활동 전개에 편리하도록 정리(분류)하여 학습의 방향을 명료하게 한다.

㉣ 사실 자료의 투입

분류된 경험에 구체적인 사실자료들을 투입하여 학습활동의 방향을 더욱 명료하게 한다.

ⓜ 문제의 촛점화

본시 학습 내용을 재확인하고 학습문제에 대한 학습 활동 방향을 명확하게 이해시킨다.

ⓑ 조건의 규명

본시 학습활동 내용에 관련하여 어떻게 해야 하는가? 왜 그렇게 해야 하는가? 하는 이유를 알아본다.

ⓢ 시범, 추체험, 극화, 실연

본시 학습문제에 대하여 유아들이 직접적으로 시범, 실천, 실연, 실행해 보고 상황에 따라서 극화해서 실천, 기술, 방법을 터득하고 심화시킨다.

ⓞ 실천계획 수립

본시 학습활동 내용에 대하여 학습한 후 앞으로 유아 개개인 또는 집단적으로 어떻게 행동할 것인가를 계획하고 결의를 다진다.

위 활동체험 학습과정에 따른 학습 활동안의 '예'를 제시한다.

표 Ⅳ-69 활동체험 학습의 예

<table>
<tr><td colspan="2" rowspan="5">유치원/어린이집과 친구
생활주제 : 유치원/어린이집과 친구
활동주제 : 자기 물건을 잘 간수해요</td><td>교육과정 관련</td><td>사회관계영역</td></tr>
<tr><td>학습 형태</td><td>활동체험형</td></tr>
<tr><td>주요 활동</td><td>체험, 실연, 시범</td></tr>
<tr><td>학습 목표</td><td>자기 물건을 잘 간수할 수 있다.</td></tr>
<tr><td>준 비 물</td><td>신발장 사진 2매, 사물함 사진 2매</td></tr>
<tr><td>단계</td><td>과정</td><td colspan="2">활동 내용</td></tr>
<tr><td rowspan="4">도입</td><td>주제 제시</td><td colspan="2">① 오늘은 정리 정돈해야 할 곳이 어디이며 또한 어떻게 정리 정돈할까에 대하여 공부해봐요.</td></tr>
<tr><td>경험의 상기</td><td colspan="2">① 신발장에 가서 신발정돈 상황을 관찰한 후 그 느낌을 차례대로 발표시킨다.
• 잘 정돈된 신발
• 아무렇게나 놓은 신발
• 떨어진 흙</td></tr>
<tr><td>사실자료의 투입</td><td colspan="2">① 사물함에 가서 개인용품 정돈 상황을 관찰한 후 그 느낌을 차례대로 발표시킨다.</td></tr>
<tr><td>문제의 촛점화</td><td colspan="2">① 신발장에 신발을 바르게 놓지 않은 이유는 무엇일까?
② 사물함에 자기 물건을 바르게 놓지 않은 이유는 무엇일까?
위 두 문제가 본시 학습활동 과제임을 유아들에게 이해시킨다.</td></tr>
</table>

단계	과정	활동 내용
전개	조건의 규명	① 신발장에 신발을 바르게 놓지 않는 이유를 유아들이 발표하도록 한다. • 바빠서 • 빨리 활동실에 들어오려고 • 그냥 모르고 ② 사물함에 자기 물건을 잘 정리하지 않는 이유를 유아들이 발표하도록 한다. • 하기 싫어서 • 할 줄 몰라서 • 바빠서 • 기타
	집단사고	① 왜 신발장이나 사물함에서 정리정돈을 잘해야 하는 이유 그리고 그 방법에 대해 토의한다.
	추체험, 실연화, 극화	① 그림 자료를 통해 신발장, 사물함, 정리 요령을 설명한다. ② 유아들이 신발장에 가서 각자 자기 신발을 제자리에 바르게 놓아본다. ③ 유아들이 자기 사물함에 가서 물건을 다 꺼내놓고 다시 넣어 보도록 한다. ④ 신발장과 자기사물함을 정리해 놓은 후의 느낌을 말해 보도록 한다.
종결	실천계획 수립	① 앞으로 신발장과 사물함 정리를 어떻게 해야 할까? – 각자 의견을 발표해본다.

⑤ 내면화 학습 진행상의 유의점

㉠ 내면화 학습은 교수·학습과정에서 유아들에게 도덕적의식이나 생활습관을 몸에 완전히 배이게 내면화 활동을 강조하여 내면화시키는 것이 특징이다. 위에 제시한 4개 교수·학습 방법 유형별로 강조하는 내면화 활동은 다음과 같다.

가. 감동감화 학습 : 활동주제에 관련된 시청각자료나 읽을거리(동화, 동시, 예화 등)를 유아들에게 들려주어 강한 감명, 감동, 감화를 받게 하여 내면화시킨다.

나. 가치판단 학습 : 활동주제에서 지도하려고 하는 실천 덕목에 관해 다양한 토의, 토론을 통하여 올바른 가치의 선택은 물론, 올바른 가치를 선택한 이유나 근거를 확실히 이해시켜 내면화시킨다.

다. 지적사고 학습 : 유아들에게 새로운 지식이나 정보 또는 사실을 처음으로 이해시키려는 교수·학습 유형으로 유아들에게 학습문제에 대한 새로운 내용, 지식, 정보, 사실, 원리 등을 발견하고 찾아내기 위한 통찰을 강화하여 내면화시킨다.

라. 활동체험 학습 : 유아들이 늘 사회생활 속에서 실천해야 할 생활습관을 말로 지도하는 것이 아니라 교사가 직접 시범, 본보기, 모델, 실연, 추체험 등을 통해서 지도한 후 유

아들이 직접 실행(실천)해 보도록 하여 내면화시킨다.

㉡ 위에 제시한 4개 유형의 내면화 학습에서 공통적으로 도입 단계에서는 학습문제를 초점화시키고 있는데, 초점화는 학습문제를 정확히 이해시키는 과정으로 반드시 유아들의 생활 경험 속에서 이끌어내야 한다.

㉢ 4개 교수·학습방법 유형에서 내면화의 학습과정과 구조가 상세하게 분류, 제시되어 있는데 교수·학습의 실제 상황에서는 일부 과정이 생략될 수도 있고 여러 개의 과정이 동시에 연속적으로 사고활동이 이루어져 활동시간이 단축될 수도 있다.

(2) 탐구학습 모형

탐구학습이란 '유아 자신이 발견한 가설검증적인 탐구과정에 따라서 아이디어를 만들어내고 그것을 실험·검증하는 유아주도적인 학습 방법'이라고 제1부에서 정의했다. 탐구학습모형에서는 가설실험 학습과 발견 학습, 문제해결 학습에 국한하여 학습과정, 이에 따른 전개방식, 그리고 학습활동안의 '예'를 제시한다.

① 가설실험 학습

가설실험 학습은 유아들이 설정한 학습문제에 대하여 유아 각자가 가설(hypothesis)을 세우고 수립된 가설을 검증하기 위하여 관련 자료들을 관찰, 분석, 종합하고 유아상호간의 토론을 통하여 유아 각자가 세운 가설과 가설 설정의 근거를 알아본 후 최종적으로 실험을 통해 가설을 검증하여 원리나 개념으로 이법화(개념화)해 나가는 탐구학습 방법으로 가설실험·학습과정은 다음과 같다.

단계	과정	구조
도입	문제의식 상황제시	문제상황 제시, 문제의식 유도 문제의식의 공유화 ↓
	문제의식의 확인	학습문제 확인 ↓

단계	과정	구조
전개	가설 설정	자료탐색, 관련자료 제시 ↓
	자료분석, 가설 설정	관련 자료종합분석 → 가설 설정 ↓
	토론	(가설 수정) → 토론 → (가설 설정 근거 제시) ↓
	가설 수정	가설 재설정 ↓
	가설 검증	(가설타당성 확인) → 가설 검증 ← (관련 자료 제시) ↓
종결	이법화, 개념화	이법화, 개념화 ← (적용 방안 협의)

그림 Ⅳ-5 가설 실험학습 과정

위 학습과정에 따라 학습활동을 개략적으로 설명하면 다음과 같다.

㉠ 문제 상황 제시

본시 학습문제에 관련하여 관련 자료를 제시하면서 유아들로 하여금 문제의식을 갖도록 한다.

㉡ 문제의식의 공유화

관련 자료를 보면서 교사가 이야기를 이끌어가거나 유아들이 교사가 제시한 자료를 탐색하면서 문제의식을 갖도록 한다. 특히 개인의 문제가 아니라 전체 유아들의 공통된 관심사가 되도록 유도한다.

㉢ 학습문제 확인

위 두 과정을 거쳐 본시에 유아들이 해결해야 할 학습문제가 무엇인가를 확실히 이해시킨다.

㉣ 자료 탐색

문제의식 유도자료(1차 자료) 제시에 이어 이번에는 가설 설정에 직접적으로 관련되는 자료(2차 자료)를 제시하여 유아들이 가설 설정을 위해 자료를 면밀히 탐색하도록 한다.

㉤ 가설 설정

제시된 자료 탐색을 통하여 공유화된 문제에 대한 가설을 유아 각자가 설정하도록 한다. 가설을 설정할 때는 반드시 설정된 가설에 대한 이유 또는 근거를 확실히 정리하도록 한다. 이유나 근거가 명확하지 않으면 가설로서의 가치가 없음을 유아들에게 주지시킨다.

ⓑ 토론

유아들이 제시한 가설을 정리하여 가설별로 유아들을 몇 개의 그룹으로 분류한 후 그룹별로 유아들의 가설 설정의 이유나 근거를 발표시킨다. 이때, 유아는 자기가 설정한 가설에 대한 이유나 근거를 분명히 하도록 조리있게 발표하도록 한다.

ⓢ 가설의 재설정(수정)

토론을 거친 후 유아들이 설정한 가설을 수정할 수 있게 한다. 이 과정은 다른 유아가 발표한 가설 설정의 이유나 근거가 자기가 설정한 가설에 대한 이유나 근거보다 합리적이라고 생각할 때 자기의 가설을 재설정 또는 수정하도록 한다.

위와 같은 가설의 재설정(수정)과정을 거쳐 최종적으로 전 유아들의 가설 설정이 종료된다. 따라서 가설별로 유아들을 몇 개의 그룹으로 다시 분류한다.

ⓞ 가설 검증

유아들과 가설 검증을 위한 방안을 협의한 후 검증한다. 검증은 유아들이 제시한 가설에 따라 관련 자료를 분석하거나 실험을 통해 검증된다. 옳은 가설을 설정한 유아는 즐거워 환호성을 올린다. 또한 틀린 가설을 설정한 유아는 자기의 생각에서 무엇이 잘못되었는가를 확인시키는 기회가 된다.

ⓙ 이법화

가설 검증 결과를 이법화하거나 개념화하여 유아들에게 학습 결과를 이해시키고 또한 일상생활에서 적용 방안이나 발전적 과제를 생각해 보기로 한다.

위 가설실험 학습의 학습과정에 따른 학습활동안의 '예'를 제시한다.

표 Ⅳ-70 가설실험 학습의 '예'

생활주제 : 봄 활동주제 : 얼음이 녹아요.	**교육과정 관련**	자연탐구 영역
	학습 형태	가설 실험 학습
	주요 활동	탐구, 가설검증, 이법화
	학습 목표	얼음과 물의 순환성을 이해시킨다.
	준비물	얼음, 물, 비이커, 램프

단계	과정	활동 내용
도입	문제상황 제시	① 지난 겨울에 대하여 생각나는 대로 말해 봐요. • 추웠어요. • 눈이 많이 왔어요. • 얼음이 얼었어요. • 바람이 많이 불었어요.
	문제의식 유도	① 눈과 얼음이 다 어찌 되었나요? • 다 녹아버렸어요. • 그냥 없어졌어요. • 몰라요. ② 얼음이 왜 녹아 없어졌나요? • 바람이 불어서 • 봄이 되니까 • 날씨가 따뜻해져서
	문제의식의 공유화	③ 얼음을 어떻게 하면 물이 될까요? • 햇볕에 놓는다. • 부채질한다. • 깨뜨린다.
전개	자료 탐색	① 실험에 쓰이는 물건을 확인해요? ② 실험에 쓰이는 기구에 대하여 어떻게 사용하는지 이야기 나누기를 한다.
	가설 설정	① '얼음에 열을 가하면 어떻게 될까요? 각자 생각해 보세요.' 하고 가설(예상)을 세워 보게한 후 토론시킨다. • 녹아서 물이 된다. • 무게가 줄어든다. • 크기가 줄어든다.
	가설 설정의 근거 제시	① 자기가 예상한 가설에 대하여 그 이유를 각자 말해 보게 한다. • 교사는 가설별로 원아 수를 파악하여 둔다.
	가설의 재설정	① 가설 설정의 근거를 듣고 난 후 가설(예상)이 바뀐 사람이 있는가를 확인한다. 그리고 가설별로 원아 수를 다시 파악한다.
	가설 검증	① 실험을 해봅시다. 실험하는 방법을 생각해봐요. 실험기구를 사용할 때 주의할 점은 무엇인가요? ② 실험 결과를 봅시다. 어찌되었나요? 물이 되었어요. 가설이 맞는 사람, 틀린 사람을 확인하고 그 이유를 말해 보게 한다.
종결	이법화	① '얼음에 열을 가하면 물이 되고 물을 얼리면 얼음이 된다.'는 원리를 확인해주고 이런 원리를 이용한 사례를 말해본다.

② 발견학습

발견학습은 교사의 개입 없이 유아 스스로 학습문제를 선정하고 해결 방법을 모색하여 학습활동을 이끌어가는 고도의 지적기술 학습 방법이다. 다시 말하면 발견학습이란 여러 가지 자료를 관찰, 분석, 종합하여 개념이나 원리를 유아 스스로 발견해나가는 학습 방법이다. '가설실험 학습'처럼 가설을 설정하거나 토론활동이 많이 이루어지지 않고 제시된 자료를 분석하여 새로운 사실을 발견하도록 한다.

단계	과정	구조
도입	문제의식	자료 탐색, 문제의식 관련 자료 제시 문제의식의 공유화 ↓ 학습문제 설정 ← 학습문제의 순서화 ↓
	해결방안 모색	해결방안 모색 ↓
전개	자료 제시	관련 자료 탐색 ← 1차 자료 제시 ↓ 발견 내용 정리 ↓
	보충자료 제시	보충자료 탐색 2차 보충자료 제시 ↓
	추리	본격적인 추리 1·2차 탐색 결과 ↓
	정리, 토의	개념 정리 ← 발표·토의 ↓
종결	응용, 발전	적용 방안 협의 ↓ 발전적 과제 선정

그림 Ⅳ-6 발견학습과정

위 학습과정에 따른 학습활동을 개략적으로 설명하면 다음과 같다.

㉠ 자료 탐색

교사가 제시해준 자료를 탐색하면서 문제의식을 갖도록 한다. 이때 교사는 유아들이 본시 학습활동에 접근된 문제의식을 갖을 수 있도록 관련 자료를 제시한다.

㉡ 문제의식의 공유화

유아들이 각자 자료를 탐색하면서 문제의식을 갖도록 하고 점차, 전 유아들이 공통된 문제의식을 갖도록 유도한다. 이때 교사는 각 분단을 순회하면서 문제의식을 갖을 수 있도록 발문을 하면서 격려한다.

㉢ 학습문제 설정, 해결방안 모색, 분담조직

앞 과정을 통하여 문제의식이 공유화되면 해결해 보고자 하는 학습문제(궁금한 점, 알아보고 싶은 점)를 발표시킨다.

발표된 학습문제를 순서화하고 본시에 해결하고 싶은 학습문제를 분단 수만큼 확정한다. 학습문제를 분단별로 배정하고 해결방안을 모색하여 발표·토의시킨다. 학습문제를 하나만 선정하여 전체 유아들이 공동으로 해결할 수도 있다.

㉣ 관련 자료 탐색(1차 자료 제시)

선정된 학습문제를 해결할 수 있는 관련 자료들을 각 분단별로 제공한다. 제공된 자료들을 관찰, 비교, 분석하는 등 학습문제 해결과 관련하여 탐색하도록 한 후 1차 자료 탐색을 통하여 발견된 사실을 정리한다.

㉤ 보충자료 탐색(2차 자료 제시)

교사는 2차 자료를 제공하여 1차 자료 분석을 통해 발견된 사실에 대하여 재차 확인하도록 격려한다. 이 과정은 가설실험 학습에서 검증 단계에 해당되며 문제의 성격에 따라 1차 자료 제시만으로 끝낼 수도 있다.

㉥ 본격적인 추리·개념정리

교사가 제시한 1, 2차 자료 탐색을 통하여 발견된 사실들에 대하여 토의 추리과정을 통해 하나의 개념으로 정리한다. 가설실험 학습에서 이법화의 과정과 같으며 이것이 바로 학습활동의 결론이 된다.

㉦ 적용방안 협의, 발전적 과제 선정

발견된 사실을 일상생활에 적용하는 방법을 모색하고 발전적으로 연구할 과제를 선정한다.

위 발견학습과정에 따른 학습활동안의 '예'를 제시한다.

표 Ⅳ-71 발견학습의 '예'

생활주제 : 동식물과 자연 활동주제 : 공기와 우리생활	교육과정 관련	자연탐구 영역
	학습 형태	발견학습
	주요 활동	탐색, 발견, 이야기 나누기
	학습 목표	매연가스가 몸에 해로움을 이해시키고 이에 대처하는 방법을 안다.
	준 비 물	공장에서 연기나는 사진, 집 안에 쓰는 여러 가지 전열 기구 사진

단계	과정	활동 내용
도입	자료 탐색	① 공장 굴뚝에서 검은 연기를 내뿜는 여러 종류의 사진을 유아들에게 제시하면서 분단별로 돌려 보고 느낀 점을 말해 보게 한다. • 공장에서 많은 물건을 만들고 있어요. • 나쁜 연기를 내 보내고 있어요. • 하늘이 까매요. • 보기가 좋아요.
	문제의식의 공유화	① 여러 가지 유형의 자동차에서 가스를 내품는 여러 종류의 사진을 유아들에게 제시하면서 분단별로 돌려 보며 느낀 점을 말해 보게 한다. • 차에서 나쁜 가스를 내보내고 있어요. • 멋져요.
	학습문제 설정	① 우리 생활 주변에서 공장과 자동차외에 나쁜 가스를 배출하는 장소나 물건을 찾아봅시다. ② 나쁜 가스로부터 우리들의 몸을 보호하는 방법을 알아봅시다.
전개	관련자료 탐색 (1차 자료)	① 가정에서 활용하는 가정용품 사진을 제시하고 가정용품들이 가스를 배출하는지 이야기해 본다. ② 유치원에 있는 물품사진들을 제시하고 그 물품들이 가스를 배출하는지 이야기해 보도록 한다. ③ 우리 주변에 있는 물건 가운데에서도 가스를 배출하는지 이야기해 보도록 한다.
	보충자료 탐색 (2차 자료)	① 굴뚝연기, 자동차 배기가스, 가정용품, 기타 물품들의 가스 때문에 해를 입히는 여러 가지 사진들을 제시하고 들려가면서 보고 느낀 점을 발표시킨다.
	본격적인 추리, 개념정리	① 지금까지 자료를 보고 느낀 점을 발표시킨다. • 가스를 배출하는 곳이 너무나 많아요. • 가스가 나와 몸에 해로워요.
종결	적용방안 협의, 발전적 과제 선정	① 다음에 무엇을 공부하고 싶어요. • 어떻게 하면 가스가 안 나올까요? • 가스로부터 우리 몸을 어떻게 보호할까요?

③ 문제해결 학습

문제해결 학습은 전통적인 암기 위주의 교수·학습 방법의 한계를 극복하기 위하여 중요한 아이디어를 산출해 내고 그것을 검증하여 일반화된 방안을 모색하기 위한 학습자 주도의 문제해결과정을 강조하는 아동중심 교수·학습 모형이다.

문제해결 학습은 유아들이 일상생활 속에서 끊임없이 당면하게 되는 문제를 해결하고 유아 자신의 삶을 행복하게 하기 위하여 문제해결능력을 길러주기 위한 교수·학습 방법이다. 문제해결 학습 과정은 다음과 같다.

단계	과정	구조
도입	생활 경험 상기 문제 확인	관련 생활장면 안내 ↓ 생활 경험 상기 ↓ 동기유발 ↓ 문제의식 제기 학습문제 선정 학습문제 초점화 ↓
전개	해결방안 탐색	해결방안 협의 가설 설정 및 정의 정보자료 수집 ↓
	탐색활동	다른 방안 모색 수집자료 분석 가설검증 ↓
종결	개념화 적용·발전	결론·개념화 ↓ 적용·발전

그림 Ⅳ-7 문제해결 학습과정

위 학습과정에 따라 학습활동을 개략적으로 설명하면 다음과 같다.

㉠ 관련 생활 장면 안내

교사가 유아들이 학습문제를 선정하여 해결하기를 기대하는 생활 장면, 현상, 사태를 제시한다. 예를 들면, 공공시설에서 '순서 지키기'를 지도하고 싶다면 '여러분, 지난 주말에 어디 갔어요?' 라고 물으면 유아들이 '놀이공원에 갔어요.' 하고 대답하면 이때 교사는 놀이공원에 관련된 생활 장면으로 안내한다.

㉡ 생활 경험의 상기

놀이공원에서의 생활 경험을 각자 발표시킨다. 주로 즐거웠던 일, 불편했던 일을 상기시키어 불편했던 일이 학습문제로 선정되기를 교사는 기대하고 발문을 이끌어 간다.

㉢ 동기 유발

학습 분위기를 조성하기 위하여 학습주제에 관련하여 동기를 부여한다. 놀이공원에 관련된 사진자료를 유아들에게 제시한다.

ⓡ 문제의 제기, 학습문제 선정, 학습문제의 촛점화

유아들이 놀이공원에서 겪은 어려운 문제를 이야기 나누기를 통하여 상기시킨다. 공중화장실이 더럽다, 수도를 이용할 때 줄을 서지 않는다, 꽃을 꺾어간다, 휴지나 오물을 버린다는 등의 문제로 집약되면 그 중에서 어떤 문제를 학습문제로 우선적으로 선정하여 학습할 것인가를 유아들과 협의한다. 그리고 선정된 학습문제에 대하여 유아들에게 확인시키어 학습활동의 방향을 명료하게 한다.

ⓜ 해결방안 협의, 가설 설정, 정보자료 수집

학습문제가 선정되면 해결방안을 유아들과 이야기 나누기를 통하여 모색하고 가설을 설정한다. 가설은 문제에 대한 잠정적인 해결방안이다. 가설이 세워지면 가설을 정리한다. 그리고 가설을 확인하기 위한 정보나 자료 수집계획을 세운다. 정보나 자료는 책, 그림, 사진, 화보, 광고물, 인터넷 등을 통하여 수집하는데 수집된 자료가 가설을 검증하고 확인하는데 직결되는 자료인지 현재활동 과정에서는 검토할 필요가 없이 가급적이면 많은 자료를 수집하도록 한다.

ⓑ 다른 방안 모색, 수집자료의 분석, 가설 검증

학습문제를 해결하는데 더 좋은 방법이 없는지 다시 한 번 더 생각해보고 또 다른 방법이 없는 경우, 수집된 정보자료를 가설과 비교하여 분석, 분류하고 가설의 타당성을 검증한다.

수집된 정보자료를 가설 검증에 직접 활용하기 위해서는 적절한 정보와 자료가 수집되어야 하고 또한 기설정된 가설을 검증하기 위해서는 기수집된 정보나 자료를 합리적으로 분석해야 한다.

ⓢ 개념화(일반화), 결론

전항의 과정을 통해 검증된 가설을 이법화 또는 개념화한다. 개념화된 내용을 결론이라고도 하고 유아들이 당면한 문제에 대한 해결방안이기도 하다. 위의 예를 든 학습문제에 관련해서 볼 때 놀이공원에서 수도를 사용할 때는 순서를 지켜야 하고 '순서를 지키기 위해서는 자기의 욕구를 절제할 줄 알아야 한다.'고 개념화할 수도 있다.

ⓞ 적용·발전

전항의 과정을 통해 개념화된 결론을 일상생활에 적용하기 위한 방안을 모색하고 실천을 위한 결의를 다지고 차후 발전적으로 탐색해야 할 과제에 대하여 생각해 보도록 한다.

문제 해결학습 과정에 따른 학습활동안의 '예'를 제시한다.

표 Ⅳ-72 문제해결 학습의 예

생활주제 : 우리동네 활동주제 : 공중도덕을 지켜요		교육과정 관련	사회관계 영역
		학습 형태	문제해결 학습
		주요 활동	가설 검증, 탐색, 탐구
		학습 목표	공공시설에서 공공질서 지키는 방법을 안다.
		준 비 물	공공시설을 사용하는 여러 가지 모습 사진
단계	**과정**	**활동 내용**	
도입	관련 생활장면 안내 생활 경험 상기	① 지난 주에 여러분들은 어디를 가서 놀았는지 말해봐요. • 놀이공원, 식물원, 바닷가, 산, 극장 등 ① 여러분들이 놀이공원에 많이 다녀왔군요. • 놀이공원에서 무엇을 하고 놀았어요. 즐거웠던 점을 이야기해봐요.	
전개	문제 제기 학습문제의 촛점화 가설 설정 가설 검증	① 여러분들이 놀이공원에서 불편했던 일을 하나씩 이야기해 봐요. • 꽃을 자꾸 꺾어요. • 휴지를 아무데나 버려요. • 공중화장실을 먼저 사용하려고 떼써요. • 화장실, 수도 사용 시 차례를 안지켜요. ① 불편했던 점 중에서 오늘 공부할 문제를 생각해봐요. • 휴지를 아무데나 버리지 않게 하는 방법을 알아보기로 해요. ① 휴지를 버리지 않게 하려면 어떻게 하면 좋을까요? • 집에서 쓰레기통을 가지고 가요. • 한데 모아서 태워요. • 쓰레기 봉지를 가지고 가서 담아와요. ① 가설별로 토의시킨다. • 집에서 쓰레기통을 가지고 가면 될까요? 안돼요, 무거워요. • 한데 모아 태우면 될까요? 안돼요. 불날 염려가 있어요. • 쓰레기 봉지를 가지고 가서 담아와요. 제일 좋은 방안이네요.	
종결	개념화	① 오늘 공부한 것을 정리해 봐요. • 공공장소에서는 휴지를 버리지 않아요. 방법은 쓰레기 봉지에 담아와요.	

④ **탐구 학습 진행상의 유의점**

㉠ 탐구학습은 '유아 자신이 발견한 가설검증적인 탐구과정에 따라서 가설을 설정하거나 아이디어를 만들어 내고 그것을 실험·검증하여 이법화(개념화)시키는 유아주도적 학습 방법으로 위에 제시한 3개 학습 유형별로 강조되는 탐구활동은 다음과 같다.

가. 가설실험학습 : 유아들이 학습문제에 대하여 가설(예상)을 직접 수립하고 유아 각자

가 설정한 가설에 대한 근거와 이유를 확실히 밝혀 이를 근거로 소신 있는 토의·토론을 거쳐 가설을 검증하고 자기가 설정한 가설을 확인하는 등 가설 설정, 가설 설정의 근거나 이유정리, 토의, 토론, 가설의 수정 등 다양한 탐구활동을 강조해야 한다.

나. 발견학습 : 발견학습은 가설실험학습과 같이 가설을 설정하지는 않으나 교사가 제시하거나 유아들이 수집한 자료들을 2~3차에 걸쳐 종합적으로 분석하여 하나의 원리나 개념을 찾아내는 학습 방법으로 공통요소나 특수성 찾기, 분석, 종합, 통찰 등의 다양한 탐구활동을 강조해야 한다.

다. 문제해결학습 : 문제해결학습도 가설실험학습과 같이 가설을 설정한다. 그러나 가설실험학습이 준비된 자료를 통하여 가설을 설정함에 반하여 문제해결학습은 가설을 설정하고 설정된 가설의 타당성을 검증하기 위하여 다양한 자료를 수집하는 점이 다른 점이다. 문제해결학습에서는 다양한 해결 방안의 모색, 체계적인 자료수집 활동, 수집된 자료 분석, 종합 등의 다양한 탐구활동을 강조해야 한다.

㉡ 위에 제시한 3개 유형의 탐구학습방법이 공통적으로 다양한 과정을 밟도록 단계화되어 있으나 이들은 모두가 순차적인 사고나 탐구과정으로 상황에 따라 일부 과정을 생략하거나 여러 개의 과정이 동시에 이루어짐으로서 시간이 단축될 수 있다.

(3) 예능학습 모형

예능학습 모형은 주로 표현생활 영역에 대한 교수·학습 모형으로 미술, 음악, 동작 표현 학습에 주로 적용된다. 예능교육은 유아들의 창의적 표현과 신비감 배양을 목표로 하기 때문에 교수·학습 방법 또한 자발적 참여, 아름다움에 대한 창의적인 탐색과 구상, 표현, 감상 등 모든 교수·학습과정에서 유아들의 주도적 활동을 강조해야 한다. 과거의 전통적인 예능교육이 교사에 의해 일방적으로 표현기법을 주입함으로써 유아들의 자유로운 표현이 억압당하고 또한 예술작품이 획일화되고 예능학습을 기피하는 결과를 가져왔다. 예능학습 모형에서 기초가 되는 예능표현학습에 대하여 알아보기로 한다.

① 예능표현학습

예능교육은 유아들이 교사에 의해 일방적으로 주입되는 표현기법을 터득하는 교육이 아니고 창의성 계발을 근간으로 하는 기본 원리와 교수·학습 전략이 존중되는 교수·학습과정을 구안 적용해야 한다. 이러한 기본적인 생각을 가지고 구안된 예능표현학습과정은 다음과 같다.

단계	과정	구조
도입	문제의식	주제 제시 관련 경험 상기
	문제 탐색	관련자료 제시 │ 탐색 내용·방법 협의 및 탐색 탐색결과 공유화
전개	구상	기존 작품 탐색 제작 방법 협의 구상하기
	제작	작품 제작 순서 계획하기 │ 작품 제작
종결	전시, 평가, 연주 (발전)	전시 ← 평가 → 연주 │ 발전계획

그림 Ⅳ-8 예능표현학습과정

위 학습과정에 따른 학습활동을 개략적으로 설명하면 다음과 같다.

㉠ 주제 제시, 관련 경험 상기

오늘 학습할 예술활동(미술이나 음악 또는 동작활동)에 대해서는 이미 자료수집과정에서 예고하였으나 학습활동의 방향을 더욱 확실히 하기 위하여 활동주제에 대하여 이야기 나누기를 통하여 학습활동의 방향을 명확하게 확인시키고 또한 오늘 활동주제에 대하여 유아들의 생활 경험을 떠올려 작품 제작 의욕을 갖게 한다.

㉡ 관련 자료 제시

유아들이 작품 제작을 위해 수집한 관련 자료에 대하여 일반적으로 탐색하도록 한다. 자료의 성격을 잘 알아야 작품 제작이 용이하고 훌륭한 작품을 제작할 수 있다.

㉢ 탐색 내용·방법 협의 및 탐색

유아들은 유아들이 수집한 자료를 맹목적 또는 단편적으로 탐색하기 쉽다. 따라서 '어떤 관점에서 어떤 내용을 탐색할 것인가?'를 협의한다. 협의결과에 따라 자료의 색, 형태, 질감, 크기, 미적요소 등에 걸쳐 탐색하도록 한다.

㉣ 탐색결과 공유화

유아 개인별로 탐색한 결과를 발표시키고 이야기 나누기를 통하여 전 유아들이 탐색결과를 공유화하도록 한다. 이때 교사는 공유화 과정에서 자료의 성격을 교사가 일방적으로 주입하지 말고 유아들 스스로가 자연스럽게 발견하여 터득하도록 한다.

㉤ 기존 작품 제시, 제작 방법 협의, 구상하기

이미 만들어진 기존 작품이나 그림을 보여주면서 어떻게 제작된 것인가? 그리고 어떤 순서로 제작된 것인가? 우리가 구상할 작품을 제작하기 위하여 수집된 자료를 어떻게 활용할 것인가? 작품 제작 시 또는 수집된 자료활용 시 주의할 점은 무엇인가?에 대해 이야기를 나눈다. 그리고 제작할 작품에 대한 구상활동을 이야기를 통하여 진행한다.

㉥ 작품 제작 순서계획

전항의 이야기 나누기 결과를 중심으로 작품 제작에 관한 구체적인 방법을 협의 후 정리한다. 그리고 유아 개개인 또는 분단별로 작품 제작 순서를 정리하여 발표시키어 작품제작 순서 및 방법을 공유화시킨다.

㉦ 작품 제작

유아들이 작품 제작에 들어간다. 교사는 적절한 상호작용을 통하여 작품 제작과정을 안내하고 격려한다. 교사가 직접 만들어 주는 활동은 금물이다.

특히 교사는 자료 활용의 적절성과 작품 제작중 유아 안전에 유념하고 작품 제작과정이 지루하지 않고 재미있는 시간이 되도록 동기를 부여하고 유아들을 격려한다.

㉧ 평가, 전시, 발전계획

작품 제작이 종료되면 유아 스스로 자기 작품에 대해 이야기하도록 하고 다른 유아들의 의견도 듣도록 한다. 작품의 성격에 따라 전시계획을 세우고 학부모 관람계획도 협의한다. 제작된 작품에 대한 발전계획도 협의한다.

위 예능표현학습의 교수·학습과정에 따른 교수·학습활동안의 '예'를 제시한다.

표 Ⅳ-73 예능표현학습의 '예'

<table>
<tr><td rowspan="5">생활주제 : 가을
활동주제 : 여러 가지 모양 만들기</td><td colspan="2">교육과정 관련</td><td>예술경험 영역</td></tr>
<tr><td colspan="2">학습 형태</td><td>예능표현학습</td></tr>
<tr><td colspan="2">주요 활동</td><td>나뭇잎 관찰, 여러 가지 모양 만들기</td></tr>
<tr><td colspan="2">학습 목표</td><td>나뭇잎의 종류와 특성을 알고 여러 가지 모양을 만들 수 있다.</td></tr>
<tr><td colspan="2">준비물</td><td>여러 가지 나뭇잎, 종이, 풀</td></tr>
<tr><td>단계</td><td colspan="2">과정</td><td>활동 내용</td></tr>
<tr><td rowspan="4">도입</td><td colspan="2">주제 제시</td><td>① 유아들과 가을 산책놀이를 나간다.
② 공원주위의 나무를 살펴본다.</td></tr>
<tr><td colspan="2">관련 경험 상기</td><td>① 보기좋은 나무를 찾아 안아보고, 하고 싶은 말을 속삭여 본다.</td></tr>
<tr><td colspan="2">탐색내용·방법협의
탐색</td><td>① 탐색 내용 그리고 탐색 내용별 탐색 방법, 사용도구를 협의한다.
① 나무 그늘 주위에 둘러앉아 가을나무를 관찰한다.
• 나무 위를 살펴보자.
• 잎은 어떤 모양(색, 크기)이니?
• 나뭇잎은 모두 같은 모양이니?
• 왜 나뭇잎은 모양이 다를까?
• 촉감은 어떠니?</td></tr>
<tr><td colspan="2">탐색 결과의 공유화</td><td>① 각자 관찰한 나뭇잎을 바구니에 담아 모은다.
② 각자 모은 나뭇잎을 천 위에 펼쳐 놓고 서로 비교해 본다.
• 나뭇잎의 모양과 크기 – 같은점, 다른점
• 같은 종류의 나뭇잎끼리 분류하기 – 촉감 비교</td></tr>
<tr><td rowspan="3">전개</td><td colspan="2">제작 방법 협의
구상하기</td><td>① 나뭇잎을 가지고 꾸미고 싶은 것을 이야기 나눈다.
② 무엇을 꾸미고 싶니?
• 사람 모양, 동물 모양
• 집 모양, 빌딩 모양
③ 어떻게 꾸미고 싶니?
• 땅바닥에
• 종이에 풀을 붙여서
• 기타
• 각자 꾸미고 싶은 모양을 이야기하도록 한다.</td></tr>
<tr><td colspan="2">작품 제작 순서
계획하기</td><td>① 나뭇잎을 가지고 어떻게 꾸미면 될까?
• 분단별로 꾸미고 싶은 것 그리고 꾸미는 방법에 대하여 이야기해 본다.
• 전에 꾸민 작품을 보여주면서 어떻게 만들어졌는가 이야기해 본다.</td></tr>
<tr><td colspan="2">작품 제작</td><td>① 꾸미고 싶은 모양을 꾸며 보도록 한다.
• 기존 작품과 무엇이 다른가 이야기해 보도록 한다.
• 창의적인 제작 방법을 확인하고 격려한다.
• 분단별로 전 유아가 참여하도록 한다.</td></tr>
</table>

단계	과정	활동 내용
종결	평가	① 꾸민 작품에 대하여 서로 비교 평가해 본다. ② 분단별로 꾸민 작품에 대해 평가한다. ③ 분단별로 꾸민 작품을 서로 비교해 본다. ④ 잘된 점과 잘못된 점을 서로 이야기해 본다.
	전시	① 유치원에 가서 활동실에 전시해 보도록 하자.
	발전계획	① 우리 다음에 다시 와서 늦가을 공원의 모습을 다시 둘러보고 어떻게 변했나 알아봐요.

② 예능표현학습 전개상의 유의점

㉠ 예능표현학습 과정에서는 자발적인 참여, 탐색과 구상, 감상 등 유아주도적이며 창의적인 활동을 강조한다.

㉡ 교사에 의해 일방적으로 표현기법을 주입하는 학습이 아니고 유아 스스로 창의적인 표현기법을 발견하여 유아의 작품 제작에 적용하는 학습이 되도록 유도한다.

㉢ 예능표현학습에서는 교사의 개입을 최소화하여 제작 작품의 개별성과 창의성이 무시되고 획일화되지 않도록 유의한다.

㉣ 작품 구상 과정에서 교사가 제시한 기존 작품 활용 시에는 우수 표현기법을 발견하여 유아들이 제작하려는 작품에 적용하도록 하고 기존 작품의 표현기법상 발전적인 계획도 탐색하도록 유도한다.

(4) 언어학습 모형

언어학습은 대부분 연역(직접)학습 모형을 적용하는 경우가 많다. 언어 학습 방법에는 부호 중심 접근법(phcuics language approach), 균형적 접근법(balanced language approach), 총체적 접근법(whole language approach) 등이 있고 또한 언어의 기능별로는 듣기, 말하기, 읽기, 쓰기 등의 특질을 고려한 기능별 교수·학습 방법도 생각할 수도 있다.

그러나 언어학습은 여타 영역의 학습과 달리 고도의 창의, 탐구, 사고의 과정이 없이 일정한 원리를 터득시킨 후 연습과 반복을 통하여 학습목표를 도달시키는 경우가 많으므로 연역(직접) 수업 모형은 언어학습 외에 전통적인 학문, 사회적 학문, 자연과학적 학문, 운동기술 등 다양한 영역의 학습 지도에도 많이 활용된다.

① 연역(직접)학습

연역(직접)학습은 특정 학습 내용이나 과제해결을 명시적이고 단계적으로 지도하는데 촛점을 두는 교사 중심 교수 모형이다(교육과학기술부,2013). 연역(직접)학습 모형은 언어교육에서 예를 들면 언어 사용의 본질과 원리를 익히고 동시에 유아들이 실제 활동을 해 보면서 언어기능을 숙달시키거나 또는 사회관계나 자연탐구 영역에서 사회나 사회현상에 대한 원리나 현상을 철저히 지도할 때 활용한다.

연역(직접)학습 과정은 다음과 같다.

단계	과정	구조
도입	동기유발 전시학습 상기 문제 탐색 학습문제 공유화	동기유발 전시학습 내용 상기 | 학습문제 제시 학습 목표 확인 학습 방법, 길잡이 제시 |
전개	시범 보이기 (설명하기) 질문하기	시범이나 모델 제시 | 유아의 질문에 답함 | 교사의 질문으로 확인함 재시범, 모델 제시
종결	정리, 정착	반복, 연습 | 적용, 발전과제

그림 Ⅳ-9 연역학습과정

위 학습과정에 따른 학습활동을 개략적으로 설명하면 다음과 같다.

㉠ 동기유발

주제에 관련된 노래를 부르거나 손유희 등으로 학습 동기를 유발시킨다.

㉡ 전시학습 내용 상기

본시 학습활동과 관련된 전시학습 내용을 상기시키기 위해 이야기 나누기를 한다.

㉢ 학습 문제 제시, 학습 목표 확인

이번 시간에 학습할 학습문제와 학습문제가 지니고 있는 교육적 의의나 가치 등 학습목표를 이야기 나누기를 통하여 전 유아에게 공유시킨다.

㉣ 학습 방법, 학습 길잡이 제시

학습목표 달성을 위하여 학습문제 해결을 위한 전략, 방법, 길잡이 등을 구체적으로 안내하여 앞으로 어떻게 학습활동을 전개할 것인가? 에 대해 뚜렷한 학습활동 방향과 방안을 제시해 준다.

㉤ 학습 내용 설명, 시범이나 모델 제시

교사는 학습문제에 관련된 원리, 법칙, 주요 내용을 순서대로 차근차근 유아들이 완전히 이해할 수 있도록 구체적으로 설명해 준다. 그리고 학습 내용의 성격에 따라 시범을 보이거나 또는 교사가 모델이 되어 유아들의 이해를 돕는다.

㉥ 유아의 질문에 답함

교사의 설명 내용에 대하여 유아들이 이해되지 않거나 더 많이 알고 싶은 내용에 대하여 질문하도록 하고 교사는 유아의 질문에 대하여 자세하게 설명하여 유아의 이해를 돕는다.

㉦ 교사의 질문으로 확인, 재시범, 모델 제시

교사는 유아들의 본시 학습 내용에 대한 이해 상황을 확인하기 위하여 유아들에게 확인질문을 할 수도 있다. 특히 핵심이 되는 내용에 대해서는 반드시 질문하여 이해 정도를 확인하고 이해 정도가 낮으면 다시 학습 내용에 대하여 재시범, 모델을 제시하여 설명한다.

㉧ 반복, 연습

학습 내용에 대하여 다시 반복, 연습을 실시하여 유아들에게 학습 내용을 확실하게 정리·이해시킨다.

㉨ 적용, 문제해결방안 모색

본시 학습 내용을 근거로 하여 실생활에의 적용방안을 모색하고 현장 문제해결에 활용하는 방안을 생각해 보도록 한다.

위 연역(직접) 학습과정에 따른 학습활동안의 '예'를 제시한다.

표 Ⅳ-74 연역(직접)학습의 '예'

<table>
<tr><td colspan="2" rowspan="5">생활주제 : 봄
활동주제 : 황사가 왔어요.</td><td>교육과정 관련</td><td>자연탐구</td></tr>
<tr><td>학습 형태</td><td>연역(직접)학습</td></tr>
<tr><td>주요 활동</td><td>통찰, 이야기 나누기</td></tr>
<tr><td>학습 목표</td><td>황사의 위험성을 알고 대처하는 방법을 안다.</td></tr>
<tr><td>준비물</td><td>황사탐사 사진, 동영상 자료</td></tr>
<tr><td>단계</td><td>과정</td><td colspan="2">활동 내용</td></tr>
<tr><td rowspan="3">도입</td><td>동기유발</td><td colspan="2">① 지난 시간에 무엇을 공부했나요?
• 봄에 피는 꽃에는 무슨 꽃이 있는가를 공부했어요.</td></tr>
<tr><td>전시학습 내용상기</td><td colspan="2">① 봄에는 꼭 즐거운 일만 생기나요?
• 교통사고, 화재, 황사 등 나쁜 일이 많아요.</td></tr>
<tr><td>학습 문제의 공유화</td><td colspan="2">① 오늘은 황사는 무엇이고 어떻게 대처하냐에 대해 공부해요.</td></tr>
<tr><td rowspan="2">전개</td><td>시범모델 보이기
(설명하기)</td><td colspan="2">① 황사 보도자료를 동영상으로 함께 본다.
• 황사는 어느 나라에서 오는가?
• 황사가 부는 것을 보았는가?
② 황사가 불어오는 모습을 위성사진으로 확인한다.
• 황사가 분다는 것을 어떻게 알 수 있니?
• 황사는 왜 생길까?
• 황사는 어디서 불어올까?
③ 황사 관련 사진을 보고 황사에 대하여 이야기 나눈다.
• 황사가 불어오니 하늘이 어떻게 생겼니?
• 자동차의 유리나 집안의 창문이 어떻게 되었니?
④ 황사가 우리생활에 어떤 영향을 미치는지 사진을 보며 이야기 나눈다.
• 황사가 우리에게 주는 나쁜 피해
• 황사를 조심해야 하는 이유</td></tr>
<tr><td>유아의 질문에 답함
교사의 질문으로 확인함</td><td colspan="2">① 동영상 내용을 상기시키면서 질문과 대답으로 황사에 대하여 이해를 돕는다.
• 황사가 발생했을 때는 어떻게 해야 할까?
• 집에서는 어떻게 하고 있을까?
• 유치원에서는 어떻게 하고 있을까?
• 밖에 있을 때 황사가 발생하면 어떻게 할까?
• 눈에 충혈이 생길 때 어떻게 할까?
• 피부가 가려울 때 어떻게 할까?
• 밖에 나갔다 왔다면 어떻게 할까?
• 집안의 창문은 어떻게 해야 할까?
• 황사가 끝나면 어떻게 해야 할까?</td></tr>
<tr><td rowspan="2">종결</td><td>반복, 연습
적용</td><td colspan="2">① 지금까지 공부한 내용에 대하여 다시 요약해 말해 볼께요.
• 황사의 원인
• 황사의 피해
• 황사 대처 방법</td></tr>
<tr><td>발전과제</td><td colspan="2">① 다음 시간에는 국가 간에 황사에 대처하는 시책이 무엇이 있는가에 대하여 알아봐요.</td></tr>
</table>

② 연역(직접)학습 모형 적용상의 유의점

연역(직접)학습은 교사가 직접 교수활동에 개입하여 시범을 보이고 모델을 제시하며 구체적인 설명을 가하는 교사주도성의 학습 방법으로 유아들이 학습활동에서 피동적이므로 특히 다음과 같은 점들을 고려하여 진행해야 한다.

㉠ 교사의 주도적이고 치밀한 계획으로 체계적인 학습이 가능하나 가급적 교사주도성을 최소화시키고 유아주도성을 확대하도록 노력한다.

㉡ 학습활동 과정에서 교사와 유아간의 상호교류를 강화하여 전 유아들이 학습활동에 적극적으로 참여하도록 유도한다.

㉢ 교사는 비지시적인 교수 행동을 많이 활용하여 유아의 행동에 대하여 비판, 질책, 비웃음 등의 지시적인 교수 행동유형을 절대 피한다.

㉣ 유아가 교수·학습활동에 최대한 능동적으로 참여할 수 있도록 노력한다.

㉤ 교사는 교수·학습 활동 과정에서 수시로 유아들의 학습 내용에 대한 이해 수준을 확인·진단하여 재시범을 보이거나 모델을 제시하면서 설명을 하는 등 교수·학습 방법을 융통성 있게 운영해야 한다.

PART

5 교과교육 지도 방법

당해 유아교육기관에서 설정한 교육목표를 구현하기 위한 노력으로 교육과정을 편성하고 편성된 교육과정을 운영하기 위한 방안의 하나로 연간, 월간, 주간, 일별 교육계획 등 다양한 교육지도계획을 수립한 후 수립된 교육지도계획에 따라 어떤 방법으로 지도할 것인가에 대해 고민하게 된다.

아무리 교육과정과 교육지도계획이 훌륭하게 수립되었다 할지라도 교육 지도 방법이 졸렬하다면 좋은 교육적 성과를 거양할 수 없을 것이다. 따라서 제5부에서는 교과교육 지도 방법으로

첫째, 유아교육기관에서 이루어지는 주요활동별 지도 방법을 알아보고 둘째, 유아교사가 꼭 구비해야 되는 기본적인 교수기법을 알아보고 셋째, 교수·학습 방법 개선전략으로 연구 수업과 수업 연구의 절차와 방법에 대하여 알아보기로 한다.

1 교과교육 주요활동별 지도 방법

일반적으로 유아교육기관에서는 유아교육기관이나 학급의 교육목표를 구현하고 유아들의 잠재능력을 계발시키기 위하여 합리적인 절차에 따라 교육과정을 편성하고 편성된 교육과정은 교수-학습지도, 생활지도, 행사교육, 부모교육 등 다양한 교육활동을 운영하여 유아교육기관이나 학급의 교육목표를 구현하고 유아들의 잠재능력을 계발하게 된다. 본 장에서는 그중 교수-학습 지도에 국한하여

1) 1일 일과 활동의 운영
2) 유아주도활동
3) 지역사회자원 활용학습
4) 유초등 연계 교육
5) 통합적 교수·학습 지도 등에 걸쳐 기술한다.

1 1일 일과활동의 운영

1. 1일 일과활동의 유형

일일 교육계획안은 주간 교육계획안에 준하여 작성된다. 주간 교육계획안은 이미 생활주제와 활동주제를 중심으로 환경 구성, 자유선택활동, 집단활동 등이 통합적으로 구성되어 있기 때문에 일일 교육계획안의 각 활동들은 서로 분리된 활동이 아니라, 생활주제를 중심으로 상호 관련이 있는 활동들로 통합적으로 연결되어 있다.

유치원 일일 일과활동 유형별 활동 내용은 다음과 같다.

표 V-1 유치원 일일 일과활동 유형별 지도 내용

유형 1(반일제)		유형 2(반일제)		유형 3(종일제)	
8:45~9:00	등원	8:45~9:00	등원	8:00~9:00	등원
9:00~10:30	놀이계획 및 자유선택활동, 자유간식	9:00~9:50	놀이계획 및 자유선택활동	9:00~11:00	놀이계획 및 자유선택활동, 자유간식

<table>
<tr><th colspan="2">유형 1(반일제)</th><th colspan="2">유형 2(반일제)</th><th colspan="2">유형 3(종일제)</th></tr>
<tr><td>10:30~10:40</td><td>정리정돈</td><td>9:50~10:00</td><td>정리정돈</td><td>11:00~11:10</td><td>정리정돈</td></tr>
<tr><td>10:40~10:55</td><td>대집단활동(이야기 나누기, 평가)</td><td>10:00~10:30</td><td>대집단활동(이야기 나누기, 평가)</td><td>11:10~12:00</td><td>실외놀이</td></tr>
<tr><td>10:55~11:30</td><td>실외놀이</td><td>10:30~10:50</td><td>간식</td><td>12:00~12:15</td><td>대집단활동(이야기 나누기)</td></tr>
<tr><td>11:30~11:50</td><td>대 · 중 · 소집단 활동(동화, 게임, 음악 등)</td><td>10:50~11:20</td><td>대 · 중 · 소집단 활동(동화, 게임, 음악 등)</td><td>12:15~12:25</td><td>점심 준비</td></tr>
<tr><td rowspan="6">11:50~12:00</td><td rowspan="6">평가 및 귀가</td><td>11:20~11:50</td><td>실외놀이</td><td>12:25~13:30</td><td>점심/이 닦기 조용한 활동</td></tr>
<tr><td rowspan="5">11:50~12:00</td><td rowspan="5">평가 및 귀가</td><td>13:30~15:00</td><td>낮잠 및 휴식</td></tr>
<tr><td>15:00~16:30</td><td>자유선택활동 및 자유간식</td></tr>
<tr><td>16:30~16:45</td><td>정리정돈</td></tr>
<tr><td>16:45~17:00</td><td>평가 및 귀가</td></tr>
<tr><td>17:00~18:00</td><td>개별 귀가</td></tr>
</table>

〈표 V-1〉에서는 유치원 하루 일과의 세 가지 유형을 제시하고 있다. 유형 1과 유형 2는 반일제 프로그램의 하루 일과이며, 유형 3은 종일제 프로그램의 하루 일과이다. 각 유형들의 공통점은 모두 집단(대·중·소)활동과 개별활동, 교사주도활동과 유아주도활동, 선택활동과 필수활동, 실내활동과 실외활동이 균형 있게 안배된 것이다. 일과에 중·소집단 크기와 수는 유치원 교사 대 유아의 비율에 따라 달라질 것이다. 일반적으로 만 3, 4세 학급에서는 유형 1과 같이 유아들에게 자유선택활동시간을 많이 주고, 대집단활동보다는 개별활동과 중·소집단활동을 많이 하도록 계획한다.

2. 일일 일과활동의 운영 방법

하루 일과는 크게 자유선택활동과 대·중·소집단활동으로 나뉜다. 자유선택활동은 실내활동과 실외활동으로 나누어지며, 대집단활동에는 이야기 나누기, 동화 듣기, 노래 부르기, 게임, 휴식시간과 낮잠, 간식과 점심시간, 전이활동, 정리정돈활동, 평가와 귀가 지도가 있으며, 중·소집단활동에는 신체활동, 동시, 관찰활동, 동극, 작업(협동놀이), 요리하기 등이 있고, 개별활동에는 등원, 자유선택활동, 화장실 가기 등이 있다. 다음에서 각 일과활동별 전개 방안을 대집단활동, 중·소집단활동, 개별활동 순으로 기술한다.

(1) 대집단활동

① 이야기 나누기

이야기 나누기는 하루의 교육활동 중에서 가장 중심이 되는 활동으로 교사와 유아가 함께 모여 앉아 교사가 유아에게 어떤 가치판단의 기회가 될 만한 상황을 제시하고 그 상황에 대하여 유아와 이야기를 나누는 활동으로 교사에게는 특히 이야기 나누기 기술이 있어야 한다.

ㄱ. 활동 내용

이야기 나누기 시간에는 아래와 같이 일상생활에서 경험했던 일부터 주제와 관련된 활동, 또 교사가 전하고 싶은 개념이나 설명이 필요한 내용 등을 다룬다.

- 정보 전달하기
- 유아의 경험(봄나들이, 견학, 극기훈련 등) 발표하기
- 활동실 내의 주요 사항(새로운 규칙 결정하기, 하루 일과 프로그램 계획하기 등) 해결하기
- 주제 선정과 전개를 위한 질문 목록과 조사 방법의 토의
- 주제에 따른 실물, 그림 자료 제시
- 특정 주제에 대해 토의하기
- 자유선택활동이나 일과 운영을 위한 계획 수립
- 자유선택활동시간의 활동 결과 발표 및 평가 등

ㄴ. 교사의 역할

- 쉽고, 명랑하며 유머 있는 말을 하고, 유아의 경험을 중심으로 문답식 질문을 한다.
- 이야기 도중에 유아들의 의견을 무시하지 않으며 유아들이 말을 많이 하도록 동기 유발을 잘한다.
- 가르치고자 하는 것은 반드시 자료를 준비하고 실험을 할 경우에는 하루 전에 자료를 준비하도록 한다.
- 이야기 내용을 극화하여 효과를 극대화할 수도 있다.
- 모든 유아가 참여할 수 있도록 배려하고 발표 시 수줍음을 타는 유아에 대한 배려가 있어야 한다(손가락 인형, 손 인형, 막대 인형 활용 등).

- 이야기 나누기 시간을 반드시 매일 하거나 전체 학급의 유아가 동시에 참여해야 한다는 생각을 바꾸어야 한다.
- 유아들에게 주의를 집중시키는 다양한 기술을 강구한다.
- 유아들에게 수렴적 질문과 확산적 질문을 적절히 사용하며 질문의 개별화로 유아 수준에 맞는 질문을 해야 한다.
- 유아들에게 질문을 한 후에는 생각할 수 있는 시간(wait time)을 주어야 한다.

② 동화 듣기

유아들은 구수한 옛날이야기나 꿈과 희망을 주는 동화 등 모든 이야기 듣기를 좋아한다. 동화책은 가격이 저렴하고 언제 어디서나 유아들이 쉽게 접할 수 있으며 활용성이 높기 때문에 모든 유아교육기관에서 많이 활용하고 있다.

ㄱ. 동화책 읽어주기

- 동화책을 읽어주기 전에 이야기의 내용을 충분히 파악하고 있어야 한다.
- 유아로 하여금 편안한 마음으로 감상할 수 있도록 환경을 배려한다. 즉, 동화책이 잘 보이도록 뒤에 앉은 유아들은 의자에 앉게 하는 것이 좋다.
- 동화책은 교사의 왼쪽(오른쪽)으로 들고 보여준다. 이때 동화책의 높이는 유아의 눈높이가 좋다.
- 이야기의 내용에 맞춰 감정을 넣어 적당한 속도로 읽어주며, 유아에게 시선을 골고루 보낸다.
- 교사는 이야기책을 다 읽어준 후 함께 토의할 수 있는 몇 가지 질문을 한다.
- 동화책을 읽는 도중 유아가 질문할 경우, 적절히 판단하여 처리하는 것이 좋다.

ㄴ. 동화 구연하기

교사가 동화 구연 시 고려할 점은 다음과 같다.

- 교사는 이야기의 내용을 완전히 이해하여 구연할 수 있도록 연습을 충분히 해야 한다.
- 이야기의 내용에 따라 구체적인 제스처(gesture)를 생각해 보아야 한다.
- 이야기는 너무 오랫동안 진행되어서는 안 된다.
- 유아가 싫증을 내지 않도록 간단한 소품이나 배경 그림을 사용한다.
- 내용 중간에 유아가 적당한 말이나 행동으로 참여할 수 있는 기회를 주는 것이 좋다.
- 전체 유아들을 골고루 바라보면서 천천히 이야기한다.

- 너무 과장된 제스처나 얼굴 표정을 지어서는 안 된다.

③ 노래 부르기

유아교육기관에서 교사들은 많게는 10여 회까지 노래 부르기를 지도하는 등 유아교육활동에서 많이 활용하고 있다. 따라서 교사는 유아들에게 적절한 노래를 많이 지도해 주어 유아들이 유아활동뿐만 아니라 일상생활에서 그때 그때 느낌에 맞는 노래를 저절로 부르도록 지도해야 한다.

■ 노래 부르기의 효율적인 지도 방안

노래는 다음과 같은 단계적인 과정을 밟아 지도한다.

- 동기유발
- 교사의 시범 창
- 이미 알고 있는 유아들이 노래 불러주기
- '라라'와 같은 말을 넣어 멜로디 부르기
- 노랫말 붙여 부르기의 과정을 밟아 지도한다.
- 유아 노래는 중앙도(C)에서 다(A)까지의 6도 이내 음역을 가진 노래로서 노랫말, 리듬 형태가 반복적이며 리듬, 멜로디가 명확하고 기억하기 쉬워야 한다.
- 노랫말을 소개할 때는 이야기 들려주기 형식으로 융판 막대 자료를 이용하여 흥미를 끌게 하고 노랫말을 적어 함께 읽어 보게 하는 등 이야기 형식을 취한다.
- 노래를 지도할 때에 반주는 꼭 필요한 것은 아니지만 활용 시에는 조용히 작은 소리로 한다.
- 노래를 부를 때 교사는 유아와 서로 눈을 마주쳐 즐겁고 따뜻한 분위기를 갖게 한다.
- 유아 노래는 비교적 짧고 반복적이므로 새 노래를 지도할 때는 전체를 익히는 것이 좋으나 한 번에 다 익히려고 계속 부르게 되면 흥미를 잃을 우려가 있다.

④ 게임

게임은 유아교육기관에서 장소, 기구, 시간에 구애됨이 없이 자유스럽게 이루어질 수 있는 활동으로 게임 자체가 즐겁게 놀 수 있는 것이어야 하며 반복하는 중에 즐거움이 증대된다.

■ 게임의 효율적인 지도 방안

- 게임의 내용에 따라 대집단 또는 중·소집단으로 나누어 실시한다.
- 학기 초에는 단순한 내용이나 규칙, 지시가 적은 원 게임을 계획하고, 유아들이 게

임의 규칙을 이해하고 이를 지킬 수 있는 능력이 발달하면 편 게임을 지도한다.

- 게임의 방법이나 규칙은 교사가 설명하여 줄 수도 있으나, 유아들과 함께 정하는 것이 좋으며 이때 유아들의 의견을 더욱 수렴하고 게임 실시 후에 문제점을 찾아 유아들 스스로 게임 방법이나 규칙을 수정·보완하도록 한다.
- 게임이 끝난 후에는 반드시 평가시간을 가져 게임의 결과보다 과정에 관심을 가지도록 함으로써 유아들이 협동하고 규칙을 잘 지킬 수 있는 능력 배양에 주력한다.

⑤ 휴식시간과 낮잠

일과시간 동안 유아들은 활동량이 많아 피곤해지기 쉽다. 특히, 종일제 프로그램을 운영하는 경우나 놀이를 한 후 여름에 날씨가 더울 때는 휴식이나 낮잠시간을 가짐으로써 유아들이 피로와 긴장을 풀고, 다음에 이어지는 활동에 새로운 힘과 여유를 가지도록 해야 한다.

■ 휴식시간과 낮잠의 효율적인 운영 방안

- 동적인 활동과 정적인 활동을 적절히 안배하여 휴식시간을 대신해 준다.
- 더운 여름철이나 과격한 행동 뒤에는 15~20분 정도, 휴식시간을 가지는 것이 좋다.
- 낮잠시간의 길이는 3세 유아의 경우, 점심식사 후 1~2시간, 4, 5세 유아는 30분~1시간 정도가 적당하다.
- 동시나 조용한 음악을 감상하거나 조용히 동화를 들려주면서 피로감을 풀고 심미감을 맛볼 수 있도록 해준다.
- 적절한 장소와 준비물을 마련한다. 조용하고 아늑한 곳에 쿠션, 깔개를 준비해 두어 유아들이 원하는 자세로 쉬도록 해준다. 조명은 너무 밝지 않게 한다.
- 유아 개개인의 다른 생리적 욕구를 인정한다. 휴식이나 낮잠을 원하지 않는 유아는 좋아하는 활동을 조용히 하도록 해준다(예 : 동화 읽기, 만들기, 그리기, 음악 듣기 등).

⑥ 간식과 점심시간

유아기는 신체나 정신 발달이 급속히 이루어지는 시기이므로, 정상 체위와 체격, 건강한 체질과 올바른 식생활 습관을 형성하는 기초 단계로서 이 시기에는 균형 잡힌 식사와 간식이 제공되어야 한다.

■ 간식과 점심의 효율적인 운영 방안

- 간식
  - 유아들은 음식물이 위에서 오래 머물지 못하므로 오전 10시 30분, 오후 3시 두

차례 제공한다.

- 적은 양으로 식사와 식사 중간에 제공한다.
- 간식이 끝나면 조용히 밖에 나가 놀든지 책을 보게 한다.
- 간식을 고정시간이 아닌 유아들의 입장에 따라 개별적으로 제공하는 것이 좋다 (아침 결식 유아에 대한 대책).
- 간식 전에는 지켜야 할 사항을 유아들과 협의하여 실천하도록 한다.

• 점심

- 유아들의 식사량을 고려하여 한꺼번에 많이 주지 말고 먹고 싶으면 더 먹도록 한다.
- 잘 먹지 않는 음식을 줄 때에는 조금씩 먹어 보게 한다.
- 축하일과 생일을 위한 특별 식단을 계획한다.
- 같은 음식을 계속 주지 않도록 한다.
- 유아들이 좋아하는 방식으로 음식을 요리하도록 한다. 일반적으로 유아들은 같은 재료라도 여러 가지 방식으로 만들어진 음식, 향긋한 야채, 과일 주스, 너무 뜨겁거나 너무 차지 않은 음식, 느낌이 좋은 음식 등을 좋아한다.

⑦ 전이활동

전이활동은 하루 일과를 진행하는 중에 한 활동이 끝난 후 다음 활동으로 이어주는 중요한 활동이다.

특히 유아교육기관에서의 일일 일과활동은 많은 활동으로 통합되어 있기 때문에 한 가지 활동이 종료된 후에 다음 활동으로 이어지는 전이활동이 많다.

■ 전이활동을 위한 교사의 역할

• 유아들에게 활동이 바뀐다는 것을 미리 알려준다.
• 유아들에게 한 장소에서 다른 장소로, 한 활동에서 다른 활동으로 전이되는 방법을 알려준다.
• 전이활동 시간을 너무 급하게 서두르거나 길지 않도록 계획한다.
• 전이활동 시간에 유아들이 무엇을 해야 하는지에 대해 명확하게 알려준다.

⑧ 정리정돈활동

대개 정리정돈활동은 자유선택활동을 마무리하면서 또는 일과활동을 정리하면서 반드시 이루어져야 하는 부분으로 놀이가 끝난 다음에 유아들은 자신이 사용한 놀잇감이나 자료를 제자리에 정돈할 수 있어야 한다.

■ 교사의 지도 방법

- 자기가 사용하였던 물건은 항상 정리정돈할 수 있도록 유도한다.
- 놀잇감을 어질러 놓거나 함부로 던져 놓은 물건이 있으면, 무엇이 나쁜지 유아들과 함께 이야기를 나누어 평가해 본다.
- 자기가 사용한 물건은 왜 치워야 하는지 그 문제 상황에 대해 충분히 토의한다.
- 잘 정리할 수 있는 방법을 유아들과 함께 의논하여 알맞은 정리 장소를 마련한다.
- 치우라는 신호가 들려오면 빨리 정돈하도록 하며, 먼저 정돈이 끝난 유아는 친구를 도와주게 한다.
- 흥미 영역별로 놀이 사용법을 익히게 하고, 놀이 후에는 영역별로 제자리에 정리하도록 한다.

⑨ 평가와 귀가

하루 일과를 끝내면서 집으로 돌아가기 전에 반 전체의 유아들이 모여 하루 활동에 대한 평가와 귀가 지도를 한다.

■ 평가와 귀가의 효율적인 지도 방안

- 평가
  - 평가시간은 필요에 따라 5~10분 정도가 알맞으며, 이 시간 동안 교사는 유아들과 함께 하루를 지내면서 가장 재미있었던 일이나 힘들었던 일들을 회상하여 보고 그 이유와 대책을 이야기해 본다.
  - 놀이계획표 용지에 놀이계획을 세운 유아는 자신이 세운 계획대로 하였는지 평가지에 표시하게 한다.
- 귀가
  - 귀가 지도시간에는 특별한 전달사항이나 귀가 시 안전 등에 대하여 이야기하거나, 다음날의 활동을 미리 소개할 수도 있다.
  - 귀가할 때는 가방, 통지문이나 작품, 도시락 등의 소지품을 가지고 가도록 한다.
  - 교사가 부모에게 직접 또는 전화로 그날 있었던 상황에 대하여 자세하게 알리며, 누가 누구와 어떻게 귀가하였는지를 확인한다.

(2) 중·소집단활동

① 신체활동

신체활동은 크게 기본 운동활동과 창의적 신체표현활동으로 구성된다. 기본 운동활동은 주로 신체와 정신의 조화로운 발달을 도모하기 위한 기본 동작으로 신체의식과 이동, 비이동, 조작운동으로 구성되는데, 여기에는 걷기, 달리기, 뛰기, 구부리기, 흔들기 등이 있다. 한편, 창의적 신체표현활동은 어떤 사물의 상태나 움직임을 모방하거나 상상을 통하여 유아의 창의적인 표현을 도모하는 운동으로 개구리 뜀뛰기, 원숭이 흉내내기 등이 여기에 속한다.

■ 신체활동의 효율적인 지도 방안

- 교사는 동작활동을 단순한 활동에서 복잡한 활동으로 전개한다.
- 교사는 동작의 시범을 유아들에게 보여준다.
- 창의적인 표현활동을 위해 관찰 기회를 제공한다.
- 독창적인 사고로 창의적인 표현을 할 수 있도록 지도한다.

② 동시

유아교육기관에서는 동화·동극과 아울러 동시를 들려주고 동시를 짓게 하는 경험을 제공하고 있다. 이는 장소, 시간, 교구에 관계없이 실시하기에 용이한 유아활동으로 평가받고 있다.

■ 동시의 효율적인 지도 방안

- 동시는 생활 주변이나 자연현상에 관한 내용, 신비롭고 환상적인 내용, 유머가 담겨 있는 내용, 진행되고 있는 특정 주제와 계절에 관련된 내용, 말이나 의성어가 있는 내용, 리듬과 운율이 있는 내용을 선정한다.
- 교사가 동시를 읽어줄 때는 적절한 음악을 배경으로 들려주어 시가 지니고 있는 느낌을 더욱 부각시킨다.
- 동시를 듣고 난 후 그 내용과 관련된 유아들의 경험이나 동시에 대한 느낌 등을 자유롭게 이야기할 시간을 갖는다.
- 동시의 내용을 쉽게 이해할 수 있도록 그림 자료, 자석 자료, 손 인형 등을 이용하며 동시에 관련된 직접적인 체험이 있을 때 더욱 효과적이다.
- 유아들이 동시를 지을 수 있으려면 실제로 구체적인 활동과 경험을 하고 느낌을 이야기해 보는 기회를 가져야 한다.

- 유아들의 일상생활에서의 경험, 사고, 감정을 언어로 표현하는 기회를 많이 제공하고 유아의 미숙하고 어색한 언어표현은 수용하고 확장시켜 준다.
- 동시란 유아들의 느낌이나 감정, 경험한 것을 짧은 말로 이야기하는 것임을 이해시키고 처음에는 유아의 언어 표현을 교사가 받아 써 주어 지도한다.

③ 관찰활동

과학하는 과정(process)은 대체로 기술 습득을 위한 과학교육의 방법으로 이해된다. 과학하는 과정이란 관찰하기, 그룹 짓기, 분류하기, 순서 짓기, 의사 전달하기, 예견하기 등인데 그중 관찰하기가 유아교육에서는 제일 많이 활용되는 방법이다.

■ 관찰활동의 효율적인 지도 방안

- 교사는 유아들이 감각기관을 통해서 다각도로 관찰활동을 하도록 지도해야 한다.
- 관찰활동은 직접적인 관찰로 끝나는 것이 아니라 관찰 결과를 기록하거나 그림이나 표로 나타내어 정리하도록 지도한다.
- 관찰 시에는 뚜렷한 문제의식을 갖고 주의 깊고 정확하게 관찰에 임하도록 한다.
- 관찰에는 일시관찰과 계속관찰이 있음을 이해시키고 필요에 따라 일시관찰과 계속관찰을 계속적으로 실시하도록 한다.

④ 동극

대개 교사는 간단하면서도 재미있는 행동 중심의 이야기를 들려준 후 이야기에 나오는 주인공의 역할을 분담하고 환경을 구성하여 동극화하도록 한다.

■ 동극의 효율적인 지도 방안

- 교사는 유아들의 동극활동을 위해 적절한 동화를 선택할 수 있도록 지도한다.
- 교사는 유아들의 동극활동을 위해 동화 내용이 어떤 순서로 진행되었는지 유아들과 이야기한다.
- 유아들이 동극을 즐기게 되면 유아들끼리 배역을 결정하도록 유도하여 유아들이 중심이 되어 동극활동을 전개하도록 안내한다.
- 교사는 동극에 필요한 소품을 유아들과 함께 협의하여 제작한다.
- 동극활동을 할 때에 배역을 맡지 않은 유아는 앉아서 관람하고, 배역을 맡은 유아는 대사와 표정, 동작을 곁들여서 자신의 역할을 표현하도록 한다.
- 동극을 마친 후에는 관람자의 태도, 동극의 내용에서 좋은 점과 부족했던 점, 어려운 점 등에 대하여 토의한다.

⑤ 작업(협동놀이)

동물원을 견학한 후 그림이나 사진을 모아 동물에 대한 책을 만들어 본다. 시간이 지난 후에 묶어서 작은 그림책을 만드는 작업(협동놀이)은 유아들에게 협동심을 길러주는 활동으로 유아교육기관에서 권장할 만한 활동이다.

■ 작업(협동놀이)의 효율적인 지도 방안

- 유치원 생활이 익숙해지고 원활한 교우관계가 형성된 후에 공동작업활동의 기회를 제공한다.
- 공동작업 시에는 재료를 서로 나누어 쓰게 하며 서로의 작품에 대해 이야기해 보게하고 또한 계획을 세울 때에는 자기의 의견을 제시하고 남의 의견을 들어 보게도 하며 잘 모르는 유아의 작업을 돕도록 지도한다.

⑥ 요리하기

유아들은 고구마를 삶고, 과일 껍질을 벗기고, 달걀로 음식을 만드는 등의 조리과정에서 많은 개념과 사실을 학습한다. 그래서 요리하기는 유아들이 좋아하는 활동이다.

■ 요리하기의 효율적인 지도 방안

- 요리하기에 관련된 여러 영역의 경험, 즉 음식의 종류와 그 가치 알기, 사회교육(시장 보기 등), 수학교육(거스름돈 셈하기 등), 과학(열 등), 읽기 준비(요리법 읽기 등), 예술(상차림 등), 문화유산(음식에 대한 감사 등), 언어(즐거운 대화 등) 등 여러 영역의 경험을 체험시킬 수 있도록 통합교육으로 이루어져야 한다.
- 조리과정에서 계획하고, 씻고, 준비하고, 자르고, 만지고, 맛보고, 냄새를 맡고, 보고, 듣고, 먹는 경험을 통해서 많은 개념과 사실을 학습하도록 유도한다.

(3) 개별활동

① 등원

유아교육기관에서의 하루 일과가 효율적으로 이루어지기 위해서는 유아를 맞이할 수 있는 등원 전의 준비, 일일 교육활동을 전개하는 데 있어서의 유아에 대한 지장의 유무 확인, 가정과 유아교육기관 간의 유아에 대한 자연적인 전이활동 등이 효율적으로 이루어져야 한다.

■ 등원의 효율적인 지도 방안

- 교사는 유아가 도착하기 이전에 실내·외의 모든 시설과 설비의 안전 상태를 점검하

고, 교구나 자료를 준비한다.

- 유아가 등원하면 교사는 유아의 눈, 코, 입, 귀 등을 살펴보고 열이 있는지, 상처가 있는지 간단한 신체검사를 실시한다.
- 유아가 집에서 전날 있었던 일에 대한 간단한 의견을 교환하며 유아 지도에 반영한다. 부모와의 개별적인 만남이 어려울 경우, 현관이나 교실 입구의 메모판에 유아에 대한 기록을 남기도록 한다.
- 교사는 유아에게 개인적인 관심이나 애정을 보여 빨리 교사와 유치원 환경에 적응하게 한다. 유아가 떨어지지 않으려고 할 때는 당분간 부모가 유치원에 머무르면서 유아들이 유치원 환경에 적응하도록 돕는다.
- 유아들이 도착한 후에 윗옷, 도시락, 가방 등 소지품을 보관함에 정리하고 실내·외에서 자유롭게 놀도록 도와준다.

② 자유선택활동

자유선택 또는 자유놀이활동은 유아가 유아교육기관의 실내·외에 설비된 다양한 종류의 흥미 영역별 활동 중에서 자신의 요구와 흥미에 따라 영역을 선택하여 활동을 계획·수행하며 평가해 보는 시간이다.

■ 자유선택활동의 효율적인 지도 방안

자유선택활동 영역은 영역의 수나 자료의 양보다는 학습활동 진행과 관련하여 유아들에게 동기와 자극을 주고 호기심과 흥미를 끌어내도록 그때그때 자료를 지속적으로 첨가해 주거나 변화시켜 주어야 한다(이은화 외, 2003).

- 도서·언어 영역 : 언어적 상호작용을 할 수 있고 책 읽기, 이야기 듣기, 글씨 쓰기 등을 고루 할 수 있도록 해주며 그날그날의 주제나 이에 관련된 다양한 시청각자료도 곁들여 주고 헤드폰을 준비하여 타 활동에 지장을 주지 않도록 배려한다.
- 수 영역 : 구체물(바둑알, 구슬, 헌 단추, 색물감이 든 작은 화장품 병, 조개 껍데기, 완구용 팔찌 등)을 다양하게 비치해 주어 함께 나누고 분류하는 활동을 유도한다.
- 과학 영역 : 유아들이 책임감을 갖고 자율적으로 자기가 맡은 동식물을 기를 수 있도록 식물 재배장이나 동물 사육장을 마련해 주어 관찰하고 생명의 존엄성을 느끼게 한다.
- 미술 영역 : 미술 영역에서 공동 작업하며 함께 나누어 쓰고 자신을 표현함으로써 유아들은 정리정돈 태도와 공유하는 방법, 표현 방법 등 사회적인 기술을 학습하게 된다.

- **목공 영역** : 목공놀이는 유아들에게 실제적으로 공구를 다루는 긴장감과 공구 사용에서 오는 만족감을 느낄 수 있게 한다.
- **음률 영역** : 여러 나라와 여러 계통의 다양한 음악을 듣고 표현함으로써 그 문화와 생활에 대한 이해를 돕고 감상 태도를 기르며 여럿이서 함께하는 율동을 통해 서로 협동하여 아름다움을 만들어 내는 기쁨을 느끼게 된다.
- **블록 영역** : 블록은 유아들이 여럿이 혹은 혼자서 한 형태를 창조하고 완성하게 함으로써 상호 의견 교환의 기회를 주며 다양한 감각과 운동기술을 습득케 한다.
- **물·모래 영역** : 물·모래놀이는 긴장감을 해소하고 감각적 접촉을 통한 심리적 안정에 중요한 역할을 한다. 유아들이 원할 때 축축한 모래로 구성하거나 창조적 놀이를 할 수 있으며 더 확장된 놀이로 발전시켜 줄 수 있다.

③ 화장실 가기

유아들의 화장실 사용은 신체적·생리적 욕구 충족을 위해 절대적으로 필요한 활동으로 이에 대한 철저한 지도가 이루어지지 않는다면 교사는 어려움을 겪을 수도 있다.

■ 화장실 가기의 효율적인 지도 방안

- 교사는 다음 활동이 긴 경우나 간식 및 점심시간 전후에 화장실에 꼭 다녀오도록 지도한다.
- 유아용 화장실은 남아용과 여아용으로 분리하는 것보다 공동으로 활용하게 하여 자연스럽게 성교육을 유도한다.
- 화장실 사용의 지도와 감독을 위해 낮은 칸막이를 설치하고 문을 잠그지 않는다.
- 화장실 가기에서 특히 지도할 내용은 다음과 같다.
  - 질서 지키기 : 차례대로 사용하기, 노크하기 등
  - 청결 : 용변 후 손 씻기, 수건 바르게 사용하기, 적당량의 휴지 사용하기 등
  - 용기 사용 : 물 내리기, 세면기 꼭지 잠그기 등

2 유아주도활동

오늘날 유아교육현장에서는 아동중심교육을 지향하여 특히 유아들에게 어떻게 학습의 주도권을 주느냐 하는 관점에서 많은 교수-학습 지도의 전략들이 강구되고 있는 바 이에 관련하여 집단토의, 소집단활동, 극화놀이, 그룹게임에 관하여 생각해 보기로 한다.

1. 집단토의

토의란 두 사람 이상이 어떤 주제 또는 사회적 갈등상황에 대해 서로 의견을 나누고 궁극적으로는 갈등상황을 해결하기 위하여 논의해 보는 과정을 말한다. 특히 교사는 학급에서 일어날 수 있는 갈등상황을 파악하여 유아로 하여금 집단토의를 할 수 있도록 이끌어 줌으로써 유아들이 스스로 생각해 보고 가치판단을 할 수 있는 경험을 갖게 한다.

(1) 주제 선정 기준

집단토의를 위해서는 주제가 제시되어야 하는데 주제 선정 기준은

- 유아들의 공통된 관심을 끌 수 있는 친근한 주제여야 한다.
- 유아들의 일상생활 속에서 경험할 수 있는 구체적인 상황에서 선정되어야 한다.
- 유아들이 알아야 할 도덕적 가치에 관한 것들을 선정하는 것이 좋다.
- 주제에는 상반된 갈등과 문제점을 내포할 수 있어야 한다.
- 한 번 선택된 주제는 일주일 또는 그 이후에 다시 제시하여 토론에 관한 유아들의 발전과정을 알 수도 있다.

(2) 집단토의의 모형

집단토의는 다음과 같이 4단계로 나누어 전개할 수 있다.

① 도덕적 문제사태(상황) 제시

토의는 일반적으로 도덕적 딜레마의 제시로부터 시작된다. 도덕적 딜레마란 이럴 수도 없고 저럴 수도 없는 도덕적 문제 상황이다. 딜레마는 가상적인 것일 수도 있고, 현실적인 것일 수도 있다.

이 단계에서는 교사가 유아들에게 도덕적 상황을 설명한다.

> **상황 설명 : 선생님 이야기**
>
> 유치원 앞 사거리에는 신호등이 없다. ㅇㅇ아파트에서 시내 쪽으로 나가다 보면 오른쪽에 ㅇㅇ예식장이 있다. 평상시에는 꼭 그렇지 않지만 토요일 오후나 일요일에는 가끔씩 차들이 뒤엉켜 얼마 동안 교통이 혼잡할 때가 많다. 거기에다 결혼식에 참석하러 온 사람들은 육교를 이용하지 않고 차 사이를 누비고 다니기 때문에 더욱 복잡하다. 오늘은 토요일 오후, 결혼식장에 몰려온 사람들과 승용차들 때문에 거리는 매우 복잡하다.

② **도덕적 토론의 도입**

도덕적 토론 도입 단계에서 교사의 주요 역할은 다음과 같다.

- 다루고자 하는 도덕적 딜레마나 문제 사태를 유아들이 이해하는지를 확인하다.
- 유아들이 그 문제에 내재된 '도덕적' 요소들이 내면화되도록 돕는다.
- 유아들의 판단에 대한 이유나 근거를 이끌어 낸다.
- 서로 다른 근거를 댄 유아들이 상호작용하면서 토론을 하도록 격려한다.

③ **도덕적 토론의 심화**

도입 단계의 발문을 통해 유아들을 도덕적 문제에 대한 토론에 끌어들여 어느 정도 도전의식이 형성되었을 때, 도덕적 추론의 구조적 변화를 위해 이어지는 발문 전략이 바로 심화 단계의 발문이다. 교사는 더 높은 상위 단계의 도덕적 추론이 이루어질 수 있도록 사고를 자극하는 발문을 하여야 한다.

④ **실천동기 부여**

실천동기 부여 단계를 설정하여 도덕적 행동을 실천하고자 하는 열정을 불러일으키고 의지를 단련하는 과정이 꼭 필요하다. 이 단계에서 교사는 토의 내용을 요약·정리해 주는 과정을 꼭 거쳐야 한다.

(3) 집단토의의 형태

토의에 참여하는 집단은 소집단일수록 참여도가 높다. 인원 수가 5~6명 정도의 집단이 바람직하며 원 또는 반원으로 앉아 서로 얼굴을 마주보는 것이 모두가 교사를 향해 앉는 것보다 활발하게 반응할 수 있어 좋다.

(4) 집단토의 시 교사 역할

- 교사는 유아들이 자신의 느낌이나 생각을 자유로이 발표할 수 있도록 배려해야 한다.
- 교사는 토의의 중개자, 촉진자의 역할로 수평적 입장에 선다.
- 교사는 유아들이 생각할 시간적 여유를 주어야 한다.
- 교사는 유아들이 객관적이고 수용적인 태도로 토의에 임하도록 한다.
- 교사는 집단토의 시 참가자들에게 도움말을 준다.
- 교사는 상반되는 가치 문제의 경우, 어떤 한 입장만을 취하지 않도록 한다.
- 교사는 유아의 제안과 결정을 종합·정리해 주어야 한다.

- 교사는 토의 시 유아 간의 상호작용이 활발히 이루어지도록 한다.
- 교사는 주제에 관련된 다양한 시청각 자료를 활용할 수 있다.
- 토의시간은 유아의 연령에 따라 다소 다르겠으나 10~20분 정도가 좋다.

2. 소집단활동

유치원에서의 유아활동은 대집단활동, 소집단활동, 개별활동 등이 순환적으로 이루어짐으로써 학습의 역동성(dynamics)이 유지되고 있다. 하루의 활동과정 속에서 대집단활동, 소집단활동, 개별활동 등이 순환적으로 이루어지는 것은 각 활동들이 지니고 있는 교육적 의의가 다르기 때문이다. 특히 유아교육은 인원이 많은 대집단보다 소수인 소집단활동이 유아들 간의 상호작용이 활발하여 유아의 사회화가 잘 이루어지기 마련이다.

- 소집단활동은 사회적 기술 학습에 매우 적절하다.
- 소집단활동은 문제해결력을 길러준다.
- 소집단활동은 다양한 역할과 경험이 가능하여 다양한 사회적 기술을 학습할 수 있다.
- 소집단은 5~6명 정도가 알맞다.
- 소집단은 같은 연령, 혼합연령, 같은 아파트, 같은 성씨 등을 고려하여 수시로 교체하는 것이 좋다.
- 소집단별로 리더를 두며 리더는 각종 소집단활동을 지휘하며 소집단 리더는 순번으로 수행한다.
- 소집단 활동은 미술활동 같은 공동작업에서 시작하여 점점 형식적인 문제해결을 시도할 수 있도록 한다.

3. 극화놀이

극화놀이는 활동실의 역할놀이 영역과 소꿉놀이 영역, 쌓기놀이 영역뿐만 아니라 유아생활 주변의 모든 공간에서 소수 인원으로부터 대집단이 참여하는 등 다양하게 이루어지며 유아의 사회화에 크게 공헌하고 있다.

■ **극화놀이활동을 위한 교사의 역할**

- 극화놀이 분위기의 조성 : 교사는 의미 있는 극화놀이활동이 이루어질 수 있도록 자유로운 분위기를 조성해 주어야 한다.

- **극화놀이 활동시간의 배려** : 교사는 자유선택활동 시 놀이 영역의 수를 적당히 줄여 주어 보다 많은 유아가 극화놀이에 참여할 수 있는 기회를 배려해 주어야 한다.
- **놀이 공간의 확보** : 교사는 극화놀이활동을 위해서 유아들이 활동할 만큼의 충분한 공간을 제공해 주어야 한다.
- **극화놀이활동의 확대** : 교사는 유아들의 극화놀이활동을 연장·확대해 줄 수 있는 경험을 제공하기 위하여 견학, 동화책 읽어주기, 그림 자료 제시하기, 토의하기, 지역사회 자원인사 초청하기 등을 통해 유아들의 상상적인 극화놀이활동을 자극해 주어야 한다(최혜순, 1993).

4. 그룹게임

그룹게임은 두 명 이상의 유아들이 함께 하는 놀이로서 달성해야 할 목표가 있고 나와 상대방이 반대되는 역할을 해야 하며 규칙에 따라 협동하는 놀이이다.

■ **그룹게임을 위한 교사의 역할**

- 교사는 유아들의 발달 수준에 적합한 게임을 실시하도록 한다.
- 교사는 단순한 내용과 규칙을 포함하며 지시가 적은 원 게임, 자유대형게임, 좀 더 복잡한 편 게임의 형태에 따라 단계적으로 계획하고 실시하도록 한다.
- 게임 방법에 대한 이야기를 시작하기 전에 게임에 필요한 모든 준비를 하고 동기 유발을 시켜놓는다.
- 유아들이 게임에 대해 생각하고 규칙을 정해볼 수 있는 기회를 많이 제공한다.
- 교사는 규칙을 자율적으로 준수함으로써 경쟁적인 태도를 규제하도록 지도한다.
- 교사가 말로 이긴 팀에게 우월감을 강화시켜 주는 등 승리를 너무 과장되게 다룸으로써 지나친 경쟁적 분위기를 형성하지 않도록 조심해야 한다.
- 교사는 게임을 올바른 태도, 도덕적 행동, 규칙 준수, 다른 사람과 더불어 살아가는 행동양식 등이 생활화되도록 지도해야 한다.
- 교사는 유아들의 전인적 발달에 도움이 되는 여러 가지 풍부한 학습경험을 줄 수 있도록 체계적인 계획을 세워 게임을 지도해야 한다.
- 교사는 게임의 전체 장면을 관찰 및 평가하고 게임 진행과정에서 일어났던 일을 중심으로 서로 이야기해 볼 수 있는 기회를 제공하도록 한다.

3 지역사회 자원의 활용학습

지역사회 자원을 활용하는 방법으로는 첫째, 유아들을 지역사회 자원 현장으로 이동하여 직접적인 체험학습으로 이끄는 견학, 둘째, 지역사회 자원를 유치원으로 이동시켜 학습에 활용하거나 지역사회의 시설을 유아가 직접 활용해 보는 지역사회 자원의 활용학습 등이 있다.

1. 견학

견학이란 유아가 보고, 듣고, 느끼는 등 5관을 통하여 직접적으로 관찰, 수집, 추론, 결정할 수 있는 교육활동 기회를 제공, 유아들로 하여금 주변의 환경에 친근감과 과학적인 탐구 태도를 갖고 사회현상을 바르게 이해하여 그가 속한 사회의 구성원으로서 생활하는데 필요한 지식, 가치, 태도, 기술을 형성해 가는 직접적이고 1차적인 교육체험활동이다.

(1) 견학의 유형

- 도보 견학(walking trips) : 유아교육기관의 실외 놀이터 또는 주변을 걸어 다니는 형태의 견학이며, 보통 1주일에 1~2번 정도 실시하는 것이 바람직하다.
- 소그룹 견학(split-group trips) : 유아들이 소집단으로 나누어 견학을 가는 형태이거나 또는 전체 유아들이 함께 견학을 가서 소집단으로 나눠 서로 다른 부분을 견학하는 형태이다.
- 반복 견학(repeated trips) : 같은 장소를 반복하여 가는 견학으로 변화된 모습을 관찰한다든지 또는 새롭게 만들어진 부분을 학습하게 된다.
- 특별한 목적의 견학(specific-purpose trips) : 다양한 자료(카펫, 마루, 톱밥, 시멘트 등)로 된 곳에서 걸을 때의 발소리 차이를 기록한다든지 또는 유아교육기관이 위치한 주변거리의 이름을 찾거나 주변 지도를 그리는 활동 등을 한다.
- 가족 참여 견학(WOW trips) : 가족 소풍, 가족 캠프 등의 형태이며, 부모와 함께 참여하는데 의의가 있다.

(2) 견학과정

견학을 효율적으로 실시하기 위해서는 견학계획, 견학 준비, 견학지도, 견학 후 지도의 4단계를 거친다.

① 견학계획

새 학기가 시작되기 전에 전 직원과 협의하여 견학계획을 수립하여 유아교육기관 운영계획서 내에 삽입해 놓는다. 견학계획은 다음과 같은 내용으로 계획한다. 견학계획 수립 시 고려할 점은 다음과 같다.

- 견학계획은 1년 중에 이루어질 계획을 총체적으로 수립한다.
- 유희성 견학이 되지 않도록 견학목적을 뚜렷이 세워야 한다.
- 견학요소를 면밀히 분석하여 현장 견학활동이 충실히 이루어지도록 해야 한다.
- 같은 장소, 특히 농촌 들녘은 계절별로 견학하여 농촌의 변화 모습이나 농작물의 성장과정을 연속적으로 이해할 수 있도록 이끌어야 한다.
- 견학지 간의 거리에 따라 도보, 교통수단 이용 중 어느 것을 택할 것인가에 대해 연구해야 한다.
- 소요 경비가 적절한 견학장소를 선택한다.

② 견학 준비

- 목적지 사전 답사 : 특히 화장실, 상수도 시설, 주차장, 놀이장소, 위험개소, 식사장소 등을 확인하여 견학에 지장이 없도록 한다.
- 학부모에 대한 견학 안내서 발송 : 견학목적, 견학장소, 견학일시, 준비물, 기타 사항들이 안내되어야 하며 절취선으로 견학동의서를 반드시 받아둔다.
- 현장 안내자와의 상의 : 견학하는 유아들의 특수성에 대하여 현장 안내자에게 정보를 제공한다.
- 유아에게 사전 정보 제공 및 협의 : 유아에게 견학을 하기 전에 이야기 나누기를 통하여 견학장소에 대한 답사 시 수집 및 촬영 자료를 중심으로 사전 정보를 제공하고 협의한다.

③ 견학지도

- 교통질서 준수 지도 : 보행 시에는 횡단보도나 교차로를 건널 때 유아들이 집단에서 이탈하거나 흩어지지 않도록 하고 교통수단 이용 시에서는 승하차 시 질서 지키기, 안전사고 예방에 주력한다.
- 학습의 효율성 도모 : 견학장소에서 유아들이 관찰하고 탐색하며 발견하고 질문할 수 있는 충분한 시간을 주어 학습의 효율성을 도모한다.

- 학습자료 수집 : 견학장소에 따라 빈 봉투를 준비하여 견학장소에서 수집한 자료들을 담아서 나중에 교실에서 더 자세히 관찰할 수 있도록 하고 또 사후활동 시 활용할 수 있도록 사진을 찍든지 테이프에 녹음해 둔다.
- 안전하고 편안한 견학 : 유아들이 안전하고 편안한 견학이 이루어질 수 있도록 배려한다.

④ 견학 후 지도

- 이야기 나누기 : 견학에서 생긴 일들에 대한 질문이나 느낌에 대하여 이야기하면서 견학 결과를 체계적으로 정리한다.
- 역할놀이 : 견학 후 유아의 경험이 표출되도록 극화놀이 영역에 소품을 추가할 수 있다.
- 창의적 표현 : 블록으로 경험을 재구성할 수 있으며, 찰흙, 그림물감 혹은 다른 미술자료를 사용하여 창작활동을 할 수 있고 음률활동 혹은 극화놀이 등으로도 표현할 수 있다.
- 작업활동 : 그림 그리기, 폐품을 이용해 견학 도중 본 것 만들기, 글과 그림으로 표현해 보는 작업활동을 할 수 있다.
- 추가적 경험 : 책, 영화, 슬라이드 등을 본다든가 혹은 교사의 부연 설명을 통하여 견학에서 얻은 정보나 지식을 더 확대·심화할 수 있다.
- 보은활동 : 견학 때 도움을 준 분들께 대한 감사편지를 쓰거나 그림편지 등을 그려서 보냄으로써 보은에 관한 사회적 활동 기회를 제공한다.

2. 지역사회 자료의 활용학습

(1) 지역사회 인사 초빙학습

- 지역사회 봉사자 : 환경미화원, 소방관, 경찰관, 우편배달부, 수위 등
- 특별한 기술을 가진 사람 : 직공, 도공, 공예가, 화가, 서예가 등
- 특별한 직업인 : 의사, 간호사, 법관, 군인, 서비스업 종사자(미용사, 이용사 등) 등
- 특별한 취미를 가진 사람 : 수석채집가, 식물채집가, 박제수집가, 곤충채집가 등
- 기타 : 할아버지, 할머니, 등산가, 여행가, 운동선수, 외국인 등

(2) 지역사회기관 비치 자료 활용학습

지역사회에는 관공서, 소방서, 은행, 우체국, 경찰서, 병원, 교회, 절 등 각종 기관을 방문하면 각 기관의 현황, 조직, 역할, 임무에 관한 각종 활동 모습을 게시하거나 활동 자료, 사진, 도표, 기타 자료들을 늘 각 기관에 비치해 놓고 있는 바 이러한 자료들을 유아교육기관으로 가져와 유아교육 자료로 활용할 수 있다.

(3) 지역사회시설 활용 체험학습

지역사회에는 학생회관, 수련원, 극장, 백화점, 박물관, 공원 등 유아들의 체험학습 시설이 많다. 유아들이 직접 이러한 시설을 체험학습장으로 활용함으로써 산 유아교육이 될 수 있다.

4 유·초등 연계교육

유치원교육은 유치원교육 나름대로의 고유성, 독자성, 특수성이 있는 교육임에 틀림없으나 초등학교 준비교육의 성격이 강하다. 초등학교 교육과정 구성에서도 유치원의 통합교육의 정신을 받아들여 1, 2학년에서 통합교과가 출현한 지 오래되었고 2007 교육과정 시행 시까지만 해도 초등학교 입학 후 1개월간 '우리들은 1학년' 교재를 활용하여 유치원식 교육을 실시하는 등 유·초등 간 연계교육에 치중하였다. 그러나 2009 개정 교육과정에서는 '우리들은 1학년' 교재를 폐지하고 대신 '창의적 체험 활동'의 '자율활동' 내 '적응활동'에서 학기 초 적응생활교재를 제작·활용하여 학기 초 적응교육을 시행하는 등 유·초등 연계교육에 치중하고 있다. 여기서는 유치원과 초등학교 1학년 간의 유아교육 내용이 어떻게 연계되어 있는가를 살펴보기로 한다. 유치원과 초등학교 1학년 간 연계내용을 이해하는 것은 유·초 연계교육의 효율성을 높이기 위함이다. 유·초등 간 연계 교육 방안에 대해서는 졸서 유·초등 연계 교육론(2014)를 참고하기 바란다.

1. 초등학교 1, 2학년 교육과정

초등학교 1, 2학년 교육과정은 국어, 수학, 통합교과 등으로 구성되어 있고 통합교과는 바른 생활, 즐거운 생활, 슬기로운 생활 등 5개 교과로 구성되어 종전에 유치원 생활의 연장으로 3월 한 달 동안 지도되던 '우리들은 1학년'이 폐지되었다. 특히 통합교과인 바른 생활, 즐거운 생활, 슬기로운 생활이 종전과 달리 교육과정 대주제로 통일되었다. 즉, 통합교과 사이의 소재 중복 문제를 해결하고 주제중심으로 통합이 가능하도록 바른 생활, 슬기로운 생활, 즐거운 생활과 교육과정에서 다룰 학습주제를 통일하였다. 이렇게 함으로써 교실에서는 주제중심의 통합학습이 가능해졌으며 한 주제를 중심으로 한 것보다 지속적인 학습이 가능해졌다. 통합교과의 교육과정 주제는 대주제와 소주제로 나뉜다. 대주제는 초등학교 1, 2학년 학생들이 생활하는 장소와 시간에 따라 정하였다. 대주제는 8개이며 소주제는 대주제별로 각 6개씩 총 33주제로 구성되어 있다.

통합교과교육과정 주제는 〈표 V-2〉와 같다.

표 V-2 통합교과교육과정 주제(대주제/소주제/활동주제)

대주제	소주제	교과별 활동 주제		
		바른 생활	슬기로운 생활	즐거운 생활
❶ 학교와 나	학교생활	안전하게 등하교하기	학교 둘러보기	학교 놀이하기
	나와 친구	친구와 서로 도우며 공부하기	친구에게 관심 갖기	친구와 놀이하기
	몸	몸 소중히 다루기	몸 살펴보기	몸 표현하기
	나의 꿈	나의 꿈 가꾸기	나의 꿈 찾아보기	나의 꿈 표현하기
❷ 봄	봄맞이	봄맞이 청소하기	봄의 모습 찾아보기	봄 교실 꾸미기
	새싹	새싹 보호하기	싹 틔우기	새싹 표현하기
	봄 날씨와 생활	봄철 건강관리하기	봄 날씨와 생활 알아보기	봄 날씨를 주제로 놀이하기
	봄나들이	자연환경 보호하기	봄나들이 계획하기	봄나들이 가기
❸ 가족	집	집에서 스스로 공부하기	우리 집 살펴보기	우리 집 표현하기
	가족	가족 간의 예절 지키기	집안일 조사하기	가족과 함께 하기
	친척	가족이나 친척의 소중함 알기	가족과 친척 알아보기	가족 소개하기
	다양한 가족	다양한 가족 존중하기	다양한 가족 이해하기	다양한 가족 문화 표현하기
❹ 여름	여름 풍경	건강한 여름 나기	여름 풍경 찾기	여름 느끼기
	곤충	안전한 여름 나기	곤충이나 식물 조사하기	곤충과 식물 표현하기

대주제	소주제	교과별 활동 주제		
		바른 생활	슬기로운 생활	즐거운 생활
❹ 여름	여름 날씨와 생활	에너지를 절약하는 생활하기	여름 날씨와 생활 살펴보기	여름 축제 열기
	여름방학	여름방학생활 스스로 준비하기	여름방학생활 계획하기	물놀이하기
❺ 이웃	이웃	이웃과 인사하기	나의 이웃 살펴보기	이웃 생활 표현하기
	가게	물건 소중히 하기	생활에 필요한 물건 알아보기	가게 놀이하기
	우리 마을	공공시설과 물건 아끼기	우리 마을 둘러보기	우리 마을 자랑하기
	직업	일의 소중함 알기	마을 사람들이 하는 일 조사하기	직업 놀이하기
❻ 가을	추석	조상에게 감사하는 마음 갖기	추석 알아보기	민속놀이하기
	낙엽과 열매	자연에 감사하는 생활하기	가을 낙엽과 열매 관찰하기	낙엽과 열매로 표현하기
	가을 날씨와 생활	서로 돕는 생활하기	가을 날씨와 생활 살펴보기	가을 풍경 표현하기
	가을 행사	질서 지키기	가을 행사 조사하기	가을 행사에 참여하기
❼ 우리나라	우리나라의 상징	우리나라의 상징 알기	우리나라 소개하기	우리나라 상징 표현하기
	전통문화	전통문화 소중히 여기기	전통문화 살펴보기	전통문화 체험하기
	이웃나라	외국인을 대하는 바른 태도 갖기	이웃나라 조사·발표하기	문화 알리미 놀이하기
	남북통일	통일을 위한 노력 알아보기	남북한에 대해 알아보기	통일 전시회 열기
❽ 겨울	겨울맞이	나누는 생활 실천하기	나누는 생활 찾아보기	따뜻한 겨울 보내기
	동물	동물 보호하기	동물의 세계 탐구하기	동물 표현하기
	겨울 날씨와 생활	겨울철 건강하고 안전하게 생활하기	겨울 날씨와 생활 살펴보기	겨울 풍경 표현하기
	겨울방학	겨울방학생활 스스로 준비하기	겨울방학생활 계획하기	겨울 놀이하기
	한 해를 보내며	한 해 생활 반성하기	내년 생활 준비하기	나의 한 해 표현하기

2. 유 · 초등 교육과정의 연계 내용

유치원 교육과정은 신체운동·건강, 의사소통, 사회관계, 예술경험, 자연탐구 등 5대 영역별로 성격, 목표, 내용 구성 순으로, 초등학교 1, 2학년 교육과정은 교과별로 목표, 내용 순으로 편성되어 유치원의 '성격'을 초등학교에서는 '목표'에 포함시켰다. 유치원과 초등학교 간 교육과정 연계 내용을 대주제의 연계, 지도 내용의 연계 등 2가지 측면에서 고찰해 본다.

(1) 대주제 연계

표 V-3 유·초등 대주제 연계

유아교육기관	초등학교(1, 2학년)
① 유치원/어린이집과 나	① 학교와 나
② 나와 가족	② 가족
③ 우리 동네	③ 이웃
④ 동식물과 자연	
⑤ 건강과 안전	
⑥ 생활도구	
⑦ 교통기관	
⑧ 우리나라	④ 우리나라
⑨ 세계 여러 나라	
⑩ 환경과 생활	
⑪ 봄, 여름, 가을, 겨울	⑤ 봄, ⑥ 여름, ⑦ 가을, ⑧ 겨울

- 유치원, 초등학교가 공히 교육과정이 대주제로 구성되어(유치원은 대주제 11개, 초등학교는 8개) 있으며 유·초등 간 연계를 위하여 주제의 제목이 동일하게 진술되어 있다.
- 유치원과 초등학교 교육과정은 나선형으로 편성되어 유치원에서는 개념적으로 지도함에 비하여 초등학교에서는 주제 제목이 협소화됨에 따라 유치원보다 구체적이고 세밀하게 지도하고 있다.

(2) 유·초등 내용 연계

유·초등 간 연계 내용을 지면관계상 사회관계 영역에 한정하여 표로 나타내면 〈표 V-4〉와 같다.

표 V-4 유·초등 간 사회관계 영역 내용 연계

유아사회관계 내용		초등학교의 연계 내용				
내용 범주	내용	대주제	소주제	관련 교과		
				바른 생활	즐거운 생활	슬기로운생활
1. 나를 알고 존중하기	1) 나를 알고 소중히 하기	① 학교와 나	• 학교생활	○	○	○
			• 나와 친구	○	○	○
			• 몸	○	○	○
			• 나의 꿈	○	○	○
	2) 나의 일 스스로 하기	③ 가족	• 집	○	○	○
		④ 여름	• 여름방학	○	○	○
2. 나와 다른 사람의 감정을 알고 표현하기	1) 다른 사람의 감정을 보고 표현하기	① 학교와 나	• 몸		○	○
		② 봄	• 나의 꿈		○	○
			• 새싹		○	○
	2) 나의 감정 조절하기	③ 가족	• 가족		○	○
		④ 여름	• 다양한 가족		○	○
		⑤ 이웃	• 곤충		○	○
		⑥ 가을	• 이웃		○	○
		⑦ 우리나라	• 낙엽과 열매		○	○
		⑧ 겨울	• 가을 날씨와 생활		○	○
			• 우리나라의 상징		○	○
			• 동물		○	○
			• 겨울 날씨와 생활		○	○
			• 한 해를 보내며		○	○
3. 가족을 소중히 여기기	1) 가족과 화목하게 지내기	③ 가족	• 집	○	○	
			• 가족	○	○	
			• 친척	○	○	
			• 다양한 가족	○	○	
	2) 가족과 협력하기	⑥ 가을	• 서로 돕는 생활하기	○	○	

유아사회관계 내용		초등학교의 연계 내용				
내용 범주	내용	대주제	소주제	관련 교과		
				바른 생활	즐거운 생활	슬기로운 생활
4. 다른 사람과 더불어 생활하기	1) 친구와 사이좋게 지내기					
	2) 공동체에서 화목하게 지내기	⑤ 이웃	· 이웃 · 가게 · 우리 마을	○ ○ ○	○ ○ ○	○ ○ ○
	3) 사회적 가치를 알고 지키기	⑥ 가을	· 직업 · 가을행사	○	○	○
5. 사회에 관심 갖기	1) 지역사회에 관심 갖고 이해하기	⑦ 우리나라	· 우리나라의 상징 · 전통문화 · 이웃나라	○ ○ ○	○ ○ ○	○ ○ ○
	2) 우리나라에 관심 갖고 이해하기		· 남북통일	○	○	○
	3) 세계 여러 나라 문화에 관심 갖기					

5 통합적 교수·학습지도

우리나라의 유치원 교육과정은 제1차 유치원 교육과정으로부터 현행 유치원 누리과정에 이르기까지 모두 통합지도를 고려하여 구성되었고, 또한 교사들에게 통합적으로 운영하도록 거듭 강조하여 왔다.

초등학교 1, 2학년 교육과정에서도 '즐거운 생활', '바른 생활', '슬기로운 생활'의 3개 통합교과가 운영되고 있다.

1. 통합의 개념

통합은 유아 교수-학습 지도의 근본 원리이다. 교육에서 통합에 대한 논의는 미국에서 1920년대 진보주의 교육운동이 일어나면서 여러 개의 교과목을 통합하거나 교과 간의 구분을 없애려는 형태가 나타났으며 '중핵 교육과정(core curriculum)'이 그 대표적인 예이다. 현재 유아교육과정의 통합적 접근 방법은 '통합적 교육과정', '의미 있는 교육과정', '통합 단원' 등 다양한 이름으로 불리고 있다. 이들의 공통점은 유아의 전인적 성장을 교육목표로 세우고, 유아의 경험을 통합할 수 있는 교육 내용을 선정하여, 교사와 유아 모두 학습에 적극적·능동적으로 참여하는 것이다. 이상에서 볼 때, 유아교육과정에서 통합의 개념은 '유아의 전인적 발달과 효율적 학습을 위하여 유아의 경험, 흥미 및 요구와 교육 내용을 통합하고, 유아와 유아 주변의 인적 및 물적 환경을 통합하며, 또한 교과목들을 통합적으로 재조직하여 가르치는 방법'으로 정의할 수 있다.

2. 5대 영역의 통합지도계획

만일, 유아들이 부모와 함께 대공원에 간다고 할 때 유아들은 많은 것을 한꺼번에 배우게 된다. 즉, 언어학습(동물원에서는 동물들이나 새들의 이름을 알게 되면서 어휘를 배우게 되고), 환경(공기오염에 대해 느끼게 되며), 그리고 가족들의 이야기(부모에게서 자신들도 어려서 이런 곳에 놀러 왔었다는 것을 듣게 되고) 등을 들을 수 있게 된다. 즉, 유아들이 유아교육기관 밖에서 하는 경험들은 영역별로 나누어져 학습이 이루어지지 않고 통합적으로 이루어진다. 특히 5대 영역 즉, 신체운동·건강, 의사소통, 사회관계, 예술경험, 자연탐구 영역의 내용은 유아들의 교육적 경험이나 놀이활동에서 통합된 형태로 운영될 수 있도록 교육계획을 세워 지도해야 한다.

(1) 5대 영역 간의 관계

유아교육 지도에서 5대 영역, 즉 신체운동·건강, 의사소통, 사회관계, 예술경험, 자연탐구 영역 간에 서로 어떻게 통합되었는가 알아보자.

① 사회관계 영역과 신체운동·건강 영역

신체발달이 비정상적이거나 미숙한 경우에는 사회적 성숙과 발달을 저해시키며 심할 경우에는 거의 불가능하기까지 한다. 유아들에게 있어서 신체는 자신을 이해하고 자아를 실현하는 수단으로써 중요하다. 대·소근육과 운동능력의 발달은 유아들에게 자신에 대한 신뢰감을 가지게 하는 데 큰 영향을 준다. 자기 자신의 신체에 대한 자아상은 각개념의 중요한 부분이며 자기존중에 영향을 준다. 또래들과의 관계에서 유아의 신체발달이 정상적인 수준에 비추어 큰 차이가 나타날 경우, 또래들로부터 거부당하거나 소외될 수도 있다.

② **사회관계 영역과 의사소통 영역**

언어를 통해서 인간관계를 형성하고 자신의 역할을 수행할 수 있다. 언어능력의 발달은 사회적 상호작용을 촉진시켜 준다. 유아의 고립적 놀이는 연합놀이로 발전되며 자신의 느낌을 표현할 수 있고 서로 의견을 교환하고 정보를 주고받으면서 사회환경에 적응할 수 있게 된다. 유아교육기관에서도 유아가 남이 하는 말을 잘 듣고 이해하며 자신의 의사를 분명히 표현할 수 있다면 그 유아는 좀 더 즐겁고 효과적인 생활을 할 수 있을 것이다. 언어 기능이 잘 발달되어 있는 유아는 교사와 자주 대화하게 되고 또래와의 사회적 접촉도 원활하다.

③ **사회관계 영역과 자연탐구 영역**

어떤 의미에서 인간의 사회적 관계는 항상 전체든 부분이든 간에 인지과정에 의하여 지배된다고 말할 수 있다. 한 개인이 보여줄 수 있는 사회적 행동의 질이나 발달 정도는 최소한 부분적으로라도 지적 능력의 질이나 발달 정도에 따른다. 즉 지적 발달은 사회적 발달을 위한 충분조건은 아니더라도 필요한 조건이라고 말할 수 있다. 특히 까뮈·드브리스 프로그램, 프뢰벨을 비롯한 학자들, 피아제와 콜버그 등은 한결같이 인지발달에 있어서 사회성 발달을 강조하고 있다.

④ **사회관계 영역과 예술경험 영역**

긍정적인 자아개념과 안정된 정서 상태는 유아의 표정을 밝게 하고 가정이나 유아교육기관에서의 분위기를 좋게 하지만, 부정적인 자아개념이나 혼돈된 정서상태는 유아의 표정을 어둡게 하고 분위기를 흐려 놓는다. 또한 예술경험 영역에의 예술적 요소의 탐색활동은 예술적 요소에 대한 인식과 지각력을 높여 줄 뿐만 아니라 보다 풍부하고, 다양하고, 창의적인 표현 및 감상능력을 발달시키는 활동으로서 이는 유아의 주체적이고 자발적이며 개인적인 노력에 의해 이루어진다는 점에서 사회성 발달과 밀접한 관계가 있다.

이상에서 밝힌 바와 같이 5대 영역이 서로 밀접한 관계가 있다 함은 각 영역을 초등학교 고학년에서처럼 분과적인 교과로 나누어 독립적으로 지도하지 말고 각 영역 간의 관련 내용을 서로 관련지어 통합적으로 지도해야 함을 의미한다. 예를 들어, 신체운동·건강 영역에서 강조하는 '안전하게 놀이하기'는 사회관계 영역의 '사회적 가치를 알고 지키기'와 연결하여 통합할 수 있고, 자연탐구 영역에서 '생명체와 자연환경 알아보기'와도 연결할 수 있다. 그리고 5대 영역 간의 통합과 함께 각 영역별 내용 간의 통합도 고려해야 한다. 예를 들어, 사회관계 영역에서 '나의 일 스스로 하기'를 지도할 때 '다른 사람의 감정을 알고 표현하기', '가족과 협력하기' 등의 내용과도 통합하여 지도할 수 있다.

3. 5대 영역의 통합지도

사회관계 영역의 내용들은 신체운동·건강, 의사소통, 예술경험, 자연탐구 등의 여러 내용과 통합되어 지도될 수 있다. 예를 들면 사회관계 영역에서 '나의 감정 조절하기' 지도 시에는 의사소통 영역의 '느낌, 생각, 경험 말하기'와 통합하여 지도할 수 있고 또한 사회관계 영역의 '친구와 사이좋게 지내기' 지도 시에는 의사소통 영역의 '상황에 맞게 바른 태도로 말하기'와 통합하여 지도할 수 있다. 지면관계상 사회관계 영역에 한해 관련된 타 영역 내용의 통합의 수준을 표로 나타내면 〈표 Ⅴ-5〉와 같다.

표 Ⅴ-5 각 영역별 사회관계 통합 지도 내용

영역	내용 범주	내용	통합 지도 수준	
			많음	약간
신체운동·건강	신체 인식하기	감각능력 기르고 활용하기		
		신체를 인식하고 움직이기		○
	신체조절과기본 운동하기	신체조절하기		
		기본 운동하기		
	신체활동에 참여하기	자발적으로 신체활동에 참여하기	○	
		바깥에서 신체활동하기		
		기구를 이용하여 신체활동하기		
	건강하게 생활하기	몸과 주변을 깨끗이 하기	○	
		바른 식생활하기	○	
		건강한 일상생활하기	○	
		질병 예방하기		
	안전하게 생활하기	안전하게 놀이하기	○	
		교통안전 규칙 지키기		○
		비상시 적절히 대처하기		
의사소통	듣기	낱말과 문장 듣고 이해하기		
		이야기 듣고 이해하기	○	
		동요, 동시, 동화 듣고 이해하기		
		바른 태도로 듣기	○	

영역	내용 범주	내용	통합 지도 수준	
			많음	약간
의사소통	말하기	낱말과 문장으로 말하기		
		느낌, 생각, 경험 말하기		
		상황에 맞게 바른 태도로 말하기	○	
	읽기	읽기에 흥미가지기		
		책 읽기에 관심가지기		○
	쓰기	쓰기에 관심가지기		
		쓰기 도구 사용하기		
예술경험	아름다움 찾아보기	음악적 요소 탐색하기		
		움직임과 춤 요소 탐색하기		
		미술적 요소 탐색하기		
	예술적 표현하기	음악으로 표현하기	○	
		움직임과 춤으로 표현하기		
		미술활동으로 표현하기		○
		극놀이로 표현하기		○
		통합적으로 표현하기	○	
	예술 감상하기	다양한 예술 감상하기	○	
		전통예술 감상하기	○	
자연탐구	탐구하는 태도 기르기	호기심을 유지하고 확장하기		
		탐구과정 즐기기	○	
	수학적 탐구하기	수와 연산의 기초 개념 알아보기		
		공간과 도형의 기초 개념 알아보기		
		기초적인 측정하기		
		규칙성 이해하기		
		기초적인 자료 수집과 결과 나타내기		
	과학적 탐구하기	물체와 물질 알아보기		
		생명체와 자연환경 알아보기	○	
		자연현상 알아보기		
		간단한 도구와 기계 활용하기		

4. 주제중심의 통합지도의 실제

유아교육에서의 통합은 5대 영역 간의 통합, 학습경험간의 통합 등 포괄적으로 포함하여 유아 주변의 다른 학습경험과 의미 있게 상호 관련 지어짐으로써 전체적으로 학습이 이루어지는 것을 의미한다. 따라서 개념을 선정, 세분화하고 연결해 봄으로써 통합적 운영에 대한 구체적인 계획을 구상하게 된다(이은화 외, 2003).

유치원 누리과정에 제시된 내용을 중심으로 한 통합의 예를 적용해 보면 〈그림 V-1〉과 같다.

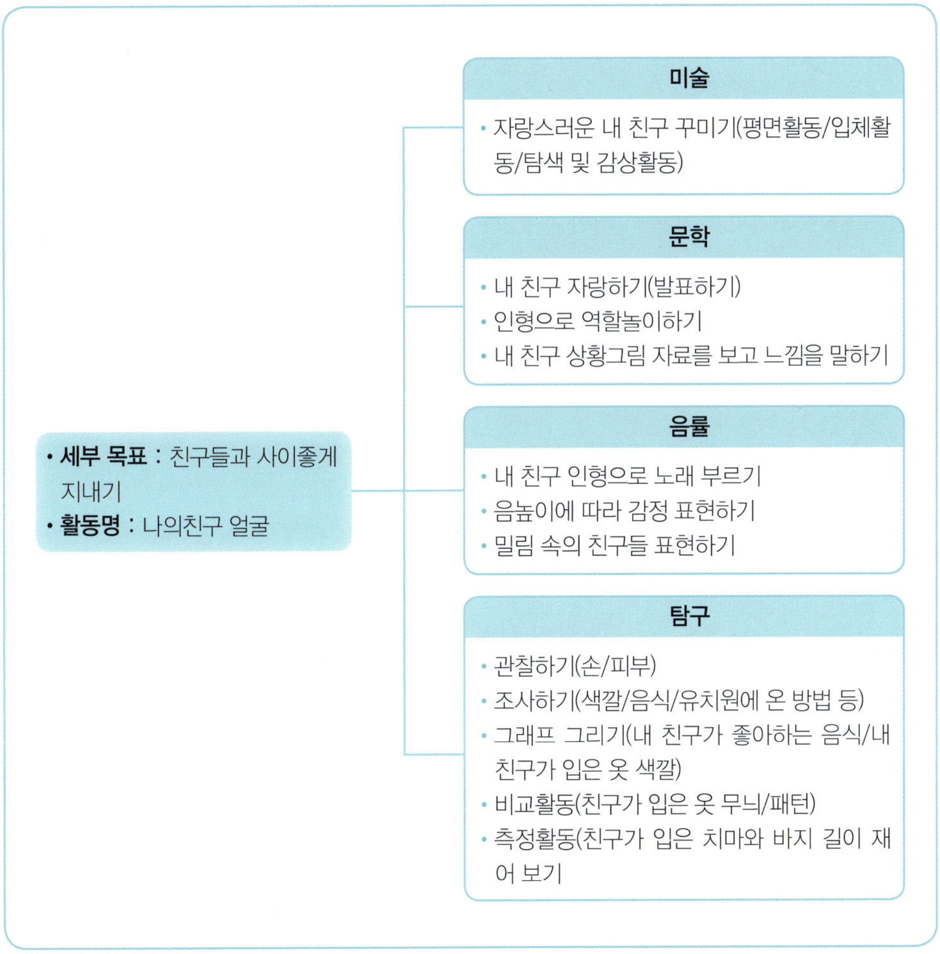

그림 V-1 교수-학습의 통합적 운영(영역별 활동)의 '예'

2 교과교육 기본교수기법

교과교육 지도를 위해서 교사가 가장 먼저 고려해야 할 일은 '무엇을 가르칠 것인가?'라는 교육 내용을 선정하는 일이고, 다음은 '선정된 교육 내용을 어떤 방법으로 지도할 것인가?'의 문제로서, 이 문제를 해결하기 위하여 교사는 교수-학습 방법을 구안하고, 교재·교구 제작 및 지도에 필요한 관련 자료의 탐색 등이 이루어지는데, 그중 교수-학습 방법을 구안하는 일이 가장 중요한 일이다. 교수-학습 방법은 교사가 선정한 교육 내용을 영유아들에게 전달하는 직접적인 통로이기 때문이다. 그런데 유아교육 현장에서 어떠한 교수-학습 방법을 채택하든지 간에 모든 교수-학습 방법에서 교사가 기본적으로 갖추어야 할 수업기술이 있는데 이것이 바로 기본 교수기법으로서, 본 장에서는 영유아의 발달 수준과 흥미와 요구를 고려한 교과교육 기본 교수기법에 대하여 기술하기로 한다.

교수-학습 기본 교수기법에는 발문기법, 상호작용기법, 동기유발기법, 대화기법, 주의집중기법, 전이기법, 칭찬·격려, 꾸중기법 등이 있는데 이를 살펴보면 다음과 같다.

1. 발문기법

(1) 개념

발문이란 교수-학습에서 언어 상호작용 과정의 한 형태인 문답법에 있어서 제기되는 의문을 가리키는 것으로, 질문과 같이 사용되고 있다. 질문이란 주로 모르는 입장에 있는 사람이 알고 있는 사람을 향하여 던지는 물음을 가리키는 것으로 일상생활에서 많이 사용되고 있는데 반하여, 발문의 경우에는 교사가 학습자들의 학습활동을 조성해 나가기 위하여 던지는 문제 제기를 가리키는 것으로, 주로 교수-학습에서 사용되고 있다. 질문의 경우에는 하나의 정답을 얻으면 그것으로 족한 것이지만, 발문의 경우에는 하나의 정답으로 족한 경우도 있으나, 더 나아가 학습자에게 어떤 사고활동이 일어났는지가 문제시 되는 것이다. 발문에 의해 학습자가 의식하고 있지 않았던 것에 대하여 문제의식을 갖게 한다든가, 사고활동을 유발한다든가, 놀이활동을 유발 촉구한다는데 그 본질이 있다. 따라서 발문이란 교사가 학습자들의 사고활동을 유발시켜주기 위한 문제 제기를 말한다고 정의할 수 있다.

(2) 가치

대부분의 교수-학습활동은 발문으로부터 시작해서 발문으로 끝맺고 있다. 즉 교수-학습활동의 도입 단계에서 학습과제의 제시를 위해 발문을 사용하고, 학습과제의 해결 과정에서 학습자들의 사고를 유발하기 위한 발문을 사용하며, 정리 단계에서 학습과제를 종합 확인하면서 발문을 사용하는 것을 볼 때 교수-학습활동과 발문은 불가분의 관계가 있으며 특히 발문은 영유아들의 능동적인 학습활동과 적극적인 사고를 유발시킨다.

(3) 발문의 기법

교사-영유아의 상호작용 시에 행해지는 교수행동의 핵심이 되는 발문기술의 최적화 방안으로서, 첫째 발문 시의 분위기, 둘째 발문의 적시성과 사고의 여유, 셋째 발문의 정확한 표현이 가장 중요한 과제이다. 이를 구체적으로 알아본다.

① 발문 시의 분위기

발문 시의 교실 분위기는 허용적 분위기를 조성하여야 한다. 수업 분위기는 교사가 학습자의 자유를 제한하는 경우로써 지배적, 전제적, 교사 중심적, 폐쇄적, 제한적, 지시적인 분위기와 허용의 한도를 넓히는 경우로써 통합적, 민주적, 학생 중심적, 개방적, 권장적, 비지시적인 분위기로 나눌 수 있는데, 후자의 분위기가 학업 성취에 효과적임이 선행연구(류한구, 1972)에서 입증되었다. 따라서 교수-학습지도에서 교사가 영유아의 활동을 억제하거나 부정적 감정표시는 최소한으로 줄이고 허용적인 분위기를 조성해야 한다는 것이다.

② 권위주의적 발문

교사가 권위주의적인 자세로 미리 준비한 답에 의해 일문일답식으로 전개시켜나가면서, 그 답을 유도해 내려고 한다. 만일 준비된 답이 나오지 않으면 그 학습자는 상대도 하지 않고, 합당한 대답에 대해서만 반가움을 표시한다. 이와 같은 수업은 퀴즈식 수업에 불과하며, 창조적인 수업이 될 수 없다. 교사의 발문이 학습자들의 위에 군림하며 그들의 활동을 억제하거나 해서는 안 된다.

③ 허용적 발문 분위기와 언어의 지각성

일문 다답형의 창조적 발문이 활발하게 전개되도록 하려면, 학급 분위기가 따뜻하고, 사랑이 넘치는 허용적 분위기를 조성해야만 한다. 차갑고 사랑이 매마른 억압적인 분위기하에서는 창조성은 억제되기 마련이다.

언어의 지각성은 생각은 있으나, 교사의 지명이 있자마자 말이 나오지를 않아서 한참 망설임 끝에 겨우 말하게 되거나, 다른 사람이 발표하니까 비로소 생각이 나는 경우 등을 말한다. 창조적 발문에 의한 수업이 원활하게 이루어지려면, 억제되고 긴장된 분위기가 아닌 허용적이고 개방적인 분위기의 조성이 반드시 이루어져야 한다는 것이다.

④ 발문의 적시성과 사고의 여유

㉠ 발문의 적시성

발문은 영유아의 사고활동이 충분한 동기유발과 문제의식이 이루어진 가운데 타이밍을 맞추어 발문을 하여야 한다. 아무리 좋은 발문이라도 이를 맞추지 못하면 영유아들의 사고활동에 메아리를 일으키지 못한다. '왜 그럴까?' 등 영유아 스스로가 탐구하려는 자세가 되었을 때 타이밍을 맞추어 발문이 이루어지면 그들의 사고활동에 점화가 일어난다.

㉡ 발문과 사고의 여유

발문에서 적절한 타이밍을 맞추는 일도 중요하나, 더 중요한 것은 그 발문에 대하여 학습자들이 사고할 수 있는 충분한 시간적(최소한 3~4초) 여유를 주어야 한다. 발문으로부터 호명에 이르기까지는 발문 → 사고의 여유 → 손들기(반응) → 호명의 과정을 거친다. 따라서 대부분의 영유아가 스스로 사고하여 답변할 수 있도록 충분한 시간을 주어 여유 있는 문답활동이 이루어지도록 하여야 한다.

(4) 발문의 표현

발문은 발문의 취지나 내용이 학습자들에게 충분히 전달되고, 학습자들의 사고를 촉구할 수 있도록 적절한 표현기술을 사용하여 학습자들에게 주어져야 한다. 박병학(1986)은 교사가 갖추어야 할 발문의 표현기술을 다음과 같이 제시하였다.

① 간단명료하고 정확한 발문

발문은 우선 간단명료한 말이나 문장으로 해야 한다. 첫째, 설명 부분과 물음의 부분이 분명해야 하고, 둘째, 쉬운 언어를 사용하여 정확하게 표현하여야 하며, 셋째, 하나의 발문 속에 두 가지 이상의 물음이 끼어들지 않도록 해야 한다. 넷째, 발문은 학습자가 분명하게 파악할 수 있도록 물어야 할 내용을 분명하게 완전한 문장으로 표현하여야 한다.

② 영유아의 능력 수준에 맞는 발문

발문은 학습자의 능력, 즉 그들의 경험이나 이해 수준의 범위 내에서 이루어져야 한다. 즉 발문의 내용 수준은 물론 용어의 사용도 적절해야 한다.

③ 발문과 표현

㉠ 정확한 발음과 정확한 고저, 강약 및 장단 요소에 따라 언어가 통할 수 있게 한다.

㉡ 학습자의 응답을 격려하는 음성으로 발문해야 한다.

㉢ 적절한 빠르기를 조절해야 한다.

㉣ 발문의 간격은 영유아의 사고활동을 환기시키기 위하여 충분한 시간적 여유를 두고 발문의 속도를 늦추어 진행한다. 또한 낱말과 낱말 사이에 적절한 간격을 주면서 발문해야 한다.

④ 발문의 반복

발문의 취지와 내용을 철저히 이해시키기 위해서 같은 발문을 반복하는 경우가 있는데, 불가피한 경우를 제외하고는 삼가야 한다. 같은 발문을 되풀이 하는 동안, 영유아들의 사고작용을 방해할 뿐만 아니라 듣는 태도가 나빠질 수도 있다.

⑤ 발문과 온정적 표현

교사가 발문과 동시에 영유아에게 보이는 미소, 웃음, 끄덕임, 쓰다듬기, 눈의 움직임, 얼굴 표정 등을 온정적으로 표현할 때에 교수-학습 효율성이 높다.

(5) 발문과 응답의 지도

① 발문의 목적과 지명

교사는 발문의 목적의식에 따라서 호명 또는 지명이 이루어져야 한다, 첫째, 단순한 기억을 재생하려는 것인가? 둘째, 이해의 정도를 알아보려는 것인가? 셋째, 활발한 사고활동을 유발시키려고 하는가? 넷째, 활동과제에 대한 전체의 주의를 환기시키려는 것인가? 등에 대한 분명한 목적의식을 가지고 지명을 하여야 한다. 또한 발문 내용의 구성은 수업목표와 직결된 뚜렷한 목적의식을 지니고 있어야 한다.

② 지명의 방법

- 발문에 대한 지명은 일부에 편중되지 않고, 전 영유아에게 골고루 지명하여야 한다.
- 지명은 영유아의 적극적 성격, 소극적 성격 등 학습자의 능력과 성격차를 고려하여

적절하게 이루어져야 한다.

③ 응답지도

㉮ 학습자의 응답에 대한 교사의 반응기법

- 교사는 영유아의 응답을 인정하는 표현으로 '좋아!', '맞았어!', '그렇지!' 등으로 평가하고, 발음이나 오류가 있을 때는 바르게 지도하며 격려한다.
- 영유아의 결정적인 오답에 대해서는 그에게 오답인 이유를 온정적으로 알려준다,
- 불안전한 응답을 했을 때, '틀렸어!' 등으로 평가하지 말고, 교사는 바른 답을 쉽게 고쳐서 설명해 주어야 한다.
- 영유아의 미숙한 응답이나 표현 방법이 서투른 경우 교사가 도와서 분명하게 해주고, 격려해 주어야 한다.

㉯ 학습자의 질문에 대한 교사의 반응기법

- 영유아의 응답이나 질문은 모두 소중하게 받아들이고 구체적으로 지도되어야 한다.
- 교사는 질문을 한 영유아에게 반문함으로써 스스로 답을 발견할 수 있도록 자극한다.
- 교사는 영유아의 질문을 칭찬, 환영하고 스스로 질문하도록 그들을 격려한다.
- ○○이의 질문에 대하여, '누가 답해 볼까?' 라고 하며, 다른 영유아들로 하여금 '문답 공동체'(박병학, 1986)가 되어 같이 생각해 보고, 응답해 보도록 유도한다.
- 교사가 '나는 ○○이의 질문에 이렇게 답 하겠습니다' 라고 하며, 목적지향의 문답 활동을 하도록 한다.

2. 상호작용기법

(1) 개념

상호작용이란 사전적 의미로는 '사회적 행위자들이 특히 내면적 만남에서 서로 관련되는 과정과 방식, 둘 이상의 물체나 대상이 서로 영향을 주고받는 일종의 행동'으로 규정하고 있다. 이영석(2005)은 '유아교육과정에서 유아와 유아 간, 유아와 교사 간, 유아와 교재·교구간의 원활한 교류'라고 하였고, 또한 이기숙(2000)은 '영유아의 내재적인 힘과 외부의 의도적인 노력이 서로 작용함으로써 영유아의 성장과 발달이 이루어진다' 고 보았다. 이들 개념들이 내포하고 있는 성격은 첫째, 둘 이상의 물체나 대상 간에 이루어진다. 둘째, 서로 양방향적으로 영향을 준다. 셋째, 내면적인 힘과 외부의 의도적인 노력이 서로 교류한다. 위의 학자들의 견해와 성격을 종합하여 유아교육에서의 상호작용은 '유

아교육활동에서 만나게 되는 영유아, 교사, 교재·교구 간에 서로 영향을 주고받는 원활한 교류 또는 내재적인 힘과 외부의 의도적인 노력'으로 정의한다. 따라서 상호작용기법이란 이상에서 밝힌 상호작용이 잘 이루어지도록 유도하는 기법을 말한다.

(2) 유형

어린이집에서 생후 몇 개월 만에 처음 접하게 되는 영유아와 교사 간, 영유아와 영유아 간, 그리고 영유아와 교재·교구 간의 상호작용 유형을 알아보겠다.

① 영유아와 교사 간 상호작용

영유아가 생후 처음 접하게 되는 부모–자녀 간의 상호작용에서 애착형성이 이루어지며, 어린이집에서는 최초로 부모 역할을 대행하는 교사와 만나면서 영유아와 교사 간의 상호작용이 이루어진다. 이 때 교사는 영유아가 안심하고 어린이집에 적응할 수 있도록 보살펴주고, 기본적인 신체적 욕구를 충족시켜주며, 따뜻하고 보호적인 보육환경을 조성하고, 양육자 및 지도자로서 부모가 보살피는 자기 집에서처럼 영유아와 교사 간에 언어적, 비언어적 소통을 통해 의미 있는 상호작용이 이루어지도록 해야 한다.

② 영유아와 영유아 간 상호작용

영유아는 어린이집에서 다른 영유아를 만나서 놀면서 새로운 경험을 공유하고 도우면서 사회적 상호작용이 이루어진다. 또한 또래 간에 서로 배우고 스스로의 신체적 기능, 상상력을 발달시키고 유능감을 획득하기도 한다. 영유아들은 놀이를 통해 서로 간에 은연중에 배우며, 더 잘하는 또래와의 놀이결과를 통해서 형식적 지도가 이루어지는 경우가 많다.

③ 영유아와 교재·교구 간 상호작용

영유아는 교재·교구를 통하여 다양한 놀이를 체험하며, 흥미 영역과 활동과제의 교재·교구에 호기심을 가지고 탐색하며 밀접한 상호작용이 이루어진다.

두 명 이상의 영유아가 필요한 교재·교구 및 흥미 영역의 놀이교구와 자료들을 많은 수를 정비하고, 영유아가 다투지 않고 함께 놀이할 수 있도록 충분한 공간을 마련해야 한다.

(3) 지도 방법

① 영유아와 교사 간 상호작용 증진 방안

㉠ 영유아와 교사의 비율을 낮춘다. – 영유아 수를 줄일수록 영유아와 교사 간에 상호작용이 활발해진다.

㉡ 개별 상호작용을 원칙으로 하고, 소집단 활동 지도가 바람직하다. – 개별 또는 2~3명의 소집단일수록 영유아 간의 상호작용이 증가되고, 영유아와 교구간의 접촉이 증가되어 상호작용의 질이 높아진다.

② 상호작용 증진을 위한 핵심 전략

㉠ 기본적인 신체적 욕구를 충족시킨다.

㉡ 따뜻하고 보호적인 분위기를 만든다.

㉢ 언어와 의사소통을 격려 지지한다.

㉣ 주도성을 격려한다.

㉤ 정보와 모델기술을 제공한다.

㉥ 영유아의 활동과 성취를 인정한다.

㉦ 또래 상호작용을 지지한다.

㉧ 독립적으로 문제를 해결할 수 있도록 격려한다.

3. 동기유발 기법

(1) 개념

동기란 어떤 행동을 발생시키고 그 행동을 유지시키며 또한 그 행동의 방향을 정해주는 요인으로서 행동의 수준 또는 강도를 결정하는 심리적 구조이며 과정이다(박경숙, 1998). Bruner(1960)는 모든 유기체가 어떤 행동을 하게 될 때에는 반드시 내적인 어떤 원인(조건)이나 외적인 자극(조건)이 있기 마련인데, 이와 같이 행동을 결정하게 하는 심신의 조건을 동기(motive)라 한다. 또한 학습행동을 결정하게 하는 심신의 조건, 즉 학습목적에 동조하고 학습활동에 적극적으로 참여하려는 심리적 태세를 학습동기(learning motive)라고 하며, 학습동기유발(learning motivation)이란, 그러한 학습동기가 발생하도록 하는 상태를 말하며, 학습동기형성이라고도 한다. 따라서 동기유발기법은 교수–학습 지도의 핵심적인 과제이다.

(2) 학습동기의 종류

김상원(1982)은 학습동기의 종류를 다음과 같이 분류하고 있다.

① 호기심과 인지적 동기

영유아가 주변 환경과 놀이 교구 등 여러 사물의 관계를 이해하고자 하는 동기를 호기심(curiosity) 또는 인지적 동기(cognitive motive)라고 한다. 이 동기는 외적 자극에 의한 것이 아니라 활동적이며 탐구중심의 능동적 조작활동 자체에서 나온 동기로서 조작동기 또는 탐색동기를 포함한다.

② 사회적 동기와 성취 동기

사회적 동기는 대인관계에 관련된 것으로서 또래친구와 친해지고 싶거나, 부모나 교사로부터 인정과 사랑받고자 하는 것 등이다. 이러한 동기가 충족되면 영유아는 기억이나 개념형성에 성과를 높인다.

성취동기(achievement motive)는 개인이 자기가 원하는 성취수준에 도달하고자 하는 것으로서, 이 동기가 강한 사람은 성공가능성이 높은 과제를 선정해서 목적달성을 위해 노력한다.

③ 외적동기와 내적동기

외적동기(extrinsic motive)는 자신의 학습과제를 성취해야 할 이유가 외부에 있을 때의 동기이며, 좋은 성적을 얻어야 할 이유가 상, 칭찬 등의 정적강화나 벌이나 꾸지람, 체벌 등의 부적강화에 의하여 형성되는 동기를 말하며, 그 효과는 단기적인 경우가 많다.

내적동기(intrinsic motive)는 놀이나 학습활동 그 자체를 성취함으로써 즐거움과 성취감을 누리는 것으로서, 외적동기에 비해서 장기적인 효과를 나타내므로 강조되는 개념이다. 전자는 Skinner의 행동주의 이론이고, 후자는 Bruner의 인지이론의 주장이다.

(3) 학습동기 유발의 방법

학습동기 유발의 여러 가지 방법 중에서 Keller(1983)의 학습동기 유발의 일반 모형인 ARCS모형을 영유아에게도 적용해 보도록 제시해 본다.

표 V-6 ARCS모형의 주요 개념

학습동기의 4요인	주요 개념	교사의 발문사항
주의력	학습자의 흥미	어떻게 학생들의 흥미를 유발할까?
적절성	학습자의 필요와 목적	어떻게 학생들에게 적절성을 유지할까?
자신감	학습자의 성공에 대한 신념	어떻게 학생들에게 할 수 있다는 느낌을 줄까?
만족감	학습자의 성취에 대한 보상	어떻게 학생들의 성취를 강화해 줄까?

① 주의력의 신장 전략

기본원리 영유아들의 흥미와 호기심을 환기시켜 주의력을 집중시키는 것이 필요조건이다. 주의력의 유지를 위한 기법은 다음과 같다.

㉠ 교수자료의 제시 기법을 그림이나 도표, 영상, 녹음자료 등으로 다양하게 한다.

㉡ 추상적인 것보다 실물, 사례, 일화, 실험 등 구체적인 예시 자료를 활용한다.

㉢ 특이한 자극 및 갈등 상황이나 참신한 문제사태를 제시한다.

㉣ 익숙한 경험과 생소한 경험들을 동시에 제공한다.

㉤ 경험요소들을 비유적 방법으로 제시한다.

② 적절성의 유지 전략

기본원리 학습할 내용이 학습자의 흥미에 부합하면서 적절한지를 지각시켜 주는 것이 중요하다.

㉠ 새로운 학습과제를 사전 경험과 관련지어 친숙하게 만든다.

㉡ 학습자들의 흥미와 관심사에 기초한 실재의 경험자료를 활용한다.

㉢ 학습 내용의 미래지향적 가치에 대해 알려준다.

㉣ 수월성의 표준을 성취하는 기회를 제공한다.

③ 자신감의 형성 전략

기본원리 학습동기는 학습과제를 성공적으로 해낼 수 있을 것이라는 신념, 즉 '자신감'을 갖게 될 때 유발된다.

㉠ 학습목표를 의미 있게 명시적인 교수목표를 제시해 준다. 예컨대, '사과를 만져보고, 맛을 보고, 느낌을 공부한다'.

㉡ 난이도의 수준에 따라 학습과제를 계열화한다. 예컨대, '과일간식 먹기'에서, 과일 색깔별 이름 말하기–그릇에 색깔별 과일 담기–과일 이름 말하고 과일 먹어보기 순으로

학습과제를 수행한다.

㉢ 학습자에게 자신의 학습속도로 학습을 수행할 수 있게 해주고, 학습자 자신이 학습하기를 원하는 것을 손쉽게 찾게 해 주어야 한다.

④ 만족감의 부여 전략

기본원리 학습자들이 학습과제를 성공적으로 마쳤을 때 형성되는 만족감은 성취결과를 알게 된 학습상황에서 일어난다.

㉠ 학습자에게 활동주제에 대한 수행결과에 대하여 정답을 알려주고, 정답에 이르는 경로를 알려주는 피드백을 수행 직후에 제공한다.

㉡ 학습한 내용을 다른 학습과제에 적용하거나 흥미 영역의 놀이상황에서도 일반화해 보도록 한다.

㉢ 과제-외재적 보상(위협, 감시, 수업)보다는 과제-내재적 보상(칭찬, 상장, 피드백)을 제공하여 스스로 느끼는 만족감을 유지하도록 한다.

4. 대화기법

(1) 개념

대화란 사전적 의미로는 '마주 대하여, 이야기를 주고받음', '둘 이상 실체 사이의 상호적인 의사소통'으로 정의하고 있다. 또한 대화는 서로 말을 주고받는 상호지향적인 이야기로서 쌍방향적인 커뮤니케이션의 형식을 밟는다. 그리고 대화는 말을 서로 주고받는 다각적 커뮤니케이션(communication)의 형식을 취한다. 수업에 있어서의 대화는 교사에 의하여 일정한 수업목표를 지향하여 끊임없이 이끌어지고 구성되는 과정으로서의 대화가 되어야 한다. 또한 수업과정에서 대화는 발문과 응답을 통한 '공동의 작업'과정이며, '공동의 활동과정'(박병학, 1986)이다. 이상의 성격을 종합하면, 영유아교육에서 대화란 '유아교육 활동실에서 교수-학습목표를 달성하기 위하여 교사와 영유아 사이에 발문과 응답으로 이루어진 상호적이고 쌍방향적인 의사소통'이라고 볼 수 있다. 그리고 대화기법이란 위와 같은 상호적이고 쌍방향적인 의사소통이 원활히 이루어지도록 유도하는 기법이다.

(2) 대화법의 실제

제3차 어린이집 표준보육과정(보건복지부 고시 제2013-8호) 교사용 지침서에 제시된 교사와 영유아에 대한 대화 지도의 실제를 제시하면 다음과 같다.

표 V-7 대화 지도의 실제

영역	지도 목표	대화의 실제
(1) 기본 생활	즐겁게 먹기	"(영아를 마주보고 웃으며) ㅇㅇ가 콩나물을 먹고 있네." "(씹는 흉내를 내며) 냠냠냠냠. 정말 맛있게 먹고 있구나."
	안전하게 생활하기	"저기에 카시트가 있구나. 친구가 앉아 있네. 선생님이 안전벨트를 채워주어야 겠어요." "ㅇㅇ도 기다렸다가 앉아 볼까요? 아침에 자동차 타고 올 때 이런 의자에 앉아서 왔지요?"
		"(횡단보도 앞에서) 차가 멈추었는지 살펴보고 건너도록 하자."
(2) 신체운동 영역	감각적 자극에 반응하기	감각적 반응을 언어로 표현해 준다. 예 "딸랑 딸랑~ 방울에서 소리가 나네~."
		"노란 레몬에서 좋은 냄새가 나는구나. (냄새를 맡으며) 와! 향기가 새콤달콤하다."
		"(기저귀를 갈며) 아~. 시원하다. 엉덩이가 뽀송뽀송 해졌어요."
	2세 : 감각기관 활용하기	"(촉감길을 걸으며) 기다랗고 알록달록 길이 있네. 걸어보자. 부드러운 길, 울퉁불퉁한 길, 발에 닿으면 어떤 느낌이니?"
	몸 움직임 즐기기 - 까꿍놀이, 잡기놀이	(기어가는 영아의 뒤를 따라 기어가며) "ㅇㅇ 잡으러 가자. ㅇㅇ가 어디 있나?" (영아와 떨어진 곳에서 큰 스카프로 가리고) "ㅇㅇ야! 선생님이 숨었어요. 찾아보세요!" "(영아를 보고 웃으며) ㅇㅇ랑 깡총하고 뛰니까 정말 재미있다. 또 해보자."
(3) 의사소통	말하는 사람을 보기 - 까꿍놀이	말하는 사람의 눈을 바라보면서, 그 사람의 표정, 몸짓을 관심 있게 보도록 상호작용한다. 예 (누워있는 영아와 교사가 눈을 맞추고 양 손으로 얼굴을 가렸다가 떼며) "까꿍~." (영아용 의자에 앉은 영아의 이름을 부르며 눈을 맞추며) "ㅇㅇ이 까꿍~." (교사와 마주보고 앉아서 손으로 입을 두드리며) "아바바바~, 선생님 입에서 소리가 나네~." (영아와 교사가 함께 거울을 보고 입에 손을 대었다가 떼고/표정을 바꿔보면서) "ㅇㅇ아, 선생님처럼 해볼까? 아바바~."

영역	지도 목표	대화의 실제
(3) 의사소통	발성과 발음으로 소리내기	영아의 옹알이와 말소리에 민감하게 반응해 주면서, 말 주고받는 기회를 많이 만든다. 예 (영아가 "머~머~머"와 같이 의미 있는 소리를 만들 때) "음, 머~머~머라고 했어?" (영아가 "오우~."소리를 내며 교사를 바라볼 때, 매우 기쁜 표정으로) "오~우~. 우리 ○○이가 기분 좋다고 오~우하고 이야기 하는구나." 자신이 발음해 내는 소리 중에서 의미 있는 말소리가 있음을 알도록 한다. 예 (영아가 "마~마~" 라고 소리를 내면) "엄마라고 말했어? 그래 엄마 해볼까?"
	표정, 몸짓, 말소리로 말하기	(영아가 딸랑이를 손에 쥐고 흔들며 기쁜 표정을 짓는다) "○○이가 딸랑이를 손에 쥐고 흔드네, 기분이 좋구나." (영아가 그림책의 그림을 보며 '으' 짧게 소리 낸다) "이 책 속에 동그란 공이 있지? ○○이가 잘 찾았네. 동그라미 또 찾아볼까?" (교사가 고개를 숙이며) "고맙습니다." (환하게 웃는 얼굴로 양팔을 벌려) "○○이 어서 와라, 반가워요~."
	다양한 상황에서의 말소리	큰 소리, 작은 소리, 귓속말 등 변화를 줌으로써 소리 크기에 따라 (그림책을 보며 작은 목소리로) "엄마가 웃으면서 '사랑해'라고 말하네." (교사가 우는 행동을 흉내내며 큰소리로) "친구가 놀잇감을 빼앗아서 속상해."
	낱말과 간단한 문장으로 말하기	올바른 발음으로 들려주는 것이 필요하므로, 영아를 앉히고, 서로의 입 모양을 보면서 발음을 즐겁게 소리내본다. 예 (영아가 아이스크림을 "아끼엄" 이라면 말할 때) "○○이 아이스크림 먹고 싶어?" – (교사와 영아가 함께 거울을 바라보면서 같이 발음하며) "고~기, 아이 잘한다. 선생님이랑 다시 해볼까? 고~기." 강조된 억양을 사용하고, 단어나 음절을 늘려서 길고 분명하게 말하거나 조금 높은 톤으로 말 해주는 것이 좋다. 예 (교사가 또박또박 천천히, 조금 큰 소리로) "우~리~같~이~가~요."
	자신이 원하는 것을 말하기	새로운 사물을 보며 "이게 뭐야?" 라는 질문을 통해 낱말을 알아가고자 할 때 영아가 궁금해 하는 것을 신속히 알려주고 사물이 가진 특성을 함께 이야기해야 한다. 교사도 "저건 뭐야"라고 영아에게 질문해서 영아가 알고 있는 단어들을 상황에 맞게 표현해 볼 수 있도록 유도하며 영아가 말할 때 격려한다. 예 (거북이를 가리키며 "이거 뭐야" 하면) "응, 이건 거북이야." (거북이의 특성을 덧붙이며) "엉금 엉금 기어가는 거북이."

영역	지도 목표	대화의 실제
(4) 사회관계	안정적인 애착 형성하기	영아가 교사와 친숙해지고 애착을 형성할 수 있도록 시선 맞추기, 안아주기, 쳐다보며 미소짓기 등의 활동을 영아의 흥미와 관심, 성향 등을 관찰하여 온정적으로 반응해준다. 예 – (손으로 얼굴을 가렸다 떼며) "선생님 여기 있네. 까꿍." (손수건으로 얼굴을 가리고) "선생님 어디 숨었나? 여기 있네. ○○이가 찾았네." "선생님 얼굴에 붙은 게 뭐지? 좀 떼어줄까?" (교사의 옷에 하트 스티커를 붙여주는 영아에게) "선생님한테 붙여줄 거야? 선생님 좋아? 선생님도 ○○이 좋아. 이번에는 어디에 또 붙여줄래?" "선생님이 여기 있네. 까꿍." (교사에게 두 팔을 벌리는 영아에게) "선생님이 안아줄까?" (영아가 가리키는 쪽을 함께 응시하며) "저게 하고 싶구나." (교사의 옷에 그려진 그림을 가리키는 영아에게) "선생님 옷에 무슨 그림이 있어? 만져볼까?"
	더불어 생활하기	영아가 양육자와 헤어질 때, 안아주고 인사하면서, 다시 만났을 때 즐겁게 인사하는 경험을 통해 애정을 표현하도록 한다. 예 (영아를 부드럽게 안으면서) "엄마, 안녕. 이따 만나요." (동물인형을 갖고 노는 영아에게) "만나서 반가워 친구들아. 우리 오늘도 재미있게 놀자." (귀가하는 영아들과 귀가 노래를 부른 후) "사랑하는 우리 반 친구들아 내일 또 만나자." (보육실에 들어올 때) (교사도 함께 인사하며) "○○가 왔구나. 안녕하세요. 만나서 반가워." (헤어질 때) "○○야, 내일 또 만나자."
(5) 자연탐구	주변 공간 탐색하기	자신을 둘러싼 공간에 놓여 있는 사물에 관심을 갖도록 한다. 예 (영아 옆에 놓여 있는 곰 인형을 앞뒤로 움직이며) "어? 곰 인형이 있네. 곰 인형에게 기어가 볼까?" (영아의 두 손을 잡고) "선생님과 손을 잡고 문 앞으로 가 보자~. 무엇이 보이나?" (보육실을 스스로 걸어 다니는 영아에게) "○○야, 책이 어디 있지? 책을 가져와 보자." (여러 가지 모양을 누르면 불빛이 들어오는 놀이를 하는 영아에게) "○○가 네모난 단추를 눌렀네. 불빛이 보이네." "○○야, 데굴데굴 공이 굴러가네. 동그란 공을 따라 가 보자!"

영역	지도 목표	대화의 실제
(5) 자연탐구	반복적 탐색 즐기기	(색깔 판을 눈에 대보고 있는 영아에게) "노란색을 ○○이 얼굴에 대니까 ○○이 얼굴이 노란색으로 보이네. 우리 반 교실은 어떻게 보일까?" (교사 얼굴에 다른 색깔 판을 대면서) "선생님 얼굴에 빨간색 판을 한 번 대볼까? 선생님 얼굴도 빨간 색으로 보이네." (다른 색깔 판을 살펴보고 있는 영아에게) "여기 여러 가지 색깔판이 있구나. 이번엔 어떤 색으로 한 번 살펴볼까?" "오늘은 손에 들고 보는 색깔 판이 아니고, 직접 눈에 끼고 보는 색깔 안경이 있네." "이번에는 안경을 끼고 우리 놀이터가 어떻게 보이는지 살펴볼까?"

5. 주의집중기법

(1) 개념

주의집중(attention)이란 하나 이상의 자극에 대해 선택적으로 촛점을 맞추는 것을 말한다. 교수–학습활동에서 교사의 행동을 관찰하고 교사처럼 행동하는 데는 영유아가 교사의 행동에 주의를 기울이느냐 기울이지 않느냐의 주의집중의 과정이 중요한 변수이다. 주의집중은 Bandura(1977)의 관찰학습(observational learning)의 4가지 과정인 주의집중과정, 파지과정, 재생과정, 동기화과정의 첫 번째 과정으로서 개인이 모델의 행동을 주의하고, 중요한 측면들을 재인식하고, 뚜렷한 특징들을 서로 변별해야만 관찰학습이 가능하다. 관찰학습에서 주의집중의 정도를 결정짓는 요인은 모방될 자극의 강도, 크기, 명료성, 참신성 등을 들 수 있다는 것을 알 수 있다. 따라서 영유아의 주의집중이란 '교수–학습활동에서 영유아들의 생각을 한군데로 모아 학습목표나 학습활동에 촛점화시키는 주의나 환기작용이라고 볼 수 있다. 영유아교육에서의 주의집중 기법은 모든 교수–학습활동에서 학습자의 흥미를 유발하여 지각적 각성을 촉구하는 것이 핵심 과제이다. 주의집중전략을 살펴보면 다음과 같다.

(2) 주의집중전략

① 주의집중을 위한 기본 원리

영유아들에게 주의집중을 하도록 하는 최선의 방법은 학습자극을 적절히 변화시켜

주어야 한다. 예컨대, 손뼉치기, 높은 소리 내기, 책상 두드리기 등과 같은 자극을 활용할 수 있다. 주의집중은 학습활동의 모든 과정에서 계속 유지되어야 하며, 그러기 위해서는 자료 제시기법을 다양하게 빈번히 변화시켜야 한다. 주의력을 유지시키는 기법으로 유머, 잠시 멈춤, 학습양식의 변화, 다양한 제시 방식 등이 있다. 영유아들의 흥미와 호기심을 환기시켜 주의력을 집중시키는 것이 교수-학습활동에 있어서 필요조건이다.

② 주의집중을 위한 기법

영유아들에게 주의집중을 시키기 위한 기법은 다음과 같다(Keller, 1983).

㉠ 교수자료의 제시 기법을 그림이나 도표, 영상, 녹음자료 등으로 다양하게 한다.

- 그림이나 도표를 영상으로 제시할 때는 잠시만 보여주고, 자주 바꾼다.

㉡ 추상적인 것보다 실물, 사례, 일화, 실험 등 구체적인 예시 자료를 활용한다.

- 추상적인 전류의 흐름을 설명할 때, 수돗물의 흐름으로 비유하여 설명할 수 있다.

㉢ 특이한 자극 및 갈등 상황이나 참신한 문제 사태를 제시한다.

- 주의력은 현 상태에서 급격한 변화가 있을 때 유발된다. 예컨대, '온 세상에서 자동차가 모두 없어진다면 어떻게 될까?'라고 한다면, 호기심과 주의집중이 일어난다.

㉣ 익숙한 경험과 생소한 경험들을 동시에 제공한다.

- 영유아들에게 익숙한 경험만 제공해 주면 주의력을 상실할 수 있다. 그러므로 낯설고 기대하지 않았던 경험들을 적절히 제공해 주어야 한다.

㉤ 경험요소들을 비유적 방법으로 제시한다.

- 낯선 것은 친숙한 것으로, 친숙한 것은 낯선 것으로 만들 수 있는 비유법을 적용하여야 한다.

(3) 주의집중시간

Miles(1933)의 연구에 의하면, 영아기의 주의 집중시간은 3~4세 정도의 유아는 약 8초, 5세아는 16.3초, 6세아는 27.5초밖에 응시를 하지 못하지만, 흥미를 끄는 놀이에서 주의집중을 유지할 수 있는 시간은 상당히 길어져서, 1세아는 약 21분, 2세아는 약 27분, 3세아는 약 50분, 4세아는 약 83분, 5세아는 약 97분 정도 논다고 하였다. 따라서 흥미를 끄는 놀이나 계기가 마련된다면 매우 오랜 시간동안 주의를 집중할 수 있다.

(4) 주의집중기법의 실제

주의집중기법을 영유아교수-학습활동에 적용한 실제 사례들을 발췌하여 보면 다음 〈표 V-8〉과 같다.

표 V-8 영유아교수-학습활동에서 교사의 주의집중기법 실천 사례

활동 주제	활동 내용	교사의 주의집중기법	교수 자료 및 특기사항
1) 즐거운 유치원	동화 : 도널드의 유치원 첫 날	자유롭게 손뼉치다가 신호악기 소리에 멈춘다.	테이블 인형(도널드, 토끼, 요술할머니, 사자, 개구리 등)
2) 놀잇감	그림동화 : 영희와 장난감	'잘 치우는 어린이' 노래 다 함께 부르기	'영희와 장난감' 그림동화, '잘치우는 어린이' 노래 악보
	새노래 배우기 : 치우는 시간	주먹을 쥐었다 폈다, 여러 번 해 본다	자동차, 인형 등, '치우는 시간' 악보
3) 바닷 속의 생물	이야기 나누기 모여 앉기	'어디에서 나나' 노래를 불러 주의 환기	바닷속 그림, 소라, 조개껍데기, 김숙경 '어디에서 나나' 악보
	염전 둘러보기	'어디에서 나나' 노래를 변형시켜 부르기	김, 미역, 오징어는 염전에서 만들기
	출석 부르기	'열 작은 아이' 노래를 부르면서 출석 확인	유아 앞으로 다니며, 한 명씩 악수하며 노래 부른다, 열 번째 유아는 자리에서 일어서게 한다.
4) 물놀이	이야기 나누기 모여 앉기	'바윗돌 깨뜨리기' 노래 부르면서 주의 집중	물에 뜨는 것, 가라앉는 것, 물놀이 경험 있는 유아의 발표
5) 냄새 상자	이야기 나누기 모여 앉기	교사가 향수병을 들고 교단에 선다.	향수병, 마늘 등, 유아 : 아, 냄새 나네요!
		손을 들어보세요, 박수 3번 쳐 봅시다.	짝짝짝, 반짝 빤짝 손 내리고 선생님 보세요.
6) 혼자 할 수 있어요	동화 : 혼자 할 수 있을까요	반에 있는 물건의 이름을 대며, 손가락으로 가리켜 본다('ㅇㅇ은 어디 있나' 노래 부르며).	'혼자 할 수 있을까요' 그림동화
	새 노래 : 졸려졸려	손뼉을 크게 또는 작게 쳐 본다.	손인형, 손가락 인형, 트라이앵글, '졸려 졸려' 악보
7) 맛있는 간식	동화 : 맛있게 먹어요	자석판에 간식접시, 컵, 포크 그림자료 붙인다.	자석을 붙인, 간식접시, 컵, 포크 그림자료, 자석동화

활동 주제	활동 내용	교사의 주의집중기법	교수 자료 및 특기사항
8) 사이좋게 지내요	동화 : 아기사자 머리 깍기	신호악기 소리가 몇 번 울리는지 알아 맞춘다.	그림동화 : 아기사자의 머리 깍기, 신호악기
	생일 축하 활동	'주먹 어디 있소' 손 유희	생일 축하 준비물, 꼬깔 모자, 선물 등
9) 동물	새 노래 : 병아리	부분 보고 전체 알아 맞히기(닭, 병아리)	새 노래 : 병아리(안희옥), 병아리 사진이나 그림
	동화 : 닭의 볏과 개의 다리, 돼지의 코	세 동물의 소리 내어 보기(아빠 닭, 엄마닭, 강아지, 돼지 소리)	그림동화 : 닭의 볏과 개의 다리, 돼지의 코
10) 여름	음률 : 손 유희 : 여름 냇가	손 유희 및 노래 : '여름 냇가'	손 유희 : '여름 냇가' 악보
	게임 : 자리 바꾸기	'곰 세 마리' 노래 후 차례로 인사시킨다.	다른 색의 옷을 입은 곰 인형 3개
11) 추석	손 유희 : 흔들흔들 짝짝	흔들흔들(두팔 내밀고), 짝짝(손뼉치기 2회)	피아노나 우크렐레, 노래 악보
12) 신나는 겨울	동화 : '잃어버린 장갑'	수수께끼를 내어 알아맞히기를 한다	부직포 벙어리장갑, 테블 인형(여우, 토끼, 곰, 개구리, 할아버지)
	동화 : 빨, 파, 노 도깨비	색 셀로판지로 만든 '송이' 인형을 가지고 도깨비 이야기 유도	송이 인형, 막대 인형(빨강 도깨비, 파랑 도깨비, 노랑 도깨비)

* 자료 : 류근우 외(1987), 교수행동의 효율화–유치원교육의 수업장학, 전라북도 교육연구원.

6. 전이기법

(1) 전이의 개념

한 상황에서의 학습이 다른 상황에서의 학습이나 문제해결에 미치는 효과를 전이(transfer)라고 정의한다(이용걸, 1978). 이때의 효과는 반드시 촉진적이 아니라 억제적일 수도 있다. 그래서 전이는 보통 정적전이(positive transfer)와 부적전이(negative transfer)로 구별된다. 부적전이는 곧 간섭현상(inhibition)이다. 어린이집에서 배운 영아가 가정이나 유치원, 초등학교에서 점점 발전되고 있다면, 이것은 정적전이가 이루어진 현상이라고 할 수 있다.

(2) 전이의 조건

전이의 조건은 학습자료의 유사성, 학습 내용에 포함된 원리의 동일성, 학습자료 내의 조직이나 관계성의 유사성 등이다. 이를 열거하면 다음과 같다.

① 학습자료의 유사도

학습자료가 유사할 때 두 학습 간에는 전이가 일어난다. 그 전이의 정도는 유사도가 높을수록 전이도 높아진다.

② 반응의 유사도

어떤 자극에 대한 반응이 같거나 유사할 때는 다른 자극이라도 그 자극 간에는 전이가 일어난다. 즉 학습자료가 다르더라도 결과가 같으면 그 학습자료 간에는 전이가 일어난다. 이와 반대로 자극이 같아도 반응이 다르면 같은 두 자극 간에는 소극적 전이가 일어난다.

③ 학습 간의 시간적 간격

선행학습과 후행학습 간의 시간적 간격 또한 전이의 조건이 된다. 이 요인은 절대적 조건은 아니다. 이는 학습자료의 유사도와 그 학습자료의 학습된 정도간의 함수관계로서 결정된다. 즉 학습자료의 유사도나 학습된 정도에 따라 두 학습간에 동일한 시간적 간격이라도 적극적 전이가 일어날 수도 있고, 소극적 전이가 일어날 수도 있다.

④ 학습의 정도

선행학습의 정도가 뒤따르는 후행학습의 전이도에 크게 영향을 미친다. 즉 선행학습이 충분히 이루어질수록 그것에 뒤따르는 학습에 크게 전이된다.

⑤ 학습 방법

학습 방법의 전이도 학습자료의 전이에 못지않게 중요한 역할을 한다. Woodrow(1927)는 훈련 방법의 유형에 따라서, 학습 방법을 학습한 집단이 학습 방법을 학습하지 않은 집단보다 좋은 학습효과를 나타내고 있음을 확인하였다. 최근 교과나 단원의 성질에 따라, 학습 방법의 학습을 중시하고 있는 것은 바로 학습자료 간의 전이보다 학습 방법의 전이가 더욱 중요시 되고 있다는 증거이다.

⑥ 학습자의 지적 능력

학습자의 지적 능력 또한 전이에 큰 역할을 한다. 즉 지능이 높을수록 적극적인 전이가 잘 일어나고, 지능이 낮을수록 전이되지 않거나 소극적 전이가 일어난다.

(3) 전이 기법의 실제

표 V-9 전이 기법의 실제

활동 주제	전이 기법	자료 및 특기사항
1) 다섯 작은 꾀꼬리 – 손유희와 노래부르며 – 수개념 익히기	– 다섯작은 꾀꼬리, ~나무에 앉아(손으로 표시) – 한 마리 날아가(엄지손가락 구부려서 표시) – 넷 남았네(손가락 네 개 표시), ~~ – 꾀꼬리 꾀꼬리 날아, 하나 남았네, 꾀꼬리 꾀꼬리 날아가 버렸네. – 꾀꼬리 꾀꼬리 참 예쁘다. (두 손을 가슴에 모으고) – 꾀꼬리 꾀꼬리 날으네. (왼팔, 오른팔 번갈아 위, 아래로 흔든다)	– 동요 : '다섯 작은 꾀꼬리' 악보(녹음 방송) 다섯 작은 꾀꼬리 나무에 앉아, 한 마리 날아, 넷 남았네. 꾀꼬리 꾀꼬리 참 예쁘다, 꾀꼬리 꾀꼬리 날으네. – 손 유희 큰 그림 게시
2) 동시 : 토끼와 거북이 – 반대개념 익히기	– 유아가 모이는 시차를 이용하여 손으로 크다, 작다, 높은 곳, 낮은 곳을 표시해 본다. – 동물 중에 느린 것은? 빠른 것은? – 북으로 빠르게, 느리게 쳐 본다. – 북소리에 맞추어 손뼉을 쳐본다. – 토끼는 빠르게, 거북이는 느리게 – 동물이 가는 모양을 말로 표현해 보자. – 토끼는 깡총 깡총, 거북이는 엉금 엉금 – 영유아와 문답식으로 대화한다(앞부분 – 교사, 뒷부분 – 영유아). – 역할을 바꾸어서 해 본다. – 처음부터 끝까지 해 본다	– '토끼와 거북이' 동시 – 토끼와 거북이를 각각 움직일 수 있게(다리에 끈을 단다) 제작 – 할로우 블록 2개에 풀, 나무, 바위 등을 그려 붙임
3) 방향 체조	– 손 위로 올리고, 손 위로 올리고 박수 짝짝(교사가 동시 시범) – 손 옆으로 벌리고, 손 옆으로 벌리고 박수 짝짝 – 손 앞으로 내밀고, 손 앞으로 내밀고 박수 짝짝 – 손 아래로 내리고, 손 아래로 내리고 박수 짝짝	– 유아 체조 음악 녹음

활동 주제	전이 기법	자료 및 특기사항
4) 교구정리하기 : 새노래 '치우는 시간' 배우기	- 영유아들이 놀잇감을 다 치우고 난 뒤 모여 앉는다. - 아직 덜 치워진 놀잇감이 있음을 보여 준다. - 자동차(혹은 인형)는 어디에 갔다 놓아야 할까? - 장난감들이 집으로 돌아갈 시간이구나, 누가 치워 볼까? - 교사가 '치우는 시간', 노래를 불러 본다. 음악소리에 맞춰 유아와 함께 불러 본다. - 교사가 '인형들은 어디?', '자동차는 어디?' 부분을 부르면, 유아들은 '장난감은 집으로 돌아갈 시간'을 부른다. - 노래를 배운 유아들이 장난감을 제자리에 정리한다. - 교사가 칭찬하고, 놀이한 뒤에는 장난감을 잘 치우자고 한다. - 처음부터 끝까지 다함께 '치우는 시간' 노래를 불러 본다.	- 〈치우는 시간〉 (김진영 작사·곡) 인형들은 어디? 자동차는 어디? 장난감은 집으로 돌아갈 시간 - 자동차 1대, 인형 2개, - 흥미영역별 교구정리함
5) 음률 : 대근육활동 : 북소리에 맞추어 걷기	- 손뼉을 빠르게도 쳐보고, 느리게도 쳐 본다. - (북을 보여주며) 이것이 무엇일까? 어떻게 소리를 낼까? 발문~. - 북소리를 들어본다. - 북소리에 맞추어 크게, 작게, 천천히, 빠르게 손뼉을 쳐 본다. - 모두 북소리에 맞추어 걸어 본다(교사는 북의 속도와 크기를 잘 배열하여 쳐 준다).	- 북, 북채 - 북소리에 맞추어 걷기를 통하여, 음률감각을 익히고, 대근육 운동능력을 기른다.
6) 노래, 손유희 : '엄지 어디 있소'의 변형	- 오른손에는 오리, 왼손에는 토끼 손인형을 낀다. - '토끼 어디 있어, 오리 어디 있어' 노래를 부른다. - 여기 나와 있어, 할 때, 왼손 토끼가 나오면서 흔든다. - 다음 여기 나와 있어, 할 때, 오른손 오리가 나오면서 흔든다. - '어떠하오 오늘' 할 때 토끼가 인사 - '재미많소 오늘' 할 때 오리가 인사 - '깡총깡총 뛰어 가오' 할 때 토끼가 깡총깡총 뛰어 들어 간다. - '뒤뚱뒤뚱 걸어 가오' 할 때 오리가 뒤뚱뒤뚱 걸어 들어 간다. - 유아 이름을 불러 둘이 함께 손잡고 실외로 나가게 할 수 있다.	- 동물 손인형(토끼, 강아지, 오리, 닭) - 〈엄지 어디 있소〉 악보 녹음자료

활동 주제	전이 기법	자료 및 특기사항
7) 음률활동 : 발끝으로 걷기-머리, 어깨, 무릎, 발 노래 부르면서 문제 해결	- 머리, 어깨, 무릎, 발, 노래 부르며, 교사의 발문에 응답하기 - 쥐가 잠자는 고양이를 깨우지 않고 지나가려면 어떻게 해야 할까? - 영유아가 소리 내지 않고 걸을 수 있는 방법은 무엇인가? - 앉아서 녹음기 소리를 들으며 손끝으로 걸어본다. - 서서 발꿈치를 땅에 대지 않고 발끝으로 걸어 본다. - 다양한 방향(앞, 뒤, 왼쪽, 오른쪽)으로 걸어 본다. - 탬버린 소리에 맞추어 천천히, 빨리 걸어 본다. - 피아노 소리에 맞추어 다양하게 움직여 본다.	- 쥐, 고양이, 손가락 인형, 녹음기, 테이프 - 〈머리, 어깨, 무릎, 발〉 동요곡
8) 손유희 : 흔들흔들 짝짝	- 〈흔들흔들 짝짝〉 노래를 불러 본다. - 노랫말에 따라 손을 움직이며 손유희를 해본다. - 흔들흔들 : 두팔을 앞으로 내밀고, 흔들흔들 - 짝짝 : 손뼉 치기 2회 - 아기 눈 - 노래에 맞추어 식지로 가리킨다. - 아기 코 - 노래에 맞추어 식지로 가리킨다. - 아기 입 - 노래에 맞추어 식지로 가리킨다. - 아기 귀 - 노래에 맞추어 식지로 가리킨다. - 뿍뿍 아기 뺨 : 두 볼을 불룩하게 * 노랫말에 '아기' 대신 유아의 이름을 넣어서 해 본다.	- 〈흔들흔들 짝짝〉 노래 악보 녹음기 - 피아노 또는 우크렐레 - 〈아기눈〉 노래 악보, 녹음테잎
9) 손유희 하면서 짧은 이야기 짓기	- "우리 모두 다함께 손뼉을 (짝짝)~." - "우리 모두 다함께 만세 해 (만세)~." - "위로 위로 위로~ (손을 위로)~." - "앞으로 앞으로 앞으로~ . (손을 앞으로)~."	- 〈우리 모두 다함께 손뼉을〉 노래 악보, 녹음기

* 자료 : 1) 이상금 외(1992), 유치원교사용지도서, 3세아 교육활동 지도자료, 교육부.

7. 칭찬, 격려, 꾸중의 방법

(1) 개념

칭찬은 어떤 행동을 잘한다고 추켜주거나 좋은 점을 들어 기리는 것을 말하고, 격려란 용기나 의욕을 북돋우어 힘을 내게 하는 것으로서, 칭찬이나 격려는 내적동기를 강화시켜주며 기쁨, 흥미, 욕구, 명랑함 등의 긍정적인 정서의 기초를 다지는 효과적인 방법이 될 수 있다.

강화가 영유아의 바람직한 학습행동을 증가시키기 위해 교사가 칭찬과 격려 등의 후

속자극을 하는 방법인 반면, 꾸중이나 벌은 영유아의 그릇된 행동을 감소시키기 위하여 후속자극으로 실시하는 방법이다. 칭찬, 격려, 꾸중의 방법을 살펴보면 다음과 같다.

(2) 칭찬, 격려, 꾸중의 방법

① 칭찬

영유아의 학습행동을 강화하기 위해 교사는 매일의 교수-학습활동에서 가장 중요한 강화체제의 연출자이면서, 관찰학습의 모델이 되어야 한다. 칭찬은 교사의 정적강화의 방법으로서 가장 빈도가 높은 강화자극의 하나라고 하겠다. 칭찬하는 방법이 훌륭한 교사는 교수학습활동에 임하는 영유아들의 행동을 하나하나 면밀히 관찰하며, '무엇을 칭찬할 것인가? 어떻게 칭찬할 것인가?'를 검토하면서, 칭찬을 통한 행동수정에 주력해야 한다. 그리고 교수학습에서의 교사는 언제나 영유아에게 긍정적이며, 온정적인 언어 상호작용으로 정적강화의 모델역할을 수행해야 한다. 교사가 칭찬을 할 경우에 유의할 점과 실례를 들어보면 다음과 같다.

㉠ 칭찬할 이유가 분명히 있을 때 칭찬한다. – '○○가 혼자서 응가를 참 잘했어요, 우리 다 함께 '칭찬' 노래 부르자~.'

㉡ 칭찬하는 특별한 이유를 영유아에게 밝힌다. – '친구를 잘 도와주었어요, 친구들 모두 손뼉~.'

㉢ 칭찬을 받을 만한 성취를 나타냈을 때 칭찬한다. – '우와! 그림을 잘 그렸네!'

㉣ 힘든 과제를 성공적으로 수행했을 때 칭찬한다. – '우리 반이 ○○을 아주 잘했어요, 서로 손뼉 쳐주자! 짝짝짝!'

㉤ 타인과의 비교가 아닌, 자신이 이전보다 더욱 향상되었기 때문에 칭찬받는 것임을 알게 한다. – '○○이가 오늘은 안녕! 하고 인사 잘하네!' 안아준다.

㉥ 그의 노력과 능력 때문에 성취되었다는 것을 칭찬한다. – '좋은 방법이에요', '잘 생각 했어요.'

㉦ 영유아가 하고 있는 일이 다 끝난 다음에, 그 일의 수행 기술, 태도가 훌륭했음을 칭찬한다. – '와! 탑 쌓기를 똑 바르게 높게, 쌓았네, 만세!'

㉧ '할 수 있다는 기쁨'을 가지게 칭찬한다.

㉨ 자기 일을 스스로 잘하는 사람을 칭찬한다.

㉩ 여러 가지 긍정적인 비언어 메시지(미소, 눈 맞춤, 안아주기, 상표주기, 칭찬리본, 헹가레,

칭찬노래)를 사용하여 칭찬한다.

ㅋ 칭찬하는 말투는 긍정적인 말투(유쾌한, 상냥한, 즐거운, 사랑스런, 지지하는 말투)로 칭찬한다.

ㅌ '무엇을', '어떻게' 칭찬할까? 의도적인 칭찬계획을 가지고 칭찬한다.

② **격려**

교사는 부정적인 영향을 줄 수도 있는 단순한 칭찬을 사용하기보다는 흥미와 격려를 통해서 영유아의 결과물이 가치 있다는 것을 보여주는 것이 바람직하다. 칭찬은 비교와 경쟁을 낳고, 위험을 감수해야 한다는 불안감을 키우며, 자신의 결과물을 스스로 평가하는 능력을 제한할 수 있다. 반면 격려는 단지 다른 사람을 기쁘게 해주기보다는 영유아에게 주도성, 자신감 그리고 자신의 결과물을 객관적으로 보는 능력을 발달시킨다. 격려의 방법은 다음과 같다.

ㄱ 교사는 영유아가 자신의 생각을 말할 때 주의 깊게 들어주고 이야기하도록 격려한다.

ㄴ 교사는 영유아에게 스스로 계획할 기회를 제공하고 자유롭게 표현하는 것을 격려한다.

ㄷ 교사는 영유아와 지지적인 상호관계를 형성하고 또래관계를 격려한다.

ㄹ 교사는 영유아가 또래간의 문제를 스스로 해결할 수 있도록 신뢰한다.

ㅁ 교사는 영유아가 한 것에 대한 구체적인 의견을 제시해 준다.

ㅂ 교사는 영유아의 계획과 생각에 관해 정보를 이끌어 내기 위한 질문을 한다.

ㅅ 교사는 영유아의 아이디어를 반복하고 행동을 모방한다.

ㅇ 교사는 영유아의 아이디어를 기록하거나 녹음한다.

ㅈ 교사는 영유아의 최근의 말과 행동에서 다른 사건이나 정보의 연관성을 찾아낸다.

ㅊ 교사는 긍정적인 말투(배려하는 말투, 지지하는 말투)로 긍정적인 메시지를 사용하여 격려한다.

ㅋ 교사는 여러 가지 긍정적인 비언어 메시지(미소, 눈 맞춤, 안아주기, 팔 벌림, 고개 끄덕임, 터치, 다가 섬 등)를 통해 격려한다.

ㅌ 교사는 영유아의 아이디어나 결과물을 또래나 가족과 함께 보면서 사진을 촬영하여 자긍심을 높여준다.

③ 꾸중

꾸중은 어린이집이나 유치원의 교사가 영유아의 잘못된 행동에 제동을 걸고 교수-학습활동에 필요한 질서를 회복하는데 사용하는 중요한 수단이지만 문제는 영유아의 마음에 상처를 주지 않고 진정어린 감화를 주는 꾸중으로서, 꾸중하는 방법이 훌륭한 교사가 되어야 한다. 꾸중의 방법을 제시해보면 다음과 같다.

㉠ 선생님과의 약속(예 : 친구와 싸움, 놀잇감 부수기, 위험한 장난 등은 하지 않기)을 어겼을 때는 꾸중한다는 것을 미리 알려준다.

㉡ 잘못이 있으면 사실을 확인하고 그 사실을 바탕으로 즉시 꾸짖어야 한다.

㉢ 바로 그 자리에서 그 일에 대해서만 꾸짖어야 한다.

㉣ 영유아의 마음을 아프게 하는 빈정거림이나 구박을 하지 않아야 한다.

㉤ '잘못 하였습니다'라고 강제로 빌게 하지 말아야 한다.

㉥ 야단치는 목적과 고쳐야 할 방향을 명확히 제시한다.

㉦ 감정을 폭발시키지 말고 잘못된 행동에 대해서만 꾸짖는다.

㉧ 남과 비교하는 꾸중이 되지 않아야 한다.

㉨ 부정적인 언어 메시지(바보 같으니, 제정신이니?, 넌 한번도, 말도 안 되는 소리, 몇 번이나 말해야 되겠니?)를 사용하여 꾸중하지 않는다.

㉩ 부정적인 말투(화난, 비꼬는, 비난하는, 윽박지르는 말투)를 사용하여 꾸중하지 않는다.

㉪ 부정적인 비언어 메시지(고함, 손짓, 찡그림, 양손 들기, 못마땅한 표정, 탁탁 때림, 무례한 몸짓 등)를 사용해서는 안된다.

㉫ 꾸중을 한 다음 영유아의 마음을 다독여주어 긍정적인 행동을 이끌어내도록 한다.

표 V-10 칭찬, 격려의 실제

내용 영역	지도 내용	칭찬, 격려의 실제
1) 신체운동	- 대근육 움직임 - 앉기, 서기, 걷기	- "○○가 뒤집으려는데 어렵구나. 선생님이 도와줄게. (영아의 등을 손으로 안정감 있게 받쳐주며) 옳지, 옳지. 잘 뒤집네." - "우리 ○○가 뒤집기를 하네. 다리도 돌리고 어깨도 돌리고, 잘 뒤집는구나." - "○○도 선생님처럼 다리를 쭉 펴고 양팔을 위로 만세를 했구나." - "(영아가 새로운 동작을 할 때) ○○는 누워서 두 팔, 두 발을 벌렸네요. 선생님도 ○○처럼 움직여 봐야겠어요."

1) 신체운동	- 기본운동 하기 - 배밀이, 기기, 걷기 - 제자리 운동	- 영아의 움직임을 격려하며 함께 동작을 따라 해준다. 이동운동을 마친 후에는 안아주면서 긍정적인 감정을 언어로 표현하며 상호작용한다. 예 - "(영아가 움직이기 시작하면 교사가 함께 기어가며)영차, 영차, 열심히 기어가는구나." - "(터널을 기어서 나오면 영아를 안아주면서)까꿍! 어서 와! 선생님이 기다리고 있었지요." - "(영아의 행동을 따라하며) ㅇㅇ가 흔들흔들 손을 흔들고 있네." - "(영아를 보고 웃으며) ㅇㅇ이가 블록 위에 앉았네요. 인형도 같이 앉았네요."
	- 감각기관 활용하기	- 영아의 탐색 행동을 언어로 표현하여 격려한다. 예 - "(귤을 굴리는 영아를 보며) ㅇㅇ가 귤을 굴리고 있네(경사로에 귤을 굴리는 것을 보며) 높은 곳에서도 굴려보고 있었구나." - 참 잘했어요!. - "(촉감 길을 손가락으로 누르는 영아를 보고) ㅇㅇ는 손으로 꾹꾹 누르고 있네." - 참 잘했어요!.
2) 의사소통	- 운율이 있는 말 듣기	- 운율 있는 짧은 말소리에 영아가 관심을 보이도록 격려한다. 예 - (영아를 재우며) "♬자장자장 우리 ㅇㅇ, 예쁜 ㅇㅇ 잘도 자네♬" - (교사의 무릎에 앉아 촉감 책을 만지는 영아에게 음률 있는 말소리로 들려주며) "소리 나네. 바스락 바스락" - (영아의 이를 닦아주며) "♬ㅇㅇ이는 이를 닦아요. 깨끗이 닦아요.~치카 치카~ 쓱싹 쓱싹 쓰윽 싹~♬" - (간단한 말이 반복되는 짧은 이야기책을 함께 보며) "오리가 물속으로 풍~덩"
	- 끼적이기	-끼적이는 행동과 그 결과를 서술적으로 묘사해주며 격려한다. - (커다란 종이와 크레용을 보며) "여기 파란색 크레용이 있네. ㅇㅇ도 만져볼래?" - (크레용으로 끼적이는 영아에게) "ㅇㅇ가 옆으로 팔을 움직이니까 기다란 줄이 생겼네." - (영아가 자유롭게 끼적인 결과를 함께 보며) "이게 뭐야? 아, 멍멍 강아지를 그렸구나!" - 참 멋지다.
	- 말하기	- 친숙한 낱말의 발음에 관심을 가지고 들을 수 있도록 격려한다. - (교사 두 손을 입가에 모아 영아에게 입만 보이게 한 후) "큰소리로 불러요. 엄마~, 작은 소리로 불러요. 엄마~" - (영아에게 그림카드를 내밀고 교사가 그림카드를 짚어보며) "굵은 소리로 말해요. 수박~, 낮은 소리로 말해요. 바나나~"
3) 사회관계	- 내 가족 알기	- "(가족사진을 가리키는 영아에게) ㅇㅇ이네 가족이구나. 누구인지 이야기해줄래? ㅇㅇ이 동생은 몇 살이야? 이름이 뭐니?" - "(엄마아빠 선물로 그림을 그리고 있는 영아에게) ㅇㅇ이 엄마, 아빠한테 뭐라고 말하고 싶어? 사랑해요 하고 써줄까?"

3) 사회관계	- 또래에 관심가지기	- "(영아를 수유하면서 좀 더 큰 영아를 바라보며) ㅇㅇ가 친구 뭐하나 바라보고 있구나." - "(영아 두 명을 마주 앉혀서 딸랑이를 흔들며) 와! 선생님이 딸랑이를 흔드니까 ㅇㅇ이와 ㅁㅁ이가 웃고 있구나." - "(영아 신발을 신기면서 뒤에 기다리는 다른 영아를 보고) ㅇㅇ이가 선생님이 ㅁㅁ이 신발 신는 것 기다려주고 있구나. 조금만 기다리면 선생님이 ㅇㅇ이 신발도 신겨줄게."
4) 예술경험	- 리듬 있는 소리로 반응하기	- "(교사가 들려주는 소리에 영아가 옹알이 등으로 반응할 경우) ㅇㅇ이가 선생님이 불러주는 노래를 좋아하는구나! 다시 한 번 불러줄게." - "ㅇㅇ이가 노래에 맞춰 탬버린을 치고 있구나. 탬버린에서 재미있는 소리가 나네. 참 잘한다!"
	- 움직임으로 반응하기	- "손뼉을 치고 있구나, 짝짜꿍~짝짜꿍~" - "(영아가 눈을 가리면, 교사가 살짝 숨었다가 보이며) ㅇㅇ이가 스카프로 까꿍 하네~ 까꿍!" - "(영아가 계단을 올라가며 발을 구르면, 교사는 리듬감 있게) 영~차~, 영~차~ 발을 구르며 계단을 올라가는구나!"
	- 모방행동 즐기기	- "(선생님의 입모양을 따라 입을 옹알거리는 영아를 보며) ㅇㅇ이가 선생님처럼 입을 '오'하고 벌리는구나" - "ㅇㅇ이가 선생님처럼 팔을 위로 번쩍 들었네" - 참 잘했어요!. - "따르릉~, ㅇㅇ아! 전화 왔네. 전화받아볼까요~" - "여보세요, 누구세요~" - 옳지! 전화 잘 받았어요. - "ㅇㅇ이가 음식을 만들고 있구나. 접시에 음식을 담고 있네" - 엄마처럼 잘하네!.
	- 아름다운 경험하기	- "구두 구두 걸어라 쿵쿵쿵~♬" - "치카 치카~ 이를 깨끗이 닦아보자" - "(영아들이 좋아하는 노래를 부른다) 나비야~ 나비야~ 이리 날아오너라~" - "창문으로 들어오는 눈부신 햇살이 정말 아름답구나!"- 아! 좋다~. - "♬ 지지배배 지지배배, 봄이 되니 새들이 노래를 하네~"
	- 예술적 표현하기	- "ㅇㅇ이가 악어떼 노래를 부르고 있구나. 정글 숲을 지나서 가자~" - "ㅇㅇ이가 노래를 열심히 불러주었구나. ㅇㅇ이의 노랫소리가 정말 멋지네~" - "(교실 밖에서 일정한 박자로 나는 소리에 영아가 반응하는 경우) ㅇㅇ이가 교실 밖에서 나는 소리를 들었구나. '딱! 딱! 딱!' 소리가 나네. ㅇㅇ이도 '딱! 딱! 딱!' 소리를 내볼 수 있니? ㅇㅇ이가 손뼉을 '딱! 딱! 딱!' 치네." - "ㅇㅇ이가 노랫소리에 맞춰 악기를 흔들고 있네. '쏴~아~' 하는 소리가 나네."

자료 : 보건복지부(2013.12), 제3차 어린이집 표준보육과정 교사용지침서, 보건복지부육아정책연구소.

3 교수-학습 방법 개선

교원이 지녀야 할 전문성 가운데 가장 주요한 자질이 교수 · 학습 지도기술이다. 당해 유아교육기관에서 노리는 모든 교육목표는 교수-학습 지도를 통하여 구현되기 때문이다. 따라서 현장 교원들은 교수·학습 방법 개선을 통해 교원의 전문성을 개발하는데 주력해야 한다. 따라서 본장에서는 교수-학습 방법 개선의 필요성과 개선방안으로 현장 교원들이 쉽게 적용할 수 있는 연구수업과 수업 연구의 진행절차와 방법에 관하여 기술하기로 한다.

1 교수-학습 방법 개선의 필요성

오늘날 우리 사회는 모든 사회기관에서 수요자 중심체제 기반을 다지기 위한 다양한 전략들이 강구되고 있다. 교육기관에서는 이에 대한 전략으로 교육과정과 교육여건 정비를 비롯하여 교수자가 양질의 교육 내용을 다양한 교수-학습 방법을 학습자에게 적용하는 등 교수-학습 방법 개선에 관한 전략들이 계속적으로 이루어지고 있는데, 이에 교과교육에서의 교수-학습 방법 개선의 필요성을 생각해 보기로 한다.

1) 교수-학습 방법은 교육목표를 구현하는 직접적인 수단이다.

모든 교육기관에서 교원들이 지녀야 할 기본적인 사고의 핵심은 어떤 학생을 기를 것인가?(교육목표), 설정된 교육목표를 구현하기 위하여 어떤 내용으로 지도할 것인가?(교육내용), 선정된 교육 내용을 어떤 방법으로 지도할 것인가?(교수-학습방법) 등에 대한 순차적인 사고를 해야 한다. 아무리 훌륭한 교육목표가 설정되고 교육목표구현을 위한 교육내용이 합리적으로 선정되었다 할지라도 이를 학생들에게 전달하기 위한 교수-학습 방법이 적절하지 못하면 바라는 교육의 성과를 거양할 수 없을 것이다. 교수-학습 방법은 교육목표 구현을 위한 직접적이고 구체적이며 실천적인 수단이고 방법이다.

2) 현대사회는 학습자 중심의 교수-학습 방법으로서의 대전환을 지속적으로 요구하고 있다.

21세기 교육 변화의 핵심은 교사중심교육에서 학습자중심교육으로 교육체제가 전환되고 있다는 것이다. 이러한 변화는 교사중심교육이 학생들의 흥미와 요구, 개인차, 적성, 능력 수준 등을 무시하고 교사주도적으로 학습을 이끌어감으로써, 학생들이 주도하는 학습자 중심교육으로 전환되도록 요구하고 있는 것이다. 이와 같은 변화에 대한 요구를 실현하기 위하여 교육 현장에서는 길게는 수백년 전부터 부단히 노력해 왔지만 좀처럼 변화가 이루어지지 않고 있다. 교사중심의 강의, 훈련, 교사중심의 전통적인 교수–학습 방법에서 학습자의 능동적인 학습활동을 통하여 탐구력, 창의성, 문제해결력 등을 계발해줄 수 있는 학생중심의 다양한 교수–학습방법의 개발은 교육이 존재하는 한 항구적으로 해결해야 할 과제이다.

3) 전문화를 통하여 교원의 사회·경제적 지위를 향상시키기 위해서이다.

교직이라는 직업의 본질을 어떻게 보느냐 하는 문제는 교직에 대한 지각, 태도, 가치관 등에 따라 달라지는데 대표적인 교직관이 성직자관, 노동자관, 전문직관이 있다. 그런데, 오늘날 우리 교직을 노동자관으로 보는 입장과 전문직관으로 보는 입장이 서로 팽팽히 맞서고 있다. 노동자관이라고 보는 입장은 성직이니 전문직이니 하는 자체가 전근대적인 계급적 사고방식에 기인한 것으로 교육활동을 노동이라고 보며 따라서 교사를 노동자로 보는 입장이다. 이런 생각의 배후에는 학생들을 지도하는 교육활동 자체가 전문성이 없어도 아무나 할 수 있는 직업으로 보는데서 연유된다. 우리 교직을 노동자관으로 인식할 때 상대적으로 교원의 사회·경제적 지위는 낮아질 수 밖에 없다. 따라서 우리 교원들이 교수–학습 지도기술 향상을 통하여 우리 교직을 전문화시켜 아무나 교직에 참여할 수 없다는 사회적 인식이 확산될 때 교원의 사회·경제적 지위는 자연적으로 향상될 것이다.

4) 사회 전반에 걸친 급속한 변화에 대응하기 위함이다.

이 세상에는 변화하지 않는 것이 하나도 없고 또한 그 변화는 예측하기 어려울 정도로 급속하게 변화하고 있다. 국제간의 관계는 물론 한 국가 내의 정치, 사회, 문화, 교육 등 심지어는 개인의 가치, 사고의 성향도 달라진다. 유아교육에서도 과거에는 보육 위주로 부모의 보살핌을 대행하는 역할로 만족하였으나 부모들의 사회적 진출 확대로 인해 사회와 부모가 유아교육기관에 대한 기대와 요구는 보육과 더불어 훌륭한 교육적 지도를 원하고 있다. 또한 2012년부터 교육과 보육이 통합된 누리과정 제도를 도입하는 등 범 국가적인 차원에서 유아교육에 대한 개혁적인 정책을 시행하는 현 시점에서 종전의 전통적인 교수–학습 방법으로는 국가가 주도하는 제반 유아교육 시책을 실현하기 어렵다.

5) 누리과정과 표준보육과정에서 강조하는 교수–학습지도지침을 구현하기 위함이다.

교육과학기술부 고시 제2012-16호, 보건복지부고시 제2012-82호에 따른 3-5세 누리과정, 보건복지부고시 제2013-8호에 따른 표준보육과정은 국가 수준의 교육과정, 보육과정으로 현장 유아교육기관에서는 반드시 합리적으로 운영해야 하는 법적 구속력을 가지고 있다. 누리과정이나 표준보육과정에는 교수–학습 방법에 대한 지침이 제시되어 있는데, 이것은 누리과정이나 표준보육과정을 합리적으로 운영하기 위해서는 이에 적절한 교수–학습 방법이 필요하기 때문이다. 누리과정의 교수–학습 방법의 지침에는 놀이중심의 교수–학습 활동, 흥미중심 교육, 유아의 생활 경험 중시, 능동적인 상호작용, 통합적지도, 균형적인 활동지도, 개별화교육을 강조하는 등 교수–학습 방법의 개선을 기대하고 있다.

2 교수–학습 방법 개선 방향

교사가 양질의 교육 내용을 다양한 교수–학습지도 방법을 통하여 학생들에게 좋은 경험과 정보를 제공하기 위한 다양한 전략들이 각 유아교육기관 나름대로 강구되고 있다. 대학에서도 수년 전부터 교수들의 교수능력을 향상시키기 위하여 교수–학습센터를 설립 추진해 왔다(윤관식, 2013). 교육현장에서 교수–학습 방법을 향상시키는 전략으로는 첫째, 교수자가 교수–학습 방법의 중요성에 대한 관심과 노력을 갖는 일이고, 둘째, 유아교육기관의 차원에서 교수자를 위한 교육시설과 교재 교구, 다양한 정보 및 자료, 교육프로그램 등을 제공해 주어야 한다. 특히 유아교육기관에서 현장 교사들이 손쉽게 시행할 수 있는 교수–학습 방법 개선을 위한 전략으로는 첫째, 현장 교사들이 좋은 수업을 전개하기 위한 방안으로 자신들의 수업을 스스로 분석하고 연구해 보는 연구수업과 수업연구를 시행해 볼 필요가 있고, 둘째, 전문가로부터 자기 수업에 대한 지도 조언을 받을 수 있는 수업장학, 멘토링, 저널 쓰기와 교사 포트폴리오 등을 도입할 수 있고, 셋째, 교사 상호간, 또는 교사 개인이 간이 수업평가를 실시하여, 자기 수업을 분석하여 개선책을 모색해 나가는 방안을 생각할 수 있다.

3 연구수업과 수업연구를 통한 교수·학습 방법 개선

앞에서 유아교육현장에서 교사들이 손쉽게 시행할수 있는 교수·학습 방법 개선 방안으로 연구수업, 수업 장악, 맨토링, 저널쓰기, 교사 포트폴리오 등을 제시하였는데 그 중 연구수업과 수업연구에 대하여 생각해 보기로 하자. 연구수업이나 수업연구는 유아교육기관 내에서 소속 교원들이 외부의 지원이나 협조 없이 손쉽게 시행할 수 있는 교수-학습에 대한 연구 방법으로 다음에 자세히 기술하기로 한다.

1. 연구수업과 수업연구의 개념

연구수업이나 수업연구는 모두 교수-학습 지도 방법의 질을 높이고 그 개선과 효율성을 도모하기 위하여 실시하는데 그 시행과정과 절차는 다소 차이가 있다.

연구수업이란 사전적 의미로는 '교사들이 상호 연수를 위하여 공개적으로 실시하는 수업'으로 정의하고 있다. 연구수업이 내포하고 있는 성격을 살펴보면 다음과 같다.

첫째, 연구수업은 수업에 관한 모든 설계를 연구수업자 단독으로 진행한다.

둘째, 수업자는 지금까지 검증 확인된 훌륭한 수업방식을 적용하여, 시행하는 시범적이고 모범적인 수업을 보도하는데 주력한다.

셋째, 수업자는 훌륭한 수업방식을 참관 교사들에게 공개하고 일반화시키는데 촛점을 맞춘다.

넷째, 참관교사는 수업참관을 통하여 모범적인 수업모형을 확인하고 자기 수업에 적용하는 방안을 모색한다. 따라서 연구수업에 대한 사전적 의미와 이상의 성격을 근거로 하여 연구수업이란 '수업자가 지금까지 훌륭한 수업방식으로 검증된 수업모형을 탐색 연구하여 자기 수업에 적용한 모범수업을 통하여 참관교사들에게 이미 검증된 수업기술과 방식을 일반화시키기 위한 목적으로 시행하는 수업에 대한 연구 방법'이라고 정의할 수 있다.

반면에, 수업연구란 용어 자체가 표현하는 바와 같이 수업을 연구하는 과정으로 '좋은 수업기술과 방식을 찾아내기 위해 수업을 연구하는 과정'으로서 수업연구는 다음과 같은 성격이 있다.

첫째, 수업연구는 훌륭한 수업기술과 방식을 찾아내기 위한 수업에 대한 연구과정으로 연구수업보다 일반적으로 먼저 이루어지며 유아교육기관 내 전 교원이 연구과정에 참여하는 공동연구이다.

둘째, 수업연구는 좋은 수업이 될 수 있는 수업가설을 설정하고 설정된 가설을 실제 수업을 통하여 검증하는 과정을 밟는다.

셋째, 수업연구는 수업가설을 반영시키는 모든 수업설계에 유아교육기관 내 교사 전원이 참여한다.

넷째, 수업연구에 참여하는 교사는 설정된 수업가설의 타당성 여부에 초점을 맞추어 수업을 참관하면서 관련 자료를 수집한다.

다섯째, 수업연구에서는 설정된 수업가설을 검증하기 위해 사전에 치밀한 분석 방법을 모색하여 적용하고 그 결과를 사후에 철저히 분석하는 작업이 이어진다.

여섯째, 수업연구에서는 수업설계에 따른 수업 전개절차와 방법을 전 교사들이 참여한 가운데 공동으로 협의하고 협의된 결과에 따라 1명의 교사가 수업을 보도하도록 한다.

이상의 수업연구에 대한 성격을 근거로 하여 수업연구란 '합리적인 수업 원리, 기술, 아이디어를 모색하기 위하여 연구교사들이 공동으로 상정한 수업모형에 대한 합의된 수업가설을 설정하고, 설정된 수업가설이 반영된 수업설계에 따라 수업을 보도하고 가설의 타당성을 검증하여 좋은 수업의 원리, 기술, 아이디어를 찾아내기 위한 수업에 대한 공동연구 방법'이다.

2. 연구수업과 수업연구의 차이점

연구수업과 수업연구는 모두 교육 현장의 수업 방법을 개선하기 위한 수업에 대한 연구 방법이지만, 목적과 진행과정에서 다소 차이가 있다. 연구수업과 수업연구의 차이점을 제시해 보면 다음과 같다.

표 V-11 연구수업과 수업연구의 차이점

구분	연구수업	수업연구
연구 목적	좋은 수업 방법(실제적)의 일반화	좋은 수업 방법(이론적·방법적)의 개발
수업 성격	모범적	가설적
수업 아이디어	이미 개발된 수업 아이디어 적용	좋은 수업 아이디어를 가설로 설정하여 검증
수업설계	수업자 단독으로 설계	연구에 참여하는 연구교사들이 공동으로 설계
수업지도안	확정된 모범수업 지도안	가설이 적용된 수업연구 지도안
참관자 자세	모범수업모형, 기술, 방법의 발견, 확인을 위한 참관	적용된 수업가설의 검증자료 확보를 위한 참관
참관 요령	수업 전반에 걸친 참관	가설이 적용된 교수-학습활동에 더욱 관심을 가지고 참관

구분	연구수업	수업연구
반성회	바람직한 점과 시정할 점을 가리기 위한 반성회(비정회)	적용된 가설검증을 위해 수집한 정보나 자료의 검토 확인
수업의 책임	연구수업자 개인 책임	연구에 참여한 전 연구교사 공동책임
수업 성과	좋은 수업기술 및 아이디어의 공유화	검증결과 좋은 수업기술, 아이디어 발굴, 일반화 시도

〈표 V-11〉의 연구수업과 수업연구의 차이점을 종합하면 다음과 같다.

(1) 연구수업은 이미 개발된 좋은 수업기술이나 아이디어를 적용한 수업을 보도하여 참관교사들에게 좋은 수업 방법을 일반화시키려는 모범수업임에 반하여, 수업연구는 '이렇게 지도하면 이러한 좋은 효과가 있을 것이다' 라는 수업가설을 설정하고 설정된 가설이 적용된 수업을 전개하여 수업가설의 타당성을 검증하여 좋은 수업기술이나 아이디어를 확인해 가는 연구적인 수업연구 방법이다.

(2) 연구수업에서는 수업자 단독으로 수업을 설계하고 모범수업 지도안을 작성하여 작성된 모범수업 지도안에 따라 모범수업을 전개하기 위하여 노력함에 반해, 수업연구에서는 연구에 참여하는 교사 전원이 공동으로 수업을 설계하고 수업설계에 따른 가설이 적용된 수업연구지도안 그대로 수업을 전개한다. 수업연구에서는 기 작성된 수업연구지도안의 내용을 수업전개 도중에 임의로 수정하거나 보완하여 진행해서는 안된다.

(3) 연구수업에서 수업참관자는 수업에 대한 전반적인 내용 즉, 교사활동, 학생활동, 교수-학습자료의 활용, 질문요령, 판서 등 수업에서 이루어지는 모든 교수-학습활동에 걸쳐서 참관하면서 참관자 자신이 좋은 수업모형, 기술, 아이디어 등을 발견하여 자기화하려고 노력함에 반하여, 수업연구에서는 설정된 수업 가설, 예컨대, '교사가 확산적 발문을 많이 하면 학생들의 학습활동이 활발해질 것이다'라는 수업가설을 수업연구에 적용하였다면, 참관교사는 수업 중에 교사의 발문과 학생활동의 탄력성에 국한하여 참관하게 된다.

(4) 연구수업에서는 수업이 끝난 후 수업에 대한 반성회를 실시하고, 수업 결과에 대한 책임은 연구수업자가 지며, 수업 중 발견한 좋은 수업기술이나 아이디어를 참관자가 자기 수업에 적용하기 위한 방안을 강구하기에 주력하는 반면, 수업연구에서는 수업 참관 중 수집된 정보나 자료를 검토하여 수업가설을 검증하는데 활용하고, 검증결과 수업가설이 타당한 사실로 확인되면 그 공과는 수업연구에 참여한 연구교사 전원의 몫으로 평가 받는다.

3. 연구수업과 수업연구의 진행

연구수업과 수업연구의 진행방식에 대하여 간략하게 기술해 보면 다음과 같다.

(1) 연구수업

① 연구수업의 절차

연구수업의 절차는 일반적으로 가. 학습주제 선정, 나. 학습목표 설정, 다. 수업기술 및 아이디어, 기법 탐색, 라. 수업지도안 작성, 마. 도상 수업, 바. 수업지도안 수정, 사. 모범수업 실시, 아. 모범수업 참관, 자. 반성회(비정회), 차. 일반화방안 협의 등 일반적으로 위와 같은 절차를 밟는데, 절차에 따른 진행방식에 대하여 살펴보기로 한다.

가. 학습주제 선정

연구수업을 시행하기 위해서는 연구수업에 적절한 학습주제를 선정해야 한다. 연구수업 교사가 이끌어가는 교수-학습의 전 영역활동에 걸쳐서 모범적인 교수-학습활동이 전개되게 하기 위해서는 교수-학습자료와 유아들의 관련 경험이 풍부하여 활발한 학습활동이 이루어질 수 있게 하는 등 연구수업하기에 적절한 학습주제를 선정하여야 한다.

나. 학습목표 설정

학습목표는 연구수업이 종료된 후에 학습목표의 달성도를 객관적이며 신속하게 확인될 수 있도록 구체적이며 명료하게 진술되어야 반성회에서 본시 학습목표 달성 여부를 확인하는데 편리하다.

다. 수업기술 및 아이디어 등 수업 기법 탐색

연구수업은 모범수업의 성격이므로 교수-학습활동 전 영역에 걸쳐 합리적이고 효율적인 수업기술이나 아이디어 등 수업기법을 각종 관련 도서나 선행 관련 연구물을 탐색하여 정리한 다음에 이어지는 수업지도안 작성에 반영한다. 예컨대

- 교수-학습 자료는 어떤 자료를 활용하며, 언제, 어떤 방법으로 제시할 것인가?
- 도입 단계에서는 어떤 방법으로 동기유발을 할 것인가?
- 유아들의 생활 경험을 어떤 방법으로 상기시킬 것인가?
- 교사의 발문은 어떤 내용으로 언제 할 것인가? 등 교수-학습활동 전 영역에 걸쳐서 기 개발된 합리적이고 효율적인 교수-학습기술이나 아이디어 등 수업기법들을 관련 도서나 선행 연구물들을 탐색 정리하여 수업지도안 작성에 반영시킨다.

라. 수업지도안 작성

학습주제 선정, 학습목표 설정, 수업기술 및 아이디어 등의 수업 기법탐색이 끝나면 이상의 과정에서 탐색된 수업기법들을 반영하여 수업지도안을 작성한다. 수업지도안을 작성할 때 연구수업교사가 교수-학습활동에서 적용하려는 다양한 수업기술이나 아이디어 등 수업기법들이 충분히 반영되고 교사와 유아의 학습활동 상황을 쉽게 이해할 수 있도록 교사활동과 유아활동으로 구분하여 기술한다.

마. 도상수업

연구수업은 좋은 수업기술이나 아이디어 등 수업기법을 실증수업을 통하여 참관교사들에게 일반화시키려는데 목적을 두고 있으므로 연구수업 교사가 당초에 의도했던 수업기술이나 아이디어 등의 수업기법들이 모범수업을 통하여 충분히 표현될 수 있도록 사전에 도상수업을 실시해야 한다. 도상수업의 방법에는 여러 가지가 있겠으나 수업지도안에 따라 도입 단계부터 종결 단계에 이르기까지 교수-학습활동을 지면에 기록해 가면서 모의로 수업을 연출해 보는 것이다. 실제 교수-학습활동 상황에서 예견되는 문제 상황들을 찾아 해결방안도 연구해야 한다.

바. 수업지도안 수정

작성된 연구수업 지도안에 의거 사전에 도상수업을 실시하여, 실제 교수-학습활동 상황에서 예견되는 문제 상황들을 찾아 해결방안을 모색한 후 이를 수업목표의 진술, 수업의 흐름별 학습활동 내용을 도입 단계에서부터 종결 단계에 이르기까지 교사활동과 학생활동, 학습자료 및 시간 계획 등을 구체적으로 반영한 모범 수업지도안을 수정·보완한다.

사. 모범수업 실시

연구수업 교사는 도상수업을 통해 숙련된 교수-학습 지도기술을 적용하여 수업 지도안 대로 연구수업을 전개한다. 특히 당초에 의도했던 수업기술이나 아이디어 등 수업기법들이 최적한 상태로 잘 표현될 수 있도록 유념하여 학습을 전개한다.

아. 모범수업 참관

수업참관 교사는 연구수업을 통하여 훌륭한 수업기술이나 아이디어 등 수업기법을 확인하여 자기 수업에 적용하도록 하는 것이 연구수업의 목적이므로 교수-학습활동 전반에 걸쳐 어떻게 수업기술이나 아이디어 등 수업 기법들을 적용하는지에 관심을 가지고 참관한다. 그리고 다음 순서에 이어지는 수업 반성회에서 충분한 논의가 이루어질 수 있도록 참관 내용을 구체적으로 기록하여야 한다. 특히 교수-학습활동의 전 영역에 걸쳐 잘된 점과 시정할 점을 구분하여 기록해 두면 반성회를 이끄는데 도움이 된다.

자. 반성회(비정회)

반성회라는 용어 대신 과거에는 비정회라는 용어를 사용하였는데, 이 말은 잘된 점과 부족한 점을 따져본다는 말이다. 이 반성회 단계에서는 바람직한 점과 시정할 점을 가려보자는 것이다. 물론 연구수업교사는 자기가 보도한 모든 교수-학습활동의 전 과정에서 합리적이고 효율적인 수업기술이나 아이디어 등의 수업기법을 활용하여 교수-학습활동을 보도했다고 생각하지만 수업참관 교사의 입장과는 다를 때가 있다. 따라서 반성회 단계에서는 연구수업 교사와 참관교사가 공통적으로 인식하는 수업기술이나 아이디어 등의 수업기법을 찾아 정리하는데 목적을 두고 반성회를 이끌어 가야 한다. 또한 시정할 점도 종합적으로 정리하는 과정도 있어야 한다.

차. 일반화 방안 협의

반성회를 통하여 도출된 결과를 종합 정리하여 앞으로 수업교사는 물론 참관교사들에게 일반화시키는데 문제점과 대책에 대하여 다각도로 협의한다.

② 수업참관

연구수업의 수업참관은 아래 관점에서 실시한다.

가. 수업의 전 영역에 걸쳐 참관한다.

나. 전 영역에 걸쳐 바람직한 우수사례를 찾아 자기수업에 어떻게 적용할 것인가?하는 관점에서 참관한다.

다. 참관자의 입장에서 보완할 점도 찾도록 노력한다.

표 V-12 연구수업 수업 참관 관점

참관 관점	바람직한 점	보완할 점
• 학습활동 계획안		
• 학습문제의 촛점화 – 경험의 상기 – 경험의 정리		
• 교수기법 – 동기 부여 – 교사 발문 – 유아 발문 처리 – 상·찬, 주의, 환기 – 기타		

참관 관점	바람직한 점	보완할 점
• 유아활동 – 통합 지도 – 학습 주도성 – 학습 활동 정리		
• 교재·교구 – 교재·교구 유형 – 활용 방법 정리		
• 기타		
종합의견 『일반화내용』		

(2) 수업연구

① 수업연구절차

수업연구는 일반적으로 다음과 같은 절차를 밟아 진행한다.

가. 학습주제 선정, 나. 학습목표 설정, 다. 수업연구 과제분석, 라. 수업 가설 및 가설 설정의 근거 제시, 마. 수업연구 지도안 작성, 바. 도상수업 및 협의, 사. 수업연구지도안 확정, 아. 수업연구 분석 방법 협의, 자. 수업연구 실시 및 수업분석, 차. 수업 가설의 타당성 검증, 카. 이법화, 일반화 등 일반적으로 이와 같은 절차를 밟는데, 절차에 따른 진행 방식에 대하여 살펴보면 다음과 같다.

가. 학습주제 선정

수업연구를 실시하기 위해서는 수업연구에 적절한 학습주제를 선정해야 한다. 특히 수업연구는 교사가 이끌어가는 교수–학습활동에서 수업가설이 교사활동이나 학생활동중에 잘 표출될 수 있고 연구수업과 같이 교수·학습자료는 물론 유아들의 관련 경험이 풍부하여 활발한 학생활동이 이루어질 수 있게 하는 등 수업연구에 적절한 학습주제를 선정하여야 한다.

나. 학습목표 설정

학습목표는 수업연구가 종료된 후에 학습목표의 달성도를 객관적이며 신속하게 확인될 수 있도록 구체적이며 명료하게 진술되어야 수업연구 종료 후 수업분석 및 수업가설의 타당성 검증에서 본시 학습목표 달성 여부를 확인하는데 편리하다.

다. 수업연구 과제 분석

수업연구는 우리 학급 또는 우리 유치원 원아들의 교수–학습활동에서 당면하는 문제점을 발견하고 이에 대한 처방책을 강구하며 그에 대한 해결책을 가설적으로 수립하고 실제 교수-학습지도에 실험적으로 투입하여 그 효과를 검증하는 절차를 밟아 종국적으로는 우리 유아교육기관 또는 우리 학급의 교수-학습 방법을 개선하는데 있다. 따라서 제일 먼저 수업연구 대상 유아교육기관이나 학급의 교수-학습활동상을 과제나 문제점이 무엇인가에 대하여 정확하게 진단해야 한다. 과제분석의 예를 들면 다음과 같다.

- 유아들이 교수-학습활동 중에 발표를 하지 않고 멍하니 앉아있는 유아들이 많다.
- 교수-학습활동 중에 교사의 질문에 논리적으로 답변을 하지 못한다.
- 교수-학습활동 중에 잡담이나 장난이 심하여 주의집중이 되지 않는다.
- 교수-학습활동 중 교구 사용 시에 서로 양보하지 않고 먼저 사용하려고 다투는 일이 많다.
- 교수-학습활동 중에 빈번하게 용변을 호소하여 학습 분위기를 훼손시키는 경우가 많다 등으로 교수-학습활동상의 다양한 과제나 문제점이 있을 수 있다.

위의 분석결과를 중심으로 수업연구에 참여하는 교사들이 선정한 수업연구과제는 다음과 같다.

- 유아들이 교수-학습활동 중에 발표를 하지 않고 멍하니 앉아있는 유아가 많다.
- 교수-학습활동 중에 교사의 질문에 대하여 논리적으로 답변하지 못한다.

라. 수업 가설 및 가설 설정의 근거 확보

수업 가설 및 가설 설정의 근거 확보 과정에서는 다음과 같은 과정을 거친다.

㉮ 수업연구 과제에 대한 이유나 원인 규명

㉯ 수업연구 과제에 대한 이유나 원인에 대한 해결방안 모색

㉰ 수업 가설 설정하기

㉱ 수업 가설 설정의 근거 정리하기 등의 과정을 거쳐 연구를 진행시킨다.

각 단계별 진행요령은 다음과 같다.

㉮ 이유나 원인 규명

- '유아들이 교수-학습활동 중에 발표를 하지 않고, 발표를 하더라도 논리적으로 답변하지 못한다.'라는 수업연구 과제가 선정되었다. 따라서 수업 가설을 수립하기 위해서는 유아들이 발표를 잘 하지 못하는 이유를 알아보아야 한다. 그 이유를 알아보기 위해서는 유아들과의 상담, 학부모의 의견 청취, 선행 연구물의 분석 등 종합적인 분석 방법

을 활용한다. 예를 들어 '유아들이 발표를 잘 하지 못하는 이유'에 대하여 분석한 결과를 정리해 보면 다음과 같다.

- 교사의 질문 내용이 잘 이해가 되지 않아서
- 질문 내용에 대하여 유아들이 아는 경험이 없어서
- 잘못된 대답을 하면 친구들이 웃을까 봐
- 발표하기가 쑥스럽고 두려워서 등으로 분석되었다.

㉯ 이유나 원인에 대한 해결방안 모색

다음은 위에서 지적된 문제점에 대한 해결방안을 찾는다. 해결방안을 찾기 위해서는 관련 문헌이나 선행연구물을 탐색한다. 탐색 결과 해결방안을 제시하면 다음과 같다.

- 교사가 다음날 학습활동 시 발표거리를 사전에 생각해 보도록 유아들에게 질문할 내용을 과제로 수업 전날 제시한다.
- 유아들이 발표하는 내용에는 정답이나 오답이 없다는 것을 주지시켜 발표에 대한 공포감을 제거한다.
- 유아들이 어떤 발표를 하던 간에 발표가 끝나면, 동료 유아들로 하여금 손뼉치기를 하여 발표한 유아를 격려한다 등 해결방안이 강구되었다.

㉰ 수업 가설 설정하기

수업 가설(hypothesis)이란 '과제나 문제점 해결을 위한 잠정적인 해결방안'으로서 수업가설을 설정한다. 수업 가설은 실증 수업을 통해 검증하여 이법화시킨다. 전항에서 밝혀진 해결방안을 중심으로 수업가설을 다음과 같이 설정하였다.

- 가설 1 : 발문 예고제를 실시한다.
- 가설 2 : 발표 공포 분위기를 제거한다.
- 가설 3 : 발문을 개별화한다.

㉱ 가설 설정의 근거 정리

가설을 설정한 근거나 이유를 체계적으로 정리한다. 가설 설정의 근거나 이유는 학문적으로나 현실적으로 합리적이어야 한다.

가설 1 : '발문 예고제를 실시한다'에 대한 가설 설정의 근거를 정리하면 다음과 같다.

- '유아들에게 내일 전개될 학습활동 과정에 따라 교사가 질문할 내용에 대하여, 집에 가서 부모님과 협의하여 잘 연구해 오도록 과제를 제시해 주면, 유아들은 발표거리가 많아지고 또한 발표 방법에 대하여 부모님과 협의가 이루어져 다음 날 전개되는 교수-학습 활동 중에, 교사의 질문이 있으면, 누구나 자신있게 발표할 수 있을 것이다' 라고 정리할 수 있다고 가정하자.

마. 수업연구 지도안 작성

전항까지의 절차에 따라 탐색된 정보나 자료 등의 결과를 활용하여 수업연구 지도안을 작성한다. 수업연구 지도안 작성 방법은 연구수업지도안 작성 방법과 유사하나 다음과 같은 사항을 특별히 고려해야 한다.

㉮ 수업가설에 대한 실천 내용이 충분히 반영되어야 한다.

수업연구 지도안은 수업가설의 내용에 따라 교수-학습활동의 내용이 달라지기 마련이다. 전항의 예를 중심으로 살펴본다면 교사의 발문 내용이 교수-학습활동의 교사활동 내용 속에 많이 들어가기 마련이다. 교사의 발문 내용의 예를 들면 다음과 같다.

- '공원의 놀이터에서 볼 수 있는 놀이기구에는 무엇이 있을까?
- 동물원에서 볼 수 있는 동물의 이름을 말해 보세요.

위와 같은 교사의 발문 내용을 수업연구 지도안의 교사활동 란에 그대로 기술한다.

㉯ 교수-학습활동 란에 교사활동과 유아활동을 구분하여 계획한다.

교수-학습은 동시에 일어나는 상호작용적 관계를 가지고 있기 때문에 교사활동과 유아활동이 상대적이며, 연속적으로 이루어지므로 교사의 교수활동에 따라 유아가 반응하는 학습활동을 쉽게 확인할 수 있다.

㉰ 교수-학습활동 과정에 수업분석 방법을 기록해두어 참관 연구교사들이 어느 단계에서 어떤 방법으로 무엇을 분석할 것인가를 확실히 밝혀 둔다.

바. 도상수업 및 협의

도상수업은 연구수업에서 이루어지는 방법과 동일하다. 다만 연구수업에서는 연구수업을 담당한 교사 혼자서 진행시키는 한편 수업연구에서는 동료연구교사 중 수업을 보도하는 교사가 주축이 되어 동료 연구교사들이 모두 협의에 참가한다. 수업담당교사가 수업연구지도안에 따라 모의수업을 이끌어가고 동료 연구교사들은 자기 의견을 제시하여 수업연구지도안과 수업진행방식에서 수정할 내용을 정리해 나간다.

사. 수업연구지도안 확정

전 과정의 도상수업과 협의과정을 통해서 얻어진 정보나 자료를 반영하여 수업연구지도안을 확정한다. 필요에 따라서는 도상수업과 협의회를 여러 번 할 수도 있다.

아. 수업연구 분석 방법 협의

수업연구지도안이 확정되면 수업가설을 검증하기 위한 수업연구 분석 방법에 대한 협의회를 갖는다. 수업연구 분석 방법에는 수업가설의 성격에 따라 Flanders의 언어상호작용 분석법, 관찰법, 체크리스트법, 면접법, 평정법 등 다양하다. 위에서 제시된 '예'에 대한 분석 내용과 분석 방법의 '예'를 든다면 다음과 같다.

- 교사의 질문은 적절하였는가? —— 녹음 분석
- 교사 질문에 대한 유아의 발표 상황은 어떠하였는가?
  - 발표 참여 유아 수 —— 관찰
  - 발표 내용의 질 —— 녹음 분석
  - 발표 소요시간(유아 개인별) —— 녹음 분석
  - 발표 후의 유아 표정 —— 관찰, 면접
  - 발표를 청취하는 동료 유아의 자세와 표정 —— 관찰
  - 발표의 계속성 —— 관찰
  - 교사의 유아발문 처리 유형 및 방법에 따른 발표 유아의 표정 —— 관찰

자. 수업보도 및 수업 분석

도상수업과 협의회를 통해서 연출해본 수업을 수업담당교사가 수업연구 지도안에 따라 수업을 실시할 때 다음 사항에 특히 유념한다.

- 가설에 따른 실험투입요인(수업가설의 실행계획)이 정확하게 교수–학습과정에서 투입되도록 수업을 이끌어간다.
- 도상수업과 협의회에서 협의된 대로 교수–학습을 이끌어가야 하며, 수업진행도중 예견치 못했던 돌출상황에 대해서는 실험투입요인 적용에 방해가 되지 않도록 상황에 맞게 대처한다. 또한 수업분석은 수업연구 분석 방법 협의 시 협의된 대로 각자 맡은 내용에 대하여 학습현장에서 현장 분석하거나(예 : 발표유아 수, 유아들의 표정 등), 녹음, 촬영 등을 통해 가설검증자료를 충분히 확보하여 수업연구 종료 후에 분

석한다. 〈표 V-13〉과 같은 '수업 참관 평가표'를 활용할 수 있다.

차. 수업가설의 타당성 검증

전항의 과정을 통하여 확보된 수집 자료를 종합적으로 분석하여 수업가설의 타당성을 검증한다. 위의 과정에서 예를 든 수업가설을 중심으로 검증 내용을 제시하면 다음과 같다.

- 학습목표의 성취 수준은 어떻게 변화되었는가?
- 유아들의 발표력에 대한 제반 내용들이 어떻게 향상되었는가?
  - 발표 참여 상황
  - 발표 내용의 질과 시간
  - 발표 시 유아의 표정, 자세
  - 발표의 계속성
  - 발표 내용의 처리 유형에 따른 해당 유아의 표정
  - 발표의 체계성, 논리성
  - 발표 공포 분위기 등이다.

카. 이법화, 일반화

전 과정인 수업가설의 타당성검증 결과 수업가설이 타당하다고 확인이 되면 수업가설의 검증결과를 이법화시킨다. 예를 들면 '교사가 교수-학습과정에서 발문예고제를 실시하고 발표 공포 분위기를 제거하며, 교사 발문을 유아 수준에 맞게 개별화하면 유아들의 발표력을 향상시킬 수 있다'라고 이법화시킨다. 또한 이법화가 되면 이것이 하나의 교수-학습의 기법이 된다. 이어서 이번 수업연구를 통하여 검증된 교수-학습의 기법을 유아교육 현장에서 활용하는 방안에 대해 다각적으로 협의한 후 수업연구가 종료된다.

② 수업참관

수업연구의 수업참관은 아래의 관점에서 실시한다.

가. 수업 가설 검증을 위한 자료를 확보하는데 촛점을 맞추어 수업을 참관한다.

위에 제시된 '교사 발문 예고제'의 효과 검증에 따른 자료수집을 위한 수업참관은 아래 계획에 의거 이루어진다.

표 V-13 검증자료수집을 위한 수업 참관 계획

가설	발문 예고제를 실시하면 유아들의 학습활동이 활발해질 것이다.		
검증자료수집을 위한 참관 관점	• 교사 실험 처치요인 투입 상황 • 유아발표 상황 • 유아학습활동 참여 상황 • 유아발표의 질 • 유아발표에 대한 교사의 발표 처리 유형별 유아의 반응		
구분 / 관점	자료 수집 내용	자료 수집 방법	
		현장 분석 확인 내용	추후 분석 확인 자료 수집
유아 발표 상황	• 유아 발표 유형 • 유아 발표시간 • 발표 유아 수 및 개인별 발표 횟수 • 유아 발표 내용 및 질	현장 분석	촬영기, 녹음기
유아활동 상황	• 유아 학습활동 참여 수준 • 유아의 주도적 학습활동 수준 • 상호작용의 질	현장 분석	촬영기, 녹음기
수업 가설 처치 요인 투입 상황	• 교사의 발문 방법 • 교사의 유아 발표 처리 방법	현장 분석	촬영기, 녹음기
수업참관 종합의견			

4. 종합의견

연구수업과 수업연구는 외부인사들의 도움이 없이 당해 유아교육기관의 교사들이 주축이 되어서 시행할 수 있는 간단한 교수-학습 방법 개선 방안이다. 그러나 현재 연구수업이나 수업연구에 관련된 문헌이나 자료를 수집하기가 어려운 실정으로 본장에서 기술된 취지와 절차를 당해 유아교육기관의 실정에 알맞게 재구성하여 활용하였으면 한다.

특히 현실적으로 교수-학습 방법 개선의 절실성에 비추어볼 때 현장 유아교육기관에서 교수-학습 방법 개선의 의지는 이에 미치지 못하고 있는 실정이다. 그러나 유아교육 담당교사가 전문직으로서 사회적인 인식을 받으려면, 훌륭하게 가르치는 수업기술이 가장 중요한 교사의 역할이나 자질이라고 본다. 따라서 유아교육기관에서는 연구수업이나 수업연구 방법을 도입하여 교사들의 교수-학습 방법 개선에 노력을 경주해야 할 것이다. 또한 현장 유아교육기관에서는 일차적으로 연구수업을 먼저 도입하고, 점차적으로 수업연구를 도입하는 방향으로 발전시키는 것도 한 방안이 될 수 있다.

PART

6 영유아 교과교육평가 및 과제

영유아 교육기관에서는 부단히 교과교육의 합리적이고 효율적인 운영을 하기 위해서 당해 영유아 교육기관에서 학기초에 수립한 각종 교과교육계획에 의거 다양한 교육활동을 전개한 후 그 성과를 평가해보고 또한 교과교육 운영을 저해하는 각종 문제점과 요인을 제거하여 교과교육 운영의 정상화를 도모하는 일은 필수적인 업무로서 제6부에서는 영유아 교과교육 평가와 교과교육 운영의 효율화를 위한 발전적 과제에 대하여 기술한다. 현재 유아교육기관에서는 '교과교육 계획' 외에도 당해 유아교육기관 운영에 필요한, 예를 들면, 생활지도, 교육환경 구성, 부모교육계획 등을 단위업무별로 수립하여 운영하고 있다.

1 교과교육평가

유아교육기관에서의 평가는 초·중고등학교처럼 학습의 성과를 확인하기 위한 다양한 형식의 평가가 이루어지기도 하지만 유아교육기관의 평가는 다음과 같은 특징이 있다.

첫째, 과정중심평가로 학습이 전개되는 과정에서 수행평가가 이루어지면서 수행평가 결과가 즉각적으로 유아교육활동의 방향을 바르게 설정하는데 활용하고, 둘째, 개인내차 발견 평가로 유아들 상호간의 우열을 가리는 개인간차(inter-individual) 발견 평가가 아닌 개인내차(inter-individual) 발견 평가로 평가의 대상이 유아 개개인에 초점을 맞추고 있다. 따라서 유아교육기관에서 유아 평가의 방향을 설정하기 위해서는 제3차 어린이집 표준보육과정, 누리과정의 평가지침을 잘 이해해야 한다.

제3차 어린이집 표준보육과정 평가지침

가. 운영평가

1) 어린이집 표준보육과정의 목표와 내용에 근거하여 보육 내용이 적절히 편성·운영되는지 평가한다.
2) 어린이집 표준보육과정의 운영 내용 및 활동이 영유아의 발달 수준과 흥미, 요구에 적합한지 평가한다.
3) 영유아의 발달 수준, 흥미, 요구에 적합한 경험 및 학습을 촉진할 수 있는 다양한 활동과 교수·학습 방법이 계획되고 통합적으로 운영되는지 평가한다.
4) 일과 운영 및 보육활동 구성 시 놀이활동과 일상생활활동의 양과 내용이 영아 및 유아 각 연령의 발달에 적합하게 계획되고 운영되는지 평가한다.
5) 만 0~1세아, 만 2세아는 집단활동보다 개별적인 상호작용과 교수법을 중심으로 상호작용이 진행되는지를 평가한다.
6) 어린이집 표준보육과정 운영평가 결과를 수시로 반영하여 보육과정 운영계획을 수정·보완하거나 다음 연도의 계획수립 및 운영에 반영하는지 평가한다.

나. 영유아평가

1) 어린이집 표준보육과정의 목표와 내용에 근거하여 영유아의 특성과 변화 정도를 평가한다.
2) 지식, 기술, 태도 등을 평가한다.
3) 일상생활과 보육활동 전반에 걸쳐 평가한다.
4) 관찰, 활동결과물 분석, 부모면담 등 다양한 방법을 사용하여 종합적으로 평가하고, 그 결과를 기록한다.
5) 평가결과는 영유아에 대한 이해와 어린이집 표준보육과정 운영 개선 및 부모면담자료로 활용한다.

누리과정 평가지침

가. 누리과정 운영 평가
1) 운영 내용이 누리과정의 목표와 내용에 근거하여 평가·운영되었는지 평가한다.
2) 운영 내용 및 활동이 유아의 발달 수준과 흥미·요구에 적합한지를 평가한다.
3) 교수·학습 방법이 유아의 흥미와 활동의 특성에 적합한지를 평가한다.
4) 운영환경이 유아의 발달 특성과 활동의 주제, 내용 및 효율성 등을 고려하여 구성되었는지를 평가한다.
5) 계획안 분석, 수업 참관 및 모니터링, 평가척도 등 다양한 방법을 활용하여 평가한다.
6) 운영 평가의 결과를 반영하여 운영계획을 수정·보완하거나 이후 누리과정 편성·운영에 활용한다.

나. 유아평가
1) 누리과정 목표의 내용에 근거하여 유아의 특성과 변화 정도를 평가한다.
2) 유아의 지식, 기능, 태도를 포함하여 평가한다.
3) 유아의 일상생활과 누리과정 활동 전반에 걸쳐 평가한다.
4) 관찰, 활동결과물 분석, 부모면담 등 다양한 방법을 사용하여 종합적으로 평가하고, 그 결과를 기록한다.
5) 유아평과 결과는 유아에 대한 이해와 누리과정 운영 개선 및 부모 면담자료로 활용할 수 있다.

다음에서 유아교육기관에서 많이 시행하고 있는 유아 평가와 일일 일과 평가에 한해 그 방법과 요령에 대하여 기술하기로 한다.

1 유아 평가

1. 유아 평가의 개념

유아교육 및 보육 목표에 대한 도달도를 학급 또는 개인별로 확인해 보는 과정 또는 유아지도의 효율성을 제고시키기 위한 교육적 의사결정을 목적으로 당해 유아교육기관에서 전개한 유아교육과 보육활동의 가치와 효과를 평가하는 활동이다.

2. 유아 평가의 목적

- 유아 개개인의 전인적인 성장과 발달 상황을 이해한다.
- 유아지도에 필요한 기초적인 자료를 제공한다.
- 부모에게 필요한 이해자료를 제공한다.
- 교사의 유아지도 방법 개선 자료를 제공한다.
- 유아에 대한 학습동기 유발 자료로 활용한다.

- 각종 유아교육 관련 장부의 기록 자료로 활용한다.

3. 유아 평가 방법

유아 평가 방법은 다양하나 일반적으로 유아교육기관에서 보편적으로 활용하는 평가 방법은 다음과 같다.

(1) 활동 상황의 관찰을 통한 평가

① 일화기록법

일상생활이나 학습장면에서 일어나는 여러 가지 행동사례를 가능한 한 상세하게 기록하는 방법이다. 일화기록에서 특히 유의하여야 할 점은 다음과 같다.

- 사건을 구체적으로 기록해야 한다. 유아가 한 말을 그대로 인용, 기록하거나 행동을 그대로 기록하여야 한다.
- 유아의 말이나 행동에 대한 관찰자의 판단이나 반응을 적어서는 안 된다.
- 적절한 자료를 얻기 전에 성급한 해석을 하지 말아야 한다.

② 체크리스트법

유아의 각 활동에의 참가태도, 자세, 관심과 실천사항 등을 교사가 미리 준비하여 리스트를 만들고 이에 따라 체크할 수 있다.

③ 평정척도법

관찰하고자 하는 특성이나 활동을 일정한 기준에 따라 평정하는 것으로 관찰기록이나 평가에 있어 제한을 받지 않으므로 가장 일반적으로 사용되는 평가도구 중 하나이다.

(2) 질문지를 활용한 평가

질문을 만들어서 배열한 질문지를 준비하고 그 회답을 기입해서 제출받는 방법으로 질문이 모호하지 않도록 유의하고 명확한 답을 얻을 수 있도록 하는 것이 좋다.

- 유아의식조사 : 유아의 의식을 질문지를 통하여 조사한다.
- 유아의 자가평가 : 유아 자신의 평소 활동상황, 태도 등을 되돌아보고 반성한 다음 기록하게 함으로써 유아의 내면적 경향을 알아낼 수 있는 방법이다.
- 유아 상호평가 : 유아가 지향해야 할 행동과 태도의 기준을 열거해 놓고 그 기준에

눈에 띄게 접근되었다고 생각되는 유아를 가려내게 하는 방법이다.

(3) 유아의 기록·작품을 통한 평가

- 활동기록 분석법 : 유아의 활동계획과 기록을 분석하여 평가하는 방법으로 대집단, 중집단, 소집단별로 활동과제를 제시하고 활동과제 처리상황을 관찰하거나 그 결과를 분석하는 방법이다.
- 개인기록 분석법 : 유아 개개인에게 각 활동에 있어서 사전에 자신이 할 일의 계획을 세우게 하고 그것을 각 개인별로 누가 기록하여 활동이 끝난 후 또는 과정 중에 개인의 기록 등을 수합해서 분석·평가하는 방법이다.
- 작문 일기 분석법 : 유아 개개인의 생각, 감정, 느낌이 잘 표현된 작문이나 일기를 분석·평가하는 방법이다. 특히 견학활동, 현장학습 등 어린이집 행사를 실시한 후에 작문이나 일기를 쓰도록 한다.
- 교사협의를 통한 평가 : 유아 개개인에 대해서 여러 교사가 접촉한 결과를 전달받아 담임교사가 최종적으로 종합 판단해서 평가한다. 여러 교사의 협의와 협조 아래 다각적인 측면에서 자료를 숙지하고 정보를 교환한다면 유아의 행동을 보다 총체적이고 객관적으로 평가하는 데 도움이 된다.
- 포트폴리오를 통한 평가 : 포트폴리오(portfolio)를 통한 평가란 유아 자신이 만든 작품을 지속적으로 모아둔 작품집을 이용한 평가방식이다.
- 실험·실습법 : 유아들에게 어떤 과제를 제시하고 유아들로 하여금 직접 실험·실습을 하게 한 후 그 결과를 제출받거나 활동 중에 평가하는 방법이다.
- 찬반토론법 : 사회적으로나 개인적으로 서로 다른 의견을 제시할 수 있는 주제를 가지고(예 우리가 활동실에서 마음대로 뛰어다닌다면) 개인별로 토론을 시키고 그 과정에서 평가한다.

4. 유아 평가 내용

유아 평가 내용은 2가지 측면에서 생각할 수 있다.

첫째, 유아들이 전인적으로 지, 덕, 체 면에서 어떻게 성장·발달하였는가?를 알아보는 것으로 유아들의 성장·발달상황을 종합적으로 평가하는 경우이다.

둘째, 어린이집의 보육과정에서 누리과정이 차지하는 비중이 제일 크다. 따라서 보육과정 내 누리과정 5대 영역별로 평가하는 경우이다.

(1) 보육목표 구현상황 평가(전인적 성장·발달)

전인적 성장·발달 면의 평가관점이나 내용을 선정한다는 것은 꽤 어려운 일이다. 그래서 일반적으로 당해 유아보육기관의 보육목표에 구현상황을 종합적으로 평가하는 것이 일반적이다. 그 예를 들면 다음과 같다.

표 VI-1 보육목표 구현 평가내용의 '예'

보육목표 구현	행동 특성	평가 내용	평가 방법
〈보육목표 1〉 1. 예의 바르고 진취적인 어린이 육성	1) 인사를 잘한다.	① 교사와 친구들에게 늘 인사하는가?	관찰법
	2) 용의가 단정하다.	② 청결, 용의에 늘 신경을 쓰는가?	관찰법
	3) 규칙을 잘 지킨다.	③ 놀이, 학습, 교통규칙을 잘 지키는가?	관찰법
	4) 학습태도가 바르다.	④ 학습력이 있고 학습태도가 바른가?	관찰법
	5) 미래지향적이다.	⑤ 자기 미래의 꿈을 당당히 발표할 수 있는가?	발표
	6) 지도성이 강하다.	⑥ 친구들과 잘 어울리며 각종 소그룹을 잘 이끌어 가는가?	관찰법

(2) 누리과정 5대 영역별 평가

전 절에 밝힌 전인적 성장·발달에 대한 평가가 당해 유아보육기관의 보육목표 도달상황평가에 촛점을 맞춘 것이라면 누리과정 5대 영역별 평가는 누리과정의 5대 영역 즉, 신체건강·운동, 사회관계, 의사소통, 예술경험, 자연탐구 등의 영역별 지도 내용에 대한 평가 내용으로 누리과정 5대 영역에 대한 평가 내용을 구체화시키기 위해서는 5대 영역별 지도 내용을 근거하여 평가 내용을 선정해야 한다. K어린이집 누리과정 5대 영역별 평가계획을 중심으로 기술한다.

제일 먼저 누리과정 5대 영역별 평가 핵심 내용을 아래와 같이 선정하였다.

다음의 5대 영역별 핵심평가내용을 근거로 하여 유아교육기관의 '누리과정 영역별 평가연간계획표'를 〈표 VI-2〉와 같이 작성하였다.

표 VI-2 누리과정 영역별 평가 연간 계획표의 '예'(3세)

영역	신체운동·건강	의사소통	사회관계	예술경험	자연탐구
핵심 항목	· 신체조절하기 · 바른 식생활 하기	· 쓰기에 관심 가지기 · 느낌, 생각, 경험 말하기	· 사회적 가치를 알고 지키기	· 움직임과 춤으로 표현하기 · 미술활동으로 표현하기	· 생명체와 자연 환경 알아보기 · 수와 연산의 기초 개념 알아보기
3월		이름 글자 쓰기			
4월				식물의 성장 표현하기	식물 관찰하기 (현장체험 학습)
5월	나 꾸미기			그림 그리기 (현장체험학습)	
6월	우리 몸에 이로운 음식과 해로운 음식 알기	주말 지낸 이야기			
7월			약속과 규칙 지키기 (현장체험학습)		여름 과일 세기
9월		이름 글자 쓰기		그림 그리기 (즐거웠던 여름 방학)	
10월				몸으로 글자 만들기	식물관찰하기 (현장체험학습)
11월		주말 지낸 이야기			가을 과일 수 세기
12월	크리스마스 카드 꾸미기		약속과 규칙 지키기 (현장체험학습)		

5. 유아 평가의 실제

유아교육기관에서 합리적인 유아 평가를 위해 전 절(3)에서 밝힌 바와 같이 일반적으로 활용하는 방법으로 활동상황의 관찰을 통한 평가, 질문지를 활용한 평가, 유아의 기록·작품을 통한 평가, 교사협의를 통한 평가, 포트폴리오를 통한 평가, 실험·실습법, 찬반토론법 등이 있는데 다음에서 일반적으로 많이 활용되고 있는 평가 방법에 대하여 기술해 보고자 한다.

(1) 포트폴리오 평가

포트폴리오란 하나 또는 여러 영역에서 유아들의 노력·발전 또는 성과를 보여주는 특별한 목적을 위해 모아진 유아들의 학습활동에 대한 체계적인 관찰기록과 학습활동의 결과물을 정해진 준거에 따라서 교사와 유아가 협력하여 평가하는 방법이다.

① 평가 영역

신체운동·건강, 의사소통, 사회관계, 예술표현, 자연탐구 등 전 영역의 평가가 가능하다.

② 평가절차

포트폴리오 평가는 개별화된 방법이므로 모든 유아교육기관과 유아에게 동일하게 적용할 수 있는 정형화된 평가절차를 제시하기는 어려우나 일반적으로 다음과 같은 절차를 밟아 시행할 수 있다.

가. 기준의 설정

제1단계로 할 일은 포트폴리오를 만드는 목적이 무엇인지를 분명하게 결정하고 그 목적이 달성되었는지의 여부를 알 수 있는 기준을 설정한다. 그 예를 다음에서 제시한다.

표 VI-3 연령별 기준의 '예'

영역	구분	기준 내용	
		4세	5세
신체운동·건강	대근육 발달	· 발은 번갈아가며 계단을 내려올 수 있다. · 30cm의 높이에서 뛰어내릴 수 있다. · 상대방에게 공을 던지고 받을 수 있다.	· 음악리듬에 맞추어 몸을 움직일 수 있다. · 50cm의 높이에서 뛰어 내릴 수 있다. · 공을 던지고, 잡고, 치는 행동을 능숙하게 할 수 있다. · 미끄럼타기, 그네타기 등을 능숙하게 할 수 있다.
	소근육 발달	· 단순한 형태를 잘라서 풀로 붙일 수 있다. · 주어진 글자나 숫자 꼴을 본뜰 수 있다. · 가위로 직선과 곡선을 자를 수 있다. · 블록이나 레고를 갖고 간단한 모형을 만들 수 있다.	· 색종이로 비행기나 배 모양을 접으려고 한다. · 숫자를 글자를 보고 따라 쓸 수 있다. · 잡지에서 자신이 원하는 그림을 자를 수 있다. · 마분지의 구멍을 통과하여 털실을 꿸 수 있다.

기준 설정요령은 다음과 같다.

- 내용은 누리과정 5대 영역별 지도 내용에서 선정한다.
- 기준을 설정할 때는 유아의 발달 수준을 충분히 고려한다.

나. 작업표본 수집

작업표본은 포트폴리오의 핵심으로 활동의 결과물로 유아가 쓴 글, 그림, 읽은 책의 목록, 수학활동자료, 과학활동자료, 사진, 유아들이 이야기한 것을 받아 적은 것, 친구들과 협동 작업한 것, 유아들의 노래나 이야기를 녹음한 것 등을 들 수 있다. 포트폴리오 자료를 수집할 때는 유아의 성취도를 확인할 수 있는 핵심평가항목과 유아의 개성을 알 수 있는 개별화 항목으로 나누어 수집한다.

표 VI-4 핵심평가항목 선정의 '예'

영역	핵심평가항목의 예	수집활동의 예
신체운동·건강	① 대·소근육활동에 대한 기록 ② 기본적인 생활습관에 대한 기록	· 실외활동 관찰기록 · 소근육활동 결과물 · 생활습관 관찰기록
사회관계	① 그림이나 대화를 통해 자신, 가족, 지역, 사회의 특징이나 역할을 인식한 기록 ② 사회적 성숙도를 나타내 주는 자료	· 역할놀이 사진자료 · 가족과 이웃에 관한 활동자료 · 자유선택활동 기록지
언어표현	① 자신의 생각을 나타내는 쓰기 견본 ② 이야기를 듣고 이해하며 표현해 본 기록	· 도서계획표 · 글자가 2에 가까운 모양으로 나타낸 자료 · 유아의 이야기 녹음자료
예술표현	① 예술을 통해 느낌이나 이야기를 표현해 보려는 노력 ② 다른 사람들과 예술을 공유하는 노력	· 동작으로 표현하기의 자료 · 자신의 느낌을 나타낸 작품이나 활동자료 · 재료나 작품에 대한 유아의 생각에 관한 자료
자연탐구	① 수학적 문제해결을 위한 전략 사용하기 ② 과학적 세계에 대한 질문이나 생각에 대한 기록	· 수학활동한 자료나 사진 · 관찰기록표 · 요리활동 결과표 · 자료의 수집·분석에 사용한 차트나 그래프

작업표본 수집요령은 다음과 같다

- 1년에 3회 정도로 나누어 수집계획을 세운다.
- 자료를 정기적으로 점검하고 수집한다.

- 작업이 행해질 때의 배경과 맥락을 적도록 한다.
- 유아와의 토론을 거치는 과정이 있으면 더욱 좋다.
- 작업표본 외에 유아의 학습일지 기록, 교사의 관찰자료 및 논평자료도 포함시킨다.
- 자료보관함을 개인별로 준비하고 시간에 따른 개별 유아에 대한 다양한 평가자료를 수집한다.
- 각 유치원에서는 학기 말에 신학년도의 유아평가를 위하여 포트폴리오 수집계획은 세워두어야 한다.

5대 영역별 평가를 위한 작업표본 수집계획의 '예'를 제시한다.

표 VI-5 포트폴리오 수집 연간 계획의 '예'(3세)

영역	신체운동 · 건강	사회관계	예술경험	의사소통	자연탐구
내용	· 교통안전 규칙 지키기 · 기본 운동하기	· 나와 다른 사람의 감정 알고 조절하기 · 친구와 사이좋게 지내기	· 움직임과 춤으로 표현하기 · 다양한 예술 감상하기	· 느낌, 생각, 경험, 말하기 · 쓰기에 관심 가지기	· 자연현상 알아보기 · 수와 연산의 기초 개념 알아보기
3월			자유화 그리기		간식 수 세어보기
4월	신호등의 의미를 알기			주말 지낸 이야기 발표하기	
5월		놀이 관찰		내 이름 찾기	
6월	지시어에 맞게 움직이기				희망텃밭 관찰하기
7월			자유화 그리기		
9월	신호등 안전하게 건너기			주말 지낸 이야기 발표하기	간식 수 세어보기
10월		놀이 관찰		내 이름에 들어간 글자 찾기	
11월	자유롭게 움직이기		자유화 그리기		
12월					희망텃밭 관찰하기

다. 조직

전 항을 통해 수집된 자료를 평가하기 위해 조직하는 과정이다. 조직할 때는 다음과 같은 요령으로 한다.

- 조직의 기준을 정한다.
- 모든 자료에 날짜를 적어 놓는다.
- 작품 자체보다 그 작품이 나온 사회적 맥락이나 작업의 진행과정, 평가 대상자의 의도 및 판단 등을 간략하게 기록한다.
- 내용물을 놓을 장소를 준비하며 늘 조직하여 보관한다.
- 평가 목적인 자료는 매일의 학급활동에 정규적인 일과가 되어야 한다.

라. 평가

평가에서 고려할 사항은 다음과 같다.

- 포트폴리오에 포함된 양이 너무 많기 때문에 유아에 대한 평가에 앞서 자료를 편집하고 요약하는 과정이 필요하다.
- 포트폴리오 요약은 한 학기 혹은 한 해 동안 포트폴리오에 수집된 많은 정보를 요약하여 서술문으로 작성한다.
- 포트폴리오 요약을 통해 유아교사는 포트폴리오 내용을 체계적으로 살펴보게 되고 유아들의 성취와 발달을 기준에 비추어 보면서 방대한 포트폴리오를 평가한다.
- 특히 유아가 가지고 있는 독특한 특성이 보이는지, 도움을 필요로 하는 부분이 있는지, 그리고 발달 단계에 비추어 지나치게 뒤떨어진 부분이 있는지 등을 차례로 평가한다.

마. 요약서 정리

평가결과를 아래 요령으로 요약 정리한다.

포트폴리오 요약서

유아 이름:

- 전체 발달에 대한 의견

- 5대 영역별 발달에 대한 의견
  1. 신체운동·건강 영역
  2. 의사소통 영역
  3. 사회관계 영역
  4. 예술경험 영역
  5. 자연탐구 영역

(2) 유아 작품 분석

유아들의 작품 분석은 유아의 작품이나 학습결과물에 담긴 독창적인 생각이 무엇인가를 알아보기 위한 평가 방법으로 유아와 교사의 언어적 상호작용을 통해 유아 스스로 학습결과를 자연스럽게 평가하여 학습능력을 신장시키는 데 활용한다.

① 평가 영역 : 언어소통, 예술경험 영역의 평가가 가능함

② 평가 방법

표 VI-6 유아작품 분석

<table>
<tr><th colspan="7">☆색종이로 로켓을 접어 붙이고 우주공간을 꾸며 보세요.</th></tr>
<tr><td colspan="7">월 일 요일 반 이름</td></tr>
<tr><th colspan="2" rowspan="2">구분</th><th rowspan="2">평가 내용</th><th colspan="3">수준</th><td rowspan="6">활동한 후 느낌을 표시해요.
| | | |</td></tr>
<tr><th>잘함</th><th>보통</th><th>노력</th></tr>
<tr><td rowspan="4">평가 관점</td><td rowspan="2">언어 소통</td><td>종이접기 순서에 따라 접기를 빠르게 할 수 있나요?</td><td></td><td></td><td></td></tr>
<tr><td>종이접기를 이용하여 다양한 생각을 표현하였나요?</td><td></td><td></td><td></td></tr>
<tr><td rowspan="2">예술 경험</td><td>자기 생각을 모두 말할 수 있나요?</td><td></td><td></td><td></td></tr>
<tr><td>자기 생각을 조리 있게 말할 수 있나요?</td><td></td><td></td><td></td></tr>
</table>

(3) 평정척도법

평정척도법은 질문지법의 한 유형이다. 질문지는 응답의 형식에 따라 개방식 질문과 폐쇄형 질문으로 나뉠 수 있다. 개방식 질문은 응답자에게 선택의 범주는 제시해 주지 않고 자유롭게 응답하도록 하는 형태의 질문이다. 그리고 폐쇄형 질문은 평가자가 제시하는 몇 개의 반응 범주(보기 또는 예) 중에서 응답을 선택하게 하거나 서열을 매기도록 만든 문항 형식이다. 폐쇄형 질문에는 응답하는 방식에 따라 1. 개방식 질문 형식, 2. 찬부 형식, 3. 선다형식, 4. 평정척도 형식, 5. 순위 형식 등 다섯 가지 유형이 있다. 그중 평정척도법은 응답자가 가진 의견이나 태도를 조사하고자 할 때 응답자의 생각을 사전에 정해진 척도에 따라 평정하여 척도치 중의 하나를 선택하도록 하는 형식이다.

① **평가 영역** : 신체운동·건강, 의사소통, 사회관계, 예술경험, 자연탐구 등 전 영역의

평가가 가능하다.

② **평가 방법**

가. 전 절에서 밝힌 바와 같이 5대 영역별 평가 핵심 내용을 중심으로 평가관점을 선정한다.

나. 평가관점에 따라 평가척도(잘함, 보통, 부족)를 정한다.

다. 위 과정을 통해 5대 영역별 행동발달 평정척도표를 작성한다.

라. 5대 영역별 행동발달 평정척도표에 따라 1년에 2회 정도 유아 개인별로 평정한다.

③ **평가의 '예'** : 다음에서 평가의 '예'를 제시한다.

가. 5대 영역별 행동발달 평가척도표

5대 영역별 행동발달 평가척도표는 신체운동·건강, 의사소통, 사회관계, 예술경험, 자연탐구 영역의 행동발달 상황을 척도표 한 장에 일목요연하게 평가할 수 있어 많이 사용하는 방법이다. 평정척도표를 작성할 때 다음 사항이 고려되어야 한다.

- 5대 영역별 평가 내용 중에서 가급적 선정한다.
- 행동 특성을 잡아 구체적으로 제시한다.

5대 영역별 행동발달 평정척도표의 '예'를 제시한다.

표 VI-7 5대 영역별 행동발달 평정척도표의 '예'

- 관찰유아 : • 생년월일 : (남, 여)
- 관찰자 : • 관찰일 :

영역	평가 관점	1학기 말			2학기 말		
		잘함	보통	부족	잘함	보통	부족
신체운동	제시된 조건에 따라 몸을 다양하게 움직일 수 있다.						
건강 영역	옷을 혼자 입고 벗을 수 있다.						
	젓가락을 자연스럽게 사용할 수 있다.						
	음식을 골고루 먹는다.						
	놀잇감, 도구, 시설을 안전하게 사용한다.						
사회관계 영역	친구들에게 자기 감정이나 의사를 적절히 표현한다.						
	자기가 하는 일에 자신감을 보인다.						
	자기가 시작한 일을 끝마친다.						

영역	평가 관점	1학기 말			2학기 말		
		잘함	보통	부족	잘함	보통	부족
사회 관계 영역	친구와 잘 어울린다.						
	놀이에 주도적 역할을 한다.						
	문제 상황이 생겼을 때 말로 해결한다.						
	놀이나 작업을 할 때 협동을 잘 한다.						
	공동으로 사용하는 물건을 소중히 다루고 아낀다.						
예술 경험 영역	작업에 활용할 수 있는 재료와 도구를 스스로 찾는다.						
	자신의 생각과 느낌을 적절히 표현할 수 있다.						
	여러 가지 재료를 이용하여 다양한 방법으로 표현한다.						
	노래를 다양한 방법으로 부를 수 있다.						
	신체를 이용하여 주변의 여러 가지 모양과 움직임을 창의적으로 표현한다.						
	예술작품에 대한 생각과 느낌을 적절히 표현한다.						
의사 소통 영역	말하는 사람의 이야기를 주의 깊게 듣는다.						
	말소리를 정확하게 듣고, 변별할 수 있다.						
	분명한 발음으로 말한다.						
	여러 사람 앞에서 자신의 생각이나 경험, 느낌을 분명히 이야기할 수 있다.						
	문장을 구성하여 이야기할 수 있다.						
	혼자서 글자를 읽을 수 있다.						
	어른의 도움 없이 혼자 문장을 쓴다.						
자연 탐구 영역	사물을 주의 깊게 본다.						
	여러 개의 사물을 한 가지 준거에 따라 순서대로 놓을 수 있다.						
	두 집합의 사물을 1:1로 짝지어 보고 수의 크기를 안다.						
	시간과 관련된 용어(어제, 오늘, 내일, 전에, 후에, 방금…)를 적절히 사용한다.						
	문제 상황이 생겼을 때, 창의적으로 해결한다.						
	주변의 사물, 사건에 대해 새로운 생각을 한다.						

(4) 자유선택활동 평가

유아교육기관의 교육과 초등학교 교육을 비교해 볼 때 차별화되는 내용 중 유아교육기관에는 자유선택활동이 있는 점이다. 당초 흥미 영역(자유선택활동)은 흥미중심 교육과정을 운영할 때 필수적인 자료이나 유아교육에서 자유선택활동의 중요성에 입각하여 우리나라의 모든 유아교육기관에서는 어떠한 프로그램을 적용하든 간에 자유선택활동을 의무화하고 있다. 누리과정 지침서와 제3차 어린이집 표준보육과정에서도 교육과정 지원사업으로 '흥미 영역' 설치와 '부모교육'을 강조하고 있다.

자유선택활동이 유아교육기관에서 강조해야 되는 이유는 첫째, 유아 자신이 자기의 흥미와 취향에 맞는 자유선택 영역을 선택하여 활동함으로써 즐거운 마음으로 학습활동에 참여하며 개별화학습이 가능하고 둘째, 각 영역에 대한 주도적인 선택권이 주어져 어려서부터 자기 행동에 대해 책임을 지는 민주시민의식을 배양시켜 준다는 점이다.

① 평가 영역

신체운동·건강, 의사소통, 사회관계, 예술경험, 자연탐구 등 전 영역의 평가가 가능하다.

② 평가 방법

평가 방법에는 유아 자가평가와 교사평가로 나뉠 수 있다.

- 유아 자가평가 : 유아 자가평가는 매일 유아 자신이 선택하여 활동한 자유선택놀이 영역에서 활동 이후의 느낌을 3단계로 구분하여 표시한다.
- 교사평가 : 교사는 유아 자유선택놀이활동을 관찰하거나 유아 자유선택놀이 영역에서 유아와의 상호작용을 하면서 관찰한 사항이나 인지한 결과를 누가적으로 기록하여 일정한 기간이 지난 후에 종합분석하여 각종 유아 지도에 활용한다.

〈과학 영역에서 유아와 교사의 상호작용을 통한 평가의 '예'〉

- 교사가 유아와 이야기를 하거나 유아 상호 간에 하는 대화를 통하여 언어소통 영역의 발달 상황을 체크한다.
- 과학영역 활동 중에 유아들 간에 서로 나누고 협동하고 예의를 지키는 모습을 관찰하여 사회관계 영역의 발달 상황을 체크한다.
- 과학 영역 내의 각종 놀이기구를 가지고 활동하는 모습이나 제작·조립과정을 관찰하거나 교사의 언어적 상호작용을 통하여 자연탐구 영역의 발달 상황을 체크한다.
- 과학 영역 내의 각종 놀이기구 활용 시 안전의식을 확인하여 신체건강·운동 영역의 발달 상황을 체크한다.

위와 같은 요령으로 자유선택놀이의 모든 영역에서 신체운동·건강, 의사소통, 사회관계, 예술경험, 자연탐구 등 5대 영역에 걸쳐 종합적으로 평가하는 방법을 강구한다.

다음에서 자유선택활동 계획 및 평가에 따른 참고자료를 제시한다.

자료 1_ 자유선택활동 계획 및 평가

자유선택활동 계획 및 평가(유아용)

▣ 반 ▣ 이름: 평가 : ☺😐☹

영역 요일		(월)		(화)		(수)		(목)		(금)		비고
	언어 영역											
	수·조작 영역											
	조형놀이											
	쌓기 영역											
	역할 영역											
	과학 영역											
	음률 영역											
주간 누계												
평가 관련 교사와의 상호작용												

자료 2_ 자유선택활동 개인별 누가기록표(교사용)

자유선택활동 개인별 누가기록표(교사용)

이 름 :

놀이 영역 주	언어	조작	미술	쌓기	역할	수·과학	음률	종합평가
3월 3주								
3월 4주								
4월 1주								
4월 2주								
4월 3주								
4월 4주								
5월 1주								
1학기 계								

6. 유아 평가결과의 활용

(1) 부모에게 이해자료로 제공

유아교육활동에 대한 평가결과를 부모에게 통보함으로써 부모는 유아에 대한 이해수준을 보다 높이고 가정에서도 유아의 능력에 맞는 지도를 하도록 돕는다. 특히 부모와 상담 시에는 이제까지 실시한 각종 평가결과 분석자료를 제시하면서 유아 지도를 위한 다양한 정보를 제공한다.

(2) 유아교육 관련 장부 기재를 위한 정보 및 자료 제공

유아교육 관련 장부에는 생활기록부가 있다. 생활기록부의 성장발달상황에 유아 종합발달상황을 기재하도록 되어 있는데 여기에 기재할 수 있는 정보나 자료를 제공한다. 또한 현재 유치원에서는 생활통지부를 활용하고 어린이집에서는 생활통지부를 활용하지 않고 있으나 교육과 보육은 동시에 운영하므로 부모에게 유아발달상황을 통지하는 생활통지부를 사용할 때 여기에 기재할 수 있는 정보나 자료를 제공할 수도 있다. 생활기록부의 영유아 발달상황 기록 양식은 다음과 같다.

표 Ⅵ-8 생활기록부의 영아발달상황(0~2세 영아)

연령 영역	0세	1세	2세
기본 운동			
신체운동			
의사소통			
사회관계			
예술경험			
자연탐구			
종합발달상황			

표 VI-9 생활기록부의 유아발달상황(3~5세 유아)

성명 :	3~5 유아발달 상황		
연령 / 영역별	만 3세	만 4세	만 5세
신체운동·건강			
의사소통			
사회관계			
예술경험			
자연탐구			
종합발달상황			

7. 유아평가 결과의 정리요령

다양한 방법과 도구를 활용하여 유아평가를 실시한 후 평가결과가 합리적으로 정리되어야 부모에게 이해자료로 제공하거나 유아교육 관련 장부에 기재할 수 있는 정보나 자료로 활용할 수 있다. 평가조사 결과를 아래 예와 같이 종합적으로 진술하여 기재한다.

① 신체운동·건강

- 신체의 각 부분과 기관을 고르게 활용하여 움직이며 소근육을 이용한 섬세한 활동을 능숙하게 잘함
- 다양한 위치와 방향으로 자유롭게 움직이며 몸을 깨끗이 하는 습관이 잘 형성되어 있고 규칙을 잘 지키려고 노력함
- 옷을 혼자서 입고 벗으며 식사예절을 바로 알고 바른 자세로 앉아 음식을 골고루 먹음
- 자신의 신체를 긍정적으로 인식하고 이동·비이동 활동에 즐겁게 참여함
- 공간을 이동하면서 몸을 다양하게 움직이며 놀이기구를 사용하는 활동에 적극적으로 참여함
- 자발적으로 주변 환경을 깨끗이 하며 소근육을 이용한 활동에 관심을 가지고 시도하려 하나 편식에 대한 지도와 관심이 요구됨
- 자발적으로 주변 환경을 깨끗이 하며 규칙적인 생활습관이 몸에 배어 어린이집 일과에 잘 적응함
- 여러 가지 놀이기구를 바르게 이용하며 건강에 해로운 점이 무엇인지 알고 즐겁게

생활함

- 주어진 공간에서 신체의 균형을 바르게 잡을 수 있으나 교통안전 규칙에 대한 지도가 필요함
- 여러 가지 감각을 활용하여 사물을 다룰 수 있으나 놀이기구를 이용할 때 안전규칙을 잘 지키지 않으므로 지도가 요구됨

② **의사소통**

- 여러 가지 낱말과 문장을 듣고 그 뜻을 잘 이해하며 다양한 문장을 활용하여 자신의 생각을 표현함
- 다양한 문장을 활용하여 자신의 생각을 잘 표현하며 때와 장소에 따라 적절하게 이야기함
- 다른 사람의 이야기를 주의 깊게 듣고 높임말과 예사말을 구별하여 정확하게 이야기함
- 토의 주제에 대한 경험, 생각, 느낌을 이야기할 수 있으며 주변의 글자에 관심을 가지고 적극적으로 알고자 함
- 여러 가지 내용의 말을 듣고 따르며 동화·동시를 듣고 자신의 생각이나 느낌을 이야기할 수 있음
- 일상생활에 관련된 낱말을 활용하여 자신의 생각을 이야기할 수 있으며 그림책의 글을 잘 읽고 다양한 글자 놀이를 즐김

③ **사회관계**

- 도움을 받았거나, 실수 또는 잘못을 했을 때에 적절한 인사말을 사용하며 스스로 해야 할 일을 알고 실천함
- 놀이를 자발적으로 제안하고 참여하며 다른 유아의 입장을 이해하고 도움이 필요한 유아를 잘 도와줌
- 등·하원 시 교통규칙을 잘 지키며 안전하게 길을 건너고 대상과 상황에 따라 적절한 인사말을 사용할 수 있음
- 세계 여러 나라의 생활풍습이 다르다는 것을 알며 북한 사람은 우리와 같은 민족임을 알고 북한의 생활에 관심을 가짐
- 관심 있는 것에 대한 자료를 모을 줄 알고 실수나 잘못에 대하여 사과도 잘하나 친구들과 도움을 주고받는 경험이 요구됨

- 옷차림이 단정하며 대상과 상황에 따라 적절한 인사말을 사용하나 물건을 소중히 여기며 아껴쓰는 마음이 요구됨

④ **예술경험**

- 자연과 주위 환경에서 나는 소리에 관심을 가지며 여러 가지 소재를 이용하여 소리를 만들기도 하고 노래 부르기를 즐겨함
- 신체를 이용하여 여러 가지 모양과 움직임을 창의적으로 표현하려고 노력함
- 다양한 조형활동 소재에 관심을 갖고 활용하며 자연이나 주위 환경에서 나는 소리를 즐겨 들음
- 리듬악기로 리듬을 만들려고 노력하며 우리나라의 전통예술에 관심이 많아 알려고 함
- 자연과 주위 환경에서 나는 소리를 듣고 구별할 수 있으며 한 가지 물체로 다양한 소리를 만들 수 있음
- 자연이나 주위 환경에서 나는 소리를 구별하여 동화·동시를 듣고 그림으로 다양하게 표현할 수 있음

⑤ **자연탐구**

- 자신의 신체에 대하여 관심을 가지고 신체 주요 부분의 이름과 기능을 알며 주변의 동물과 식물을 사랑하고 잘 돌봄
- 날씨와 계절의 변화에 관심이 많고 물질의 변화가 포함된 활동에 호기심을 가지고 적극 참여함
- 물질의 변화과정을 비교할 수 있으며 사물의 특징적인 속성의 차이를 인식할 수 있음
- 일상생활에 쓰이는 기계와 도구에 관심이 많으며 사물을 여러 가지 기준에 따라 분류할 수 있음
- 물체의 여러 가지 속성을 알아보려고 노력하며 성장함에 따라 신체가 달라짐을 알고 자연 현상에 관심이 많음
- 주변의 식물을 돌보는 데 관심을 갖고 수를 순서에 맞게 10 이상까지 셀 수 있으며 사물을 한 가지 준거에 따라 비교할 수 있음

⑥ **종합발달상황**

- 침착하고 안정감 있게 행동하며 사교성이 좋아 친구가 많고 규칙 지키기와 같은 기본생활습관이 잘 형성되어 있음

- 어려움에 처한 친구들을 잘 도와주어 친구들에게 인기가 많으며 특히 정리정돈을 잘하고 차분함
- 항상 의문이 많아 질문을 잘하며 발표도 씩씩하게 잘할 뿐만 아니라 친구들과 사이가 원만함
- 예의가 바르며 명랑하고 밝은 성격이라 친구를 잘 사귀고 사이좋게 지내며 몸을 청결히 함
- 책임감이 강하여 맡은 일에 솔선수범하며 긍정적인 사고를 하고 성실하게 행동함
- 관찰력이 뛰어나고 표현이 매우 섬세하며 리더십이 강한 편으로 집단생활에 적극적으로 참여함

2 일일 일과활동평가

1. 개념

일일 일과로 편성된 여러 가지 활동에 대한 지도의 효율성을 확인하기 위한 활동 과정 중심의 평가이다.

2. 목적

1일 일과에 편성된 여러 가지 활동 전개방식에 따른 효율성과 문제점을 찾아 1일 일과활동 전개방식의 개선점을 모색하기 위함이다.

3. 일일 일과활동평가 방법

하루 일과는 이야기 나누기, 동화 듣기, 노래 부르기, 게임, 휴식, 귀가 지도, 동작활동, 동시, 관찰활동, 동극, 작업, 요리 등 다양하다. 이러한 활동들이 효율적으로 운영되기 위해서는 활동이 종료된 후에 적절한 평가를 실시하여 다음 활동 시 평가결과를 반영하여야 한다. 다음에서 각 활동별로 평가 방법을 제시한다.

① 이야기 나누기

이야기 나누기 시간에는 일상생활에서 경험했던 일에서부터 주제와 관련된 활동, 또는 교사가 전하고 싶은 개념이나 설명이 필요한 내용들이 다루어질 수 있다. 이야기 나

누기 시간에 이루어지는 활동은 다음과 같다.

- 정보 전달하기
- 유아의 경험 발표하기(예 : 봄 나들이, 견학, 극기훈련 등)
- 교실 내의 주요 사항 해결하기(예 : 새로운 규칙 설정하기, 하루 일과 계획하기 등)
- 주제 선정과 주제 전개를 위한 질문 목록과 조사 방법 토의
- 주제에 따른 실물, 그림자료 제시
- 특정 주제에 대한 토의
- 자유선택활동이나 일과 운영을 위한 계획 수립
- 자유선택활동 시간의 활동결과 발표 및 평가 등이 이루어진다. 이야기 나누기 활동에 대한 평가는 다음과 같이 이루어져야 한다.

표 VI-10 이야기 나누기 평가표

평가 관점	평가 세항	평점		
		상	중	하
이야기 선정	• 주제와 연관되는가? • 유아들의 경험과 연계되는가? • 유아들의 발달에 적합한가?			
대형	• 유아들이 앉은 대형이 이야기 나누기에 적절한가?(예 반은 바닥, 반은 의자) • 유아들을 자신이 원하는 자리에 자율적으로 앉게 하는가? • 유아들의 주의집중을 위해 주변의 교구나 물건을 정리하는가?			
매체	• 그림, 사진, 실물 등의 자료를 사용하는가? • 수수께끼, 동화, 자료 설명, 경험 회상 등의 도입 방법을 사용하는가?			
이야기 지도 과정	• 유아들의 다양한 반응을 유도하기 위해 적절한 질문을 하는가? • 유아들의 질문에 대답을 해주는가? (예 종합/확장/정보 제공/수정 등) • 유아들의 부적절한 반응이나 행동을 긍정적인 방법으로 조정하는가? • 유아들의 적절한 반응에 대하여 격려 혹은 칭찬을 하는가? • 유아들(과반수 이상)을 이야기 나누기에 적극 참여시키는가?			
소요 시간	• 유아의 수준에 따라 시간을 적절히 배정하는가? • 이야기 나누기 시간에 나온 내용을 종합 정리하는가?			
마무리	• 이야기 나누기 시간을 마무리하고 다음 활동이 무엇인지 알려주는가?			

출처 : 교육인적자원부(2001)

② 게임

게임은 내용에 따라 대집단 또는 소집단으로 이루어지며 편게임은 다음의 단계를 밟아 실시한다.

- 1단계 : 유아들을 두 편으로 나누어 앉게 한다.
- 2단계 : 각 팀의 이름을 정한다.
- 3단계 : 각 팀의 인원 수를 확인한다.
- 4단계 : 게임의 규칙을 정한다.
- 5단계 : 게임의 시범을 보인다.
- 6단계 : 게임을 진행한다.
- 7단계 : 게임을 평가한다.

게임에 대한 평가는 다음과 같이 이루어진다.

표 Ⅵ-11 게임 평가표

평가 관점	평가 세항	평점		
		상	중	하
게임 설정	· 생활주제와 연계되는가? · 유아 발달에 적합한가? · 교육적 가치가 있는가?			
환경	· 게임을 할 수 있는 공간이 충분한가? · 게임을 진행하기에 안전한 공간인가?			
매체	· 게임에 필요한 자료가 준비되었는가? · 게임하기에 적절한 대형으로 앉았는가? · 편게임인 경우, 인원 수를 확인하는가?			
게임 지도 과정	· 게임 방법을 소개하는가? · 게임규칙을 정하는가? · 시범을 보여주는가? · 속도, 규칙지키기, 관전태도를 모두 고려하여 결과를 제시하는가? · 유아들이 흥미에 따라서 게임을 반복하거나 중단하는가?			
마무리	· 유아들과 함께 게임에 대해 평가하는가? · 게임이 끝났음을 알리고 다음 활동을 소개하는가?			

출처 : 교육인적자원부(2001)

③ 동시

동시는 일반적으로 다음과 같은 과정을 밟아 지도한다.

- 동시를 들려준다.

- 느낌에 대한 이야기를 나눈다.
- 유아들은 교사가 (자료를 사용하여) 들려주는 동시를 주의 깊게 듣도록 한다.
- 유아들이 원하는 부분을 읊어 보고 나머지는 교사가 읊어 본다.
- 유아들과 교사가 바꾸어서 읊어 본다.
- 전체를 함께 읊어 본다.

위 제시된 순서로 지도한 후에 동시에 대한 평가는 다음과 같이 이루어져야 한다.

표 Ⅵ-12 동시 평가표

평가 관점	평가 세항	평점		
		상	중	하
동시 선정	생활주제와 연계되었는가? 유아의 발달에 적합한가? (예 움직임에 대한 묘사나 독특한 운율이 있음)			
매체	적절한 매체(예 그림, 손 인형, 실물, 사진 등)를 사용하는가? 배경음악을 사용하는가?			
사전활동	사전활동(관찰, 야외 학습 등)을 실시하는가? 도입을 하는가? 교사 혼자 낭송해 주는가? 유아들이 느낌을 말해 보게 하는가?			
동시지도과정	지은이/제목을 이야기해 주는가? 교사와 유아가 나누어 낭송해 보는가? 유아끼리 또는 혼자 낭송하게 하는가? 교사와 유아가 함께 낭송해 보는가? 제목을 지어 보는가?			
마무리 사후활동	동시 시간이 끝났음을 알리고 다음 활동을 소개하는가? 사후활동(그림, 동작으로 표현하기 등)을 실시하는가?			

출처 : 교육인적자원부(2001)

④ 동극

동극은 교사가 들려준 동화의 내용을 중심으로 극화해 보는 활동으로 유아교육기관에서 많이 활용되는 방법이다. 특히 등장인물들의 행동이 단순하면서 문장이 반복되어 극적인 즐거움을 줄 수 있는 것이 좋고, 교사는 유아들에게 동화를 들려주고 등장인물의 대사나 동작을 표현해 보도록 한다. 배역은 유아 스스로 정하도록 유도하고 유아의 적극성 정도, 언어표현능력을 고려하여 수줍어하거나 평소에 표현을 잘하지 않는 유아는 대사나 동작이 적은 역을 맡도록 하고 동극을 마친 후 유아들과 함께 평가해야 한다.

동극에 대한 평가는 다음과 같이 이루어진다.

표 VI-13 동극평가표

평가 관점	평가 세항	평점		
		상	중	하
동화 선정	대사가 짧고 반복되는가? 유아가 등장인물을 동일시할 수 있는가? 전개과정이 뚜렷한가?			
대본의 적절성	절정(클라이맥스)이 있는가? 설명 부분이 삭제되었는가? 간접화법을 직접화법으로 바꾸었는가? 대사가 짧고 반복되는가?			
동극 지도 과정	동화를 들려주는가? 동화 회상 시간을 갖는가? 동극의 배경이 되는 무대를 유아와 함께 꾸미는가? 배역을 선정하는가? 배역을 소개하는가? 등장인물이 기다리는 자리를 확보해 놓았는가?			
마무리	평가시간을 갖는가? 재공연을 하는가? 동극이 끝났음을 알리고 다음 활동을 소개하는가?			

출처 : 교육인적자원부(2001)

⑤ 동화

유아들은 재미있고 신나는 이야기를 좋아한다. 특히 일선 어린이집에서는 동화책이나 특별한 보조자료 없이 교사의 음성만으로 이야기를 들려주는 동화구연하기를 많이 활용한다. 동화구연하기에 적절한 동화로는 단순하면서도 유아들에게 친숙하고 주인공과 함께 쉽게 동화할 수 있으며 이야기가 대화체로 리드미컬한 어휘가 많은 것이 좋다.

동화지도 시에는 다음 사항을 고려해야 한다.

- 동화의 내용이 진행 중인 활동주제와 일치해야 한다.
- 유아에게 들려줄 동화를 사전에 점검해야 한다.
- 동화 활동 전후에 이야기를 들려주는 것이 좋다.
- 집단 구성을 고려한다.
- 내용은 20분 이상이 초과되어서는 안 된다. 동화활동에 대한 평가는 다음과 같이 이루어져야 한다.

표 VI-14 동화평가표

평가 관점	평가 세항	평점		
		상	중	하
동화 선정	생활주제와 연계되는가? 주제가 교육적인가? 내용과 주제가 흥미있는가? 내용과 그림이 문학적으로 가치가 있는가?			
대형	유아들이 앉은 대형이 이야기 나누기에 적절한가? (예 반은 바닥, 반은 의자) 유아들은 자신이 원하는 자리에 자율적으로 앉는가? 유아들의 주의 집중을 위해 주변의 물건이 정리되어 있는가?			
매체	전달 매체가 적절한가?			
동화 구연	내용을 완전히 이해했는가? 시선은 적절한가? 발음은 정확한가? 속도는 적절한가? 등장 인물의 성격에 따른 성대모사가 적절한가?			
동화 지도 과정	동기 유발을 하는가? 동화의 제목을 들려주는가? 동화의 제목을 들려주고 내용을 추측하게 하는가? 동화의 내용을 회상하게 하는가?			
마무리	동화 시간이 끝났음을 알리고 다음 활동을 소개하는가?			

출처 : 교육인적자원부(2001)

⑥ 새 노래 지도

유아들은 노래 부르기를 즐겨하고 쉽게 익힌다. 심지어 텔레비전에서 방송되는 상업 방송 노래까지도 거의 익히고 있어서 이에 대한 비판도 적잖게 대두되고 있다. 특히 유아들은 기존의 노래 또는 곡을 부르기보다 새 노래 배우기를 더욱 즐긴다. 새 노래를 지도할 때는 단계적인 과정을 밟아서 따뜻한 분위기 속에서 지도되어야 한다. 짧은 시간에 지도하려고 무리하게 반복하면 오히려 유아들을 싫증나게 한다. 새 노래 지도에 대한 평가는 〈표 VI-15〉와 같이 이루어져야 한다.

표 VI-15 새 노래 지도 평가표

평가 관점	평가 세항	평점		
		상	중	하
노래 선정	생활주제와 연계되는가? 유아들의 경험과 연계되는가? 노래의 음역이 유아에게 적절한가? 노래의 길이가 유아에게 적절한가? 노래의 가사와 리듬이 반복적인가?			
대형	유아들이 앉은 대형이 노래 부르기에 적절한가? (예 반은 바닥, 반은 의자) 유아들이 자신이 원하는 자리에 자율적으로 앉는가? 유아들의 주의 집중을 위해 주변의 교구나 물건이 정리되어 있는가?			
매체	그림, 손 인형, 융판자료 등의 적절한 자료를 사용하는가?			
노래 지도 과정	도입(노랫말 소개)이 있는가? 교사가 정확한 음으로 노래를 불러주는가? '라라라' 등으로 멜로디만 다 함께 부르는가? 교사와 유아가 노래의 일부분씩 나누어 부르는가? 노래 전체를 다 함께 부르는가? 확장(가사 바꾸어 부르기)해서 부르는가?			
마무리	노래 시간에 대한 평가를 하는가? 노래 시간이 끝났음을 알리고 다음 활동을 소개하는가?			

출처: 교육인적자원부(2001)

⑦ 요리

요리는 유아들이 매우 좋아하는 활동이며, 유아들은 요리하기를 통해 많은 개념과 사실을 학습한다. 특히 유아들이 요리재료 준비부터 전 과정에 참여하게 하여 유아들에게 과학적인 개념, 또래와의 협동, 질서, 규칙, 만족감, 성취감을 갖도록 지도해야 한다.

표 VI-16 요리 평가표

평가 관점	평가 세항	평점		
		상	중	하
요리활동의 선정	생활주제와 연계되는가? 유아의 발달에 적절한가? 교육적으로 가치가 있는가? 유아의 영양과 건강을 고려하였는가?			

<table>
<tr><th rowspan="2">평가 관점</th><th rowspan="2">평가 세항</th><th colspan="3">평점</th></tr>
<tr><th>상</th><th>중</th><th>하</th></tr>
<tr><td>환경 및 도구</td><td>환경 및 도구 공간이 충분한가?
물이 가까운 곳에 있는가?
전기가 가까운 곳에 있는가?
안전을 고려하였는가?
도구가 유아의 수준에 적절한가?</td><td></td><td></td><td></td></tr>
<tr><td>요리의 순서도</td><td>요리 순서도가 있는가?
필요한 양이 정확하게 기재되어 있는가?
요리과정이 구체적으로 명시되어 있는가?</td><td></td><td></td><td></td></tr>
<tr><td>집단의 크기</td><td>개별 또는 소집단으로 실시하는가?</td><td></td><td></td><td></td></tr>
<tr><td>요리활동의 지도 과정</td><td>사전 활동(이야기, 동화)을 제공하는가?
손을 씻도록 지도하는가?
앞치마를 입도록 지도하는가?
준비된 자료를 탐색해 보는 시간을 주는가?
요리의 순서를 익히는 시간을 주는가?
유아가 주도적으로 요리를 하도록 허용하는가?
요리한 것을 그릇에 담도록 지도하는가?
정리할 시간을 주는가?
앞치마를 벗고 손을 씻도록 지도하는가?
요리한 음식을 먹어 볼 기회를 제공하는가?</td><td></td><td></td><td></td></tr>
<tr><td>마무리</td><td>요리활동에 대한 평가를 하는가?
요리활동이 끝났음을 알리고 다음 활동을 소개하는가?</td><td></td><td></td><td></td></tr>
</table>

출처 : 교육인적자원부(2001)

2 교과교육의 발전적 과제

교과교육의 효율성을 높이기 위해서는 현재 교과교육 운영을 저해하는 각종 문제점과 요인을 제거하여 교과교육 운영을 정상화하는 일이다. 교과교육 운영을 정상화한다는 말은 유아교육기관 운영을 정상화한다는 의미와 크게 다르지 않아 대단히 광범위한 일이나 그래도 아주 중요하고 심각한 현장 과제에 대해서는 한 번쯤 고민해 봐야 한다. 본 장의 내용을 바르게 이해하기 위해서는 교육과정, 교과교육, 5대 영역별 지도(0~2세 어린이집은 6대 영역)들 간의 개념에 대하여 먼저 바르게 이해해야 한다. 교육과정에 대한 협의 개념은 교과의 묶음이고 누리 과정이나 표준보육과정의 각 영역은 바로 교과의 성격이라고 제1부에서 밝힌 바 있기 때문이다. 교과교육의 발전적 과제는 매우 다양하다. 간략하게 요약하면 다음과 같다.

1. 교육과정 운영의 정상화
2. 영유아 발달 특성에 맞는 다양한 교재·교구 개발
3. 교육과정 편성 절차의 합리화
4. 국가 수준 교육과정의 준수
5. 발달 수준에 적합한 교육환경 조성
6. 교수·학습 방법의 다양화
7. 장학 활동 기능의 활성화
8. 유·초등 연계 교육의 강화
9. 초등학교 준비 교육의 배제
10. 학급당 원아 수의 적정유지에 국한하여 기술하기로 한다.

1 교육과정 운영의 정상화

교육과정 운영의 정상화란 유아교육기관의 교육과정 즉 3~5세 누리과정, 0~2세 표준보육과정에 제시된 5대 영역(0~2세 표준보육과정은 6대 영역) 즉 신체운동·건강 영역, 의사소통 영역, 사회관계 영역, 예술경험 영역, 자연탐구 영역을 균형적으로 지도하여 유아의 전인적인 성장 발달을 도모하는 일이다. 교과과정 운영의 정상화에 반한 개념이 교육과정운영의 편협화이다. 교육과정 운영의 편협화란 교사가 일부 영역 활동을 중시하고 일부 영역 활동은 경시하여 유아지도를 하는 경향을 말한다. 예를 들어, 신체 건강·운동 영역과 언어활동 영역의 활동을 매일 전개하면서 여타의 영역은 거의 활동하지 않는 경우이다. 이것은 연구 또는 시범 유아교육기관의 경우, 연구 영역의 교과지도에 치중할 수도 있고 또한 담임교사의 취향에 따라 일부 영역만을 치중하여 지도하는 경우이다. 그리고 유아부모나 유아들의 흥미나 요구에 따라 일부 영역의 지도에 치우칠 수도 있다. 그러나 전인교육을 지향하는 교육과정의 운영에서는 일부 영역만을 중시한다든지, 또는 경시한다든지 하는 것은 지극히 위험한 일이다. 왜냐하면 각 영역마다 전인교육을 위해 공헌하는 역할과 기능이 있기 때문에 유아교육활동에서 5대 영역 지도의 편협성은 절름발이식 교육을 면치 못할 것이다.

또한 교육과정의 편협화에는 유아교육활동에는 대·중·소집단 활동 그리고 개별활동이 있고 대집단활동에는 이야기 나누기, 동화듣기, 노래부르기, 게임, 휴식시간과 낮잠, 간식과 점심시간, 전이활동, 정리정돈활동, 그리고 평가 및 귀가활동이 있고 중·소집단 활동에는 신체활동, 동시, 관찰활동, 동극, 작업·요리하기 그리고 개별활동에는 등원, 자유선택활동, 화장실 가기 등 다양한데 교사의 편의 위주로 자유선택활동이나 이야기 나누기 위주의 활동을 전개하는 경우도 이에 해당된다. 그리고 교육과정 운영의 편협화가 되는 이유는 교재·교구의 부족을 들 수 있다. 다시 말하면 당해 유아교육기관에 준비되어 있는 교재, 교구만 활용하여 학습활동을 전개하다보니 교재·교구가 없는 그밖의 활동은 소홀하기 마련이다.

따라서 이상에서 밝힌 편협화의 원인을 정리하면 다음과 같다.

1) 교육과정 편성의 근본 취지에 대한 이해가 부족하다. (예 : 전인교육)

2) 교사 자신이 자신의 취미와 취향에 따라 중시 영역과 경시 영역으로 5대 영역의 비중을 달리하여 지도하고 있다.

3) 유아와 유아모의 흥미와 요구에 따라 편중 지도한다.

4) 교재·교구가 부족하여 일부 활동에 치중하고 있다.

5) 교사나 유아가 일부 활동만을 즐겨하고 있다(예 : 자유선택 놀이활동, 이야기 나누기 등)

이외에도 유아교육과정 운영의 정상화를 위해서는 다음과 같은 파행적인 유아교육기관의 운영 사례를 지양해야 한다.

1) 예체능 실기과목(미술, 체육, 피아노, 바이올린 등)을 외래강사를 초빙하여 특설시간을

운영하는 사례

2) 외국어 교육을 조기에 도입하는 사례

3) 특정 업체에서 개발한 학습지나 문제지를 학부모 부담으로 구입하여 활용하는 사례

4) 공공기관을 대여하여 호화스러운 학예발표회, 재롱잔치를 개최하는 사례

5) 원아 모집을 위한 과대광고 등의 사례만은 근절되어야 교육과정운영이 정상화될 수 있다.

2 영유아의 발달 특성에 맞는 다양한 교재·교구 개발

유아교육의 질은 교사와 유아, 유아와 유아, 유아와 교구와의 상호작용의 질적 수준에 달려있다. 그 중 유아와 교구와의 상호작용이 제일 중요하다. 유아들은 유아교육기관의 교육이 재미있는 것은 교사와 유아와의 상호작용의 역할도 있지만 유아와 교구와의 상호작용이 차지하는 부분이 크다. 다시 말하면 유아들은 유아교육 기관 내에 설비 또는 비치되어 있는 교재·교구·기구, 설비자료들과의 상호작용을 통해서 즐거움을 느끼는 것이다. 특히 유아 교수·학습에서 교재·교구가 중요한 의미를 갖는 것은 유아들의 발달 수준에 맞는 교재·교구를 활용하여 유아발달에 적합한 활동을 유도하고 또한 교재·교구는 유아의 적극적인 탐색활동을 지원하며 자극하여 유아의 학습을 흥미롭게 촉진시키는 역할을 하기 때문이다.

현재 교재·교구면에서 문제점은 다음과 같다.

첫째, 영유아기는 발달면에서 많은 개인차가 있는데 특히 유아의 연령별, 월령별 발달단계에 적합한 교재·교구가 개발되어 있지 않다.

둘째, 유아교육기관의 교육과정 운영에 필요한 필수적인 교재·교구를 체계적으로 개발·제작하는 국가 차원의 개발계획이나 생산업체가 없어 영세 생산업체나 유아교육기관의 필요나 수요에 따라 교사들이 직접 제작하여 활용하는 실정이다.

셋째, 유아교육현장에서는 오관을 자극하는 교재·교구 제작 활용에만 치중하여 시청각기교재를 활용하는 교수 학습의 공학화에 소홀하고 있다.

넷째, 지역적 편차가 심하다. 예를 들면 도시지역에는 유아용 놀이기구, 작품 제작을 위한 고급스러운 꾸미기나 만들기 재료가 많음에 비하여 농촌지역에는 유아용 놀이기구와 작품 제작을 위한 고급스러운 꾸미기나 만들기 재료가 없음에 반하여 자연물인 꾸

미기나 만들기 재료가 많다. 따라서 다음과 같은 시책들이 강구되어야 한다.

1) 교재·교구 공동 개발체제 구축

교육·보육 관련부처, 민간 생산업체 현장교사가 공동으로 교재·교구 개발 협력 체제를 구축한다. 현행 유아교육기관의 교육과정을 면밀히 분석하여 현존, 제작, 수집 자료를 면밀히 파악하고 수집해야 할 자료는 현장교사가, 제작할 자료는 자료의 시급성을 고려하여 민간 생산업체에 제작 의뢰하고 정부 차원의 재정적 지원을 해주어야 한다.

2) 도·농간 교재·교구 교환 은행 운영

도·농간 교재·교구 교환 은행을 운영하여 도시지역 유아교육기관에서 남아도는 유아용 놀이기구, 고급스런 공작 꾸미기 재료(예 : 골판지, 병마개, 나무젓가락) 등을 농촌지역 유아교육기관에 지원하고 농촌지역 유아교육기관에서는 교재·교구를 제작할 수 있는 자연물을 도시지역 유아교육기관에 지원한다.

3) 교사 교재·교구 전시회를 개최하여 우수교재·교구 제작 교사에 대하여 포상하고 입상한 우수교재·교구를 국가적인 차원에서 대량 제작하여 전국 유아기관에 보급한다.

4) 교수·학습의 공학화 추진

영사기, 녹음기, 환등기 등 시청각기교재를 활용하는 교수·학습 공학화를 위한 연차계획을 세워 추진하여야 한다.

5) 교재·교구 자료실 설치

각 유아교육기관의 학급별 교재·교구 자료실을 설치하여 상품화된 자료는 물론, 교사들이 제작한 교재·교구를 체계적으로 관리하여 훼손되지 않도록 한다. 또한 교사는 교재·교구 활용 시 다음과 같은 사항을 고려하여 지도해야 한다(3~5세 누리과정교사용 지침서, 2012).

첫째, 유아의 발달 수준에 적합하면서 안전하고 위생적인 교재·교구를 제공한다.

둘째, 오감각을 자극할 수 있는 자료를 제공하고 수집한다.

셋째, 교사가 직접 제작한 교재·교구와 상품화된 교재·교구를 골고루 사용한다.

넷째, 유아의 흥미를 이끌어 낼 수 있는 방법으로 교재·교구를 소개하고, 활동전, 중, 후에 면밀히 검토하고 관리해야 한다.

다섯째, 편견 없는 자료를 사용하고 자료를 사용하는데 있어서는 늘 공정해야 한다.

3 교육과정편성 절차의 합리화

교육과정의 편성 절차가 유치원과 어린이집 간에는 많은 차이가 있다. 따라서 결론부터 이야기하면 어린이집에서 누리과정이나 보육과정을 편성할 때는 유치원에서 일반적으로 시행하고 있는 누리과정의 편성 절차를 밟아서 편성하는 것이 합리적이라고 본다. 그러나 현재 어린이집의 누리과정이나 표준보육과정은 국가 수준의 '기준'만 제시되어 있을 뿐 지역 수준의 '지침'이 없어 지역의 특수성이나 요구, 기대 등이 전혀 반영되지 못하고 있다. 유치원 누리과정 편성절차는 교육과정 편성의 역할을 분담하여 교육의 과정과 결과의 질적 수준을 유지·관리하고 국가 수준의 공통성, 지역, 유치원, 개인 수준의 다양성을 동시에 추구하였다. 즉 교육부가 법률에 의거 결정·고시하는 국가 수준의 교육과정 '기준' 과 시·도교육청에서 지역의 특수성과 교육중점을 반영한 지역 수준의 각 유치원 교육과정 편성·운영 '지침' 그리고 직접 유아를 단위 유치원에서 유치원의 실정과 유아의 실태에 알맞게 조정한 유치원 수준의 '유치원 교육과정' 등 세 가지 수준의 교육과정으로 구분하여 편성하고 있다.

1) 국가 수준의 교육과정

유치원의 교육목적과 교육목표를 달성하기 위하여 유아교육법 제 3조 2항에 의거 교육부장관이 문서로 결정, 교육 내용에 관한 전국 공통의 일반적인 기준이 '국가 수준의 교육과정'이다. 이 기준에는 유치원에서 편성·운영하여야 할 유치원 교육과정의 교육목표, 내용, 방법, 운영, 평가 등에 관한 국가 수준의 기준과 기본 정신이 제시되어 있다. 고시된 유치원 교육과정은 법적 구속력을 갖는다.

2) 지역 수준의 교육과정

국가 수준의 교육과정 기준은 전국의 모든 유치원에서 편성·운영하여야 할 교육 내용의 공통적, 일반적인 기준이므로 각 지역의 특수성과 각 유치원의 다양한 요구와 필요를 국가 기준의 교육과정에 모두 반영한다는 것은 거의 불가능한 일이다. 따라서 시·도교육청 수준에서는 국가 수준의 교육과정에 획일적으로 제시하기 어렵거나 세밀하게 규제함이 바람직하지 않은 사항을 그 지역의 특수성과 유치원의 실정, 유아의 실태, 학부모 및 지역사회의 요구 그리고 해당 지역과 유치원의 교육여건 등에 알맞게 정하고, 그 지역의 교육중점 등을 근거로 삼도록 하기 위하여 시·도별로 '각 유치원의 교육과정 편성·운영지침'을 작성하여 각 유치원에 제시하고 있다. 국가 수준의 교육과정 기준이 공통적, 일반적, 대강적, 표준적인 교육 내용 기준이라면 지역 수준의 교육과정은 시·도 단위 혹은 시·군 단위의 지역 특성과 실정, 필요, 요구 등이 반영된 국가 기준의 보완적이고 보강적인 의미를 지닌 교육과정 편성·운영 지침이라고 볼 수 있다. 이와 같이 그 지역의 특수성과 실정에 알맞게 조정한 교육과정 편성·운영 지침이 바로 '지역 수준의 교육과정' 이다.

3) 유치원 수준의 교육과정

유치원 수준의 교육과정은 국가 수준의 교육과정 기준과 시·도의 교육과정 편성·운영 지침을 근거로 하여 지역의 특수성과 유치원의 실정과 실태에 알맞게 각 유치원 별로 마련한 '의도적인 교육실천계획'을 의미한다. 이상에서 밝힌 바와 같이 유치원의 교육과정을 편성하는데는 국가 수준, 지역 수준의 교육과정 기준이나 지침이 각 유치원에 제시되도록 되어 있으나 어린이집에는 지역 수준의 교육과정이 없이 국가 수준의 보육과정만이 일선 어린이집에 직접적으로 제시됨으로서 시·도 단위의 특성과 과제가 당해 어린이집 보육과정 편성에 고려될 수 없다. 따라서 시·도 단위 보육과정 편성위원회를 전도 어린이집 교사를 중심으로 구성하여 지역 수준의 보육과정을 편성하여 각 어린이집에 제시해 주는 것이 타당하다고 본다.

4 국가 수준 교육과정의 준수

유치원의 교육목적과 교육목표를 달성하기 위해서 유아교육법 제 13조2항에 의거하여 교육부장관이 문서로 결정, 고시한 교육 내용에 관한 전국 공통의 일반적인 기준인 '국가 수준의 교육과정'은 의도적인 제도교육의 목표와 내용, 방법, 평가의 기준이 될 뿐만 아니라 교육의 지원관리 기능인 교육행정, 재정, 교원의 양성, 수급, 연수, 교과서 등의 교재개발, 교육시설, 설비에 대한 정책수립과 집행의 근거가 되는 '교육의 기본설계도'로서의 기능을 지니게 되며 이 고시는 유치원 교육과정의 기준으로서 법적 구속력을 갖는다. 또한 어린이집의 표준보육과정도 마찬가지이다. 그런데 국가 수준의 교육과정에 대한 유·초등 교원들의 인식은 서로 다르다. 초등교원들은 국가 수준의 교육과정인 초등학교 교육과정을 절대적인 것으로 오인하여 교육과정의 한 분절인 교과서를 금과옥조식으로 다루고 있다. 다시 말하면 초등학교 교육과정 구현을 위해 교육부에서 만들어준 자료인 교과서만을 잘 가르치면 되는 것으로 오인하고 정해진 학기 내에 교과서만을 이

수시키는데 심혈을 기울이고 있다. 그러나 유아교육기관에 종사하는 교원들은 국가 수준의 교육과정인 누리과정이나 표준교육과정을 소홀히 취급하는 경향이다. 다시 말하면 누리과정이나 표준보육과정이 개정되어도 오래전부터 적용해 오던 당해 유아교육기관의 프로그램을 그대로 적용하는 경우가 많다. 이것은 유아교육기관의 교원들이 교육과정이나 표준보육과정의 편성취지를 소홀히 생각하는데에서 온 결과이다. 유아교육기관의 누리과정이나 표준보육과정은 국가 수준의 교육과정으로 법적 구속력이 있으므로 국가 수준의 교육과정의 정신과 내용을 당해 유아교육기관의 교육과정 편성에 적극 반영하여 수립해야 한다. 이에 국가 수준의 교육과정을 준수해야 하는 이유를 다시 정리하기로 한다.

1) 유아교육기관의 누리과정이나 표준보육과정에는 국민으로서 필요한 공통적이고 일반적인 기준이 국가 수준에서 설정되어 있다.

2) 전국의 어느 유아교육기관에서나 같은 수준과 질의 교육혜택을 받을 수 있도록 질적 기회를 균등하게 보장하기 위해서 전국 공통의 기준을 제시하였다.

3) 단계별 교육은 교육 내용의 영역, 범위, 수준, 학습량 등에 있어서 계통성과 일관성을 필요로 하기 때문에 교육 내용의 단계적인 체계와 일관성을 유지하기 위해서 국가 수준의 기준이 필요했다.

4) 각 유아교육기관에서 이루어지는 교육이 공교육의 입장에서 객관적으로 질 관리되도록 교육의 일정 수준을 유지, 향상시키기 위해서는 국가 수준의 기준이 필요하다.

5) 교육에 가해질 우려가 있는 부당한 압력이나 간섭, 편향된 교육, 선전 등을 방지하여 교육의 중립성을 확보하기 위해서 국가 수준의 기준이 필요하다.

6) 유아교육기관의 교육을 통해 기르고자 하는 인간상을 구현하는 일은 궁극적으로 국가의 책임이기 때문에 이를 위한 기준이 필요하다.

5 발달 수준에 적합한 교육환경조성

유아교육기관의 교육환경에는 물리적, 심리적, 정신적 환경 등 다양하며 또한 교육환경을 어떻게 구성하느냐에 따라 유아의 성장 발달에 지대한 영향을 미친다. 유아교육기관의 교육환경으로서는 활동실과 실외 유원장에 설치하는 실내·외 흥미 영역, 실내활동실의 학습을 위한 구성, 학습활동을 지원하는 부대시설 그리고 유아들의 일상생활을 위한 편익시설 등 다양한데 유아교육기관의 누리과정이나 표준교육과정에서 일관되게 강조하고 있는 시설은 흥미 영역이다. 흥미 영역 설치는 유아교육기관에서 유아교육의 효율성을 높이기 위해서 필수적인 시설로서 당해 유아교육기관에서는 어떠한 유형의 프로그램을 적용하든 간에 흥미 영역 설치를 의무화하고 있다. 그러나 오늘날 실정을 보면 유아교육기관의 유형이 아주 다양하다. 즉, 국·공립 유치원, 사립유치원, 국·공립 어린이집, 사립 어린이집, 0~2세 어린이집, 3~5세 어린이집 등인데 유아교육기관의 유형에 따라서 흥미 영역 설치 및 운영 상황은 천차만별이다. 국·공립 유치원, 사립유치원, 국·공립 어린이집, 일반 어린이집 순으로 흥미 영역 설비·운영 상황이 우수한데 이는 유치원에서는 100여 년이 되는 오랜 역사성 속에서 보육보다 교육을 주로 강조하면서 흥미 영역 설치를 의무화해 왔기 때문이다. 이런 면에서 볼 때 교육과 보육을 통합한 누리과정을 적용하는 어린이집에서는 종전과 달리 교육을 강조하는 입장으로 흥미 영역 설치 운영에 주력해야 할 것이다. 또한 실외 흥미 영역은 실내 흥미 영역에서 성취할 수 없는 유아교육 활동을 보완적이며 연계적으로 유아활동을 전개하기 위한 설치의 목적이 있으나 오늘날 실정은 유아교육기관의 부지가 실외 흥미 영역을 설치할 수 있는 공간이 협소하여 설치가 어려운 실정으로 이를 보완할 수 있는 대책이 필요하다. 이에 대한 방안으로는 공공유아놀이시설을 활용한다든지 실내에 대근육시설을 설비하고 야외 관찰학습을 강화하여 실외흥미 영역 활동을 보완할 수 있는 방안을 강구해야 한다. 또한 실내활동실의 공간 구성에도 신경을 써야 한다. 실내활동실은 유아들이 유아교육기관의 생활에서 대부분의 시간을 보내는 활동 공간으로 단순히 물리적 시설이 아니라 유아의 성장 발달에 끊임없이 작용하는 정신적·정서적인 영향을 미치므로 가정과 같이 친근감이 있게 꾸며야 한다. 실내활동실의 공간구성으로는 출석카드판, 게시판(알림판), 요일, 날짜, 날씨판, 생일판, 관찰시설물, 매달 것, 학급현황, 그밖의 좋은 아이디어를 내서 구성할 수 있다. 특히 교육부와 보건복지부의 누리과정 그리고 보건복지부의 0~2세 표준보육과정에서도 0~1세, 2세, 3~5세별로 환경구성원리와 지침을 제시하고 있다. 따라서 각 유아교육기관에서 관련 원리와 지침을 참고하여 유아교육기관의 교육환경조성에 주력해야 할 것이다.

6 교수학습 방법의 다양화

교육과정이 개정될 때마다 어떤 내용을 지도할 것인가와 어떤 방법으로 지도할 것인가와 같은 지도 내용과 지도 방법을 동시에 지침으로 제시하여 왔다. 물론 지도 방법은 탐구적 방법(inquiry method)의 적용을 강조하여 왔다. 그러나 오늘날 유아교육현장에서 교수·학습 방법에 관한 가장 큰 문제는 신체운동·건강, 의사소통, 사회관계, 예술경험, 자연탐구 등 5대 영역별로 특성을 고려한 독자적인 영역별 교수·학습 방법을 개발·적용하지 않고 5대 영역 전 영역에 걸쳐 거의 동일한 교수·학습 방법을 획일적으로 적용하고 있다는 점이다. 예를 든다면, 사회생활 영역을 지도할 때는 내면화 학습, 문제해결학습, 자연탐구 영역을 지도할 때는 탐구학습, 발견학습, 가설실험학습 등과 같이 5대 영역(0~2세 영아는 6대 영역) 별로 교수·학습 방법을 구안하고 구체화하여 지도해야 한다. 이렇게 하기 위해서는 전국 또는 도 단위로 5대 영역별로 교수·학습 방법 연구 또는 시범 유아교육기관을 지정하여 연구를 위임하고 연구교사에 대한 포상은 물론 개발된 교수·학습 방법을 전국적으로 일반화시키기 위한 행·재정적 지원이 있어야 한다. 그러나 5대 영역의 특질과 독자성이 고려된 교수·학습 모형을 개발하더라도 다음의 사항들은 반드시 고려되어야 한다.

1) 놀이를 중심으로 교수·학습활동이 이루어지도록 한다.

2) 유아의 흥미를 중심으로 활동을 선택하고 지도할 수 있도록 한다.

3) 유아의 생활속 경험을 소재로 하여 지식, 기능, 태도 및 가치를 습득하도록 한다.

4) 유아와 교사, 유아와 유아, 유아와 환경간에 능동적인 상호작용이 이루어지도록 한다.

5) 주제를 중심으로 여러 활동들이 통합적으로 이루어지도록 한다.

6) 실내, 실외활동, 정적, 동적활동, 대·소집단 활동 및 개별활동, 휴식 등이 규형있게 이루어지도록 한다.

7) 유아의 관심과 흥미, 발달이나 환경특성 등을 고려하여 개별 유아에게 적합한 방식으로 학습하도록 한다.

7 어린이집 장학활동 기능의 활성화

어린이집은 1982년 영유아보육법이 제정된 이후 그 시설이 기하급수적으로 증가하여 그 역사가 30여 년밖에 되지 않는다. 한편 같은 유아교육기관인 사립유치원은 시설, 설비, 기구, 조직, 인사, 교육과정 운영 등에 걸쳐 거의 완벽하게 정상화될 수 있었던 것은 1백여년간의 긴 역사성속에서 관계법령이 제정되고 국가 수준의 행·재정적 지원이 이루어지는 등 모든 조직과 시설, 재정, 인사 등이 지속적으로, 수정, 보완을 거듭해 온 결과이다. 이에 비하면 어린이집은 역사가 짧고 어린이집 운영 개선을 위한 국가 차원의 지원이 부족한 상황에서 어린이집 자체내의 노력에만 의존하여 운영되어 왔기 때문이다. 따라서 어린이집은 아직도 정상 운영을 위해서는 시설을 비롯하여 교재, 교구, 프로그램, 교원의 불확실한 신분 보장, 열악한 보수, 일부 어린이집의 파행적인 운영 등 많은 문제점이 상존하고 있다. 이렇게 된 데에는 어린이집 보육에 대한 국가에서의 재정적 지원을 비롯한 장학활동이 없었기 때문이다. 그중 재정적 지원의 미흡은 시설, 교구, 교사의 인건비 등에 직접적인 영향을 주며 이 문제는 오늘날 국가의 재정면에서 볼 때 당장 해결하기란 어려운 일이다. 그러나 충실한 보육과정 편성·운영을 비롯한 영유아 지도활동, 영유아생활지도, 부모교육, 교재와 교구 제작 및 활용 등의 효율성을 높이기 위해서는 장학활동 체제가 재정비되고 활성화되어야 한다. 장학활동의 가장 중요한 기능은 국가에서 정책적, 이념적으로 제시하고 있는 유아보육정책을 침투시켜 어린이집 보육의 정상화를 도모하는 일이고 또 다른 중요한 기능은 어린이집의 보육과정 운영을 비롯한 보육활동의 효율성을 높일 수 있는 제반 정보나 실천적 기술을 제공하거나 안내하는 일이다. 그러나 현재 어린이집에는 장학활동 체제가 전무하며 다만 보육 관련 부서에서 시설, 재정, 인사 등 관리적인 면만 지도, 확인할 뿐이다. 따라서 다음과 같은 방안을 통하여 장학 기능을 활성화시킬 수도 있다.

첫째, 어린이집 자율장학위원회를 조직, 운영하는 일이다.

어린이집에 종사하는 원장, 원감, 교사 중에서 유능한 교원을 선발, 자율장학위원회를 조직하여 그들로 하여금 특히 보육과정 운영에 대한 장학지도를 하는 방안이다.

둘째, 어린이집에 대한 장학 기능을 도교육청이나 시·군교육청 장학직에 위임하는 일이다. 이 제도는 1982년 영유아보육법에 의해 새마을 유아원이 기하급수적으로 설치된 1980년대에 수년간 시행했던 제도로서 관장부처를 떠나 국가적인 차원에서 영유아보육의 효율성을 높이기 위해 도입해 볼만한 방안이다. 보건복지부 산하에는 장학지도를 할 만한 전문화된 장학인력이 없기 때문이다.

8 유·초등 연계 교육 강화

3~5세 연령별 누리과정은 5세 누리과정과 동일하게 초등학교 교육과정과의 연계성을

지속적으로 강화하고 보다 포괄적인 관점에서 하위 연령대인 0~2세 표준보육과정과도 연계를 고려하여 체계화하였다고 연령별 누리과정해설서(2012)에서 밝히고 있다. 그런데 유·초등 현장교사들은 3~5세 누리과정과 초등학교 교육과정이 어떻게 연계되었는가를 잘 알지 못하고 있다. 유아교육기관과 초등학교의 교과교육 내용(유치원의 5대 영역)의 연계 내용을 알아야 서로 인접교육기관의 지도 영역이나 교과 내용을 침범하지 않는다. 다시 말하면 유치원에서는 초등학교 1학년에서 지도해야 할 내용 그리고 초등학교에서는 유아교육기관에서 지도해야 할 내용을 중복적으로 지도하지 않는다는 말이다. 전항에서 밝힌바 있지만 중·고등학교가 종전에 모두 교육과정의 한 분절을 이루고 있던 '과목'을 초등학교와 같이 '교과'로 바꾸고 초등학교 6년, 중학교 3년, 고등학교 1년 등 모두 10년간을 국민공통 기본 교육과정(2009개정교육과정에서는 중학교까지만 포함시켜 공통교육과정으로 명명하였음)으로 묶어서 10년간이 학교급간의 개념이 아니고 학년의 개념으로 전 교과가 학년이 올라갈수록 교과의 내용이 심화 확대되고 있다. 이와 같은 국가적인 시도는 초·중·고등학교간 교과 내용을 연계시키기 위함이다. 따라서 유아교육기관의 교사들은 10년 국민공통기본 교육과정에 유아교육기관의 3년 과정을 포함시킨 13년 국민공통기본 교육과정 속에 유치원의 5대 생활 영역(교과 내용)이 연계되어 있다는 생각을 가지고 초등학교와의 연계 지도에 주력해야 한다. 지금까지는 초등학교 교사들이 유아교육기관의 누리과정을, 유아교육기관의 교사들이 초등학교 교육과정에 대하여 이해가 부족함은 물론 연계지도를 소홀히 하고 있는 실정이다. 이상의 내용은 교과 내용의 연계에 국한하여 기술하고 있으나 이밖에도 다음과 같은 유·초등간 연계를 위한 방안을 고려해 볼수도 있다.

1) 초등학교 입학 전후 학부모 부모교육

2) 초등학교 입학전 영유아 예절교육

3) 유·초등 공동학습

4) 유·초등 공동 행사 개최

5) 유·초등 공동 놀이

6) 유·초등 공동 체험 활동

7) 유·초등 공동 생활지도

8) 유·초등교사 공동연수 등을 들 수 있는데 이에 대한 구체적인 내용은 고정곤외(양서원, 2014) '유·초등연계교육론'을 참고하기 바란다.

9 초등학교 준비 교육의 배제

유아교육이 초등학교에의 준비 교육의 성격을 지니고 있어 유아교육기관을 수료하고 초등학교 1학년 입학 후 원활한 적응과 이행을 돕는 연계교육은 꼭 필요하다. 그런데 유아들이 초등학교에 들어가자마자 잘 적응해서 자기반에서 꼭 1등하는 자녀로 키우기 위한 경쟁력을 배양하기 위해서 유아교육기관에서 지나친 문자·숫자교육, 외국어교육, 특기교육을 시키는 사례들은 누리과정에 제시된 5대 영역(교과 내용)의 충실한 지도를 소홀하게 만든다. 유아교육기관을 수료한 유아들이 초등학교에 가서 잘 적응해야 함은 당연한 일이다. 그래서 유아교육기관이 초등학교의 준비교육의 기능을 갖는 것은 자연스러운 현상이지만 유아교육기관의 교육을 초등학교의 준비교육으로만 인식한다면 유아교육의 본질을 왜곡하는 결과를 가져온다. 인간의 삶의 바람직한 변화를 추구하는데 있어서 현재의 요구를 무시한 채 미래에 필요한 능력만을 추구하는 것으로 교육의 근본을 훼손할 우려가 있다.

10 학급당 원아 수의 적정

제도화된 교육기관에서 학급당 원아 수를 어느 정도 수용하느냐 하는 문제는 바로 교과지도의 효율성과 직결된다. 유아교육기관에서는 더욱 그러하다. 집단지도보다는 개별지도가, 다인수 학급보다는 소인수학급이, 학습의 효율성을 높일 수 있는 학급조직임은 각종 이론에서 이미 밝혀진 사실이다. 특히, 유아교육을 상호작용(interaction)으로 설명한다. 학급당 유아 수가 적으면 교사와의 상호작용 빈도가 많고 학급당 원아 수가 많으면 상대적으로 교사와 유아간의 상호작용의 빈도가 적어지기 마련이다. 유아교육기관의 학급당 유아 수의 감축은 교사대 유아의 상호작용을 원활하게 함으로써 학습의 효율성을 높일 수 있다. 학급당 유아 수가 많을 때 교사는 유아에 대해 지배적이고 지시적 행동을 취하고 직접적인 지시와 구체적으로 계획된 교육과정을 활용하여 소위 교사 주도형의 학습이 이루어질 수밖에 없을 것이다. 이런 면에서 국·공립 유치원과 어린이집은 그래도 괜찮은 편이나 사립유치원, 사립어린이집의 학급당 원아 수는 5세의 경우, 적어도 20명 내외로 감축시키는 방안이 계속적으로 강구되어야 한다.

참고문헌

고문숙외(2010), 유아교과교육론, 창지사.

고정곤외(2002), 초등학교 교육의 이해, 양서원.

고정곤외(2004), 한국유·초등교육의 오늘과내일, 양서원.

고정곤외(2004), 교육과정 및 교육평가, 양서원.

고정곤외(2004), 유·초등 연계교육론, 양서원.

고정곤외(2011), 교육실무, 양서원.

고정곤외(2015), 교육실무, 양서원.

고정곤외(2015), 보육과정, 양서원.

김진영외(2013), 교수·학습방법론, 양서원.

김명희외(2011), 영유아교수·학습방법론, 양서원.

김경배외(2004), 교과교육론, 학지사.

김혜금외(2013), 0, 1, 2세 영아보육프로그램, 서울 학지사.

김영옥외(2013), 아동발달론, 경기도 고양시 : 공동체.

김경중외(2003), 아동발달심리, 서울 : 학지사.

김상원(1982), 교육과정과 교수학습론, 서울 : 학문사.

권영례(2011), 교과교육론, 양서원.

교육과학기술부(2012), 3~5세 연령별 누리과정운영을 위한 교사연수자료집, 교육과학기술부.

교육과학기술부(2012), 5세 누리과정 해설서, 교육과학기술부.

교육과학기술부(2012), 5세 누리과정 교사용지침서, 교육과학기술부.

교육과학기술부(2013), 3~5세 누리과정 해설서, 교육과학기술부.

교육과학기술부(2013), 3~5세 누리과정 교사용지침서, 교육과학기술부.

교육과학기술부(2013), 3세 누리과정 교사용 지도서, 한국시청각 장애인 연합회.

교육과학기술부(2013), 4세 누리과정 교사용 지도서, 한국시청각 장애인 연합회.

교육과학기술부(2013), 5세 누리과정 교사용 지도서, 한국시청각 장애인 연합회.

교육과학기술부(2008), 유치원 교육과정해설서(Ⅰ), 미래엔 컬쳐그룹.

교육과학기술부(2008), 유치원 교육과정해설서(Ⅱ), 미래엔 컬쳐그룹.

교육과학기술부(2008), 유치원 교육과정해설서(Ⅲ), 미래엔 컬쳐그룹.

교육과학기술부(2012), 초등학교 교육과정 해설서, (사)한국시청각 장애인 연합회.

교육과학기술부(2012), 2013 초등 1~2학년 교사용도서 연수교재, (사)한국시청각 장애인 연합회.

교육과학기술부(2012), 초등학교 교사용 지도서(1-1), (주) 벽로.

대한교육연합회(1965), 교육학사전, 새한신문사.

류근우외(1987), 교수행동의 효율화, 전라북도교육연구원.

문미옥(2008), 영유아 교육과정, 창지사.

박성익(1998), 교수·학습의 이론과 실제(Ⅱ), 서울 : 교육과학사.

박병학(1986), 발문법원론, 서울 : 세광출판사.

박혜경외(2009), 유아교과교육론, 교육아카데미.

박경숙(1998), 교육학대백과사전, 서울대학교 연구소.

박찬옥외(2014), 유아교과교육론, 정민사.

보건복지부(2014), 제3차 어린이집 표준보육과정 해설서, 양서원.

보건복지부(2014), 제3차 어린이집 표준보육과정 교사용 지침서, 양서원.

바다유치원(2014), 유치원 운영계획.

서동미외(2013), 통합적 교과교육의 실제, 파란마음.

신세은외(2014), 영유아교수방법, 양서원.

신옥순(2005), 유아교육학개론, 서울 : 학지사.

심성경외(2014), 보육학개론, 경기도고양시 : 공동체.

신화식외(2014), 영유아교과교육론, 양서원.

성은경외(2013), 영유아를 위한 교수·학습방법, 정민사.

서울시교육청(2009), 유치원 교직 실무편람.

이은해외 공역(2013), 유아교수방법, 양서원.

이숭녕(1973), 현대국어대사전, 한서출판.

이홍우(2006), 지식의 구조와 교과, 교육과학사.

이홍우(1997), 교육과정 탐구, 박영사.

이기숙(1987), 유아교과교육론, 교문사.

유아교육과정(1995), 서울 : 교문사.

우리별유치원(2014), 유치원 운영계획.

이성진(1973), 행동수정의 원리, 서울 : 교육출판사.

이순형외(2013), 보육과정, 서울 : 학지사.

전라북도 교육청(2012), 유치원교육과정 편성·운영지침, 전라북도교육청.

정석기(2010), 좋은 수업설계의 실제, 서울 : 원미사.

정옥분(2013), 아동발달의 이해, 서울 : 학지사.

정원식외(1994), 현대교육심리학, 서울 : 교육출판사.

진위교외(1986), 현대수업의 원리, 서울 : 정민사.

한은숙(2014), 영유아 교수·학습의 이론과 실제, 정민사.

허경철외(2001), 교과교육학신론, 문음사.

허경철(1988), 교수행동과 학습의 효율성, 서울 : 교육과학출판사.

한국유아교육학회(1997), 유아교육사전, 한국사전연구사.

- Bredekamp, S. & Rosegrant, T.(1985), Reaching potentials: Transforming early childhood curriculum and assessment (vol. I). washington DC: national Association for Education of young children.
- Blank, Marion(1973), Teaching Learning in The Preschool, Columbus, Ohio: Charles E. Merrill Publishing Co.

- Flanders, N.A.. Teachers influence, pupil Attitudes and achievement, U.S. office of Education, cooperative Research project, 1960.
- Harry S. Broudy, B., Othanel Smith, and Joe R. Burnrtt(1964), Democracy, and Excellence in American Secondary Education: A Study in Curriculum Theory, Chicago : Rand McNally & Co.
- Hoffman, M. L.(1970), Moral development, In P. H. Mussen(Ed), Carmichael`s manual of child psychology(Vol.2), New York : Wiley.
- Keller, J. M.(1983), Motivational design of instruction, In C, M. Reigeluth(Ed.) Instructional design theories and models; An overview of their current status, Hillsdale, N.J. ; Erlbaum.
- Lenneberg, E.(1967), The biological foundations of language, New York : Wiley.
- Woodrow, H.(1927, 18), The effects of training upon transference J. Ed. Psyhol.

찾아보기

찾아보기

저자 약력

고정곤

원광대학교 대학원 교육학석사(유아교육전공)
전라북도 교육청 교직과장·교육과장
군산 서해초등학교장
서해대학교 겸임교수
서울시 교육청 유아교육위원
【저서】
유·초등연계교육의 이론과 실제, 보육과정, 유아사회교육 외 다수

류근우

원광대학교 교육대학원 유아교육과 교육학석사
Pacific Yale University 원격대학원 교육학박사
전라북도 교육정보과학원 원장
우석대학교 평생교육원 교수
(현) 한국HRD 평생교육원 교수
【저서】
지식창조와 학교교육 미래학습마당, 교수행동의 효율화, 자유선택활동지도 등 외 다수

남궁선혜

이화여자대학교 대학원 유아교육학 전공(문학석사)
이화여자대학교 대학원 유아교육학 전공(문학박사)
(현) 대전보건대학교 유아교육과 교수
【저서】
누리과정에 기초한 유아음악교육 외 다수

이길동

독일 아이히슈테트 인골슈타트 대학교 학사
독일 아이히슈테트 인골슈타트 대학교 석사
독일 루드비히 막시밀리안 뮌헨대학교 박사 수료
(현) 계명문화대학교 유아교육과 교수
【저서】
보육학개론 외 다수

백영애

원광대학교 교육대학원 석사
원광대학교 대학원 박사
(현) 전남과학대학교 유아교육과 교수
【저서】
유아미술교육, 놀이지도 외 다수

이영희

원광대학교 교육대학원 교육학 석사
원광대학교 일반대학원 문학박사
(현) 서해대학교 유아교육과 교수
【저서】
보육학개론, 아동미술, 놀이지도, 유아미술교육, 보육과정 외 다수

송의열

중앙대학교 대학원 유아교육학 전공(문학 석사)
건국대학교 대학원 교육심리학 전공(교육학 박사)
(현) 한국영상대학교 유아교육과 교수
【저서】
교육심리의 이해, 유아다문화교육의 이해, 유아교육실습 외 다수

최철용

중앙대학교 대학원 교육학석사(교육심리학 전공)
중앙대학교 대학원 교육학박사(교육심리학 전공)
(현) 강동대학교 유아교육과 교수
【저서】
교육학개론, 교육심리학, 유아발달, 부모교육 외 다수

유아 교과교육론

1판 1쇄 인쇄 | 2016년 2월 15일
1판 1쇄 발행 | 2016년 2월 20일

지 은 이 | 고정곤 · 류근우 · 남궁선혜 · 백영애 · 송의열 · 이길동 · 이영희 · 최철용
발 행 인 | 강철원
발 행 처 | 양성원
주　　소 | 경기도 고양시 일산서구 송산로 18(구산동)
전　　화 | 031-912-3301(代)
팩　　스 | 031-912-3304
이 메 일 | tnwpub@naver.com
출판등록 | 2015년 8월 31일 제2015-000211호

ISBN 979-11-87118-28-2

정가 20,000원